La parole de l'autre dans le roman-mémoires
(1720-1770)

LA RÉPUBLIQUE DES LETTRES 21

La parole de l'autre dans le roman-mémoires

Florence MAGNOT-OGILVY

ÉDITIONS PEETERS
LOUVAIN - PARIS - DUDLEY, MA
2004

Library of Congress Cataloging-in-Publication Data

Magnot, Florence.
  La parole de l'autre dans le roman-mémoires (1720-1770) / Florence Magnot
      p. cm. -- (La république des lettres; 21)
  Includes bibliographical references and index.
  ISBN 90-429-1490-4
  1. French fiction--18th century--History and criticism. I. Title. II. République des lettres
(Louvain, Belgium); 21.

PQ648.M24 2004
843'.509--dc22

2004050109

© 2004, Peeters, Bondgenotenlaan 153, B-3000 Leuven, Belgium

ISBN 90-429-1490-4 (Peeters Leuven)
ISBN 2-87723-804-0 (Peeters France)
D. 2004/0602/94

REMERCIEMENTS

Ce livre est la version remaniée d'une thèse de doctorat soutenue en juin 2002 à l'Université de Paris III. Je remercie avant tout mon directeur de thèse, René Démoris : le dialogue ouvert, stimulant et souvent joyeux que nous avons poursuivi pendant quelques années est à l'origine de cette étude. Pour sa curiosité, son enthousiasme, son exigence et sa générosité, je tiens à lui témoigner sincèrement toute ma gratitude ainsi que ma respectueuse amitié.

Le Centre de Recherches Littérature et Arts Visuels de Paris III a été pour moi un espace d'échanges intellectuels et amicaux. Les rencontres avec les enseignants-chercheurs de Paris III ainsi qu'avec les nombreux doctorants et jeunes chercheurs que j'ai eu la chance d'y côtoyer ont fait de mon apprentissage de la recherche une expérience heureuse.

Je tiens aussi à exprimer ma gratitude envers Michel Charles, Jan Herman et Annie Rivara qui ont manifesté de l'intérêt pour mon travail et m'ont encouragée. Cet ouvrage a également bénéficié des précieuses remarques de Mme et M.M. Béatrice Didier, Michel Delon, Henri Lafon et Jean-Paul Sermain, les professeurs qui ont accepté de composer mon jury de thèse.

Grâce au département de langue et littérature françaises de l'Université de Limoges, particulièrement au chaleureux accueil de Jean-Luc Leclanche et de Sophie Le Ménahèze, j'ai pu terminer cette thèse dans de bonnes conditions: qu'ils en soient ici remerciés.

Je remercie mes amis et plus particulièrement Benedikte Andersson, Joëlle Soler, Julien Dubouloz, Alain Sandrier, Lise Revol, Florence Ferran et Gilles Delpierre pour m'avoir éclairée de leurs conseils et pour leurs utiles relectures.

Toute ma reconnaissance enfin va à Jamie Ogilvy dont la patience, la confiance et l'humour m'ont aidée à mener ce projet à son terme.

INTRODUCTION GÉNÉRALE

I

L'étude que nous proposons sur la parole de l'autre dans le roman à la première personne part d'un constat simple: dans le roman-mémoires, genre sinon majoritaire, du moins caractéristique de la fiction romanesque au XVIIIe siècle, il est possible de parler des *autres* sans équivoque, puisqu'un discours, entre tous, y est privilégié, celui d'un narrateur qui a été généralement le héros des aventures qu'il rapporte[1]. On ne dira certes pas que la fiction à la troisième personne ignore la différence entre le héros, souvent éponyme, du roman et les autres personnages. Elle peut la marquer par divers procédés de focalisation: nous en savons moins, par exemple, sur le vidame de Chartres que sur la Princesse de Clèves. Cela dit, dans le roman-mémoires, la différence n'est plus de degré mais de nature. Dans la logique interne de la fiction, nous savons que toute incursion dans la psyché de l'autre suppose interprétation. Non que cette interprétation soit absente des propos que tient le narrateur sur lui-même, c'est-à-dire sur son *moi* passé, mais du moins puise-t-elle à une source interne. La pertinence particulière de la question dans le roman-mémoires tient à ce qu'il fait parler un *je* qu'il place au centre. En ce sens, il donne à voir le cheminement d'un sujet qui prend conscience et connaissance de son identité en se confrontant à l'altérité. Les romans montrent que cette constitution du sujet s'opère par les échanges verbaux et la transmission d'un langage.

Il ne s'agit pas, bien entendu, de suggérer que les textes donnent à lire une conscience critique et philosophique des phénomènes que nous évoquons ici, encore que l'on ait volontiers sous-évalué le degré de théorisation critique dont ils sont capables, comme le prouvent certaines études récentes sur Marivaux[2]. Il serait regrettable de négliger pour autant ce que porte de signification, fût-elle brouillée, la représentation romanesque. Que fait le narrateur de cette figure de l'autre devenue obscure? Il est

---

[1] Pour une définition et une analyse du dispositif des mémoires fictifs, voir R. Démoris, *Le Roman à la première personne du classicisme aux Lumières*, Paris, A. Colin, 1975.

[2] Voir notamment J-P. Sermain, *Le Singe de Don Quichotte, Marivaux, Cervantès et le roman post-critique*, Oxford, Voltaire Foundation, *S.V.E.C.* n°368, 1999.

d'usage d'assimiler le romancier à un démiurge, maître de ses fictions, tout comme il est banal de dire que le romancier omniscient s'octroie la place de Dieu. On pourrait dire que, modestement en somme, le narrateur des romans-mémoires ramène cette instance de régie à un niveau humain. Rendre l'énonciateur présent, l'incarner, c'est avouer ses limites terrestres. Le roman-mémoires met en scène le mouvement par lequel s'avoue la valeur relative de toute vérité. S'est imposée à nous, de manière de plus en plus insistante, l'idée que dans ses diverses manifestations, l'usage fait par les romanciers de la parole de l'autre, entendue, dans une approche d'abord sommaire, comme celle des personnages autres que le héros narrateur, figurait à bien des égards la transformation du rapport intersubjectif ou de la vision qu'on en a. Nous ne prétendons pas avoir rendu compte de l'ensemble des enjeux que comportait le sujet. Ce travail apporte seulement une contribution à ce qui pourrait être une analyse de l'altérité au siècle des Lumières et des formes singulières qu'elle y prend.

II

En préférant, dans notre étude, le terme de *parole* à celui de *discours*, nous désignons les réalisations verbales portant une présence vivante. Nous nous attacherons aux manifestations de l'altérité en tant qu'elle s'incarne dans un corps et dans une situation d'énonciation rapportée ou évoquée par le narrateur ou la narratrice primaire, dans une perspective qui, dès lors, envisage moins les phénomènes de dialogisme que les échanges langagiers représentés entre les personnages.

L'analyse des manifestations de la parole vivante dans les textes supposait une étude des paroles rapportées. A l'intérieur de ce cadre, nous avons distingué divers modes de transcription, en reprenant la classification désormais classique de Gérard Genette[3]. Nous avons privilégié l'étude des paroles citées au discours direct parce que ce mode de transcription est la forme de mise en relief la plus marquée. La forme de la citation ne suffit cependant pas à juger de l'importance et de l'effet d'une parole, sur le texte et sur le destinataire intradiégétique et ce, pour au moins deux raisons. La première est que la citation perd de sa capacité de mise en relief à mesure que la parole rapportée, surtout sous la forme dialoguée, envahit les romans: les romanciers citent et transcrivent au

---

[3] Gérard Genette, *Figures III*, Paris, Seuil, 1972, «Récit de paroles», p.189-203.

discours direct des paroles toujours plus nombreuses, si bien que certains romans finissent par ressembler à de longs dialogues, plus proches du genre dramatique que des romans-mémoires proprement dits[4]. Toutes les paroles rapportées directement dans la narration primaire ne seront donc pas prises en compte dans le cadre de ce travail car le discours direct renvoie parfois à un hétérogène non marqué ou faiblement significatif. L'autre raison justifiant l'insuffisance du discours direct comme seul critère de sélection touche à un point essentiel de notre problématique, à savoir le fonctionnement paradoxal de l'altérité énonciative dans les romans-mémoires. La représentation directe de la parole de l'autre fait l'objet de stratégies de filtrage, d'atténuation et d'esquive dont nous avons essayé de rendre compte[5]. Les modalités filtrées et atténuées de la présence de la parole, les discours indirect et narrativisé, mais aussi les commentaires et les portraits énonciatifs, disent les réticences et les limites de la représentation directe. Ils ont retenu notre attention dans la mesure où ils apparaissent comme les remous créés à la surface du texte par la présence de la parole de l'autre.

Les modalités de représentation de la parole ne constituent cependant pas notre critère de sélection du corpus des paroles étudiées. D'autres critères ont orienté notre choix, qui ont été élaborés en fonction de l'altérité que nous avons tenté de définir. La définition de l'autre dans le roman-mémoires est apparemment simple, mais elle pose le délicat problème de l'acception à donner à ce terme. Nous avions le choix entre une acception large ou étroite de l'altérité. La première aurait impliqué de considérer toutes les paroles rapportées hors celle du narrateur principal, ce qui eût représenté un ensemble textuel trop vaste au vu du corpus romanesque choisi. Nous avons donc préféré la seconde qui a conduit à considérer principalement les paroles prononcées par des personnages définis par leur différence. Entre des formes faibles de l'altérité (tous les autres à part le *je*) et des formes fortes (la différence a un sens plein: l'autre est un hors-la-loi, une lingère, un pauvre, un valet, une femme, etc.), nous avons préféré les secondes. Ce choix semblait nous orienter vers une perspective thématique envisageant principalement l'autre géographique, l'étranger (le Gascon,

---

[4] Voir, pour une perspective diachronique, les travaux de Vivienne Mylne: *Le Dialogue dans le roman français de Sorel à Sarraute,* édité par les soins de Françoise Tilkin, Paris, Universitas, 1994.

[5] L'article de Bernadette Fort sur le phénomène de filtrage de la voix de l'autre dans *Manon* est de ce point de vue fondateur: «Manon's suppressed voices: the uses of reported speech», in *Romanic Review* n° 76, 1985, p.172-191.

l'Anglais, l'Espagnol… etc.), l'autre social (le sujet populaire, le hors-
la-loi, le mendiant) et l'autre sexuel, homme ou femme, selon le sexe
du sujet principal[6]. Précisons pourtant d'emblée que nous n'avons pas
abordé l'altérité comme un thème: en effet il nous est apparu que la
différence thématique, si elle commandait des variations de situations,
de décors, d'accessoires, ne caractérisait pas, en tant que telle, les différents fonctionnements et usages de la parole de l'autre dans la narration centrale.

Notre définition de l'altérité énonciative sera par conséquent davantage fonctionnelle que thématique. A propos de la distanciation critique
dans le conte philosophique, Jean Starobinski remarque: «Je me suis
demandé s'il n'y avait peut-être pas une catégorie essentielle à mettre en
évidence […]: cette catégorie essentielle, je me risque à l'appeler la catégorie de *l'autre*[7].» La «catégorie de l'autre» se définirait par l'établissement d'une distance entre le spectacle observé et l'œil qui observe. Grâce
à elle, grâce au détour offert par le regard et surtout la parole de l'autre,
le texte ménage un espace interstitiel, une sorte de marge de manœuvre
qui lui permet de mieux faire voir et comprendre. Nous nous référerons,
dans nos analyses, à un type de parole s'inscrivant nettement dans la catégorie de l'autre, parce qu'incitant à un changement de regard et ouvrant
sur un fonctionnement textuel spécifique.

Nous avons donc orienté nos analyses vers les aspérités de la narration
que le narrateur lui-même désigne au lecteur. La perspective fonctionnelle, telle que nous l'avons définie, nous a amenée à considérer les
paroles mises en relief par rapport à la fonction qui leur est reconnue ou,
au contraire, refusée par le narrateur. Nous avons donc été particulièrement attentive aux paroles faisant l'objet d'une évaluation explicite du
narrateur primaire, qu'elle se présente comme un jugement esthétique,
un jugement moral ou une évaluation marchande. Notre corpus envisage
donc les paroles des autres se présentant sous une forme relativement
autonome, c'est-à-dire celles qui sont disposées dans le texte de manière
à attirer le regard, l'attention et le jugement du lecteur sur leur caractère
hors-norme.

---

[6] Voir les indications typologiques de S. A. Viselli, «L'Etranger dans le roman français du dix-huitième siècle», *S.V.E.C.* n° 347, Oxford, Voltaire Foundation, juillet 1995,
p.580-584.
    [7] *Romans et Lumières au 18è siècle,* Paris, Editions sociales, 1970, p.474. Cette
remarque a été faite par Jean Starobinski au cours d'une discussion, à propos de l'une des
communications du colloque.

III

Cette recherche s'inscrit dans des perspectives historiques et anthropologiques qu'il est nécessaire de préciser. Il ne fait aucun doute que l'ébranlement des certitudes d'origine religieuse, sensible dès le XVIIIe siècle et corrélatif d'une réflexion sur l'origine des sociétés et des langues, ainsi que l'épanouissement d'une idéologie sensualiste privilégiant l'acquis sur l'inné, questionnent le rapport *naturel* de chacun avec les autres. Si l'on considère que c'est par l'expérience, c'est-à-dire, en premier lieu, par l'apprentissage du langage et les échanges langagiers, que se forme le moi – et nombre de romans-mémoires sont des récits de formation – alors, effectivement, la relation de l'individu avec la parole des autres mérite d'être étudiée. A travers une poétique de la parole de l'autre, de ses représentations, de ses modes d'articulation à la narration centrale, de ses modes de transmission et d'influence, nous visons en somme le versant anthropologique de la question du rapport à l'autre.

La philosophie empiriste de Locke, puis la théorie sensualiste de Condillac, provoquent une manière de révolution dans la façon de concevoir la formation de l'individu. Locke accorde une importance considérable à l'exemple et à l'imitation dans le développement de la personnalité du sujet. La réfutation de l'innéité occupe significativement l'ensemble du Livre I de l'*Essai sur l'entendement humain*[8]. L'image, employée par la philosophie empiriste, du sujet comme une matière initialement neutre, qui s'informerait progressivement au contact du monde, dramatise la question du contact avec les autres et celle des paroles auxquelles chacun est exposé. De même, le sensualisme de Condillac, en concevant l'individu comme un être initialement *infans*, sans langage ni forme fixe, accorde au rapport à l'altérité et au monde un rôle décisif dans le développement de la sensibilité et de la personnalité[9].

Locke réfléchit au fonctionnement et à la formation de la conscience, ce qui le conduit à accorder une attention particulière aux questions d'éducation. Dans le chapitre intitulé «Des manières et de la politesse» de *Quelques pensées sur l'éducation* (1693), le philosophe réaffirme avec force, et en l'appliquant à une situation concrète d'apprentissage, l'idée d'une essentielle malléabilité des enfants:

---

[8] J. Locke, *An Essay Concerning Human Understanding*, Londres, 1690, traduit par Coste en français en 1700.
[9] Condillac, *Essai sur l'origine des connaissances humaines*, Amsterdam, 1746 et *Traité des sensations*, Londres et Paris, 1756.

> Car, tenez-le pour certain, quelles que soient les instructions que vous donniez à vos enfants, quelles que soient les leçons de civilité, de bonne éducation, qu'ils reçoivent tous les jours, rien n'aura sur leur conduite autant d'influence que la société qu'ils fréquentent et les manières des personnes qui les entourent[10].

Les images de l'enfant caméléon, morceau de cire ou table rase, sont reprises par la plupart des auteurs de traités d'éducation du XVIIIe siècle[11] car elles traduisent une idée qui stimule la réflexion et l'imagination des penseurs de la pédagogie rêvant de façonner les êtres selon un modèle idéal. Dans *De l'esprit* (1758) et dans *De l'homme, de ses facultés intellectuelles et de son éducation* (1773), Helvétius, aux marges de notre corpus, à la suite de Locke et de Condillac, voit dans l'éducation et l'habitude les facteurs prépondérants de la formation: outre les premiers instituteurs que sont les choses elles-mêmes, l'éducation dispensée par les hommes se présente sous deux aspects: l'éducation formelle des parents, des maîtres et l'éducation informelle des rencontres et du hasard[12]. En 1762, l'*Emile* de Rousseau exprime aussi, à travers un traité d'éducation, le fantasme de façonner un être en manipulant ses découvertes et ses expériences et en contrôlant les mots et les propos qui lui parviennent et l'informent. La question du rapport à l'autre acquiert donc une acuité particulière à cette époque et l'idée que l'individu ne reçoit pas, en naissant, un certain nombre de traits, mais se construit à partir d'un apprentissage et de ses contacts avec le monde et avec les autres, a de profondes conséquences sur la façon d'envisager la parole de l'autre. Ses effets sont indéniablement dramatisés par une philosophie qui imagine une telle porosité de l'individu par rapport au monde. La malléabilité du moi révèle, pour ainsi dire, le pouvoir de fascination et les dangers d'une parole extérieure qui façonne le moi et qui peut aussi être exploitée par lui. Une telle conception nous servira à mettre en perspective, dans un

---

[10] J. Locke, *Quelques pensées sur l'éducation*, [*Some Thoughts concerning Education*, London, A. and J. Churchill, 1693] Paris, Hachette, 1904, p.82-83. La première traduction en français, par Coste, est publiée en 1695.

[11] «Dès le premier âge, l'esprit, le cœur, le corps des enfants sont comme une cire molle susceptible de toutes les formes ou comme une table rase sur laquelle on peut tracer toutes sortes de caractère à volonté» P. Poncelet, *Principes généraux pour servir à l'éducation des enfants, particulièrement de la noblesse française*, Paris, 1768, 3 tomes, extrait du tome 1, lettre II sur «l'utilité de l'éducation», p.35. Voir aussi de La Fare, *Le Gouverneur ou Essai sur l'éducation*, Londres, 1768.

[12] Voir R. Cailleau, «La toute-puissance de l'éducation: nature et culture selon Helvetius» in *Education et pédagogies au siècle des Lumières*, Presses de l'université catholique de l'ouest, 1985, p.11-25.

premier temps, les stratégies d'esquive qui atténuent la représentation directe d'une parole potentiellement dangereuse et susceptible de souiller ceux qui l'entendent, puis les procédés de dramatisation de ses effets et de son efficacité et, enfin, les nouveaux modes d'exploitation de cette parole telle qu'elle est représentée dans les échanges verbaux et narratifs.

La question du rapport à l'autre croise une autre série d'interrogations caractéristiques de la période étudiée. La parole de l'autre est à l'épicentre de tensions sociales et culturelles, politiques et poétiques qui s'exacerbent au XVIIIe siècle. Les tentatives des narrateurs et des romanciers pour encadrer cette parole et en instrumentaliser la représentation font écho au contrôle exercé sur elle dans la réalité culturelle et sociale de l'époque[13]. La question se situe, en effet, à un carrefour de préoccupations idéologiques et stylistiques, dans la mesure où l'importance reconnue à telle ou telle parole contribue, pour une large part, à définir la place de chaque individu dans la société.

La question de la place de chacun dans la hiérarchie sociale devient, à ce moment-là, un pôle de réflexions et d'interrogations. Dans *L'Invention de l'homme moderne, sensibilité, mœurs et comportements collectifs dans l'Ancien Régime*[14], l'historien des mœurs Robert Muchembled rappelle que le XVIIIe siècle accentue un mouvement, amorcé depuis le siècle précédent, de «désynchronisation culturelle» entre les dominants et les dominés. Le rapprochement des mœurs et des valeurs des élites nobles et non nobles – il a beau être tout relatif et appeler un certain nombre de réserves et de précautions, il reste que ses conséquences sur l'imaginaire social et les représentations littéraires ne sont pas négligeables – s'accompagne d'un vigoureux processus de différenciation par rapport à la masse du peuple[15]. Ce double mouvement de distinction, qui schématise un processus plus diffus et complexe, pourrait rendre compte de la pratique, par les narrateurs, les romanciers et même les critiques, de stratégies mettant à distance la représentation textuelle de l'autre social, moral, linguistique. Les romans se feraient ainsi l'écho de cette redéfinition de la place de chacun dans la société et de la redéfinition de l'altérité romanesque qui en résulte.

---

[13] Voir notamment les travaux d'A. Farge sur l'utilisation de la parole publique: *Dire et mal dire. L'opinion publique au XVIIIème siècle,* Paris, Seuil, 1992.

[14] R. Muchembled, *L'Invention de l'homme moderne, sensibilité, mœurs et comportements collectifs dans l'Ancien Régime,* Paris, Fayard, 1988.

[15] «Les élites renforcent leur propre cohésion culturelle en multipliant les signes d'appartenance à un univers hybride, à la fois noble et bourgeois, marqué par le luxe et le progrès de la vie matérielle» *Ibid.*, p.151.

Il est en effet admis que le XVIIIe siècle fait entrer le peuple et les catégories sociales dites basses dans le roman[16]. Dans *Le Vice à la mode*, Jacques Rustin a étudié la question de la représentation, dans le roman, de populations marginales et il fait état d'une mode du vice qui ouvre l'espace de la fiction aux catégories sociales et aux situations basses de 1728 à 1761[17]. Dans *Le Dilemme du roman au dix-huitième siècle*, George May s'est interrogé sur la question de la place du roman: à l'issue d'une analyse des rapports conflictuels entre le roman et la critique, il conclut que le roman demeure à la marge du système des genres. La place de la parole basse dans les romans présente de ce fait une analogie avec la place du roman dans la hiérarchie des genres: on l'admet, on entérine sa présence, mais sans le situer dans la hiérarchie[18].

La place du roman dans la hiérarchie des genres, d'un mot dans un discours, d'un personnage dans un épisode ou d'un individu dans la société; la question de la place et plus encore celle du *déplacé* sont à la jonction des domaines linguistique, littéraire et politique. Si la parole basse, le style bas, font effectivement leur entrée dans les textes, il est nécessaire de préciser les modalités et les limites de ce phénomène.

Nous avons choisi d'étudier la parole de l'autre sur une période qui s'étend des années 1720 à la fin des années 1760. Ces dates délimitent un vaste champ d'étude qui présente une cohérence du point de vue du genre et de la question étudiés. Les spécialistes du genre romanesque s'accordent à situer dans les années 1730 l'âge d'or du roman-mémoires[19]. Au début de ces années, paraissent en effet les grands romans de Prévost et Marivaux: *Mémoires et aventures d'un homme de qualité* en 1728, puis, en 1731, les premières parties de *Cleveland* et de *La Vie de Marianne*. Nous avons estimé pertinent d'inscrire notre enquête dans une

---

[16] H. Coulet, *Le Roman jusqu'à la Révolution*, Paris, Armand Colin, [1967] 2000: «Les réalités concrètes de l'existence sont désormais peintes avec sympathie et sans ridicule, des catégories sociales de plus en plus basses entrent dans l'univers du roman sérieux[...]», chapitre 6, p.265.

[17] G. May, *Le Dilemme du roman au dix-huitième siècle*, New Haven et Paris, 1963 et Jacques Rustin, *Le Vice à la mode: étude sur le roman français du XVIIIè siècle de* Manon Lescaut *à l'apparition de* La Nouvelle Héloïse, Paris, Ophrys, 1979.

[18] Dans ses *Réflexions sur la poésie et la peinture* (1719), l'abbé Du Bos place le roman dans la catégorie de la poésie, de même que les gravures trouvent une place, marginale, à côté de la grande peinture.

[19] R. Démoris parle, à partir de 1728, d'une «période triomphale» pour le roman, *op.cit.*, p.396, L. Viglieno de «L'âge d'or du roman à la première personne: 1725-1740», *L'Ecole des Lettres* n°77, 1985, p.15-30, tandis qu'un récent colloque reconnaît aux années trente une unité esthétique: *Le Roman des années 30, la génération de Prévost et Marivaux*, A. Rivara et A. Mac Kenna (ed.), Saint-Etienne, P.U. de Saint-Etienne, 1998.

période qui déborde les bornes temporelles traditionnelles de cet âge d'or, afin d'observer les débuts du genre et de repérer les traits d'une évolution de la parole de l'autre dans le roman-mémoires du début de son succès à son déclin. Nous ferons donc commencer notre enquête dans les années 1720. Les dates de 1750 et de 1761 sont des charnières traditionnelles de l'histoire littéraire: 1750 marque le début de l'essor du roman épistolaire[20], 1761 consacre son triomphe avec la publication de *La Nouvelle Héloïse*. Nous avons pris le parti de suivre le roman-mémoires jusqu'à la fin des années soixante. Après 1750, et surtout après 1761, le roman-mémoires est en effet influencé par les techniques et le mode de sensibilité propres au roman épistolaire. Il nous a donc paru important de déterminer comment le roman-mémoires intégrait les traits d'un autre genre et, plus largement, dans quelle mesure le passage des mémoires à l'épistolaire traduisait une certaine évolution de la conception du rapport à l'autre.

Compte tenu des dimensions du domaine de recherche défini, il était impossible de prétendre à l'exhaustivité. Des choix – forcément discutables – ont à nouveau dû être faits. La nécessité d'une analyse restant proche du texte et de son détail, souvent révélateur, eût réduit le corpus à quelques grands textes ou bien il eût fallu s'en tenir à une période chronologiquement très étroite. Nous avons choisi plutôt de dépouiller un corpus important et de sélectionner les textes qui offraient le plus de ressources à notre enquête, en resserrant parfois nos analyses sur ceux qui se révélaient particulièrement intéressants pour notre propos: cela revient à avouer le caractère en partie subjectif de la constitution d'un corpus qui comporte environ soixante-dix romans-mémoires. Les limites de l'ouvrage impliquaient un échantillonnage: nous avons tâché de le rendre représentatif du roman de l'époque, tel qu'il se présente dans l'état actuel des connaissances critiques.

Marivaux et Prévost y tiennent une place importante, ce qui était inévitable, une partie notable du genre romanesque se développant dans leur sillage. Dans leurs œuvres, nous n'avons pas prêté une égale attention à tous les romans. *La Vie de Marianne* a retenu davantage notre attention que *Le Paysan parvenu*. Les *Mémoires et aventures d'un homme de qualité*, *Cleveland*, l'*Histoire d'une Grecque moderne* et les *Mémoires pour servir à l'Histoire de Malte* ont été étudiés dans le détail tandis que *Le Doyen de Killerine* et les romans les plus tardifs de Prévost ne nous

---

[20] H. Coulet souligne une baisse de la qualité des romans-mémoires dès 1750. cf. Henri Coulet, *Le Roman jusqu'à la Révolution*, Paris, Colin, [1967] 2000, p.303.

ont pas paru présenter autant d'intérêt pour notre problématique. Parmi les grands auteurs, on pourra nous reprocher la place secondaire à laquelle ont été relégués, par exemple, *Les Egarements du cœur et de l'esprit* de Crébillon Fils. La plupart de nos choix sont justifiés par l'intérêt du roman pour notre sujet, certaines absences ne sauraient l'être en revanche que par le goût du critique.

Des textes moins connus se sont en outre avérés riches de significations et ont servi de jalons à notre réflexion: leur éclat, dans la perspective étudiée, leur a même valu d'occuper une place majeure et peut-être inattendue dans notre enquête. Parmi les romans situés au début de notre période, les *Aventures de Don Antonio de Buffalis* (1722) de La Barre de Beaumarchais, et l'*Histoire de la Comtesse de Gondez* (1725) de Marguerite de Lussan se sont révélés particulièrement intéressants.

Les années trente ont bien sûr fourni le plus grand nombre de romans étudiés. Parmi ceux analysés en détail, citons *Achille ou les Mémoires du chevalier de **** de Madame Meheust (1734), les *Mémoires du comte de Comminville* (1735) de Jean du Castre d'Auvigny, les *Mémoires et aventures de Monsieur de**** (1735) de Granvoinet de Verrière, *La Mouche* (1736) de Mouhy, les *Mémoires de M. de P**** (1736) d'Emery.

Les récritures des grands romans dans les années 1740 et 1750 ont retenu toute notre attention, et notamment les imitations de *La Vie de Marianne* par Gaillard de la Bataille, (*Jeannette seconde*, 1744), l'abbé Lambert, (*La Nouvelle Marianne*, 1740) ou le chevalier de Mouhy, (*Mémoires d'une fille de qualité,* 1747), ou encore les romans directement inspirés des *Mémoires et aventures* de Prévost: les *Mémoires et aventures d'un bourgeois qui s'est avancé dans le monde* (1750) de Digard de Kerguette, les *Mémoires de Cécile* (1751) attribués à La Place. Nous avons eu largement recours à deux romanciers très productifs des années 1730 à la fin des années 1740, le chevalier de Mouhy et le marquis d'Argens, dont les romans permettent, entre autres, de se faire une idée de l'évolution des modes et des clichés romanesques.

En observant aussi le traitement de la parole de l'autre dans des romans ayant fait choix d'un narrateur ou d'une narratrice s'exprimant lui-même depuis les marges de la société ou de la morale, nous avons veillé à prêter attention aux deux versants du roman. Un corpus de romans comiques a été étudié, dans la perspective du traitement de la parole de l'autre. Nous y avons accordé une large place aux romans de filles du monde, autrement dit de prostituées, parce qu'ils constituent un corpus nettement délimité, facilement identifiable et dont la narration principale est ostensiblement en marge. Nous avons essayé d'en rendre compte notamment à partir de l'anonyme *Histoire de Gogo* (1739), l'*Anti-Paméla* (1742) de Villaret, l'*Histoire de la Vie et des mœurs de Mademoiselle Cronel dit Frétillon* (1743) de Gaillard de la Bataille, *La Belle Allemande* (1745) d'Antoine Bret, *Fanfiche ou les Mémoires de Mademoiselle de* (1748) de Gimat de Bonneval, *Thérèse Philosophe* (1748) attribué à Boyer d'Argens et *Margot la ravaudeuse* (1750) de Fougeret de Montbron.

Enfin, un certain nombre de romans plus tardifs nous ont permis d'observer l'évolution de la parole de l'autre jusqu'au déclin du roman-mémoires: les *Mémoires de Madame la comtesse de Montglas* (1766) de Carné, les *Mémoires d'une religieuse* (1766) de l'abbé Longchamps, les *Mémoires d'un homme de bien* (1768) de Madame de Puisieux et, enfin, le très parodique *Compère Mathieu* (1766) de Du Laurens, catalogue des clichés romanesques sur la parole de l'autre. D'autres romans, que nous n'avons pas ici mentionnés, ont été utilisés de façon plus ponctuelle.

IV

Notre enquête vient s'inscrire parmi de très nombreux travaux consacrés aux romans-mémoires de cette période. Les critiques se sont depuis longtemps intéressés à la représentation de l'autre dans le roman, notamment pour décrire la naissance d'un certain réalisme et l'émergence d'un roman plus proche des réalités quotidiennes[21]. Dans cette perspective, l'entrée sur la scène romanesque des catégories sociales populaires a été étudiée et analysée avec précision. Dans *Le Vice à la mode*, Jacques Rustin a analysé la récurrence, dans les romans de la première moitié du siècle, des figures de déclassés[22]. Dans *Le Héros et son double*, Marie-Hélène Huet a traité plus spécifiquement du thème du parvenu, en montrant qu'il structurait certains romans et reflétait des évolutions sociales sourdes[23]. Les critiques orientés vers une lecture thématique ont étudié la présence de *l'autre* dans les romans en envisageant surtout la représentation de personnages secondaires. Moins nombreux en revanche sont ceux qui ont prêté une attention particulière à la façon dont l'énonciation secondaire était représentée dans les textes.

---

[21] Les travaux de F.C. Green sont pionniers en la matière, voir *La Peinture des mœurs de la bonne société dans le roman français de 1715 à 1761*, Paris, PUF, 1924 et «Further Evidence of Realism in the French Novel of the 18th century», *Ibid*, 40, 1925.

[22] J. Rustin, *op.cit.*

[23] M.-H. Huet, *Le Héros et son double, essai sur le roman d'ascension sociale au dix-huitième siècle*, Paris, Corti, 1975.

Stylisticiens et linguistes se sont certes penchés sur la question de la représentation de la parole dans les romans. Une grande partie des travaux d'orientation stylistique porte spécifiquement sur le dialogue: les études générales de Sylvie Durrer (*Le Dialogue romanesque,* 1994) et de Gillian Lane-Mercier (*La Parole romanesque,* 1989) représentent des jalons importants. Les recherches de Jacqueline Authier-Revuz sur l'hétérogénéité énonciative ont également renouvelé la conception du discours rapporté, en proposant une étude des interférences et des insertions de discours[24]. Tous ces auteurs se placent plus ou moins explicitement dans le sillage des théories de Mikhail Bakhtine, qui a ouvert depuis longtemps la voie à l'étude de l'articulation des voix dans le roman en élaborant le concept de polyphonie énonciative. Notre étude s'inspire de tous ces travaux tout en s'en distinguant sur un point essentiel: ils s'intéressent davantage au dialogisme qu'aux paroles incarnées dans des personnages. Or ce sont elles qui ont retenu notre attention.

Une autre série de travaux s'est intéressée en premier lieu à la représentation du dialogue: dans une perspective historique, comme Vivienne Mylne qui repose la question du réalisme linguistique[25], ou selon une approche plus linguistique, comme Frédéric Deloffre qui décrit avec précision, dans *Marivaux et le marivaudage*, les procédés de caractérisation des diverses parlures des comédies et des romans de Marivaux.

Nous avons emprunté une voie différente, car au lieu d'étudier la masse des paroles dialoguées, nous avons concentré notre attention sur les paroles rapportées, en tant qu'elles sont signalées et distinguées en quelque façon par le narrateur principal. Davantage que sur le dialogue en général, c'est sur l'usage par le narrateur et le romancier des paroles présentant quelque écart par rapport à la norme qu'ont porté nos analyses. Par ailleurs, notre approche a été plus fonctionnelle que stylistique: les stylisticiens ne dissimulent pas en général leur déception devant le manque de réalisme stylistique dont témoignent les romans du XVIIIe siècle et ils allèguent à juste titre des raisons extra-littéraires, c'est-à-dire principalement les bienséances linguistiques et les codes auxquels les auteurs se conforment. Sans commettre l'anachronisme qui consisterait à projeter sur des textes du XVIIIe siècle des problématiques et des préoccupations qui leur sont encore étrangères, on peut dire que cette timidité

---

[24] J. Authier-Revuz, *Langages* n°73, Mars 1984, p.98-111, «Hétérogénéités énonciatives», Octobre 1992 et «Repères dans le champ du discours rapporté» in *L'Information grammaticale* n° 55, Octobre 1992, p.38-42.

[25] V. Mylne, «Dialogue as narrative» in *Studies in Eighteenth Century French Fiction presented to Robert Niklaus*, Exeter, 1975, p.173-192, et «Dialogue in Marivaux's novels», *Romance Studies*, 15, 1989, p.48-61.

de la représentation prend les traits, dans certains cas, d'une ellipse déli-
bérée et signifiante dont le critique doit rendre compte.

Notre problématique a rencontré enfin des travaux majeurs sur le
roman-mémoires. Là encore, notre travail est venu se loger dans les interstices d'une critique qui a plutôt mis l'accent sur la narration centrale en
s'attachant à éclairer la manière dont le genre des mémoires fictifs ins-
taurait le sujet-narrateur comme autre. Les travaux de Jean Sgard sur le
narrateur prévostien et la mémoire sont fondateurs à cet égard[26]. René
Démoris, dans *Le Roman à la première personne du Classicisme aux
Lumières,* a démontré quant à lui la nécessité d'une double lecture, c'est-
à-dire d'une lecture critique de ces textes, en analysant le caractère retors
d'une narration qui se construit sur une faille identitaire[27]. Jean Rousset
a fait apparaître le principe du *double registre* à l'œuvre dans la poétique
de Marivaux, tant dans son théâtre que dans ses romans[28]. La fortune critique de la notion de double registre témoigne de l'intérêt des chercheurs
pour la polyphonie à l'œuvre au sein de la narration principale. Des
recherches plus récentes ont approfondi la question de la superposition des
instances, en s'attachant à montrer comment une même matière narrative
circulait entre le passé et le présent dans ce type de textes. C'est le cas
d'Annick Jugan[29] ou de Béatrice Didier qui fonde sa lecture de *La Vie de
Marianne* sur le constat d'un envahissement de l'espace du texte par une
même voix, musicale et féminine[30]. Enfin, d'autres critiques orientent
leurs analyses vers la pluralisation du texte par le biais du paratexte: préfaces, commentaires, avertissements et notes infra-paginales. Vont dans
ce sens les travaux de Jan Herman, de Shelly Charles ou de Jenny Mander
sur la stratification et l'hétérogénéité du discours fictionnel ou encore
d'Elizabeth Zawisza sur les préfaces des romans[31]. Ces analyses ont également tendance à privilégier l'instance narratrice centrale ou même, pour

---

[26] J. Sgard, *Prévost romancier*, Paris, Corti, 1968 et *L'Abbé Prévost, Labyrinthes de
la mémoire*, Paris, P.U.F., 1986.

[27] R. Démoris, *op.cit.*

[28] J. Rousset, «L'emploi de la première personne chez Chasles et Marivaux»,
C.A.I.E.F. nº 819, 1967. «Marivaux ou la structure du double registre» *in Forme et signification, Essai sur les structures littéraires de Corneille à Claudel*, Paris, Corti, 1962.

[29] A. Jugan, *Les Variations du récit dans La Vie de Marianne*, Paris, Klincksieck, 1978.

[30] B. Didier, *La Voix de Marianne*, Paris, Corti, 1987.

[31] J. Herman, *Le Mensonge romanesque: paramètres pour l'étude du roman épistolaire
en France*, Amsterdam, Rodopi et Leuven, Leuven University Press, 1989; J. Mander,
Circles of learning, Oxford, Voltaire Foundation, 1999; E. Zawisza, «Les introductions
auctoriales dans les romans des Lumières» *Romanic review* 1992, May, 83(3), p.281-96;
S. Charles, *Récit et réflexion, Poétique de l'hétérogène dans Le Pour et Contre de
Prévost*, Oxford, *Studies on Voltaire*, 1992.

les plus récentes, à insister sur le fait que toutes les voix sont différentes réalisations d'un même discours qui se diffuse dans le texte ou d'un même matériau narratif mis en circulation.

Nous avons essayé de poursuivre une démarche non pas contraire, mais complémentaire, en étudiant les modes de pluralisation d'un texte qui se présente comme une unité et en resserrant l'analyse sur la fonction de l'énonciation de l'autre dans les fictions. Ce qui a impliqué de prendre en compte la manière dont le romancier utilise les ressources des paroles secondaires, à un certain degré de conscience critique[32]. Autrement dit, nous avons tenté de dégager les raisons pour lesquelles la nécessité du double regard, soulignée par de nombreux critiques avant nous, s'impose avec encore plus d'acuité lorsqu'il s'agit d'interpréter les paroles des autres.

V

Notre enquête sur la parole de l'autre dans les romans-mémoires a soulevé plusieurs difficultés d'ordre méthodologique qui ont orienté notre démarche. Une première approche a révélé que les différences thématiques des paroles autres ne permettaient pas de distinguer précisément les fonctions qui leur étaient dévolues dans les romans. Ces paroles étant, d'autre part, assez faiblement caractérisées d'un point de vue stylistique, nous nous sommes donc orientée vers une approche plus fonctionnelle afin de déterminer comment les auteurs et les narrateurs usaient de cette ressource.

Les romans-mémoires, dans leur immense majorité, reproduisent de longs pans de dialogues entre des personnages parlant tous plus ou moins le même langage que le narrateur. Or, il ne s'agit pas pour nous d'étudier d'un point de vue stylistique les diverses parlures des romans, travail passionnant qui eût sans doute permis de dégager les traits stylistiques du parler des financiers, des femmes de chambre, des vrais et faux dévots, des cochers de fiacre... Outre l'immensité d'une semblable enquête qui eût excédé de loin les limites de ce travail, le résultat aurait été probablement décevant compte tenu de l'esthétique et de la pratique des romanciers du XVIIIe siècle, loin de prétendre au réalisme stylistique. Ce travail se propose de préciser en quoi cette esthétique et cette

---

[32] Voir J.P. Sermain, *Rhétorique et romans au dix-huitième siècle*, Oxford, *S.V.E.C.* n°133, Voltaire Foundation, 1985.

pratique poursuivent des visées autres que la volonté de reproduire la voix vivante de l'autre dans les textes à la première personne.

Même en réduisant ainsi notre objet, il aurait été impossible d'interroger toutes les paroles dont l'exploitation est remarquable, un nouvel échantillonnage a donc été nécessaire. Il s'est fait en privilégiant les paroles dont la différence est la plus spectaculaire, autrement dit les plus caractérisées: les étrangers, les pirates et les personnages populaires ont été généralement préférés aux dévots, aux libertins ou aux financiers, même s'il nous arrive aussi, ponctuellement, de nous intéresser à leurs paroles.

Plutôt que d'adopter une perspective classificatrice qui conviendrait davantage à un travail de type linguistique de plus longue haleine, nous nous sommes interrogée sur les valeurs et les fonctions exploitées par les romanciers dans ces paroles, et sur ce qui fait la spécificité du texte-cadre, le roman-mémoires. Dans un roman qui dit *je* de bout en bout, l'utilisation des paroles des autres prend sens dans un processus d'élaboration d'une identité et de construction d'une destinée. C'est donc la place de la parole de l'autre dans l'élaboration d'une lisibilité globale qui nous a intéressée, plus que la question de son hypothétique rendu stylistique.

La recherche des fonctions de la parole de l'autre nous a conduite à la question de la valeur qui lui est reconnue. Notre problématique confronte, à chaque étape de notre cheminement, la valeur et la fonction de cette parole afin d'observer les interférences entre ces deux systèmes d'évaluation. Les trois grandes orientations de cette thèse correspondent donc aux principales valeurs que romanciers et narrateurs reconnaissent et exploitent, conjointement ou contradictoirement, dans la représentation de la forme, des effets et de la circulation de la parole de l'autre: valeur mimétique et discordancielle, valeur idéologique et formatrice, valeur utile et marchande.

Dans la première partie, la représentation de la différence verbale a retenu notre attention. Cette première étape a montré que la représentation de la parole différente répondait à une intention critique de la part du romancier, comme en témoigne son statut dans les textes comiques. L'étude des modalités de représentation de la parole pittoresque révèle la double perspective du narrateur et du romancier. La parole formellement différente, pittoresque ou singulière, constitue une sorte de lieu rhétorique que le narrateur aime utiliser (chapitre 1). Dans un deuxième temps, nous montrons que le romancier utilise la parole dissonante en vue d'attirer l'attention du lecteur sur les cadres et les moyens de la représentation. La différence formelle (ou son signe) joue un rôle critique dans la mesure où elle oblige le lecteur à porter son regard sur les cadres de la représentation et à adopter un point de vue distancié par rapport à l'illusion romanesque. L'exhibition des cadres, les glissements hors des cadres et les tentatives de recadrage témoignent du rôle actif des cadres du récit (chapitre 2).

Dans une deuxième partie, nous nous sommes interrogée sur la représentation des effets de la parole de l'autre sur le sujet, afin d'examiner son efficacité proprement pédagogique et sa valeur structurante. Cette partie étudie la valeur dramatique de la parole de l'autre. Celle-ci est mise en perspective dans un système de valeurs et de représentations fortement hiérarchisé. Selon ces grilles de représentation, les narrateurs sacralisent, diabolisent ou simplement disqualifient les paroles des autres (chapitre 3). Une telle schématisation des représentations masque pourtant une utilisation de la parole de l'autre par le romancier qui peut diverger de celle qu'en fait le narrateur (chapitre 4). La deuxième partie étudie les interférences et les tensions entre les deux logiques d'utilisation que le dispositif du roman-mémoires superpose. Les paroles sont diabolisées, sacralisées ou disqualifiées par le narrateur tandis qu'il arrive au romancier de suggérer un autre niveau de lecture.

Enfin, la troisième partie analyse la valeur transactionnelle de la parole de l'autre. Après avoir précisé les valeurs des *je* insérés, nous tenterons de montrer que la parole de l'autre est dotée d'une valeur proprement marchande exploitée par les narrateurs primaires, qu'elle est objet d'échanges. Le fonctionnement et la justification de ces échanges diffèrent en fonction du type de rapport – d'égalité ou d'inégalité – unissant narrateur et narrataire. Au-delà des justifications morales formulées par les interlocuteurs, les interférences entre la rhétorique de l'amitié et la logique marchande révèlent la présence d'un schéma de consommation littéraire (chapitre 5). Cela nous a amenée à envisager un autre niveau d'exploitation de la parole de l'autre: elle participe aussi de la conduite globale du récit central en venant éventuellement compléter l'histoire centrale. Dans une perspective alors plus diachronique, nous retracerons une évolution de cet usage entre 1720 et 1770, afin de dégager une tendance du roman-mémoires à la convergence et au resserrement, tendance qui aboutit à un certain essoufflement du sous-genre (chapitre 6). En parlant des valeurs exploitées dans les paroles des autres: valeur pittoresque, valeur dramatique, valeur d'échange, nous ne suggérons pas l'existence de trois catégories hermétiques, car chaque parole rapportée a à la fois une forme, un effet et un prix. Ces catégories sont néanmoins opératoires dans la mesure où, même si chaque parole s'inscrit forcément dans plusieurs systèmes d'évaluation, le texte ne les exploite pas en même temps, ni au même degré.

Il s'agit pour nous de déterminer comment ces valeurs sont mises en œuvre dans les romans afin de répondre aux deux questions suivantes: à quoi *sert* la parole de l'autre dans les textes et en quoi déborde-t-elle l'usage que le narrateur lui assigne? A chaque étape, nous tenterons de déterminer un mode d'emploi de la parole de l'autre ainsi qu'une critique oblique de son usage programmé, deux logiques que nos analyses s'efforceront d'entrecroiser. Si le narrateur est bien sûr le premier usager de ces paroles – il les sélectionne, les dispose, les oriente – par un processus inverse, elles peuvent également se substituer à l'instance narratrice principale et remplir à sa place les fonctions de représentation, de régie ou d'interprétation. L'effacement de l'auteur au profit d'une instance auctoriale intégrée à la fiction peut être interprété comme une tentative de réduire la distance entre le créateur et la création. L'immersion du créateur dans la fiction entraîne par conséquent des mécanismes de compensation: la présence d'un auteur fictif et l'effacement de l'auteur impliquent des réaménagements au sein même de la fiction et dans la façon de raconter les événements. L'un des mécanismes compensateurs de cette adaptation de la narration à la présence d'un auteur-relais dans le texte est précisément le détour par la parole de l'autre.

Instrumentalisation par le narrateur et substitution au narrateur sont donc les deux emplois de la parole de l'autre dans les romans-mémoires. Leurs contradictions et leurs tensions rendent compte en partie de la complexité du sous-genre. Il s'agit pour nous d'examiner de quelle manière la parole de l'autre marque de son empreinte le narrateur et le texte, comment enfin elle déborde de sa place et de sa fonction initiales, en désignant, dans le roman, un pôle à la fois fascinant et répulsif dont les effets, sur le narrateur, le texte et le lecteur, ne sont pas nécessairement contrôlés.

PREMIÈRE PARTIE

LA PAROLE DE L'AUTRE COMME SIGNE:
VALEUR MIMÉTIQUE ET VALEUR DISCORDANCIELLE

Il serait malaisé d'évoquer la notion de *parole de l'autre* avant d'avoir déterminé la norme, l'identité par rapport à laquelle ladite altérité est définie. Dans le dispositif du roman-mémoires, l'autre est défini dans son rapport au narrateur principal et, dans le domaine des interactions verbales, l'autre est celui qui fait un usage remarquable de la langue et/ou de la parole. On s'aperçoit, de fait, que la parole de l'autre est ce qui permet de délimiter les contours de la norme et de l'identité, comme en témoigne la façon de procéder des théoriciens de la langue qui s'appuient sur les mauvais usages pour définir le bon, un idéal de style simple et naturel. Dans le cadre d'une esthétique héritée du classicisme, comment les romanciers représentent-ils l'écart, la différence, quelle est la place de la parole des personnages dans cette représentation et quelles en sont les fonctions?

Le terme de *dissonance* nous servira à désigner la différence formelle représentée ou commentée par les narrateurs de romans-mémoires. Au sens littéral, la dissonance est un terme musical décrivant une réunion de sons dont la simultanéité ou la succession est désagréable à l'oreille[1]. Il semble donc particulièrement adéquat pour évoquer la représentation de quelque discordance dans l'économie des paroles rapportées.

Le recours à des contre-exemples et la démarche de définition négative de la bonne parole sont illustrés par *La Rhétorique ou l'art de parler* de Bernard Lamy, un traité de rhétorique dont la première édition paraît en 1675. Plusieurs fois remanié par son auteur entre 1715 et 1741, il connaît ensuite de nombreuses rééditions. On y retrouve l'idéal classique qui fait de l'expression verbale une copie de la pensée[2]. L'idéal en matière de langage et de parole y est décrit en termes de pureté et de simplicité, celle-ci étant conçue comme une victoire remportée contre les tendances contraires de l'expression. Le style simple représente la norme de langage que maîtrise un honnête homme et doit être distingué du style trop orné tout autant que du style bas:

---

[1] Voir B. Didier, «La réflexion sur la dissonance chez les écrivains du XVIIIe siècle: d'Alembert, Rousseau, Diderot», *R.S.H.* n° 205, 1987, p. 13-25.

[2] B. Lamy, *La Rhétorique ou l'art de parler*, Paris, PUF, édition de B. Timmermans, 1998, p. 35.

> C'est donc dans ce que nous appelons le style simple qu'un honnête homme doit s'exercer particulièrement. Or il y a bien de la différence entre la simplicité et la bassesse, qui n'est jamais bonne et qu'il faut éviter avec d'autant plus de soin qu'il est très difficile de s'en garantir, à cause que rien n'approche plus de la simplicité que la bassesse. La matière de ce style n'a aucune élévation; mais ce n'est pas à dire que le discours qui l'exprime doive être vil et méprisable[3].

La rhétorique délimite ainsi, vers le haut et vers le bas, le domaine qu'un honnête homme ne doit pas franchir en matière de langage et, à la problématique esthétique, vient s'ajouter inévitablement une composante sociale, la langue étant à la fois un vecteur de communication et un critère de distinction. La roue virgilienne, qui répartit les styles sublime, médiocre et humble en fonction de la dignité du sujet, prend déjà pour axe la dimension sociale du choix d'un langage.

La postérité de l'anecdote qui attribue à Malherbe l'habitude de renvoyer, quand on l'interrogeait sur un point de langue, à l'usage des portefaix, témoigne du fait que le bon langage se définit avant tout par rapport au langage de l'autre[4]. Le chapitre XVIII de *La Rhétorique ou l'art de parler* de Bernard Lamy fait écho à cette anecdote pour définir l'élégance et la pureté du langage. Après Vaugelas, qui s'était offusqué dans ses *Remarques sur la langue* (1647) de cette proposition «bizarre»[5], Bernard Lamy déplore que l'usage populaire souille à jamais des mots initialement nobles:

> Les plus belles expressions deviennent basses lorsqu'elles sont profanées par l'usage de la populace qui les applique à des choses basses. L'application qu'elle en fait attache à ces expressions une certaine idée de bassesse, de sorte qu'on ne peut s'en servir sans souiller, pour ainsi dire, les choses que l'on en revêt. Ceux qui écrivent poliment évitent avec soin ces expressions, et c'est de là en partie que vient ce changement continuel dans le langage[6].

---

[3] *Ibid,* p. 389-390.

[4] «Quand on lui demandait son avis sur quelque mot français, il renvoyait ordinairement aux crocheteurs du port au Foin, et disait que c'était ses maîtres pour le langage», *Vie de Malherbe par M. de Racan* in *Œuvres complètes de Malherbe*, éd. de M. Lalanne, Paris, Hachette, tome 1, 1862 p. LXXIX. Selon F. Brunot (*La Doctrine de Malherbe d'après son commentaire sur Desportes*, Paris, A. Colin, 1969, p. 52), par cette boutade, Malherbe entend provoquer les partisans d'un usage pédant de la langue.

[5] «Un de nos plus célèbres escrivains vouloit que l'on escrivist en prose, comme parlent les crocheteurs et les harangères», Claude Favre de Vaugelas, *Remarques sur la langue: utiles à ceux qui veulent bien parler et bien écrire,* Paris, Hachette, 1971, Reproduction de l'édition de Paris, Veuve Camusat et P. Le Petit, 1647, II, p. 284.

[6] *Ibid*, p. 142-143.

Du Marsais abonde en ce sens quand il stigmatise, dans *Les Véritables Principes de la grammaire* (1729), le caractère infréquentable des expressions du peuple et définit le bon usage comme «la façon de parler des honnêtes gens», car il est entendu que «ce n'est pas le peuple que l'on consulte sur la manière de s'habiller[7].»

Pour définir la bonne manière de parler, les critiques se réfèrent donc volontiers au contre-exemple que leur fournit la parole basse et populaire. La distinction entre langage pur et impur fait ainsi insensiblement glisser du domaine linguistique vers le social. Les individus se reconnaissent et se distinguent les uns des autres en fonction de leur habileté à manipuler la langue et de la façon dont ils l'investissent pour en faire leur parole[8]. La parole de l'autre sert – et l'on peut supposer que Malherbe se sert par exemple de la parole des crocheteurs comme emblème d'une langue simple et directe – presque toujours d'instrument polémique, dans un combat qui oppose diverses conceptions de la langue, et donc de la vie en société. C'est autour de la parole basse que se cristallisent les luttes pour ou contre un idéal de pureté du langage, diversement défini. La parole de l'autre est en effet ce dont on veut le plus vigoureusement se distinguer et elle est d'autant plus dangereuse que les conceptions empiristes font du contact avec les mots des autres un élément-clé dans la formation de l'individu. Le contact avec la parole de l'autre et ses conséquences deviennent des enjeux essentiels auxquels les romans font écho. Dans cette première partie, nous voudrions nous interroger sur la façon dont les romans utilisent les paroles marquées comme autres par rapport à la voix narratoriale, source de toutes les citations dans le dispositif du roman-mémoires.

La question de la représentation des paroles dissonantes prend toute son acuité dans un genre comme le roman-mémoires, qui se fonde précisément sur le rapport entre une parole-cadre et des paroles encadrées. Dans quelle mesure les romanciers jouent-ils des effets de dissonance et orchestrent-ils une confrontation de différents usages de la même langue? C'est par cette question que nous voudrions faire débuter notre enquête.

L'évolution de la représentation de la société a inspiré de nombreux travaux critiques et il est désormais communément admis que le XVIIIe

---

[7] Du Marsais, *Les Véritables Principes de la grammaire ou Nouvelle grammaire raisonnée pour apprendre la langue latine,* [[s.l.]: [s.n.], 1729], Paris, Hachette, 1971, p. 60.

[8] Nous parlons de *langue* lorsque nous nous référons au code, et de *parole* quand il s'agit de la mise en œuvre de ce code par les sujets parlants, voir O. Ducrot et J-M. Schaeffer, *Nouveau dictionnaire encyclopédique des sciences du langage*, Paris, Seuil, 1995, «Langue et parole», p. 292.

siècle marque l'entrée dans le roman de certaines catégories sociales et notamment des catégories populaires[9]. Sans remettre totalement en cause un tel constat, l'étude de la représentation de la parole de l'autre dans les romans-mémoires incite cependant à le nuancer. Si le peuple accentue indéniablement sa présence dans le roman, la question de la représentation de sa parole est plus délicate: le scandale retentissant de la querelle du cocher dans la IIe partie de *La Vie de Marianne* de Marivaux, présenté souvent comme un symptôme de cette ouverture, peut être au contraire interprété comme un témoignage de la rareté d'une citation de la parole autre, dans un roman-mémoires qui n'est pas ouvertement comique ou picaresque.

Les reproches adressés à Marivaux par l'abbé Desfontaines à propos de l'altercation entre Madame Dutour et le cocher[10] et l'enthousiasme qu'il affiche par ailleurs pour les scènes pittoresques de *Joseph Andrews* sont fondés sur une distinction de type générique:

> La querelle de la lingère avec le cocher de fiacre a paru peu digne d'un esprit aussi élevé, et aussi délicat qu'est celui de M. de Marivaux. Son pinceau ne s'est pas exercé ici sur la belle nature: les vils et indignes objets ne se présentent que trop souvent devant nos yeux malgré nous; ils ne nous apprennent autre chose, sinon que le peuple est fort sot: qui en doute[11]?
>
> Les romans de *Don Quichotte* et de *Gil Blas* sont des tableaux de la vie humaine; des tableaux flamands, où l'on voit des noces de village, des danses champêtres, des bourgeois ridicules, des cabarets, des hôtes, des hôtesses, des valets, des servantes, etc. Tout cela se trouve aussi dans *Joseph Andrews*, mais avec beaucoup de vivacité, de vraisemblance et de finesse[12] [...].

Les deux textes ne répondent certes pas à la même visée polémique. Dans ses *Observations sur les écrits modernes*, en 1743, Desfontaines dresse un plaidoyer en faveur de *Joseph Andrews* qu'il vient de traduire, et il replace le roman de Fielding dans une veine littéraire comique et une tradition picturale flamande, au sein desquelles des représentations basses endossent une valeur pittoresque et artistique. Dans *Le Pour et*

---

[9] Voir *supra*, page 8 de l'introduction, le passage déjà cité de H. Coulet in *Le Roman jusqu'à la Révolution*, Paris, Colin, 1967, chapitre 6, p. 265.

[10] A la fin de la deuxième partie de *La Vie de Marianne*.

[11] Desfontaines, *Le Pour et contre*, Nombre XXX, p. 344. Desfontaines est le rédacteur du *Pour et Contre* pendant l'année 1734.

[12] Desfontaines, *Observations sur les écrits modernes*, tome 33, Paris, Chaubert, 1743, p. 189. Desfontaines défend sa propre traduction en justifiant les scènes de genre de *Joseph Andrews* et le *goût anglais*: «Il faut avouer que nous sommes ridicules avec nos idées basses et nos idées nobles. Le bas n'est pas toujours ce que nous appelons ainsi», *Ibid*, p. 327.

contre, il reproche à Marivaux le mélange, le caractère déplacé de certaines représentations dans le cadre d'un roman qui ne peut être, lui, rattaché de façon nette à la veine comique.

Si la dissonance en musique fait office de contrepoint destiné à accentuer une harmonie définie et repérable, cela ne saurait donner le modèle du statut de la dissonance telle qu'elle figure dans les romans-mémoires, précisément parce que la plupart d'entre eux déjouent les frontières génériques: la distinction entre des romans sérieux ou nobles et des romans comiques n'a rien de fixe. Entre les deux pôles du sérieux et du non-sérieux, on trouve des jeux constants sur les codes et les registres, comme par exemple, le badinage tel qu'il est illustré par *La Vie de Marianne* et qui peut être considéré, dans une certaine mesure, comme le versant non-sérieux du sérieux.

Afin de préciser le fonctionnement de la dissonance romanesque dans ce cadre générique labile qu'est le roman-mémoires, nous étudierons, dans un premier chapitre, comment les romanciers utilisent les paroles dissonantes dans leurs textes tout en esquivant partiellement ou totalement leur représentation: d'une part, par la pratique de l'ellipse et de la stylisation; d'autre part, dans les romans indéniablement comiques, en recourant à toutes sortes de techniques de collages qui font des paroles dissonantes un usage ouvertement polémique et ludique. Un deuxième chapitre analysera la manière dont la parole de l'autre invite la narration centrale des romans-mémoires à adopter une distance critique par rapport à ses propres choix esthétiques et poétiques.

CHAPITRE 1

LA PAROLE DE L'AUTRE ET L'IMPOSSIBLE COPIE
DU MONDE

> Un auteur ne doit point s'amuser à contrefaire des gens si peu
> dignes d'attention. Le peintre peut tout peindre parce que son
> art est matériel: mais l'écrivain qui travaille pour l'esprit,
> ne doit peindre que ce qu'il y a de beau, de grand, de noble,
> de joli, de gracieux, de plaisant dans la nature.
> Abbé Desfontaines, *Observations sur les écrits modernes.*

Nous définissons la dissonance comme un écart par rapport à un usage
non marqué de la langue. Dans la plupart des romans, le narrateur primaire
s'exprime en utilisant ce que Bernard Lamy définit comme le «style simple
de l'honnête homme». Les personnages dissonants se distinguent par un
usage marqué, vers le bas ou vers le haut, de la langue. Cette dissonance
se porte sur des figures traditionnelles de l'altérité dans les textes: les personnages populaires la font entendre, mais aussi les pédants et tous les locuteurs qui se caractérisent par l'emploi d'une langue spéciale, d'un jargon.
   L'ouverture des romans aux personnages populaires est perceptible
dans les romans-mémoires. On ne saurait cependant généraliser l'exemple
de Marivaux dont Frédéric Deloffre a montré qu'il avait su transposer
dans ses romans son expérience des parlures des personnages de théâtre[1].
Si les paroles et les gestes de la lingère et du cocher firent scandale, de
nombreux textes, avant et après eux, ne vont en effet pas aussi loin et
franchissent rarement le seuil de la citation dissonante. Il faut donc ana-
lyser de plus près son fonctionnement dans les romans-mémoires.
   Faire parler l'autre à la première personne, ce qui correspond à une
intériorisation formelle du point de vue, n'opère pas dans les romans-
mémoires du XVIIIe siècle une plongée dans l'altérité. Nous voudrions

---

[1] Ce que concède volontiers l'abbé Desfontaines qui admet la virtuosité de Marivaux
et accorde à sa narratrice, dans la première partie du moins, le talent de bien peindre, en
isolant quelques bons passages qui sont autant de paroles bien imitées: «Je vous ai dit que
Marianne peignait bien; cela regarde surtout la peinture de son dévot protecteur, qui insensiblement devient son amant, et celle de la dame Dutour et de la Toinon: on les voit, on
les entend parler: le lecteur croit être tantôt dans la boutique de la lingère, et tantôt dans
le carrosse du pieux galant», Desfontaines, *op. cit.*, tome I, p. 514-515. Le cocher ne figure
pas dans cet éloge.

montrer que, dans la poétique des romans-mémoires, l'insertion de discours et de récits de locuteurs dissonants se manifeste avant tout par une glose métalinguistique.

I. ESQUIVE DE LA REPRÉSENTATION

1. La transcription imprécise des paroles.

Dans la fiction, les questions de transformation et de manipulation de la parole de l'autre font volontiers l'objet d'un commentaire du narrateur qui assume ouvertement son rôle d'éditeur. Les narrateurs ont recours à deux types de procédés qui contribuent à esquiver partiellement ce qui serait une reconstitution de la parole prononcée: la stylisation et la traduction approximative.

A. Stylisation et caractérisation minimale

Dans les romans, la parole proverbiale est immédiatement identifiée comme familière et appartenant à la langue parlée courante. Madame Dutour, comme les autres babillardes, fait un fréquent usage de proverbes et d'expressions imagées. Les proverbes figurent dans chacune des interventions de la locutrice et la scène du cocher en convoque un grand nombre[2]. Frédéric Deloffre souligne cependant que les dissonances du langage de Madame Dutour sont très isolées dans une parlure qui relève de la langue familière, mais non de la langue basse[3]. Les imitateurs de Marivaux sont encore moins audacieux et se contentent souvent d'émailler de proverbes un discours très proche par ailleurs de celui des personnages non populaires et non marqués[4].

---

[2] «Et souviens-toi seulement que c'est aujourd'hui la Saint Mathieu: bon jour, bonne œuvre, ne l'oublie pas! Et laisse venir demain, tu verras comme il sera fait», Marivaux, *La Vie de Marianne* [Paris, Prault puis Néaulme, 1728-1742], Paris, Classiques Garnier, éd. de F. Deloffre, Bordas, 1990, deuxième partie, p. 97. Toutes les citations de *La Vie de Marianne* se référeront désormais à cette édition.

[3] «Au reste, il ne faudrait pas croire que Mme Dutour soit une harengère. Marivaux prend soin de préciser son état social: c'est une «commère de comptoir subalterne». Son ton habituel n'est qu'à peine au-dessous du familier. Il se caractérise plutôt par des platitudes et des développements superflus.», F. Deloffre, *Marivaux et le marivaudage*, Paris, Colin, 1967, p. 229.

[4] Sur la nécessaire mise à distance d'un langage proverbial jugé archaïsant ou populaire, voir Du Plaisir: «Les proverbes sont bannis de cette cour, et un homme qui en emploierait un seul sans témoigner qu'il ne l'a dit que par divertissement, serait regardé

La caractérisation par le proverbe est minimale et ponctuelle et, plutôt que d'individualiser une parole, elle tend à la renvoyer à un fonds commun dans lequel tout le monde peut puiser, le proverbe relevant d'un fonctionnement stéréotypé de la représentation verbale, à l'instar des jurons empruntés aux parlures des paysans de théâtre.

Les interjections sont un autre type de ces éléments dissonants qui viennent orner et marquer des discours par ailleurs assez neutres. Dans les *Mémoires et aventures d'une dame de qualité*, la dissonance de la parole de la femme de chambre est systématiquement signalée à grand renfort d'interjections. L'abbé Lambert est représentatif d'un usage indiciel et caricatural de l'interjection: située dans tous les cas en début de citation, celle-ci fonctionne comme un indicatif de dissonance. Elle est le marqueur visible d'une altérité énonciative pour le moins stylisée. Une telle stylisation est possible parce que la dissonance portée par l'interjection a ici une fonction essentiellement différentielle et ne répond pas à la volonté de caractériser l'énonciation du personnage. Lorsque Christine disparaît de l'intrigue, Cécile, une jeune fille noble, amie de la narratrice, hérite d'ailleurs de sa tonalité énonciative. Les tics verbaux de Christine sont ainsi transférés sur un personnage initialement non marqué d'un point de vue linguistique, ce qui confirme le fait que la dissonance répond à une logique de place et de fonction plutôt qu'à une intention mimétique[5]. Même si, comme le soutient le narrateur de *Pharsamon* de Marivaux, «les paroles ne puent point[6]», les mots dissonants sont utilisés avec parcimonie pour indiquer, par une touche ponctuelle[7], la bassesse ou la brutalité d'une élocution.

comme un homme élevé sous un ancien règne.», *Sentiments sur les lettres et sur l'histoire* [1683], Ph. Hourcade (ed), Genève, Droz, 1975, p. 25., et Bouhours: «Pour les quolibets, depuis que notre langue est devenue raisonnable, elle les hait plus encore que les proverbes», *Remarques Nouvelles sur la langue française*, Paris, 1675, p. 390.

[5] L'interjection joue le même rôle indiciel chez Boyer d'Argens, Dans les *Mémoires du chevalier de ****, le personnage de Clarice porte aussi la parole dissonante et son unique discours cité débute par une interjection: «Eh! Bonjour mon fils, me dit-elle. Voici bientôt quatre ans que je ne vous ai vu. Cependant j'ai souhaité vingt fois d'avoir cette satisfaction.», *Mémoires du chevalier de ****, Londres, 1745, p. 89.

[6] Marivaux, *Pharsamon ou les Nouvelles Folies romanesques* in *Œuvres romanesques*, Paris, Gallimard, 1972, V, p. 598. En l'occurrence, la défense vise le mot «derrière», employé par Colin-Cliton dans son autobiographie.

[7] Contrairement à ce que tentent Vadé ou Caylus (*Les Ecosseuses*, 1739) qui systématisent l'usage du lexique bas et des altérations syntaxiques et parfois morphologiques. Voir les travaux de V. Mylne et les remarques de F. Deloffre sur les tentatives poissardes.

B. Traductions approximatives

La fidélité de transcription des paroles est un fait de convention: certains textes tentent pourtant de la justifier, attirant alors l'attention sur son approximation. Dans *Les Mémoires de Madame la comtesse de Montglas* (1756) de Carné, l'éditrice souligne qu'elle s'est précipitée chez elle après avoir surpris une conversation – incluant plusieurs longs récits secondaires – pour la coucher par écrit avant de l'oublier. La narratrice de *La Nouvelle Marianne* (1740) de l'abbé Lambert rapporte des pans entiers de dialogue entre sa mère et sa gouvernante en insistant sur le fait que c'est le récit répété de cet échange qui en a gravé les termes dans sa mémoire: «Ma mère fit donc monter la Delort dans sa chambre, la conversation qu'elle eut avec elle, m'a été si souvent répétée, qu'il ne me sera pas difficile de la rapporter mot pour mot[8].» Celle des *Mémoires d'Anne-Marie de Moras* (1739) de Mouhy retranscrit intégralement les propos de sa mère rapportés par elle-même[9]; certains romanciers tentent au contraire de rendre plausible la transcription, en précisant, par exemple, que le texte du roman a été retranscrit après avoir été prononcé, comme dans *Cleveland* de Prévost, où le narrateur souligne que le récit de Bridge a été prononcé, puis rédigé ensuite par ce dernier. L'inscription de la parole de l'autre dans le roman-mémoires ne procède donc pas d'une transmission transparente car les narrateurs primaires usent largement du contrôle que leur offre le contexte et les possibilités d'encadrement des récits et des paroles potentiellement dissonants[10].

Les romans ayant un cadre exotique explicite volontiers leur recours à la traduction en précisant que le texte original a subi des modifications nécessaires à la pleine compréhension du lecteur. C'est le cas dans *l'Histoire d'une Grecque moderne* (1740) de Prévost: «Le manuscrit s'est trouvé dans les papiers d'un homme connu dans le monde. On a taché de le revêtir d'un stile supportable, sans rien changer à la simplicité du récit ni à la forme des sentimens[11].» A cette première mise en forme, justifiée

---

[8] C-F. Lambert, *La Nouvelle Marianne ou les Mémoires de la baronne de ****, écrits par elle-même*, La Haye, 1740, p. 11

[9] Voir C. de Fieux de Mouhy, *Mémoires d'Anne-Marie de Moras, comtesse de Courbon, écrits par elle-même*, La Haye, chez Pierre de Hondt, 1739, p. 12.

[10] Sur l'inscription du processus de transmission du manuscrit, voir Jan Herman, *Le Mensonge romanesque, paramètres pour l'étude du roman épistolaire en France*, Amsterdam, Rodopi et Leuven, Leuven University Press, 1989 et *Le Topos du manuscrit trouvé*, Louvain, Paris, Peeters, 1999.

[11] Prévost, *Histoire d'une Grecque moderne, Avertissement*, [Amsterdam, François Desbordes, 1740], Paris, Flammarion, édition de Alan J. Singerman, 1990, p. 51.

par des exigences stylistiques, s'en ajoute une autre, celle du mémorialiste lui-même, qui s'opère plus insidieusement. Dans le roman de Prévost, le narrateur, ambassadeur de France dans l'Empire turc, rachète une jeune odalisque et lui redonne sa liberté. Il retranscrit les propos de celle-ci en les assortissant de commentaires sur leur forme, jugée typiquement orientale :

> L'adieu qu'elle me fit me parut extrêmement passionné. Elle me donna le nom de son maître, de son roi, de son père et tous les noms tendres qui sont familiers aux femmes d'Orient.
> O! le meilleur de tous les hommes, me dit-elle, par une expression qui est commune chez les Turcs[12].

En plaçant la parole de Théophé sous le signe de l'hyperbole, de l'Orient, tel qu'il est représenté dans le roman[13], c'est-à-dire comme une parole de l'affect et de l'excès, par opposition à un langage occidental débarrassé de tout ornement, le narrateur laisse entendre que la lettre de ces paroles n'a pas de valeur en soi. L'emploi du style indirect libre, fréquent pour transcrire les propos de Théophé ou des autres Turcs, manifeste bien cette désinvolture par rapport à la lettre de la parole orientale :

> Elle s'était fait une mortelle violence pour retenir ses transports aux yeux du Sélictar. Elle n'avait pas moins souffert du délai de ma visite, et si je n'étais pas persuadé qu'elle ne voulait vivre et respirer que pour se rendre digne de mes bienfaits, j'allais la rendre plus malheureuse qu'elle n'avait jamais été dans l'esclavage[14].

Les paroles turques sont replacées dans un espace culturel autre et qualifiées de telle façon par le narrateur que leur lettre est présentée comme secondaire. Il en rapporte des bribes en enjoignant au lecteur de ne pas les interpréter de façon littérale. Cet ethnocentrisme stylistique a son pendant social. Dans *Pinolet* (1755) de Jean-Antoine Guer, il s'agit de traduire en bon français des patois et des parlers populaires[15]. Dans l'*Avertissement*, l'éditeur des mémoires justifie ses parti pris :

---

[12] *Ibid*, p. 95 et p. 137.
[13] Il ne fait que suivre en cela la tradition rhétorique qui distingue, en fonction du climat, les styles attique, rhodien et asiatique : «élevé, pompeux, magnifique; Les peuples de l'Asie ont été toujours ambitieux, leur discours exprime leur humeur, ils aiment le luxe; leur paroles sont accompagnées de plusieurs vains ornements qu'une humeur sévère ne peut souffrir.», Bernard Lamy, *La Rhétorique ou l'art de parler,* chapitre VI, p. 372. De même l'article «stile» du dictionnaire de l'Académie donne les équivalences suivantes : «stile nerveux, stile diffus. stile asiatique ou lâche.» De la linguistique on glisse aisément vers la psychologie.
[14] Prévost, *op.cit.*, p. 72.
[15] Et le rédacteur d'une académie parodique retranscrit les paroles et les écrits des différents soldats, en avouant la nécessité d'en uniformiser le style dans *L'Académie militaire ou les héros subalternes* (1749) de Godard d'Aucourt, p. 32.

> A l'égard du corps de l'ouvrage, je n'ai qu'une seule observation à faire. Elle a pour objet l'uniformité du langage que j'ai conservée malgré la différence des idiomes des pays où l'aveugle a voyagé: un paysan de la Savoie ne parle pas comme un manant d'Auvergne, ni un bon gros flamand de village comme un bourgeois de Paris[16]...

L'éditeur invoque une raison pratique: il est plus commode de faire parler tous les personnages en français afin que tout le monde comprenne. En revanche, dans le cours du roman, des notes infra-paginales signalent les mots bas et les fautes non corrigées en soulignant le souci d'authenticité qui anime l'éditeur. Par exemple, il intervient pour commenter les incorrections qui figurent dans le récit qu'un soldat fait de ses exploits:

> La mère de cette fille, reprit le soldat, me dit que sa reconnaissance la forçait de me choisir pour gendre et qu'elle m'allait donner deux cents richaldes (a) pour la dot.
> Note (a) Ce mot est estropié comme quelques autres qu'on a pu remarquer ci-devant, et que l'on verra par la suite… Ce serait une faute que de faire trop bien parler de certaines gens[17].

Le rôle de l'éditeur est fondamental dans un roman fabriqué à partir des histoires racontées par l'aveugle. Ainsi le parti pris d'uniformisation stylistique affiché dans l'avertissement n'empêche pas la présence de certaines dissonances, ce qui a pour effet de placer l'accent sur le statut oral initial de l'histoire. Les déviations stylistiques fonctionnent dans ce cas particulier comme des indices d'oralité.

En conclusion, on peut dire que les romanciers ont tendance à procéder par touches à l'intérieur du passage dissonant, même dans les romans les plus ouvertement comiques et parodiques: quelques mots dissonent au milieu d'un discours à peu près conforme à la norme d'une langue universellement admise, celle des «honnêtes gens».

2. Ellipses de la parole de l'autre

A. *Le métalangage*

Afin d'atténuer le scandale d'une représentation discordante, le narrateur présente les paroles dissonantes comme des lieux pittoresques

---

[16] Jean-Antoine Guer, *Pinolet ou l'aveugle parvenu, histoire véritable, composée sur les faits fournis par Pinolet lui-même, actuellement existant dans Paris*, Amsterdam, Marc-Michel Rey, 1755.
[17] *Ibid*, II, p. 47.

connus qu'il tend à figer dans des formes artistiques, commentées du point de vue de l'amateur d'art. La référence à la peinture est utilisée afin de conférer à l'écart une valeur proprement esthétique qui intègre la dissonance dans une stratégie littéraire. Dans *La Vie de Marianne* de Marivaux, les références à la peinture surgissent de façon significative autour des interventions dissonantes[18]. Même si ces précautions ne désamorcent pas les accusations de vulgarité lancées par les détracteurs de la scène, il reste que le métalangage pictural vise à apporter une caution esthétique à une dissonance qui eût pu apparaître comme une faute de goût.

Dans *La Vie de Marianne*, la dimension esthétique fonctionne comme un alibi, parce qu'elle permet de reformuler en termes esthétiques la question de la citation dissonante et de la représentation basse: Marianne prétend ainsi parler de Madame Dutour, non parce que c'est un personnage qui joue un rôle dans son histoire, mais parce que sa parole pittoresque, introduite dans le texte comme un ornement[19], renvoie à un type de représentation codifié. Autrement dit c'est la capacité de peindre, indépendamment de l'objet représenté, qui qualifie de façon positive la narratrice.

De façon plus générale, la glose sur le style joue le rôle d'un discours écran dans les narrations principales puisque, même en l'absence de caractérisation stylistique notable, le narrateur ne laisse pas de commenter la forme des propos. Dans *Jeannette seconde* (1744) de Gaillard de la Bataille, l'écart de mœurs et de pensée est systématiquement évoqué en termes de style:

> Elle égayait même quelque fois la conversation, lorsque nous étions seules, par des petits propos qui ne paraissaient point venir d'une imagination réformée par une sincère conversion. Quoi! lui dis-je en riant, après qu'il lui fut échappé quelque folie, la sévère Duparc s'exprime ainsi. Oui, reprit-elle, c'est mon vieux style que j'avais abandonné; mais enfin, il faut le reprendre[20].

Le style renvoie à la fois à une appropriation de la langue et à un mode de pensée. Les propos déviants de la Duparc, locutrice plutôt caractérisée par sa sagesse, restent dans le flou, en faisant l'objet d'un commentaire sans être cités. Le mot *stile* vient aussi au secours de la narratrice

---

[18] Marivaux, *La Vie de Marianne*, «Et telle était Mme Dutour que je vous peins par hasard en passant.», p. 99.

[19] Une incise au début affiche ce statut digressif: «je vous raconte cela pour vous divertir», *ibid.*, p. 93.

[20] Gaillard de la Bataille, *Jeannette seconde ou la Nouvelle paysanne parvenue*, Amsterdam, La Compagnie des Libraires, 1744, I, p. 41.

de l'*Histoire de Gogo* (1739) qui ne donne pas le détail des propos acerbes de sa gouvernante:

> Une aiguille se trouva très déplacée entre des mains qui n'avaient jamais touché qu'un clavecin ou des livres de musique. J'en commençai donc d'assez mauvais ouvrage. Mademoiselle de la Chatautrie ne manqua pas d'en faire l'éloge d'un stile peu chrétien, et vous noterez qu'elle avait pour second sa fidèle boiteuse, qui dans l'occasion lançant pieusement son trait, me le rendait plus insupportable[21].

De tels emplois incitent à s'interroger sur l'acception du mot *style* au XVIIIe siècle et sur ce que visent les romanciers lorsqu'ils y recourent. Le Dictionnaire de l'Académie reproduit de 1694 à 1798 la même entrée pour le mot *stile – style* à partir de l'édition de 1740 –, ce qui est modifié en revanche d'une édition à l'autre ce sont les connotations du terme. L'édition de 1694 présente en effet le sens de «manière d'agir, de parler» sans l'assortir de commentaire, celle de 1718 précise qu'il s'agit d'un sens figuré et celle de 1740 précise enfin: «signifie figurément *et* familièrement», double précision entérinée par les éditions ultérieures. Autrement dit, le mot se charge au fil du temps de connotations familières et voit se multiplier ses acceptions et ses emplois[22]. Dans l'édition de 1727 du Dictionnaire de Furetière, l'acception figurée est illustrée d'un exemple supplémentaire:

> On dit figurément réduire en style un devoir; pour dire le réduire aux simples paroles. Les favoris des deux derniers siècles n'ont su ce qu'ils ont fait quand ils ont réduit en style l'égard effectif que les rois doivent avoir pour leurs sujets. Il y a des conjonctures dans lesquelles par une conséquence nécessaire on réduit en style l'obéissance réelle que l'on doit aux rois. card. de R[23].

Evoquer le style d'une parole est une façon de réduire une question morale à un problème de formulation, de remplacer une action concrète par des paroles factices. L'extension et les connotations du terme se développent et les narrateurs superposent commentaire sur le style et jugement moral porté sur l'autre. Surtout, ils substituent fréquemment ce mot à la représentation de traits formels dissonants.

L'Histoire de la comtesse de Gondez (1725) de Marguerite de Lussan présente une remarquable homogénéité de ton puisque quasiment tous les personnages ont un comportement et un langage conformes aux règles de

---

[21] *Histoire de Gogo*, La Haye, Benjamin Gilbert, 1739, p. 22.
[22] L'édition du *Dictionnaire de Trévoux* de 1721 ne distingue pas moins de neuf acceptions.
[23] Article «stile» du *Dictionnaire universel de Furetière*, 1727.

l'honnêteté et de la politesse de cour. La narratrice, Mademoiselle de Brionsel, raconte comment, au sortir du couvent, après avoir repoussé un prétendant brillant mais vain, elle épouse le meilleur ami de son père, le comte de Gondez, beaucoup plus âgé qu'elle, pour qui elle éprouve de l'amitié. Elle tombe ensuite amoureuse du chevalier de Fanime, jeune homme cachant une nature vile sous des dehors séduisants, mais sait résister à son penchant. Un enchaînement de circonstances la conduit à évaluer correctement la valeur morale de ceux qui l'entourent: lorsque M. de Gondez meurt de vieillesse, le chevalier de Fanime révèle sa noirceur et l'estimable comte de Disenteuil, neveu de son mari, amoureux d'elle depuis longtemps, parvient à conquérir son cœur[24]. Ainsi, au terme de ce cheminement vers le bonheur conjugal, la comtesse de Gondez épouse Disenteuil. Ce dénouement présente de surcroît l'avantage de respecter les dernières volontés du défunt Gondez en maintenant intact son patrimoine. La progression de l'intrigue s'oriente vers la valorisation d'une relation de couple fondée sur l'estime et l'amitié, au détriment de la passion, jugée mauvaise conseillère.

Le confinement dans une sociabilité aristocratique polie va de pair avec une certaine uniformité de ton et de langage. La narratrice elle-même préfère toujours les circonlocutions à l'expression directe. De même, les rapports entre les personnages sont placés sous le signe de la dissimulation feutrée. Le démasquage de l'amant déloyal se fait, par exemple, par le biais d'une allusion sarcastique et non d'un coup de théâtre. Les quelques valets cités tendent également à adopter le ton dominant.

Un seul personnage se distingue, un gentilhomme gascon désargenté nommé Calemane, qui fait sa première apparition à la page 175 et à qui l'on demande aussitôt de raconter son histoire. Le Gascon est un type de comédie mais c'est aussi un type romanesque traditionnel[25], qui se caractérise avant tout par un usage non conforme de la parole et/ou de la langue, par son parler et son accent à la comédie, mais surtout, dans les romans, par sa façon directe et impolie de s'exprimer[26].

---

[24] Pour une analyse du roman, voir R. Démoris, *Le Roman à la première personne du classicisme aux Lumières*, Paris, Colin, 1975, p. 289-292.

[25] F. Deloffre consacre plusieurs pages à la parlure du Gascon dans les comédies de Marivaux: «Outre l'abondance verbale déjà signalée, [les éléments conventionnels des Gascons] sont certaines impropriétés dans l'emploi des mots et des différents procédés de style.», F. Deloffre, *op.cit*, p. 172, à savoir: la composition fantaisiste des mots, leur emploi déplacé et la segmentation des phrases.

[26] Voir aussi la réplique grossière de Villagognac, le Gascon des *Mémoires du Comte de Claize* de Catalde, Amsterdam, aux dépens de la compagnie, 1738, p. 106.

Quel que soit le rapport entre la singularité annoncée par le texte et celle qui est effectivement perceptible dans les propos rapportés du Gascon, ce dernier incarne, parmi le personnel romanesque, une certaine originalité énonciative. Calemane se distingue d'autant plus, dans le roman de Marguerite de Lussan, qu'il est le seul narrateur secondaire dans un roman à intrigue unique. L'apparition de ce locuteur dissonant correspond dans un premier temps à un effacement du discours direct et de l'idiolecte:

> [M. de Gondez] me le présenta avec des termes qui marquaient son estime & son amitié pour cet ami: je trouvai une belle physionomie à Calemane. Il me fit son compliment en homme du monde, il en fit un à Monsieur de Gondez dont j'étais le sujet, & dans la tournure de ce dernier, je sentis ce que le Comte m'avait dit, qu'il avait des expressions qui lui étaient propres, & qu'il répandait du guai & du vif dans les discours dont les fonds étaient souvent très sérieux[27].

Dans un roman qui rapporte volontiers *in extenso* les entretiens des personnages, les paroles par lesquelles M. de Gondez présente Calemane à sa femme, qui eussent explicité le lien unissant les deux hommes, ne sont présentes que sous la forme atténuée du discours narrativisé. Quant au compliment formulé en réponse par Calemane et censé illustrer l'originalité de sa façon de s'exprimer, il est de même résumé au discours narrativisé, donc encore plus assourdi. Dans les deux cas, le lecteur ne prend connaissance de la parole de l'autre que par l'écho qu'elle a sur son destinataire: un commentaire sur le fond du propos du comte de Gondez, et un sur la forme de celui de Calemane, tous deux transmis par un résumé de la narratrice. Une différence de traitement vient confirmer le type d'attention réservé à la parole de l'autre: des paroles de Gondez, personnage figurant de plein droit au centre de la scène, on tire la signification; de celles de Calemane, dont le statut est plus indécis, on s'attache d'abord à la forme.

L'effet d'assourdissement de la parole de l'autre est encore accentué par le fait que les paroles mondaines évoluent en circuit fermé: celle de Calemane se trouve au centre des commentaires croisés de Monsieur et Madame de Gondez. Cette dernière vient confirmer ce que dit son mari d'une parole ne figurant pas dans le texte. Le système de la glose métalinguistique se dédouble et tourne pour ainsi dire à vide, puisque la parole non représentée se manifeste uniquement par les remous qu'elle crée

---

[27] Marguerite de Lussan, *Histoire de la comtesse de Gondez*, Paris, Nicolas Pepie, 1725, p. 174-175.

autour d'elle, la lettre n'a de présence qu'au deuxième degré. Lorsque Calemane est finalement cité, sa prise de parole est introduite comme une performance d'acteur: il affiche ses réticences et, au cours d'un long préambule, dénie tout intérêt au récit autobiographique qu'on lui réclame. Il donne, à cette occasion, un aperçu de l'image que lui renvoient les autres personnages avant de se résoudre à satisfaire ses auditeurs par le récit de sa vie:

> Le comte de Disenteuil, moins charitable que son oncle, vous a parlé de moi, je le vois bien, comme d'une espèce de fou dont le sérieux est quelquefois réjouissant, je le lui pardonne d'autant plus qu'il vise, ne lui en déplaise, un peu à ce caractère: comme il faut pourtant tirer parti de tout à la campagne, j'obéirai, mais cette campagne, séjour de liberté, sera mon excuse, s'il m'échappe quelque trait qui passerait peut-être pour trop vif s'il était débité dans un cercle en forme[28].

Le locuteur secondaire prévient ses auditeurs sur le caractère dissonant de sa parole. Il se présente sous les traits du bouffon chez qui l'on tolère une parole qui sort des bornes communes au nom d'une forme jugée plaisante. De sorte que le caractère déviant de sa parole est justifié par l'isolement géographique et social d'un séjour à la campagne, où les règles de bienséance s'exercent avec moins de rigueur qu'à la cour ou à la ville.

La présentation du personnage de Calemane et la faible *mimésis* de la singularité formelle de sa parole illustrent donc de façon exemplaire la poétique de la parole dissonante dans les romans-mémoires. Dans *L'Histoire de la comtesse de Gondez*, la narratrice principale insiste sur l'originalité du récit du Gascon, en vue, sans doute, de masquer les points de convergence entre le récit singulier et l'histoire conforme aux bienséances que raconte la comtesse de Gondez. En effaçant les analogies entre narration centrale et parole dissonante, pour accentuer la valeur ornementale de cette dernière, la narratrice neutralise en partie les dangers qu'elle représente. Le commentaire sur la forme joue indéniablement un rôle de diversion, en isolant comme pittoresque une parole qui donne une version comique de la narration centrale.

La représentation de la parole suscite une polémique à l'intérieur même du texte comme le montre la façon dont les romanciers anticipent sur les critiques que l'on pourrait leur adresser. Au-delà d'une attitude défensive en direction d'une critique qui tend à condamner le mélange et le contraste, apparaît le statut complexe de la parole singulière qui fait toujours l'objet de nombreux commentaires du narrateur.

---

[28] *Ibid,* p. 179.

Son insertion et sa représentation posent cependant des difficultés aux romanciers, pour des raisons techniques sans doute, parce qu'il est difficile, au XVIIIe siècle comme ensuite, de transposer à l'écrit les voix singulières, mais aussi pour des raisons de bienséances esthétiques, en une forme de résistance sourde des textes à faire parler l'autre sans garde-fou.

B. Le portrait énonciatif

L'effet commentaire, qui associe un métalangage descriptif envahissant à une citation minimale, peut aussi s'étayer sur une configuration textuelle particulière, celle du portrait. L'usage que les narrateurs en font n'est pas sans rappeler l'importance que la rhétorique reconnaît aux deux dernières parties de l'art de persuader, l'élocution et la prononciation:

> La prononciation est assez avantageuse à un orateur pour être traitée en peu de paroles; il y a une éloquence dans les yeux et dans l'air de la personne, qui ne persuade pas moins que les raisons. Un orateur qui a cet air est applaudi aussitôt qu'il commence. Les meilleures pièces sont méprisées dans la bouche qui prononce mal[29].

Dans les romans-mémoires, le narrateur applique ces principes à la lettre, allant jusqu'à supprimer le discours dissonant ou singulier, pour ne consigner dans le texte que le portrait énonciatif. Comme le dialogue rapporté ou la réflexion, le portrait est un segment textuel présentant une certaine autonomie par rapport à la linéarité narrative[30]. Comme les paroles rapportées, le portrait fait encourir au narrateur le reproche de pratiquer une digression et d'insérer un morceau déplacé dans la trame textuelle. C'est ce que désapprouve Desfontaines, entre autres choses, dans la scène du cocher mais aussi dans le portrait satirique de la supérieure du couvent de *La Vie de Marianne*[31]. Nul doute que Mouhy fait

---

[29] B. Lamy, *op. cit.*, chapitre XXI, «Des trois autres parties de l'art de persuader, qui sont l'élocution, la mémoire et la prononciation», p. 514.

[30] Voir Hendrik Kars, *Le Portrait chez Marivaux. Etude d'un type de segment textuel. Aspects métadiscursifs, définitionnels, formels*, Amsterdam, Rodopi, 1981.

[31] A propos de la troisième partie de *La Vie de Marianne*, Desfontaines fait ressortir la qualité intrinsèque d'un portrait, mais pour mieux souligner sa totale inadéquation à l'endroit où il figure: «L'endroit du parloir est le meilleur du livre: mais la peinture de l'abbesse est *hors de sa place*. Il s'agit d'attendrir le lecteur, et Marianne pénétrée de douleur, et plongée dans le désespoir, s'amuse à représenter comiquement la figure de la révérende Mère, [citation du portrait de la mère supérieure]. Tout cela, qui eut été fort joli ailleurs, est en cet endroit tout à fait *déplacé*.», *Observations sur les écrits modernes*, tome 3, p. 233, nos italiques.

écho à ce reproche dans ses *Mémoires d'une fille de qualité* pour décocher à son tour une attaque à l'adresse de Marivaux :

> Je ne manquerais pas, ma Princesse, à l'imitation de ces écrivains qui nous amusent d'une bagatelle, de vous faire le portrait de cette supérieure, s'il était nécessaire de la faire connaître pour l'intelligence de mon histoire; mais comme voilà la seule fois qu'il sera question d'elle, je n'entrerai dans aucun détail à l'occasion de cette visite, dont l'objet n'avait rien que de triste, et qui me parut aussi long qu'ennuyeux[32].

Ce statut commun place pour ainsi dire parole rapportée et portrait dans une position d'équivalence, si bien que ce dernier sert fréquemment de substitut à une parole singulière. Le portrait n'appuie pas alors les paroles citées, il les remplace.

L'assourdissement de la parole de l'autre s'appuie parfois sur le portrait de locuteurs burlesques, ce qui confère à la représentation, à un moment où le romancier pourrait être pris en défaut du côté du respect des bienséances, la caution de la peinture. L'inscription dans le texte de la parole de bavards invétérés remplit fréquemment une fonction d'interruption et de parasitage. L'abbé Lambert transpose par exemple le signifié de la parlure de la Dutour de Marivaux sur le personnage de Christine, la femme de chambre des *Mémoires et aventures d'une dame de qualité* (1739), sans doter sa parole d'un signifiant singulier.

Dans certains romans, le babillage apparaît au style indirect ou narrativisé et le portrait du babillard envahit le texte. *Jeannette seconde* (1744) de Gaillard de la Bataille offre une série de portraits de babillardes, et notamment celui de l'hôtesse, Madame Brument :

> Une taille courte et matérielle, un visage large, plus quarré qu'ovale, un de ces visages qui semblent attachés à l'état d'hôtesse, un caquet rapide, mêlé d'un excès d'imprudence et d'indiscrétion; voilà quelle était madame Brument. Dans le premier quart d'heure qu'elle demeura dans notre chambre, elle nous raconta peu succinctement toute son histoire depuis son enfance[33].

L'ébauche du portrait physique s'accompagne d'un portrait énonciatif qui énumère les spécificités de l'élocution du personnage. Ces images successives n'introduisent pas une citation de l'hôtesse: la narratrice résume sa parole et en commente les intonations.

---

[32] Mouhy, *Mémoires d'une fille de qualité qui ne s'est point retirée du monde*, Amsterdam, aux dépens de la compagnie, 1747, p. 333.
[33] Gaillard de La Bataille, *Jeannette seconde ou la Nouvelle paysanne parvenue*, Amsterdam, Par la Compagnie des Libraires, 1744, p. 116-117.

Plus loin, la parole d'une autre bavarde est au contraire largement citée: il existe en effet diverses variantes de la parole surabondante. Le babillage subalterne, celui des femmes de chambre par exemple, est rarement reproduit sur de longues unités au style direct; le bavardage mondain au contraire, celui de femmes du monde caractérisées par une parole divertissante, est plus volontiers retranscrit *in extenso*. Ainsi, dans *Jeannette Seconde*, Madame de Blainville est une jaseuse mondaine qui se pique de bel esprit. La variation des tons et des thèmes, le passage rapide d'un sentiment à l'autre, viennent illustrer un portrait satirique et offrent un généreux échantillon de la parole de la dame:

> Avec un esprit médiocre, elle babille toujours; toute matière lui est indifférente: dans les riens et les nouvelles elle excelle mais elle ne parle pas sur cela avec plus de rapidité que sur les choses dont elle n'a aucune connaissance. Traite-t-on de ce qu'elle ignore; d'abord Madame de Blainville prend la parole, non par vanité mais par humeur; elle s'enfile, se jette dans une digression, revient à son sujet, s'égare de nouveau. On a levé le siège de Carthagène, lui dit ces jours derniers un Nouvelliste en ma présence, et l'Amiral Ver.... L'Amiral Vernon, n'est-ce pas Monsieur? reprit-elle, j'en ai entendu parlé; c'est un grand homme que cet Amiral Vernon: j'ai toujours bien pensé qu'il lèverait ce siège-là, il y allait de sa gloire. Voilà une belle action; avoir levé un siège, et un siège de Carthagène. Je voudrais avoir vu lever ce siège là: cela est curieux, amusant; si j'étais un homme, je voudrais me trouver à la levée d'un siège. [...] On passa dans le salon par complaisance: on trouva Carthagène; enfin madame de Blainville dans le goût de ce que je rapporte, parla jusqu'au soir du siège de Carthagène[34].

Le narrateur adopte à cette occasion le présent des portraits de moralistes. La seule singularité de cette parole est qu'elle se développe par associations de mots et d'idées à partir d'une expression initiale diversement modulée: lever le siège de Carthagène – «j'ai toujours bien pensé qu'il lèverait ce siège-là», «je voudrais avoir vu lever ce siège», «je voudrais me trouver à la levée d'un siège», «à propos de Carthagène, c'est un beau pays que Carthagène sans doute», «voyons un peu ce Carthagène», «nous y verrons Carthagène dont on a levé le siège»... – Plus que par les mots ou les tournures employés, ce style se caractérise par une composition digressive et répétitive. La retranscription ne fait donc qu'illustrer avec exactitude l'enchaînement digressif annoncé par le portrait énonciatif.

[34] *Ibid*, p. 97.

Dans les *Mémoires d'une fille de qualité* (1747) de Mouhy, Madame de Genneval tient le rôle du personnage dont la parole est pittoresque. Le texte glose sur ses talents de conteuse et ses dons pour la conversation. L'historiette de madame de Genneval est racontée par la narratrice primaire elle-même qui filtre au style indirect la parole de son amie[35]. Elle est en effet totalement dépourvue de marques d'énonciation, et ce jusqu'aux dernières lignes. Au moment de tirer la morale de cette anecdote, l'énonciatrice se manifeste enfin par une série d'expressions modalisées (connotation autonymique, questions rhétoriques et appels au destinataire). La narratrice primaire vient alors justifier l'écart entre ce qui est dit de l'énonciatrice et l'absence de singularité de sa parole:

> Que peut-on dire de plus? Elles furent certaines qu'elles avaient été dupes de M. de Tourbillac. Il y a apparence qu'elles chercheront les occasions de s'en venger. Malgré le secret des deux parts, l'histoire a transpiré; mais ce qu'il y a de plus cruel, c'est qu'on assure que ce malhonnête homme (car peut-on l'appeler d'un autre nom?) a perdu par là de réputation ces pauvres filles, dont on n'avait jamais parlé; on les montre au doigt, et elles seront peut-être obligées de confirmer tôt ou tard la triste opinion qu'on a de leur vertu. Voilà l'histoire telle que Madame de Genneval nous l'a contée, à l'exception de beaucoup d'esprit et de saillies qu'elle y jeta, et que je n'ai osé rendre, ne me sentant point assez d'art pour la bien imiter[36].

L'aveu d'impuissance à rendre la vie et le piquant d'une parole est un lieu commun romanesque. Il renforce l'*ethos* d'un narrateur qui fait montre d'humilité en se déclarant inapte à restituer le bavardage mondain de ses brillants amis et, surtout, il traduit l'impossibilité de reproduire le charme d'une énonciation dont on veut, malgré tout, faire état.

Le narrateur définit une parole par la différence qu'elle présente par rapport à une norme – de sérieux, de morale, de cohérence – mais souvent l'échantillon cité n'offre pas les particularités et les aspérités mentionnées, qu'elles soient déclarées désagréables ou divertissantes. Autrement dit, la caractérisation de la parole est stylisée et fonctionne comme un signe, au sens où elle est en grande partie arbitraire. Une fois qu'il a été *dit* que le personnage parlait de telle façon, il importe peu au romancier que figure ou non dans le texte une parole atypique. La singularité se déplace sur le portrait qui est fait du locuteur singulier.

---

[35] Mouhy, *Mémoires d'une fille de qualité qui ne s'est point retirée du monde*, p. 343-351.

[36] *Ibid,* p. 351.

Le Gascon est le type de l'original par excellence et son originalité présente souvent l'intérêt de le situer à la marge du monde des honnêtes gens. Marguerite de Lussan joue de l'effet-portrait pour représenter la parole de son Gascon. Dès l'apparition de Calemane, un bref portrait problématise son image en insistant sur ses contradictions. Une série d'expressions binaires et concessives signale au lecteur la présence d'un personnage plus complexe que les silhouettes qui composent la petite société noble:

> Ce Calemane était un gentilhomme gascon âgé de cinquante ans. Monsieur de Gondez m'en avait cent fois parlé comme d'un honnête homme plein d'esprit & de mérite, mais d'un caractère singulier. Disenteuil lui dit qu'il venait dans le dessein de se retirer à Vannes pour y finir ses jours. Il en fut surpris (car il ne pouvait pénétrer la raison de cette retraite), il connaissait Calemane pour Philosophe, mais pour Philosophe voluptueux, & Vannes lui paraissait peu propre à lui procurer des plaisirs de son goût[37].

La suite du texte accentue l'ambivalence d'un personnage dont la singularité linguistique et stylistique reflète le statut social intermédiaire du hobereau de province. Le personnage est à la fois à l'intérieur du cercle – «gentilhomme», «honnête homme», «homme du monde» – et à sa marge; ses propos mêlent indissolublement le sérieux et le plaisant[38]. Le même caractère composite qualifie son autoportrait physique puisqu'il se définit lui-même comme un composé hétéroclite. Les différents portraits qui se succèdent brouillent son apparence, à la fois belle et bizarre:

> On trouvait que je ressemblais à mon père et à ma mère, j'avais de leurs traits, et ce mélange, quoique bizarre, soutenu d'une assez belle taille, me rendait un cavalier qui pouvait se présenter avec quelque confiance; mais cinquante ans, et des plaisirs variés avec peu de ménagement m'ont rendu tel que vous me voyez[39].

Le portrait bizarre, en posant le locuteur dissonant comme irreprésentable, transfère une partie de la singularité de l'élocution sur l'apparence. L'étrangeté du portrait contribue ainsi, par contiguïté, à la représentation de la parole singulière. Villagognac, le Gascon des *Mémoires du comte de Claize* (1738) de Catalde, a quant à lui des manières grossières. Sa parole rapportée est aussi introduite par un long portrait énonciatif:

> Ce jeune homme avec une sorte d'esprit, est grossier, étourdi, fort effronté, quelquefois amusant, et ordinairement ennuyeux par une trop

---

[37] Marguerite de Lussan, *Histoire de la comtesse de Gondez*, Paris, N. Pepie, 1725, p. 173.
[38] *Ibid*, p. 179 et p. 175.
[39] *Ibid*, p. 181-182.

grande démangeaison de parler. Il se croit seul digne d'être écouté, et coupe la parole à tout le monde. Personne ne peut se vanter d'avoir fini un discours en sa présence, sans en avoir été vingt fois interrompu. Rien ne mérite son admiration et son estime, et il conviendrait humblement être un unique modèle de perfection. Sa déclaration à ma fille vous donnera une idée de l'original.

Mademoiselle lui dit-il à la première vue, je vais d'abord au fait. Je ne suis point un fat à filer d'un air langoureux le parfait amour. Vous me paraissez une bonne personne. Je me sens des dispositions à vous aimer, dont vous devez me savoir gré par la mauvaise opinion que j'ai de toutes les femmes. Votre physionomie me prévient en votre faveur, et me fait croire que vous avez de la bonne foi. Peut-être me trompai-je, mais je veux bien en courir le risque, si vous répondez à l'envie que j'ai de me donner à vous. Ma fille étourdie d'une si étrange façon de parler, ne savait comment prendre la chose[40].

Le portrait précède la parole citée, ce qui est peu fréquent. Dans les *Mémoires d'une honnête femme* de Chevrier, le personnage du Duc d'Amerville est lui aussi défini par la tournure singulière de son expression mais le texte glose longuement sur l'apparence et la façon de s'exprimer du personnage, en opposant sa laideur et son esprit:

> Parmi les jeunes seigneurs qui composaient la cour du prince, j'avouerai que je distinguai le Duc d'Amerville, sa figure n'en imposait point, elle rebutait même au premier coup d'œil, pour peu qu'on eût eu de délicatesse, mais la nature qui sait réparer ses torts, lui avait donné un esprit vif et solide, qui savait plaire et persuader tout à la fois; sans prétention d'ailleurs, le duc disait les choses les plus jolies, sans avoir l'air de les dire; indolent sur l'expression qui était toujours choisie, il semblait ne la négliger que pour appuyer sur le sentiment; et le peu de cas qu'il faisait de tout ce qui partait de lui y ajoutait un nouveau prix; […] doux avec les sots, il jetait sur eux un vernis qui les rendait supportables, et qui faisait quelque fois penser, qu'on les avait condamnés trop tôt[41].

Mais lorsque le duc d'Armerville est cité au discours direct, la citation illustre un style héroïque et théâtral des plus conventionnels:

> Que deux cœurs enivrés l'un de l'autre, se livrent aux accès de la volupté, j'y consens; mais qu'un amant soit assez lâche pour trahir son ami, en lui enlevant le cœur d'une femme vertueuse qui combat; c'est une perfidie dont votre sagesse vient de me sauver la honte. Que l'amitié et l'estime nous unissant seuls, je renonce pour toujours à l'amour[42].

---

[40] Catalde, *Mémoires de Monsieur le comte de Claize*, Amsterdam, aux dépens de la compagnie, 1738, p. 106.

[41] Antoine Chevrier, *Mémoires d'une honnête femme écrits par elle-même et publiés par M. de Chevrier*, Londres, 1753, première partie, p. 36.

[42] *Ibid,* p. 45.

Autrement dit, tous les types de paroles ne sont pas isolables au même degré: les paroles directes et effrontées, les déclamations théâtrales se prêtent parfaitement au découpage et à la citation tandis que les grâces de la conversation et l'originalité de l'esprit s'y dérobent. Quand le locuteur pittoresque est censé dire de jolies choses sans avoir l'air de les dire, le texte, lui, fait fréquemment l'inverse: il ne les cite pas, mais s'efforce tout de même d'avoir l'air de les dire.

Le portrait grotesque est un autre type dissonant fréquent dans les romans. Dans *Achille ou les Mémoires du chevalier de* *** (1734) de Madame Meheust, le narrateur est un aristocrate au cœur brisé qui passe sa vie à l'ombre du bonheur conjugal de son frère aîné. La mort de sa bien-aimée, victime d'un accident de carrosse et finalement emportée par la petite vérole, détermine son renoncement à un bonheur et à une histoire personnels, puisqu'il se contente ensuite de seconder et de raconter les aventures de son frère. Au milieu du récit de l'épisode tragique, le narrateur s'attarde au portrait burlesque du médecin appelé au chevet de Julie, sa maîtresse. Ce portrait est donc au cœur et même à l'origine de la catastrophe puisque la mort de Julie est due au diagnostic erroné de ce médecin incompétent. A l'endroit le plus pathétique de l'histoire, le narrateur insère un portrait conforme à la tradition satirique:

> Son air droit, ses révérences contraintes, sa contenance embarrassée, son chapeau qui recevait par intervalle de petits coups de coude pour que le lustre en éclatât mieux; son nez, le plus grand que j'aie vû *(sic)*, et le plus mal tourné; ses joues plates, ses jambes cagneuses: tout semblait s'être joint pour faire de cet homme un composé des plus grotesques. Il préluda par toutes les informations ordinaires; il observa longtemps la malade, puis d'un ton grave et mesuré, il fit une dissertation, ou plutôt un vrai galimatias, que les citations de Gallien rendit *(sic)* respectable. Il allait s'étendre davantage et nous allait faire l'analyse du corps humain, si la marquise impatiente et fatiguée d'écouter ce qu'elle ne pouvait entendre, ne l'eût interrompu au milieu d'une période[43].

Le jargon déplacé du médecin fait l'objet d'une longue description et d'une ellipse. L'écart entre ce que le texte dit et ce qu'il montre doit-il être lu plutôt comme un aveu d'impuissance à faire parler l'autre ou comme une réticence de la romancière à représenter une parole dissonante dans un contexte sérieux, voire pathétique? Un peu plus loin dans le même roman, la rencontre du narrateur et d'un paysan illustre la

---

[43] Madame Meheust, *Achille ou les Mémoires du chevalier de* ***, Amsterdam et Paris, 1734, p. 93.

manière dont certains textes jouent avec la possibilité de représenter une parole plaisante:

> Nos promesses l'humanisèrent et le familiarisèrent même un peu trop. Jamais changement ne fut plus prompt, le stoïque rustre devint dans l'instant le plus insupportable parleur. Nous fûmes bientôt instruits de toutes ses affaires; le portrait de sa femme me réjouit beaucoup, il faut l'avouer: ces Villageois ont des saillies admirables et un bon sens qui fait honte à l'éducation[44].

L'ellipse de la parole de l'autre est totale: ni la parole du manant, ni le portrait qu'il fait de sa femme ne sont retranscrits. Le narrateur donne à voir son propre plaisir face aux répliques réjouissantes du manant mais le lecteur, lui, n'a pour s'amuser que le spectacle du narrateur se divertissant et le signe de la parole dissonante. La rencontre avec un autre locuteur dissonant, un tenancier d'auberge (p. 145-146), donne lieu à un troisième portrait burlesque: chez Madame Meheust, le portrait énonciatif est un procédé si systématique que la posture narrative d'Achille en devient contradictoire: il multiplie les précautions pour préparer le lecteur aux écarts du texte, mais ceux-ci se bornent à des vignettes, des portraits stéréotypés semés au fil du texte, sans jamais que soient rapportés les propos des locuteurs populaires ou dévalués.

Ayant ainsi suggéré l'équivalence entre l'effet de contraste des portraits burlesques et celui de la parole dissonante, la romancière substitue à la représentation un commentaire de type pictural et métalittéraire. Par exemple, après la digression déclenchée par la parole du médecin et l'ellipse du jargon qui la caractérise, le narrateur suspend son récit pour formuler cette réflexion: «Le lecteur trouvera peut-être ce portrait trop badin au milieu d'une narration touchante; mais je n'ai pu me refuser cette petite satisfaction[45].» Il s'autorise pourtant à nouveau semblable digression en insérant un autre portrait ridicule à un moment critique des amours du frère aîné du narrateur avec la jeune Eléonor. En une longue prolepse argumentative, le narrateur anticipe les objections que l'on pourrait lui faire et se lance dans une vigoureuse diatribe contre les critiques, qui condamnent sans appel le mélange des tons et des genres. Les objections possibles sont prises en charge par la voix de ce critique imaginaire, sous la forme d'un discours pseudo-textuel:

---

[44] *Ibid*, p. 111.
[45] Madame Meheust, *Achille ou les Mémoires du chevalier de ****, Amsterdam, François l'Honoré, 1734, p. 93. La romancière imite le procédé, mis en œuvre par Marivaux dans *Pharsamon ou les Nouvelles Folies romanesques*, qui consiste à interpeller le trop «sérieux lecteur».

> Quel mélange, s'écriera un critique, jetant ce livre avec indignation!
> Quelle platitude! le portrait du médecin est encore pardonnable; mais
> pour celui-ci, je ne le passerai pas. Quoi! tracer une figure grotesque
> à l'instant d'un événement sérieux tandis que le lecteur doit trembler
> pour Eléonor; le distraire d'un objet si touchant par une ironique pein-
> ture? Ah! Ciel le pitoyable Auteur. Il me semble le voir ce critique
> sévère; j'aperçois déjà deux ou trois rides de plus sur son front, tant sa
> bile s'émeut, et il s'irrite. Ces messieurs sont difficiles, je le sais par
> expérience; leur génie mordant ne cherche que prise; plus un ouvrage
> a de succès, plus ils l'épluchent; ce serait un prodige si l'on pouvait
> entièrement leur plaire; mais après tout, on ne doit point les condam-
> ner, chacun cherche à se distinguer, et ceux qui n'ont pas le talent
> d'écrire ont celui de déchirer.
> La digression me paraît un peu longue; je m'égare, et mon imagina-
> tion m'emporte; il est temps, je l'avoue, de revenir à mon sujet[46].

Le texte met en œuvre de lourds moyens pour souligner son propre caractère subversif. Il est de surcroît curieux de constater qu'à l'endroit même de l'absence de la parole de l'autre, la romancière met en place un pseudo-dialogue entre le narrateur, figure de l'auteur dans le texte, et son lecteur, professionnel ou non. Ce dialogue fictif figure la polémique oppo-sant le critique à l'auteur qui tolère une part de dissonance dans son texte, comme si la romancière éprouvait le besoin d'affirmer le caractère sub-versif des portraits et de la présence de l'autre dans son texte. Il semble que la défaillance de la représentation des voix, au niveau intradiégé-tique, se trouve compensée par la mise en place d'un dialogue à un autre niveau.

Les récriminations adressées ici par le narrateur aux critiques expri-ment probablement la prise de distance inquiète d'une romancière à l'égard des règles esthétiques tacitement dictées par une tradition litté-raire dans laquelle elle fait figure d'intruse. D'où une présence étouffée de la parole de l'autre, populaire ou grotesque, dont le besoin est confu-sément exprimé mais pas vraiment assumé, faute, peut-être, de l'habileté technique nécessaire pour la faire entendre. Faute peut-être aussi de l'as-sise culturelle qui permettrait d'assumer cette transgression des règles de bienséance.

Le désir de faire figurer la parole de l'autre se manifeste par la tenta-tive du narrateur de briser l'homogénéité du récit en pratiquant des brèches sous la forme de portraits burlesques. L'audace subversive de madame Meheust se borne néanmoins à faire des portraits, c'est-à-dire à disposer,

---

[46] *Ibid*, p. 145-146.

dans son roman, des fragments textuels qui font le lien entre la représentation verbale et picturale. Le retour, à cet endroit précis, du lexique pictural vise à accentuer le statut littéraire et codifié de ces portraits.

Le traitement de la parole de l'autre passe donc par l'intermédiaire de types socio-culturels de locuteurs. Achille explique que la parole du manant est divertissante, mais celle-ci ne divertit pas *directement* le lecteur. En renvoyant à d'autres textes et à des types de locuteurs supposés connus, l'intertextualité apparaît comme une stratégie permettant de suggérer la présence de l'autre, tout en faisant l'économie de la parole rapportée. Tout se passe comme si le narrateur renvoyait à d'autres livres où les manants ont la parole et où ils font rire.

La bizarrerie formelle de la parole de l'autre se trouve donc déplacée sur le statut d'originaux des locuteurs. Le type du personnage pittoresque *vaut pour* représentation, puisque le lecteur le reconnaît. De ce fait, les passages dans lesquels fait irruption un discours hétérogène font l'objet d'une forte insistance de la part du romancier. Madame Meheust est exemplaire d'une catégorie de romanciers qui produisent des textes troués, citant les paroles homogènes mais laissant vides les espaces des paroles dissonantes.

On peut s'interroger sur la difficulté à représenter la parole dissonante. Ces effets d'annonce et ces justifications embarrassées ne sauraient-ils être mis au compte d'un processus de transition entre deux façons d'envisager les paroles des personnages dans les romans? Il serait certes anachronique de poser déjà la question de la tentative des romanciers de retranscrire le plus fidèlement possible les différentes voix de la société. Cette préoccupation interviendra plus tard et, d'abord, dans les romans épistolaires de la deuxième moitié du siècle[47]. Les tentatives de rendre un langage populaire ou des dénivellations dans les façons de parler se traduisent souvent, dans les romans de cette époque, par une homogénéisation dans le burlesque et le parodique[48], mais on trouve rarement l'alliance, au sein d'un même univers romanesque, de deux paroles violemment contrastées. Marivaux, l'un des seuls à faire effectivement parler une locutrice dissonante, dans un roman qui n'est pas nettement comique, éprouve tout de même le besoin de justifier assez longuement

---

[47] En 1762, Diderot rend ainsi hommage à Richardson: «C'est lui qui fait tenir aux hommes de tous les états, de toutes les conditions, dans toute la variété des circonstances de la vie, des discours qu'on reconnaît.», *Éloge de Richardson* in *Œuvres esthétiques*, édition de P. Vernière, Paris, Garnier, 1968, p. 32.

[48] Tel est le cas des facéties poissardes de Caylus ou Vadé qui présentent une homogénéité dans le registre bas et le style correspondant.

cette incursion, dans son avertissement, et de séparer les interventions des personnages centraux de l'altercation entre Madame Dutour et le cocher. D'où une explication possible de l'isolement de Marianne dans un coin de la pièce, lors de la fameuse scène du cocher: Marivaux abstrait Marianne de la scène afin de ne pas la mettre en *contact* avec les paroles basses, alors que l'on constate curieusement que le contact physique avec le peuple – c'est-à-dire le geste du cocher, qui la porte dans ses bras – ne suscite pas de réaction particulière de la part des critiques. On peut dès lors se demander quelle est la place de Marianne pendant la scène et si son pied blessé ne présente pas aussi l'intérêt de la mettre momentanément hors-champ. En effet, à aucun moment elle n'échange de paroles avec ces personnages dissonants ou, tout au moins, à aucun moment ces échanges ne sont retranscrits dans le texte: face au flot de paroles de Madame Dutour, Marianne personnage se tait ou Marianne narratrice ne rapporte pas ses propres paroles. Autrement dit, quand les autres profèrent des paroles dissonantes, nul dialogue n'est rapporté, ce qui rendrait compte du caractère non relié des paroles des autres, quand elles sortent de la sphère de sociabilité dans laquelle le narrateur se reconnaît, ou prétend être reconnu. Cette disjonction expliquerait que, durant la période étudiée, les paroles des locuteurs atypiques ne prennent que rarement place dans un dialogue pleinement retranscrit[49]. Leur isolement permet aux romanciers de ne pas les mettre directement en contact avec les paroles de l'héroïne[50].

En représentant effectivement les paroles de la lingère et du cocher, au beau milieu du récit de Marianne, Marivaux fait cependant figure d'exception, car les annonces creuses sont légion dans les romans[51].

---

[49] Tandis que de longs échanges dialogués sont retranscrits, et de plus en plus massivement, par les romanciers. Il reste que les paroles qu'ils mettent en scène, comme au théâtre, présentent une relative homogénéité. Cela est confirmé par ce que Diderot dit de l'unité de discours des dialogues dramatiques dans les *Entretiens sur le fils naturel*: «Il y a, dans la composition d'une pièce dramatique, une unité de discours qui correspond à une unité d'accent dans la déclamation. Ce sont deux systèmes qui varient, je ne dis pas de la comédie à la tragédie, mais d'une comédie ou d'une tragédie à une autre. S'il en était autrement, il y aurait un vice, ou dans le poème, ou dans la représentation. Les personnages n'auraient pas entre eux la liaison, la convenance à laquelle ils doivent être assujettis, même dans les contrastes. On sentirait, dans la déclamation, des dissonances qui blesseraient.», *Entretiens sur le fils naturel* in Diderot, *op. cit.*, p. 103.

[50] La catastrophe intervient justement lorsque le contact est direct et inattendu, comme dans l'épisode chez Madame De Fare où toutes les paroles et toutes les parties sont mises en présence.

[51] F. Deloffre a souligné le rôle précurseur de Marivaux en la matière: «Les rares tentatives contemporaines dans la même voie paraissent timides auprès de celle-là. L'influence exercée par Marivaux dans ce domaine n'a pas été étudiée et elle est certainement

Les romanciers, par la plume de leurs narrateurs primaires, signalent le lieu d'une parole typique, pittoresque, étonnante, originale, bizarre, basse, révoltante, etc., sans forcément franchir le seuil de la représentation. Les remarques qui rattachent les passages dissonants à des tableaux, à des scènes de genre, dessinent ainsi une sorte d'horizon de représentation.

Prendre du champ par rapport au récit pour observer, comme en surplomb, les réactions d'un critique imaginaire et les expressions de son visage à la lecture du texte, prétendre le faire parler, sont autant de moyens de renforcer le cadre et d'isoler plus nettement le passage dissonant. La défaillance assumée de la représentation de la parole de l'autre permet au narrateur de réfléchir sur son art de conteur au milieu du récit en train de se faire. La convocation dans le texte d'une parole dissonante ou décalée par rapport au reste fait en tous cas systématiquement l'objet d'un commentaire de la part du narrateur. L'insertion de paroles dévaluées dans un roman globalement sérieux, qu'elle soit effective, partielle ou seulement évoquée, est toujours ressentie comme une bravade ou un coup de force et le discours narratorial attire inévitablement, à ce moment-là, l'attention sur le cadre, la forme, le processus de fabrication du texte. Les romans désignent la place de la dissonance même si, dans les romans-mémoires, elle ne laisse souvent guère plus que son empreinte.

II. LA SOLUTION DES TEXTES COMIQUES:
EXPÉRIMENTATIONS LUDIQUES SUR LA PAROLE DE L'AUTRE

Qu'advient-il de la représentation des paroles des autres lorsque le texte-cadre, duquel procèdent tous les autres discours, se situe lui-même en marge des romans fondés sur une relative conformité aux lois régissant les comportements sociaux et aux règles de vraisemblance et de bienséance? En d'autres termes, qu'en est-il de l'insertion de paroles dévaluées ou déviantes en quelque façon, dans un roman faisant surgir la narration primaire des marges sociales ou morales?

Jean-Paul Sermain donne une définition par défaut de la touche burlesque, au XVIIIe siècle, en énumérant ce que ce mode de représentation

---

considérable. [...] Mais, pour trouver une utilisation plus remarquable de différents types de langage dans un roman, il ne faut pas attendre moins d'un siècle avec Balzac.», *Marivaux et le marivaudage*, Paris, Colin, 1967, p. 231.

détruit ou ébranle[52]. Il caractérise le texte de portée sérieuse par la volonté de ménager une certaine illusion référentielle, la construction d'une cohérence interne et enfin l'établissement d'un lien avec le contexte culturel, littéraire ou philosophique et cette hétérogénéité des critères témoigne de la difficulté à circonscrire la sphère sérieuse.

Une nette ligne de partage ne sépare pas en effet les romans comiques et les autres mais il existe toute une série de degrés entre les deux pôles un peu artificiels que représenteraient le roman comique et la fiction noble, depuis le badinage, sorte de sérieux souriant que pratique la narratrice de *La Vie de Marianne*, jusqu'à la franche dérision.

Les énonciations marginales des romans-mémoires comiques font de leur attitude cavalière par rapport à la *mimésis* une sorte de revendication poétique et, du point de vue de la représentation des paroles des autres, il est possible de voir une analogie de fonctionnement entre des textes comiques et des textes licencieux. En effet, romans licencieux – libertins, érotiques ou pornographiques – et romans comiques présentent des points communs dans leur manière de représenter la parole de l'autre. Nous nous intéresserons ici à diverses catégories de romans qui procèdent de façon comparable en matière d'encadrement et de traitement des paroles des autres. Le préalable à cette étude est de préciser les caractéristiques de l'énonciation mémorialiste dans les romans appartenant à la veine comique ou badine.

1. Spécificités de l'énonciation comique

La prétention à un savoir progressivement constitué figure dans la définition du sérieux proposée par Jean-Paul Sermain: ce critère est en effet essentiel et l'absence de cette volonté d'inscrire un savoir, une expérience, dans une progression narrative cohérente, fonde l'unité de notre corpus de textes comiques. Le statut spécifique de la parole des autres dans les textes comiques peut donc être mis en rapport avec leur structure de liste. De tels romans se font même une gloire de leur discontinuité, le refus de

---

[52] «Le XVIIIe siècle recourt [au burlesque] en effet afin d'introduire dans un texte qui a une portée sérieuse (dans son ambition philosophique ou son propos littéraire, par sa cohérence ou sa convenance) des éléments de dissonance qui brisent l'homogénéité du texte, déchirent la surface de l'illusionnisme mimétique, interrompent la continuité logique du récit, remettent en question la prétention à un savoir qui se constitue dans la progression», J-P. Sermain, «Une poétique de la déchirure» in *Poétiques du burlesque*, Dominique Bertrand (ed.), Paris, Champion, 1996, p. 399.

la progression narrative paraissant fréquemment lié à une posture de contestation politique ou morale.

A. Discontinuité temporelle et structure de liste

Dans son essai sur le roman d'ascension sociale au XVIIIe siècle, *Le Héros et son double*[53], Marie-Hélène Huet étudie le fonctionnement d'un certain nombre de romans de parvenus: «La succession des épisodes vécus ou entendus forme une progression qui oriente la destinée du héros, bien qu'aucune des voies envisagées ne soit définitivement fermée pour l'avenir[54].» Les romans de parvenus, tels que *Le Paysan parvenu* (1734-1735) de Marivaux ou *La Paysanne parvenue* (1736) de Mouhy, présentent en effet une succession d'événements et de rencontres qui dessine une cohérence, alors que la conscience d'avoir un destin ne se retrouve pas au même degré dans les romans plus franchement comiques, pris en charge par des mémorialistes déchus.

Quand bien même le parcours du personnage dessinerait une ascension sociale (pour les romans de filles comme *Margot la ravaudeuse* (1750) de Fougeret de Montbron ou *La Belle Allemande* (1745) d'Antoine Bret) ou une conversion morale (de la multiplicité stérile à l'unité féconde dans les romans libertins mondains, tels que *Les Egarements du Cœur et de l'Esprit* (1736) de Crébillon ou les *Confessions du comte de **** (1741) de Duclos), c'est-à-dire, même lorsque la progression dans le temps est significative, certains romans ne font pour autant pas apparaître dans le texte les étapes d'un cheminement. Tous les romans libertins ne sont certes pas des romans de liste: Michel Delon montre la diversité de ce que recouvre l'étiquette de *roman libertin* [55]. Cette diversité se manifeste notamment dans le traitement de la temporalité. Le temps libertin peut être répétitif et discontinu ou tout aussi bien épouser les méandres d'une lente séduction des sens. A ces divers tempos de l'amour correspondent autant de constructions narratives distinctes.

Nous parlerons de *roman-liste* pour désigner des narrations qui ne donnent pas à voir le cheminement du narrateur, à mesure qu'il évolue et se transforme, et avec lui sa relation aux autres. La plupart des mémoires libertins postulent une transformation du sujet, mais dans le roman-liste,

---

[53] Marie-Hélène Huet, *Le Héros et son double, essai sur le roman d'ascension sociale au dix-huitième siècle*, Paris, Corti, 1975.

[54] *Ibid*, p. 19.

[55] Voir M. Delon, *Le Savoir-vivre libertin*, Paris, Hachette Littératures, 2000, p. 13-14.

celle-ci s'opère, pour ainsi dire, dans le laps de temps qui sépare les aventures de la rédaction des mémoires. Ce type de roman n'est pas nécessairement caractérisé par sa brièveté, comme en témoigne l'exemple des *Mémoires et aventures d'un bourgeois qui s'est avancé dans le monde* (1750) de Digard de Kerguette. Au fil de ses aventures, du Courci, le narrateur, accumule les expériences sans trahir d'évolution dans sa façon de penser, avant de subitement se convertir au sentiment à l'issue du dernier épisode: l'évolution intérieure du personnage ne s'accompagne pas de réflexions et de commentaires, elle est suggérée mais rejetée dans un hors-texte, que le lecteur doit supposer.

De même, dans *Les Confessions du Comte de* *** (1741), de Duclos, la conversion du héros se fait rapidement, après une longue liste d'aventures, qui semblent parfaitement interchangeables. Après avoir conquis de belles étrangères, le comte rentre dans sa patrie mais reste à l'extérieur de la sphère de l'aristocratie, en nouant des intrigues avec des financières et des intendantes, puis revient à Paris pour se consacrer aux dames de qualité. Les étrangères, les financières, la dévote, la coquette, la petite-maîtresse, etc., seuls la toile de fond et le statut social de sa partenaire se modifient, mais le comte de *** demeure à peu près semblable à lui-même, son principal trait définitoire étant précisément l'inconstance. Jouant la passion avec la passionnée, la sensualité avec la sensuelle, le raffinement avec la coquette, la simplicité avec la roturière, le cynisme avec la rouée, il est insaisissable et son parcours ne fait qu'énumérer les diverses façons de séduire et d'être séduit.

La même discontinuité s'observe dans *Margot la ravaudeuse* (1748) de Fougeret de Montbron, qui représente la version basse du roman licencieux. La conversion de la prostituée vient clore la liste des clients et elle est expédiée en quelques lignes, grâce à l'intervention d'un *Deus ex machina* qui prend les traits d'un «empirique». Le dénommé Vise-à-l'œil est capable de diagnostiquer les maladies dont souffrent les gens en les regardant au fond des yeux. Cette consultation est décisive dans la destinée de Margot:

> Le discours de M. Vise-à-l'œil fit sur mes sens un effet si merveilleux, que pour peu que j'eusse eu foi au Grimoire, je l'aurais soupçonné de m'avoir touchée d'une baguette magique. Il semblait que je sortais d'un sommeil profond, pendant lequel j'avais rêvé d'être malade[56].

La maladie de Margot, qui n'est que lassitude de sa vie de courtisane, n'est nullement préparée dans le texte, qui passe en quelques lignes de

---

[56] Fougeret de Montbron, *Margot la ravaudeuse* [1748], Paris, Jean-Jacques Pauvert, 1965, p. 144.

l'exercice professionnel, sinon satisfait, du métier de prostituée à un dégoût plongeant le personnage dans une apathie morbide. La narratrice dit que le dégoût s'insinue en elle mais, dans le texte, seule l'apparition du mot *dégoût* signale la rupture, comme si le mot permettait de faire l'ellipse partielle d'une progression que le roman comique est peu enclin à représenter.

Dans les romans s'inscrivant dans la tradition picaresque, le principe de discontinuité narrative est tout aussi visible: les protagonistes vagabondent dans l'espace social et géographique et, au terme de leurs aventures, se transforment et se sédentarisent. En une pure accumulation d'histoires, les aventures de Bigand, le héros de *La Mouche* (1736) de Mouhy, sont la somme des déplacements d'un voyageur parisien, petit personnage qui furète de maison en maison, sans que son être en acquière la moindre épaisseur. L'héritage, là encore proprement miraculeux d'une immense fortune justifie une conversion du personnage à l'honnêteté et réoriente finalement le roman vers un autre registre. Le héros s'achète une conduite, d'espion délinquant devient mouchard d'Etat et tombe amoureux d'une jeune fille malheureuse. Comme *Les Confessions du Comte de* **, le roman sort du régime narratif de la liste pour se rapprocher d'une histoire sentimentale classique. La transformation n'est pas brutale, puisque Bigand continue d'accumuler les choses vues, les histoires surprises et les rencontres, tout en se consacrant à la ligne narrative désormais dominante de son histoire d'amour. Là encore, c'est par le biais d'un événement magique que le roman transforme son personnage central, en une sorte de tour de passe-passe narratif.

Les romans de liste s'inscrivent dans une esthétique du raccourci et de l'abréviation et se complaisent à souligner le caractère brutal de la sortie du régime narratif de la liste. La visibilité assumée de la structure de liste permet de revendiquer un enchaînement arbitraire des événements qui transgresse la règle de vraisemblance. Ainsi, certains romans libertins sont *aussi* des romans-listes, parce qu'ils relatent les déplacements et les rencontres d'un personnage-support relativement transparent: cela se traduit par une succession de maîtres pour le picaro, d'amants ou de maîtresses pour la libertine ou le libertin, de catégories sociales pour la prostituée ou l'étranger voyageur.

Dès lors, cette distinction, toute relative et fragile soit-elle, entre le modèle narratif traditionnel et le roman-liste permet de délimiter un sous-ensemble considérable, dont l'étiquette comique ne rend compte qu'imparfaitement, mais qui présente un traitement comparable de la progression narrative, tout dissemblables que soient par ailleurs ces romans, tant du point de vue de la tonalité, de la visée, du style, que de la thématique.

B. *Discontinuité énonciative et désinvolture de la caractérisation*

Dans les romans à présent regroupés, le narrateur principal observe avec quelque distance les règles qui président à la conduite d'une narration vraisemblable, bienséante et cohérente. Dès le premier mot de ses mémoires, il laisse percevoir sa propre incrédulité par rapport à son projet d'écriture, incrédulité analogue et reflet de celle du romancier, et il suggère que sa parole est usurpée.

La comparaison entre les parvenus et les pseudo-parvenus fait apparaître la différence entre deux types d'énonciation. Le mythe de l'ascension sociale s'élabore à partir du point de vue finalement atteint, un point de vue aristocratique ou, tout au moins, socialement dominant. La narration du parvenu est donc, par définition, palinodique. Elle comporte une forme de subversion dans la mesure où elle contribue à donner la parole à des locuteurs issus de la paysannerie, ou de toute autre catégorie sociale basse, et de ce fait normalement non qualifiés comme rédacteurs de mémoires. Cette subversion est cependant passablement limitée si l'on considère que c'est le point d'arrivée, et non celui de départ, qui sert d'axe à la narration. C'est ce qu'a montré Jean-Paul Sermain à propos du retraitement du roman comique opéré par Marivaux dans *Le Paysan parvenu*: les efforts de Jacob pour se représenter depuis l'intérieur du groupe des honnêtes gens, sa prétention à respecter certaines règles et valeurs d'honneur, ou du moins à se conformer à leurs apparences, rapprochent, de fait, son récit des romans nobles. Le roman porte aussi sur les gueux et les personnages populaires un type de regard informé par un code littéraire et une vision aristocratique du monde[57].

Quant à Jeannette, la narratrice de *La Paysanne parvenue* de Mouhy (1735-1736), non seulement elle n'écrit pas, dans ses mémoires, comme parlent les paysans qui l'entourent[58], mais encore, ses propres paroles, prononcées dans le passé et retranscrites, sont neutres et tranchent avec le parler paysan, même stylisé par Mouhy. On s'aperçoit que la parole de Jeannette, lorsqu'elle se cite elle-même dans son récit, est déjà nettement distincte de celle de Colin[59]. La narratrice de *La Vie de Marianne* écrit

---

[57] J-P. Sermain, *Le Singe de Don Quichotte*, Oxford, Voltaire Foundation, S.V.E.C. n°368, 1999, p. 219.

[58] Voir les travaux de V. Mylne sur ce point et notamment: «Dialogue as Narrative in French Eigtheenth Century French Fiction» in *Studies in 18th Century Literature presented to Robert Niklaus*, Exeter, 1975. p. 173-192. Les romanciers, selon V. Mylne, commencent à essayer de rendre leurs dialogues plus naturels, notamment en pratiquant ce que Marmontel appelle le «dialogue pressé» (cf. article *direct* de l'*Encyclopédie*).

[59] Mouhy, *La Paysanne parvenue, ou les Mémoires de Madame la Marquise de L.V*, [Paris, Prault Fils, 1736.] Amsterdam, aux dépens de la compagnie, 1757, première partie,

son histoire d'orpheline pauvre à son amie, mais elle s'exprime depuis la position de comtesse de ***. De même, tous les parvenus des romans honnêtes ne portent plus la moindre trace énonciative de leur origine incertaine ou basse.

Au contraire, l'énonciation principale du roman de liste manifeste, de bout en bout, la conscience de son incongruité et de son caractère emprunté. A première vue, les réserves initiales sont identiques chez Marianne et chez Thérèse ou Frétillon:

> Quand je vous ai fait le récit de quelques accidents de ma vie, je ne m'attendais pas, ma chère amie, que vous me prieriez de vous la donner toute entière, et d'en faire un livre à imprimer. Il est vrai que l'histoire en est particulière, mais je la gâterai, si je l'écris; car où voulez-vous que je prenne un style[60]?
>
> Quoi, monsieur, sérieusement, vous voulez que j'écrive mon histoire, vous désirez que je vous rende compte des scènes mystiques de Mademoiselle Eradice avec le très révérend père Dirrag, que je vous informe des aventures de Madame de C*** avec l'abbé T***, vous demandez d'une fille qui n'a jamais écrit des détails qui exigent de l'ordre dans les matières[61]? L'extravagante fantaisie d'écrire m'a séduite et déterminée à donner mon histoire au public. Je sens que rien n'est plus déraisonnable que de dévoiler à tout un monde, sous des couleurs peu avantageuses (lorsqu'on se propose de ne rien déguiser) son caractère, sa conduite et des mœurs assez corrompues[62].

Du point de vue de la correction linguistique, du ton ou encore des types de précautions oratoires employées, ces incipit de *La Vie de Marianne*, de *Thérèse Philosophe* (1748) de Boyer d'Argens et *L'Histoire de Mademoiselle Cronel* (1739) de Gaillard de la Bataille ne présentent pas de différences fondamentales: même aveu de ne savoir pas écrire et même revendication d'incompétence. Ils présentent néanmoins un traitement sensiblement différent de la voix du mémorialiste: tandis que Marivaux ancre Marianne dans une relation au présent et la dote d'une voix humaine, Thérèse est un support de réclame scandaleuse pour le livre qui va suivre: elle livre des noms à clés, annonce la révélation de scandales. De même, le fait que la narratrice de Gaillard de la Bataille adresse ses

---

p. 40-41. Voir, pour le mythe de la parvenue, Annie Rivara, *Les Sœurs de Marianne: suites, imitations, variations, 1731-1761, S.V.E.C.* n° 285, 1991.

[60] Marivaux, *La Vie de Marianne*, p. 8.

[61] Boyer d'Argens, *Thérèse philosophe ou Mémoires pour servir à l'histoire du Père Dirrag et de Mademoiselle Eradice* in *Romans libertins du XVIIIème siècle*, éd. de R. Trousson, Paris, R. Laffont, 1993. p. 575.

[62] Gaillard de la Bataille, *Histoire de Mademoiselle Cronel dite Frétillon* [La Haye, 1739], La Haye, aux dépens de la compagnie, 1743, p. 4.

mémoires à un public déjà constitué et amateur de scandale confirme que dans certains romans la voix du mémorialiste sert de support à un propos érotique, satirique ou philosophique, conscient en tous cas de sa nature polémique[63].

La narratrice de *La Belle Allemande ou les galanteries de Thérèse* (1745) d'Antoine Bret explique, au seuil de ses mémoires, que son envie d'écrire est irrépressible car elle désire plus que tout être une héroïne de roman :

> Je vais donc faire un livre, la jolie chose que de faire un livre et qu'il est flatteur pour une personne de mon âge de se voir imprimée, et peut-être lue avec quelque curiosité ! Je ne puis contenir ma joie. Rivale de Frétillon dans la carrière de l'honneur, je me figure d'avance partager avec elle la gloire inséparable de la qualité d'héroïne de roman[64].

La référence au seuil des mémoires à un autre roman-mémoires du même genre fait de ce récit cavalièrement justifié une sorte de réponse. La belle Allemande pose sa voix, ou plutôt prend la plume, de mémorialiste, en référence et *par rapport* aux mémoires déjà connus de Frétillon. Dans ce type de mémoires parodiques, s'interpose ainsi parfois une distance supplémentaire entre le mémorialiste et son récit, un écran formé par les mots et les récits des autres, et par les autres romans appartenant à la même veine.

Les narrations comiques peuvent enfin se caractériser par une discontinuité formelle et typographique. La mémorialiste de *Thérèse Philosophe* ne pose pour ainsi dire jamais sa voix de façon continue. Sa narration est en effet entrecoupée de titres ajoutés par un tiers, l'éditeur. Ceux-ci cadrent lourdement la lecture, en résumant le contenu des chapitres[65] et ménagent ainsi une distance supplémentaire entre Thérèse et son récit dont ils font un texte plutôt qu'une voix.

C. Des locuteurs polyglottes

Le fait que l'instance narrative soit, dans ce type de romans, dépourvue de langage propre et tende à adopter celui de son entourage représente

---

[63] Pour une étude de ce corpus, voir Mathilde Cortey, *L'Invention de la courtisane au XVIIIème siècle dans les romans-mémoires des «filles du monde» de Madame Meheust à Sade (1732-1797)*, Paris, Arguments, 2001.

[64] A. Bret (attribué à), *La Belle Allemande ou les galanteries de Thérèse*, [s.l.], [s.n.], p. 4.

[65] J-B. Boyer d'Argens, *Thérèse Philosophe*, [La Haye, à la sphère, 1748] in *Romans libertins du XVIIIe siècle*, Paris, Robert Laffont, 1993 : «Réflexions de Thérèse sur l'origine des passions humaines», p. 576, ou encore «Apostrophe aux théologiens sur la liberté de l'homme», p. 581.

un obstacle à l'élaboration d'un personnage consistant. La prostituée, le picaro et, dans une certaine mesure, le libertin, parlent toutes les langues, pour séduire leurs proies, leurs dupes ou complaire à leurs clients: relativement transparents, ces locuteurs ont pour trait commun la capacité de copier tous les styles, de feindre tous les caractères, de mimer tous les rôles afin d'établir un contact avec ceux qu'ils rencontrent[66].

Le roman comique s'illustre en effet par une certaine désinvolture dans la caractérisation des personnages: le lien établi entre un énonciateur et un type de parole est lâche et les effets de discours déplacés ou incongrus participent indéniablement du propos satirique de ces textes. Dans *Margot la ravaudeuse* (1748)[67], par exemple, plusieurs notes justifient des incohérences et des discours déplacés, par le fait que la prostituée doit n'être personne afin de pouvoir imiter toutes les grimaces et parler tous les jargons:

> On ne doit pas être surpris que les termes de l'art me soient si familiers. Je n'ai eu que trop le temps de les apprendre pendant plus d'un mois que j'ai été entre les mains des dégraisseurs. Au reste, nous autres, filles du monde, de quoi ne sommes-nous pas capables de parler tenant notre éducation du Public? Est-il quelque profession, quelque métier dans la vie dont nous n'ayons incessamment occasion d'entendre discourir? Le guerrier, le robin, le financier, le philosophe, l'homme d'église, tous ces êtres divers recherchent également notre commerce. Chacun d'eux nous parle le langage de son état. Comment, avec tant de moyens de devenir savantes, serait-il possible que nous ne le devinssions pas[68]?

La prostituée est au cœur d'un réseau d'échanges, dans une position qui lui fait brasser l'argent, les savoirs et les mots. Le romancier lui-même attire l'attention sur les déplacements de discours, en insérant une note qui pointe la faiblesse du lien entre la locutrice et l'énoncé qu'elle produit[69]:

---

[66] La question est plus complexe pour le libertin qui est certes capable de parler tous les langages pour séduire mais qui pratique également un langage propre par lequel il marque son appartenance au groupe des roués. Selon les circonstances et les étapes de la séduction, le libertin veut ou ne veut pas être reconnu pour ce qu'il est à travers sa parole. Voir sur ce point l'article de Carole Dornier: «Le traité de mondanité d'un mentor libertin: la «leçon de l'Étoile» dans les *Égarements du cœur et de l'esprit*.», in *L'Honnête Homme et le Dandy*, Tübingen, Gunter Narr Verlag, coll. «Études littéraires françaises», 54, 1993, p. 107-121.

[67] Fougeret de Montbron, *Margot la ravaudeuse*, Paris, Jean-Jacques Pauvert, 1965.

[68] *Ibid*, p. 41.

[69] Dans une perspective linguistique, on pourrait dire que la locutrice ne prend pas à son compte l'énoncé qu'elle produit. Voir la distinction d'O. Ducrot: «Parler de façon ironique, cela revient pour un locuteur L à présenter l'énonciation comme exprimant la position d'un énonciateur E, position dont on sait par ailleurs que le locuteur L n'en prend pas la responsabilité, et, bien plus, qu'il la tient pour absurde. Tout en étant donné comme le responsable de l'énonciation, L n'est pas assimilé à E, origine du point de vue exprimé dans l'énonciation.», *Le Dire et le Dit*, Paris, Minuit, 1984, p. 211.

> Elle fera très-prudemment pour le bien de sa santé, d'éluder la connais-
> sance des Américains, Espagnols et Napolitains, eu égard à la maxime:
> Timeo danaos et dona ferentes*.
> * Qu'on se souvienne que Margot, comme élève du public, doit savoir
> toutes sortes de langues[70].

La confusion de la note est révélatrice: l'éditeur justifie le discours de
Margot en oubliant qu'elle est censée citer les paroles de ses mentors…
La fille publique possède certes un savoir universel sur le monde mais,
au-delà de ces justifications ironiques, la capacité à parler toutes les
langues et à reproduire tous les sociolectes révèle la présence d'un romancier ayant une perspective polémique et posant sur le monde un regard
qui tend vers le documentaire satirique. Ce type de texte ne prétend pas
créer l'illusion d'une fiction personnelle, ni faire entendre une voix caractérisée et autre que celle de l'auteur polémiste ou satiriste[71].

Dans *Margot la ravaudeuse,* la hâte avec laquelle la narration est justifiée et introduite participe de la même entreprise d'instrumentalisation
ostentatoire du projet autobiographique, réduit à servir de support à un
discours polémique. L'incipit du roman laisse deviner d'emblée une posture narrative bancale et ambiguë: la présentation ironique des mémoires
comme une dénonciation de l'infamie des prostituées ayant fait fortune
semble miner de l'intérieur le projet des mémoires en le réduisant purement et simplement à sa visée polémique. Ce décalage initial est également
ment accentué par la juxtaposition de deux arguments qui ne sont pas du
même ordre:

> Mon principal but est de mortifier, s'il se peut, l'amour-propre de celles
> qui ont fait leur petite fortune par des voies semblables aux miennes,
> et de donner au public un témoignage éclatant de ma reconnaissance,
> en avouant que je tiens tout ce que je possède de ses bienfaits et de sa
> générosité[72].

Le premier but évoqué suggère perfidement que les mémoires sont une
manière de remboursement partiel des sommes que les lecteurs et les
clients, confondus en un même et vague public, auraient jadis payées à
la prostituée… Le projet mémorialiste a d'emblée un double sens polémique: non seulement la voix du romancier ne se superpose pas à celle

---

[70] Fougeret de Montbron, *op.cit.,* p. 77.
[71] Il ne s'agit pourtant pas de voir dans ce type de roman une volonté de rendre fidèlement la réalité sociale: *Margot la ravaudeuse* est un miroir passablement déformant,
une charge cynique. Il reste que Fougeret s'efforce avant tout de tendre une image au
monde des prostituées et des clients.
[72] Fougeret de Montbron, *op.cit.,* p. 3.

de la mémorialiste, mais elle parle plus fort qu'elle. De façon comparable, le début de *Fanfiche* de Gimat de Bonneval présente un décalage par rapport à la voix de l'ancienne prostituée censée prendre la plume[73].

De fait, le début des mémoires de filles du monde ressemble à une sorte de préface qui serait prise en charge par une autre voix que celle de la mémorialiste. La parole mémorialiste des textes comiques est nécessairement une parodie du projet de mémoires, intrinsèquement et en deçà de toute intention satirique de l'auteur, parce que le lien qui l'associe dans la durée à un individu est lâche, instable et souvent prétexte à l'inscription d'un message polémique, licencieux ou contestataire procédant du romancier. Le principe de cette double énonciation est aussi à l'arrière-plan des autres textes, mais la voix du romancier y est plus discrète. Dans les romans comiques, il parle à voix haute.

La structure de liste et la distance par rapport au projet mémorialiste informent le fonctionnement des voix périphériques. L'énonciation comique correspond à une modalité particulière du rapport entre un énonciateur, le narrateur, et son énonciation, ce qui se répercute inévitablement sur le traitement des voix des autres personnages.

D. *Italiques*

L'usage que ces romans comiques ou libertins font des italiques confirme enfin l'affaiblissement du lien entre énonciateur et énoncé. Dans un article consacré au discours en italique dans les *Liaisons dangereuses* (1781) de Laclos[74], Michel Delon rappelle que les trois principales valeurs de l'italique sont la distance ironique[75], l'appel à l'adhésion complice du lecteur et enfin l'effet de pittoresque ou de réel. Dans le texte de Laclos, le critique dégage une valeur plus générale des italiques qui permet aussi de rendre compte du flottement des paroles tel qu'il peut être observé dans les romans comiques: outre ses trois valeurs traditionnelles, l'italique devient le signe d'une distance généralisée entre un énonciateur et son

---

[73] «Dans l'Antiquité la plus reculée, nous trouvons que les grands hommes se sont faits passer pour des Dieux.», Gimat de Bonneval, *Fanfiche ou les Mémoires de Mademoiselle de****, A Peine, 1748, p.2

[74] M. Delon, «Le discours italique dans les *Liaisons dangereuses*» in *Laclos et le libertinage*, actes du colloque du bicentenaire des *Liaisons dangereuses*, Paris, P.U.F, 1983.

[75] «La mise en relief par l'italique donne à voir l'étonnement de l'étranger, du héros candide ou ingénu, qui refuse d'adhérer à nos coutumes, à nos préjugés, c'est à dire de parler notre langue.», *ibid*, p. 138.

énoncé. Ainsi, l'écriture libertine utilise le soulignement par les italiques comme un moyen de rendre visible la circulation de la parole d'un correspondant à l'autre. L'ingénue Cécile apparaît comme la figure emblématique d'un certain type de rapport à la parole :

> Elle incarne une dépossession de soi qui menace tous les personnages. Entre le langage de la dévotion martelé par l'église et le jargon du libertinage qu'impose la mondanité, roués et vertueux sont en quête d'une parole qui risque de leur échapper continuellement. [...] L'italique ne serait que le symptôme d'une «désappropriation» généralisée de la parole. L'authenticité du discours personnel devient une illusion ridicule[76].

L'énonciation libertine s'inscrit en réaction à la *doxa* et à la morale dominantes. Les libertins sont les témoins d'un fonctionnement parallèle de la société et ils décryptent, pour le lecteur, les règles, les usages et le langage d'un groupe particulier, celui des roués, affranchis des règles plus ou moins respectées par le reste de la société. Ainsi, leur expertise passe par une observation quasi sociologique du monde et des usages libertins par ceux qui les lancent et les pratiquent. La spécificité linguistique de ce groupe, son langage particulier, son jargon, ses tics verbaux, ses idiotismes, son goût des néologismes, expliquent l'importance toute particulière des italiques dans les récits libertins.

Le traitement de la parole de Cécile pourrait servir de modèle pour décrire le statut de la parole dans les romans dont la posture narrative dominante n'est pas calée sur la *doxa*. A travers un traitement distancié de la parole de l'autre, les italiques invitent à mettre en cause la possibilité d'une parole personnelle, menaçant de ce fait la crédibilité de l'énonciation mémorialiste centrale. Plus généralement, les italiques soulignent la facticité de certaines paroles. Dans *La Mouche* (1736) de Mouhy, les italiques sont ainsi réservés à la parole la plus factice, située au plus haut degré d'enchâssement. Dans le chapitre 4 de la première partie, Bigand le narrateur raconte une histoire de fantôme. Il retranscrit la parole d'un prétendu esprit qui lui aurait parlé pendant son sommeil et, à l'intérieur de cette parole, sont citées des paroles *encore plus* surnaturelles, l'ultime degré d'enchâssement étant atteint avec celle adressée par le «basilique» au fantôme. Autrement dit la parole la plus magique, proférée par un énonciateur impossible, est la seule en italiques dans le texte :

> [...] *et tu ne sortiras de ce tombeau, que lorsqu'on aura ajouté foi à l'histoire de ta vie. Il t'est permis d'apparaître trois nuits à ceux que tu jugeras à propos ; mais cela passé tu n'as plus rien à espérer. Si l'on*

---

[76] *Ibid*, p. 142.

refuse de te croire, et qu'en cette conséquence on ne vienne pas veiller trois nuits de suite à ce tombeau, tu ne sortiras alors, que lorsque l'univers sera anéanti[77].

L'usage des italiques dans *La Mouche* est parcimonieux et leur effet de soulignement calculé. Leur emploi illustre la valeur ludique qui fait de ce signe typographique un moyen de mise à distance ironique d'une parole.

Du fait que cet emploi n'est pas uniformisé et codifié avec rigueur – les caractères italiques peuvent signaler toute parole citée ou être réservés à quelques-unes qui se trouvent ainsi particulièrement mises en relief – certains cas posent des difficultés d'interprétation insolubles, d'autant qu'il est malaisé de déterminer si le soulignement est le fait de l'auteur ou de l'éditeur.

Si l'on admet que les italiques procèdent du romancier, dans le roman de La Barre de Beaumarchais (comme le caractère aléatoire de leur disposition incite à le penser), leur usage pour le moins curieux pourrait refléter la position indécise de ce texte par rapport à la frontière comique/noble. Le narrateur, en effet, est un pseudo-picaro, un fils de famille déchu, entraînant dans ses aventures un camarade de rang inférieur nommé Fabricio. Non seulement les italiques sont utilisés pour signaler toutes les citations au discours direct, mais encore ils envahissent le discours narratorial et le scandent de telle sorte qu'il est difficile de pouvoir toujours y déceler une cohérence :

> C'était un garçon de vingt-trois ans, *dératé* comme un *page, malicieux* comme un singe, fort comme un *Turc*, et courageux comme *quatre* ; au reste plein d'esprit, naturellement *plaisant,* et officieux au dernier point[78].

Le soulignement ne suit pas un critère grammatical, formel (on le trouve indifféremment dans les portraits, les descriptions, le récit, etc.) ou thématique. L'usage immodéré des italiques rend difficile, sinon impossible, de déterminer s'ils signalent la présence d'une parole reprise en mention, d'une parole citée, d'un terme important, d'une touche d'ironie, etc. L'instabilité et la labilité de la voix narrative, l'ambiguïté du couple de protagonistes, qui revisite la relation maître/valet, ne permettent pas de déterminer de façon claire à quel registre appartient ce roman et où situer le *je* primaire.

Ce cas extrême illustre d'abord le fait que la tentation de tout souligner se ramène à une incapacité à sélectionner et à hiérarchiser. Le lien entre l'usage des mots en mention et la position incertaine du roman par rapport à la littérature sérieuse confirme par ailleurs que les romans comiques

---

[77] Mouhy, *La Mouche ou les aventures de M. Bigand*, Paris, L. Dupuis, 1736, p. 117.
[78] La Barre de Beaumarchais, *Aventures de Don Antonio de Buffalis, Histoire italienne*, La Haye, Jean Neaulme, 1722, p. 14.

sont avant tout des romans de l'italique, dans lesquels toute énonciation, y compris celle du mémorialiste, est fragilisée et instable. La dérive typographique des *Aventures de Don Antonio de Buffalis* ne serait ainsi que la conséquence d'une incertitude généralisée quant au point fixe de l'énonciation centrale.

L'énonciation principale, comique ou parodique, s'oppose à l'énonciation noble qui sert toujours de point de repère. De ce fait, la narration comique n'est qu'un simulacre de ce que le romancier se représente comme l'autre du discours dominant. Elle dénonce l'illusion de la parole personnelle soit par le biais de la posture ironique soit par celui du recyclage ostentatoire des paroles libertines. La narration comique renvoie, à travers les italiques qui la déchirent de part en part, à une énonciation instable, constamment menacée par les voix, les intonations et les intentions des autres. En écrivant le premier mot de leurs mémoires, les narrateurs en marge expriment ainsi le sentiment d'une usurpation que l'on retrouve, sous une forme accentuée, dans le traitement des paroles des autres.

2. Les paroles des autres dans les marges des romans marginaux

Les romans comiques qui ont retenu notre attention relèvent plutôt du genre picaresque ou du licencieux bas, car ils offrent une plus grande amplitude dans la représentation des voix. La schématisation, la hâte de la narration principale et son inscription dans une temporalité discontinue ont des conséquences sur les voix des marges. La distance ironique perceptible dans le traitement de l'énonciation primaire se retrouve généralement sous une forme amplifiée dans celui des paroles secondaires insérées. Les trois modalités que nous étudierons – échantillonnage, collage et ellipse – procèdent de la même irrévérence à l'égard de la lettre des paroles et de l'identité des locuteurs censés en être les auteurs.

A. Echantillonnage

Les romans-mémoires ménagent tous une place à la parole de l'autre mais en variant les proportions de la parole rapportée narrative et dialogale: certains se caractérisent par une retranscription massive et systématique des dialogues et des paroles rapportées – tendance qui s'accentue à mesure que l'on avance dans le siècle vers le roman par lettres et toutes formes hybrides faisant un usage massif de la lettre recopiée ou du dialogue –, tandis que d'autres font davantage appel aux récits insérés, en convoquant des personnages secondaires à venir raconter leur histoire. Dans le cadre d'une esthétique de l'abréviation, le roman comique s'efforce souvent quant à lui de faire entendre la diversité du monde à travers des échantillons de discours.

Nous désignerons par le terme d'échantillonnage, la technique qui consiste à ne citer que quelques mots représentatifs du personnage typique, en les incorporant au discours narratif cadre. Dans l'*Histoire de Gogo* (1739), par exemple, la dévote n'est caractérisée que par les derniers mots qu'elle prononce :

> Quelques instants après on fit un souper aussi court que frugal ; mais en récompense on fit une pieuse lecture qui fut longue, où la dame du logis joignit ses réflexions, ce qui ne la raccourcit pas ; l'on fit la prière, après quoi notre maîtresse me dit : ma fille, vous avez vu nos pratiques du soir, vous verrez demain celle du jour, et ce sera toujours de même, et l'on se coucha[79].

Là où Marivaux faisait parler longuement les demoiselles Habert, l'auteur de Gogo abrège. Les quelques mots de la dévote sont en outre peu caractérisants. Le récit comique n'est ainsi elliptique que parce que les personnages secondaires éventuellement cités ne sont guère que des types dont la parole est elle aussi typique. La narration comique va à l'essentiel, qui est de multiplier les rencontres de l'héroïne afin de constituer une collection d'aventures et une galerie de portraits.

Margot la ravaudeuse s'efforce de donner un aperçu des bruissements et des voix du monde. Ce roman licencieux est conçu comme un parcours libertin auquel s'ajoute la dimension verticale d'une ascension sociale. Issue d'un univers de basse débauche, la narratrice gravit les échelons de la carrière de prostituée et, de fille à soldats, devient fille d'opéra, puis courtisane de haut vol. Elle explore ainsi plusieurs univers sociaux ou plutôt ils viennent à elle sous les traits des clients qui se succèdent. Chaque rencontre donne l'occasion de présenter au lecteur un échantillon de jargon professionnel : le magistrat anti-physique du début, par exemple, use du langage judiciaire pour s'adresser à Margot lorsqu'il récompense sa complaisance : «Ceci, dit-il, est de surérogation ; n'en parlez point à la Florence ; je lui payerai en outre ses épices et les vôtres[80].» La déclaration d'un financier permet d'insérer un échantillon de discours qui synthétise cette fois le style sans détour de ceux qui brassent de l'argent :

---

[79] *Histoire de Gogo*, La Haye, Benjamin Gilbert, 1739, p. 19.
[80] Fougeret de Montbron, *Margot la ravaudeuse*, Paris, Jean-Jacques Pauvert, 1975, p. 28.

'Mademoiselle, je vous vis hier à l'Opéra. Votre physionomie me plut. Si vous vous sentez d'humeur à prendre des arrangements avec un homme qui abhorre les difficultés en amour, et ne soupire que l'argent à la main, ayez la bonté de me le mander promptement. Je suis, etc.'
Quoique je n'eusse pas encore un assez grand usage du monde pour connaître les gens à leur style, je devinai sans peine, par la tournure concise et brusque de ce billet, que j'avais touché le cœur d'un financier[81].

La brièveté du billet et le vocabulaire commercial et administratif trahissent le financier. La citation par bribes épouse une vision satirique du monde qui, à chaque catégorie sociale, associe un langage reconnaissable en peu de mots. Ces coups de sonde ne visent pas tant à caractériser des individus qu'à donner un aperçu des tics verbaux et des idiotismes d'une catégorie sociale.

B. Documents joints et collages comiques

L'autre caractéristique du traitement des paroles de l'autre dans les romans comiques tient à l'exacerbation d'un trait propre au discours romanesque en général: sa capacité à accueillir des discours issus d'autres genres, littéraires ou non-littéraires. La position du discours romanesque par rapport aux discours non-littéraires connus est resituée par Shelly Charles à l'intérieur de l'ensemble des textes d'une époque considéré comme un «polysystème», dans lequel plusieurs types de discours et systèmes de valeurs se combinent et se corrigent[82]. Ainsi le dispositif des romans-mémoires se superpose au système des mémoires authentiques. Même si les lecteurs de l'époque ne sont pas dupes d'une revendication d'authenticité qui se moque ouvertement d'elle-même, il n'en reste pas moins que cette position offre aux mémoires fictifs une ouverture sur un ailleurs non-littéraire: morale, philosophie, journalisme, politique, savoir encyclopédique, etc. Les mémoires sont de ce fait à la marge du système des genres littéraires et la sous-catégorie des romans comiques, dans cette zone déjà quelque peu irrégulière, est encore plus radicale, ce qui se traduit par une ouverture plus large aux discours non-littéraires.

---

[81] *Ibid.* p. 71.
[82] Shelly Charles, *Récit et réflexion, Poétique de l'hétérogène dans Le Pour et Contre de Prévost*, Oxford, Voltaire Foundation, 1992 et «Du non-littéraire au littéraire: sur l'élaboration d'un modèle romanesque au XVIIIe siècle», *Poétique* n°11, 1980, p. 406-21.

Les mémorialistes non-sérieux tendent à présenter leurs mémoires comme des témoignages adressés au public, les buts affichés des mémorialistes faisant souvent figure d'alibi par rapport à la visée polémique du romancier. Autrement dit l'énonciation principale y endosse fréquemment le statut de document joint, d'un texte ne prenant sens que par rapport à un autre texte. Cette tendance s'accentue pour les voix des autres qui sont en quelque sorte des documents de documents.

Le roman licencieux insère volontiers des documents, mais alors que, dans le roman noble, la reproduction de lettres n'est pas très différente des citations de paroles de personnages, l'insertion d'écrits acquiert un statut spécifique dans les romans comiques: l'écrit n'y est pas présenté comme une transcription de la voix vivante par un autre *medium*, mais plutôt comme un texte duquel est absente toute prétention à un mimétisme de l'oralité.

Dans *Margot la ravaudeuse* (1750), lorsque la narratrice doit choisir un nouvel amant et protecteur, elle consulte ses deux mentors, les proxénètes Mr. de Gr... et frère Alexis. Il est significatif que leurs conseils apparaissent dans le récit sous une forme impersonnelle et non par le biais d'une parole vivante et incarnée. La parole de l'autre est réduite à des principes qui composent une sorte de guide pratique, un manuel de conduite à l'usage des futures courtisanes. Il est remarquable, à cet égard, que la narratrice non seulement ne tente pas de rendre la parole telle qu'elle l'a entendue, mais encore qu'elle glose sur l'opération d'insertion:

> Une foule d'aspirants de tous états se présentèrent. Néanmoins je ne voulus pas me décider sans consulter Mr. de Gr... M... et le frère Alexis, à qui j'avais des obligations si naturelles. J'insérerai ici, par manière de parenthèse, les salutaires conseils que j'en ai reçus, comme un monument de ma gratitude envers eux, et comme le guide le plus sûr pour les filles qui veulent mettre à profit leurs appas[83].

Au bas des dix commandements parodiques qui suivent, figure bien la signature de leur double auteur mais, si les paroles sont clairement attribuées à un double énonciateur, elles ne sont présentes que sous la forme d'un abrégé: entre les conseils prononcés et ce qui figure effectivement dans le texte, s'interposent la rédaction et la réduction en traité. La typographie, le titre, les commentaires de la narratrice isolent très visiblement ce fragment. De plus, le fait de placer ces propos sous une double signature confirme que les conseils ne prétendent pas être des paroles rapportées et accentue la distance qui les sépare des paroles qu'il faut supposer prononcées dans la fiction:

---

[83] Fougeret de Montbron, *op.cit.*, p. 74-75.

> Toute personne du sexe qui veut parvenir, doit, à l'imitation du marchand, n'avoir en vue que ses intérêts et le gain.
> Que son cœur soit toujours inaccessible au véritable amour. Il suffit qu'elle fasse semblant d'en avoir, et sache en inspirer aux autres[84].

La réduction en maximes est caractéristique du traitement des paroles périphériques dans ce type de roman: elles parviennent pour ainsi dire toutes digérées au lecteur. Un peu plus loin, Margot fait le portrait du secrétaire d'un ministre et rapporte ses réflexions désabusées. Ce discours de moraliste dénonçant la gravité factice des sots ne caractérise pas son énonciateur, vecteur éphémère du discours qu'il transmet. Le statut de digression est fortement souligné et les paroles de l'autre mises à distance:

> Quoi qu'il en soit, j'ai trouvé ses observations si judicieuses que je crois faire ma cour au lecteur de les lui communiquer. C'est le secrétaire qui parle: [...]
> Monsieur le secrétaire me dit encore une infinité d'excellentes choses, que je pourrais insérer ici; mais comme il n'est rien qui n'ennuie à la longue, j'aime mieux laisser le lecteur sur la bonne bouche[85].

Fougeret de Montbron ne vise donc pas à un mimétisme de la parole rapportée, mais il en accentue au contraire à plaisir son caractère artificiel. La narratrice de l'*Histoire de Mademoiselle Cronel dite Frétillon* (1743) de Gaillard de la Bataille est, comme Margot, une femme pauvre qui améliore son sort en faisant commerce de son corps. Elle est guidée en cela par sa propre mère, une ancienne prostituée, et par un intendant qui fut jadis son initiateur. Suivant le même chemin que Margot, Frétillon oriente ses activités vers une prostitution plus raffinée, en s'efforçant de garder une façade sociale à peu près respectable. Frétillon, sa mère et l'intendant mettent donc au point une comédie destinée à faire croire à l'austérité morale de la jeune femme. Les conseils de l'intendant sont dispensés oralement mais ils se présentent dans la narration sous la forme d'articles:

> Son avis renfermait plusieurs articles que je suis obligée de rapporter pour l'intelligence de mon histoire.
>   I.
> Je devais traiter avec indifférence tout amant mineur et sous la dépendance de ses parents.
>   II.
> Ainsi que je l'avais sagement fait jusques alors, ma porte serait fermée à toute la jeunesse mutine et turbulente[86] [...].

---

[84] *Ibid,* p. 75.
[85] *Ibid.* p. 139.
[86] Gaillard de la Bataille, *Histoire de Mademoiselle Cronel dite Frétillon*, La Haye, aux dépens de la compagnie, 1744, p. 32.

La parole de l'autre, qui était adressée directement à l'héroïne narratrice, est transposée en une forme mixte mêlant le style direct et les temps du passé et transposant à la première personne ce qui était à la deuxième. Le choix de cette présentation accentue à la fois l'isolement de cette parole lointainement reconnaissable comme une parole de l'autre et son intégration au flux de la narration à la première personne.

Dans ces exemples, les fragments de paroles secondaires, plus ou moins retraités et apprêtés, forment des éléments hétérogènes isolés qui valent pour document et contribuent à accentuer la discontinuité du texte. Cela s'accompagne d'une tendance à l'uniformisation stylistique et à l'effacement des marques de subjectivité de cette parole. Ni intégrée parfaitement à la première personne narratrice, ni prise en charge par une citation fidèle des voix du passé, la parole de l'autre a un mode de présence complexe et contradictoire dans les textes.

L'*Histoire de Gogo* (1739) retrace l'histoire de la vie d'une jeune femme amie du plaisir. A peu près au milieu du roman, la protagoniste retrouve la baronne de Varsebourg qu'elle a déjà croisée. Gogo est avide de connaître les aventures de cette femme d'âge mûr qui fut jadis la pourvoyeuse des plaisirs d'un riche aristocrate. La baronne est extrêmement réticente et, en réponse à Gogo qui demande toujours plus de détails, elle proteste contre l'effort de mémoire surhumain qui est exigé d'elle. Le romancier joue ici sur la distance entre le récit de la baronne et les règles du roman-confession, en ignorant délibérément la convention de la mémoire parfaite. A point nommé cependant, la baronne se souvient d'avoir tenu un compte écrit de ses «fournitures» et elle produit l'objet liste que le texte reproduit fidèlement:

> Voici dit-elle ce dont il s'agit, écoutez, et elle se mit à lire ce qui suit en s'interrompant par intervalle pour me dire deux mots sur le compte des personnes qu'elle me nommait.
> Liste des femmes, filles et veuves des trois Etats, depuis l'âge de quatorze ans jusqu'à vingt-deux inclusivement, que j'ai fournies à Monsieur le marquis de Blencis[87].

La liste, au centre de la critique du roman licencieux, est donc matérialisée de façon spectaculaire dans le livre. La parole de l'autre est dérobée à la connaissance du lecteur qui n'aura accès qu'aux têtes de chapitre des aventures de la baronne.

Le narrateur comique sert ainsi de support à toutes sortes de discours. Dans des textes assumant leur discontinuité, les énonciateurs secondaires

---

[87] *Histoire de Gogo*, Benjamin Gilbert, La Haye, 1739, p. 184.

sont souvent soumis à une schématisation plus poussée que dans des romans plus sérieux, dans lesquels on observe déjà une simplification des énonciations secondaires par rapport à l'énonciation centrale. Au lieu de s'efforcer de caractériser un tant soit peu les personnages par leur parole, les romans-listes se contentent de suggérer, en quelques mots, diverses tonalités. Les voix périphériques ne sont pas traitées de façon à donner l'illusion d'une parole humainement investie, elles sont de purs supports de satires.

Les textes comiques intègrent des fragments de discours de savoir qui ne sont rattachés que de façon lâche à la situation narrative. Pareil décrochement participe d'un effet d'artifice revendiqué. Il en va ainsi de morceaux de discours polémique, politique, journalistique ou scientifique que le texte déplace ironiquement sur des locuteurs traditionnellement disqualifiés ou dont on attendrait une autre parole. *Le Compère Mathieu* (1766) témoigne des divers usages possibles d'un déplacement qui s'apparente à la technique du collage. En romancier contestataire, Du Laurens caricature la tendance du narrateur comique à se tenir à distance de sa narration et des paroles qu'il y rapporte, en faisant choix d'un narrateur qui ne comprend qu'à moitié les discours du personnage éponyme. Il en va ainsi de la déclaration du Compère Mathieu sur la légitimité de vouloir à tout prix perpétuer l'espèce:

> Il y a là bien du chemin à faire, avant que les opinions et les abus que les mœurs, la religion, les lois entraînent après elles, soient bannis de la Terre, et que la philosophie dissipe les épaisses ténèbres dont elle est couverte! – Comme je n'entendais rien à cette espèce de déclamation, le Compère déclama tout seul, et déclamait encore lorsque nous arrivâmes à un petit bourg [...][88].

Le mélange de révérence et d'ironie perceptible chez l'évangéliste incrédule qu'est le narrateur crée une distance fondamentale entre les paroles des autres et le lecteur. Cette opacité va de pair avec la discontinuité des paroles rapportées qui n'illustrent qu'elles-mêmes: à la manière picaresque, les protagonistes cheminent et font des rencontres. A chaque rencontre correspond, chez Du Laurens, un discours autonome, parce qu'il renvoie à un type précis de folie ou d'obsession[89]. Les discours de savoir de type médical, astronomique, politique ou polémique ne sont rattachés

---

[88] *Ibid*, p 8.
[89] Voir A. Rivara, «Savoir délirant et encyclopédie détraquée, figures de savant fou dans *Le Prince Rasselas* de Johnson et *Le Compère Mathieu* de Du Laurens» in *Folies romanesques au siècle des Lumières*, Paris, Desjonquères, 1998, p. 363.

que par des liens fort lâches aux masques qui les profèrent. Les longues litanies du Compère Mathieu sont des collages de fragments de textes de nature scientifique ou pseudo-scientifique sur les symptômes et l'évolution de la syphilis, extraits de traités techniques, tout comme la mise au point fort précise du Frère Jean sur l'inoculation[90]. Après le roman-liste, *Le Compère Mathieu* offre un exemple de roman par fiches, soumettant au lecteur des pans de discours visiblement étrangers, au mépris de l'illusion romanesque et souvent à des fins polémiques[91].

C. Collages polémiques

Outre ses effets comiques évidents, une déliaison aussi anarchique des discours de savoir et des locuteurs qui les endossent peut être en effet un moyen de transmettre un certain nombre de messages. Avec le récit de Jean, *Le Compère Mathieu* offre l'exemple d'un double enchâssement à valeur éminemment politique. Le père Jean est l'un des personnages rencontrés en chemin par les protagonistes. Son attitude et le récit qu'il fait de ses aventures passées dessinent le portrait d'une brute amorale guidée tantôt par ses instincts et tantôt par un raisonnement de type commercial. Or, au beau milieu de ce récit picaresque et cynique, le romancier insère un fragment de discours où est décrite l'émotion esthétique que suscite chez lui la plastique pure des statues antiques du jardin du Belvédère, au Vatican:

> Etant un jour à ma promenade ordinaire j'entrai dans le jardin du Belvédère du Vatican. Jusque là aucune de ces statues admirables, aucun de ces tableaux précieux dont Rome est remplie, et dont j'avais entendu dire tant de merveilles, ne m'avaient touché. Il faut ordinairement un certain degré de connaissances acquises par l'étude du dessin, pour découvrir les beautés de ces sortes de choses. Mais ayant jeté les yeux sur la figure de Laocoon [note a: note mythologique et explicative, citation de Pline] qui se trouve dans ce jardin, et dont Pline fait un si grand éloge, je fus tout à coup saisi de respect et d'admiration [note b] pour ce précieux reste de l'Antiquité; et je conçus pour lors que l'art avait quelque fois approché si fort de la nature, qu'il était impossible que le plus ignorant, le plus insensible de tous les hommes, ne reconnût, ne sentit *(sic)* cette nature dans ces chefs-d'œuvre accomplis que les plus célèbres artistes nous ont laissés[92].

[90] Du Laurens, *op. cit.*, p. 38 *et sq.*

[91] La perturbation majeure du *Compère Mathieu* pourrait résider dans la négation totale des distinctions de niveaux de langue et de style auxquels critiques et lecteurs sont très sensibles.

[92] *Le Compère Mathieu*, t. I, chapitre X, p. 155.

La présence de ce commentaire esthétique et philosophique dans la bouche d'une brute prend évidemment un sens démonstratif et polémique: le frère Jean est un rustre s'il en fût jamais et il est pourtant capable de produire un tel discours. L'effet de déplacement est davantage polémique que comique et il joue un rôle dans la démonstration qu'est en train de conduire Du Laurens. Les notes infra-paginales sont les traces des collages de références culturelles visiblement étrangères à la parole de Jean, l'effet de déplacement polémique étant encore accentué par l'insertion, en note b, de la parole du valet d'un noble fort ignorant et sot. Tandis que le Frère Jean disserte sur le caractère inné de la sensibilité à l'art, la parole citée du valet critique d'art s'emploie à rendre compte de cette beauté:

> C'est déjà un coup de maître aux sculpteurs, qui ont fait cet admirable morceau, que d'avoir tiré du même bloc de marbre trois statues qui sont si bien détachées l'une de l'autre, et dont les attitudes sont si différentes, mais d'avoir su, en détachant ces figures, conserver et pratiquer un serpent dont il faut que le corps se trouve dans les espaces vides qui sont entre les trois statues, où il fait plusieurs plis et replis, et où il va de l'un à l'autre ceindre le corps du père et celui de chaque enfant qu'il entortille tous ensemble, c'est ce qui paraît d'une industrie, d'une adresse, d'une intelligence inimitables[93].

Du Laurens attribue au valet une description et un commentaire informés sur la sculpture. Extrait d'un livre d'art, de voyage ou analyse de Du Laurens lui-même, le passage renferme une signification politique: la précision, la pertinence et la sensibilité du valet s'opposent à la parole ostensiblement non citée (parce que stupide) de son maître.

De tels déplacements polémiques illustrent le statut de masque de l'énonciateur dans les romans comiques. La distinction entre les paroles s'y estompe, parole principale et paroles secondaires n'étant souvent que les supports interchangeables d'un même propos satirique.

D. Ellipses significatives de la parole de l'autre

Les romans comiques pratiquent volontiers l'abréviation et l'allusion au lieu de représenter les paroles dont la forme serait remarquable. L'escamotage de la parole de l'autre peut revêtir des significations particulières et être revendiqué par les narrateurs.

---

[93] *Ibid*, note b de la page 153 du premier tome. La note occupe presque une page entière. Le *déplacement* du discours se traduit aussi d'un point de vue typographique, par un bouleversement de la hiérarchie entre le texte et ses marges formelles, procédé dont use constamment *Le Compère Mathieu*.

Les romans de filles constituent un corpus particulièrement intéressant en ce qu'ils radicalisent les questions de la marginalité, de l'appartenance et donc de l'altérité. L'autre, c'est dans un premier temps, la maquerelle ou le souteneur qui initient la jeune fille et lui dévoilent les ficelles du métier et dont les paroles sont fréquemment présentées sous forme de collages de textes. Passée cette phase d'initiation proprement dite, généralement courte, la narratrice rentre dans le monde de la prostitution et l'autre, c'est alors le client de passage ou le riche financier qui fait sa fortune. Le traitement de la parole de cet autre antagoniste est révélateur du statut de l'altérité dans ces romans. Dans l'*Anti-Paméla* (1742) de Villaret, la narratrice ne retranscrit pas les paroles grotesques du caissier Keil auquel elle a été livrée par sa mère. Elle ne prend pas non plus la peine de justifier l'absence de paroles pourtant prometteuses d'un bel effet comique mais se contente de leur substituer un discours narrativisé: «Je voudrais qu'il me fût permis de pouvoir rendre tous les ridicules discours qu'il me tint pour me rassurer, on verrait à quel point la fureur des passions peut égarer les hommes[94].» Les narratrices de *Fanfiche* (1748) de Gimat de Bonneval, de *l'Histoire de la vie et mœurs de Mademoiselle Cronel dite Frétillon* (1743) de Gaillard de la Bataille, de *Margot la ravaudeuse* (1750) de Fougeret de Montbron ne citent pas davantage les paroles des financiers et autres soupirants grotesques:

> Il me dit cent extravagances: je l'engageais en vain à se relever, il redoublait ses misères[95].
> Dans cette façon de penser il continua toujours de me dire en sa présence de ces choses obligeantes et badines, que les hommes débitent aux jeunes actrices, lorsqu'ils ont dessein de leur plaire[96].
> Mon Dieu! Le joli recueil de bêtises dont j'enrichirais le public, si je lui faisais part des fades et assommants propos qu'il me fallait essuyer, à droite et à gauche, d'un essaim de bavards qui me bourdonnaient aux oreilles[97]!

L'ellipse revendiquée signifie, à un premier niveau, le mépris des narratrices pour les paroles vides et répétitives qu'on leur adresse. La revendication de l'ellipse est caractéristique des romans de filles: généralement brefs, ils ne justifient guère leurs défaillances et leurs abréviations.

---

[94] C. Villaret, *L'Anti-Paméla ou Mémoires de M. D****, traduit de l'anglais, Londres, 1742, p. 19.

[95] Gimat de Bonneval, *Fanfiche ou les Mémoires de Mademoiselle de ****, A Peine, 1748, p. 21.

[96] Gaillard de la Bataille, *Histoire de la vie et moeurs* de *mademoiselle Cronel dit Fretillon*, La Haye, aux dépens de la compagnie, 1744, p. 80, IV.

[97] Fougeret de Montbron, *Margot la ravaudeuse,* [1750] Paris, J.J. Pauvert, 1958, p. 103-104.

Ces romans font référence à un intertexte comique, car, en ne citant pas la parole du financier, ils renvoient implicitement aux autres romans du même sous-genre qui citent les paroles de leurs financiers ridicules. Le renvoi au signe de cette parole resitue le roman dans un paradigme romanesque, voire culturel, celui des romans de filles.

Le résumé ne frappe pas seulement les paroles des clients. Les auteurs de romans de filles recourent systématiquement au style narrativisé quand il s'agit de forger des paroles typiques. Dans *Fanfiche*, toutes les paroles correspondant à un type connu de personnage, celle du maître à danser avec lequel la narratrice choisit de s'enfuir, celle des moines rencontrés dans le carrosse public, ne sont généralement pas rapportées au style direct mais plutôt résumées :

> Les pères étaient si pénétrés qu'ils furent près d'un demi-quart d'heure sans desserrer les dents, lorsque le commandeur leur comptait l'argent : enfin, après révérence sur révérence qui suppléaient au défaut de la langue, la parole leur revint à la vue de la somme complète qu'ils ramassèrent en donnant la torture à leur imagination pour leur fournir les expressions les plus convenables à la reconnaissance qu'ils voulaient exprimer[98].

Les expressions de reconnaissance excessives et maladroites des moines – tout comme les folies du petit-maître – sont réduites à du discours narrativisé et, lorsque le texte cite une parole, il ne tend pas à reproduire un type énonciatif reconnaissable. Lorsque la parole du maître à danser de Fanfiche est retranscrite, par exemple, elle est parfaitement neutre[99]. L'absence de singularité stylistique est d'autant plus remarquable que ce locuteur avait été défini précisément par le brillant et le clinquant de sa conversation.

Dans *Frétillon,* le langage des personnages les rend capables de s'adapter à tous les milieux traversés. La narratrice raconte comment elle a joué un personnage de prude, en adoptant le type de langage correspondant. Lorsqu'elle songe à changer de personnage, son langage aussitôt change :

> Je voulais m'afficher pour ce que j'étais véritablement en faisant publiquement quelques avances indécentes au premier jeune homme qui m'aborderait, ou en tenant quelques discours assez libres pour me caractériser en un instant[100].

---

[98] Gimat de Bonneval, *Fanfiche*, 1748, II, p. 77, et aussi : « Il fallait que j'eusse les yeux fascinés. Je le trouvai aimable. Il me dit cent folies. J'y répondis ; il brillait dans la riposte, je m'amusais beaucoup. », *Ibid*, p. 53.

[99] « Cessez de regretter les agréments de la vie que vous avez menée jusqu'à présent, ceux que je vais vous procurer sont bien au-dessus, me dit mon mari.», *Ibid,* II, p. 56.

[100] Gaillard de la Bataille, *Frétillon*, La Haye, 1743, p. 18, IV.

Les complices de Frétillon jouent de même de leur capacité à copier n'importe quel parler. La fonction caractérisante de la parole est sans cesse utilisée au niveau de l'intrigue et commentée par les personnages mais les paroles qui manifestent cette caractérisation sont rarement citées. Quand l'intendant raconte comment il a séduit une dame, il insiste sur la composante verbale de son pouvoir de séduction, sans faire figurer aucune des paroles qu'il a alors prononcées:

> Sans fatuité, j'ai fait l'aimable, j'ai semé des grâces dans mes expressions, dans le son de ma voix, et jusque dans les mouvements de mon corps. […] Je me suis ensuite jeté dans la narration de quelques aventures particulières, conformément à ce qu'elle m'avait dit que j'aurais mille jolies choses à lui raconter puisque j'arrivais de cette Capitale[101].

Ainsi, le personnage prétend maîtriser l'éloquence mais le romancier ne la reproduit pas, affichant l'une des limites de la *mimésis*: comment en effet reproduire le son de la voix et le charme d'une parole? Tout comme dans les romans sérieux, le lecteur n'accède pas à la connaissance de ces «mille jolies choses» qui forment l'horizon d'attente de la scène. On constate encore une fois que le commentaire se substitue à la représentation elle-même. Les conversations sont généralement retranscrites sous une forme narrativisée, chaque style étant qualifié en deux mots:

> M. Dubois, sans un air d'empressement ni de chaleur le traita avec beaucoup de civilité, et je le traitai avec un air de satisfaction mêlé de façons vives et modestes. L'intendant soutint toujours dans la conversation le caractère d'un homme de probité. Ma mère dans ses discours affectait assez naturellement des sentimens inviolablement attachés à la vertu[102].

Le texte insiste sur l'efficacité verbale des personnages et sur leur talent mimétique mais il fait l'économie des citations. Le procédé n'est d'ailleurs pas propre aux romans de filles. Dans un roman d'inspiration picaresque comme *La Mouche*, l'économie des citations donne l'occasion au narrateur et au romancier de réaffirmer une connivence avec le lecteur. A la fin de la deuxième partie, par exemple, le narrateur renonce à représenter les paroles des amants lors de leurs retrouvailles:

> Elle revoit un Amant qu'elle adore, pour lequel elle a pleuré si longtemps, doit-elle être agitée d'autres mouvemens que de ceux qu'une vue si chère est capable d'occasionner?

---

[101] *Ibid*, IV, p. 64-65.
[102] *Ibid*, p. 82.

> Je n'entreprendrai point de peindre le tableau touchant de cette recon-
> naissance. Que ne se dirent point ces fidèles amans[103]?

Ici, la logique de l'ellipse est double: le narrateur renvoie aux retrouvailles des héros de romans bien sûr, mais aussi à une expérience personnelle du lecteur, supposé capable de pallier, grâce à sa sensibilité, la
défaillance de la représentation. La spécificité du roman non-noble
consiste dans cette forte convocation du lecteur, appelé à suppléer activement aux blancs du texte.

Le souci d'économie, la paresse, l'incapacité de créer des paroles
typiques, ne sauraient suffire à rendre compte de l'escamotage systématique de la parole remarquable des autres dans les romans comiques.
On ne peut alléguer non plus le souci de ne pas choquer: l'énonciation
centrale n'hésite pas à user d'un langage populaire et à évoquer des détails
bas. La récurrence du procédé et le soin apporté par les narratrices et narrateurs à caractériser ces paroles par d'autres moyens incitent à chercher
une explication plus structurelle à ce principe d'économie.

Le choix d'une énonciation principale définie par sa dissonance même
déplace et complique encore la question de la parole de l'autre. Car qui
est cet autre dans un roman qui parle depuis une position excentrée? Les
narratrices sont, de fait, aussi basses que leurs servantes, celles-ci ne peuvent donc leur servir de contrepoint énonciatif. Les paroles des autres des
romans de prostituées seront logiquement celles des hommes, les amants,
les clients, les financiers. La défaillance de la représentation ne pourrait-
elle alors s'expliquer aussi par le fait que l'*autre* des romans déviants est
une entité incertaine qui pourrait toucher de trop près au lecteur?

Du fait de l'instabilité de l'énonciation principale, le texte comique au
sens large ne peut fixer et cibler l'altérité aussi facilement que le texte
noble. La narratrice renvoie donc à un savoir général vaguement désigné
(«de ces jolies choses» qu'on dit à Paris, «des discours assez libres»
pour caractériser une fille légère, «le discours d'un homme de probité»,
des discours «qu'une vue si chère est capable d'occasionner») qui a le
mérite de s'adapter à une expérience supposée commune aux lecteurs.
Ces supports flous peuvent accueillir toutes sortes de représentations afin
que le roman comique laisse à son lecteur le soin d'imaginer les paroles
des autres en fonction de sa propre conception de l'altérité. De surcroît,
ils ne remettent pas en question la position de maîtrise du lecteur. Un tel
refus de représenter la parole de l'autre s'accorde aussi au profond

---

[103] Mouhy, *La Mouche, II, p.392.*

cynisme de romans qui n'ont, pour ainsi dire, pas assez de foi dans la vérité du style pour tenter de le représenter. Dans ces romans, chacun peut copier n'importe quel style et langage et donc feindre d'être n'importe qui. Les romanciers se cachent mal sous le masque trop fin de leurs mémorialistes et les divers styles adoptés par chaque acteur dans le jeu social ne sont que des masques. Dès lors, ils s'emploient à décrire le fonctionnement de ces masques (à quel moment il faut les porter, les retirer, quels effets ils produisent sur les autres) plutôt qu'à travailler la *mimésis* des voix.

S'il peut sembler paradoxal d'entamer une étude de la parole de l'autre par le constat d'une absence, il apparaît néanmoins, au terme de ce premier chapitre, que la représentation de la forme dissonante dans les romans-mémoires est dominée par un principe d'économie. La représentation de la parole singulière se soucie assez peu de reproduire les voix du monde dans le roman et l'on doit se garder de surestimer la volonté de réalisme stylistique dans les romans du XVIIIe siècle.

De notre lecture des romans se dégage tout de même un double constat: en dépit de la relative faiblesse mimétique de la parole de l'autre, les narrateurs attirent volontiers l'attention sur le style, la forme, le poids social et le pouvoir des mots des autres et commentent longuement les paroles présentant une spécificité. Si le mimétisme stylistique est en général limité, la valeur reconnue à la dissonance est en revanche systématiquement instrumentalisée par la narration centrale. Une étude de la parole de l'autre ne saurait négliger le fait que, si tous les romans ne la représentent pas, tous du moins exploitent sa capacité de dissonance.

CHAPITRE 2

ENCADREMENT ET DÉBORDEMENTS
DE LA PAROLE DISSONANTE

> Je voulus me disculper des soupçons odieux qu'il avait pu
> concevoir contre moi, mon histoire seule assurait mon inno-
> cence, mais le cruel refusa de m'entendre sous prétexte qu'il
> n'aimait pas les romans.
> Antoine Chevrier, *Mémoires d'une honnête femme* (récit
> secondaire).

Quoique souvent caractérisée par sa faiblesse mimétique, la dissonance
ne laisse pas de jouer un rôle sur le plan de la représentation. Pour le
faire apparaître, il est utile d'élargir l'acception du terme de *dissonance*,
afin de lui faire désigner non seulement la caractérisation stylistique de
telle ou telle parole, par rapport à une norme linguistique et/ou sociale
plus ou moins tacite, mais, plus largement, toute rupture ou suture par rapport à un cadre littéraire donné[1].

Nous voudrions montrer que les romans-mémoires se servent de la dissonance de la parole de l'autre pour pratiquer ruptures et brèches dans
l'illusion référentielle, selon une modalité qui rappelle certains traits de
l'esthétique rococo dont l'influence culmine entre 1730 et 1750[2].
Le rococo engage en effet une conception spécifique de l'illusion qui
impose au spectateur du tableau ou au lecteur du roman une position
double : celle d'être à la fois pris dans l'illusion et conscient de l'artifice,
en un constant mouvement d'oscillation[3]. Cette conscience de l'artifice
s'opère lorsqu'un élément accessoire ou extérieur, tel que le cadre du
tableau, concurrence la perception de l'élément central. Dans le domaine

---

[1] La rhétorique définit d'ailleurs la dissonance comme le mélange des tons et registres.
Voir Bernard Dupriez, *Dictionnaire des procédés littéraires*, Paris, 10/18, 1984.

[2] D'après Jean Weisberger, cette influence décline après 1760, épousant ainsi le destin des mémoires fictifs. Voir *Les Masques fragiles. Esthétiques et Formes de la littérature rococo*, Lausanne, «L'Age d'Homme», 1991, p. 57.

[3] «For [papillotage] expresses both the gaze, the acceptance of the object seen, and the
blink which cuts off the eye from contact with the world and, in so doing, brings the self
back to self. In terms of colours, it forces the eye to move.», Marian Hobson, *The Object
of Art, the Theory of Illusion in Eighteenth Century France*, Cambridge University Press,
1982, p. 52.

romanesque, la parole de l'autre est souvent l'élément qui vient modifier le fonctionnement de l'illusion.

La notion de cadre littéraire n'est pas seulement la transposition métaphorique du cadre pictural: tout texte s'inscrit bel et bien dans un certain cadre de lecture, défini, entre autres, par le registre et le genre, qui déterminent un horizon d'attente de la lecture et un certain degré d'adhésion du lecteur à la fiction[4]. Le dispositif du roman-mémoires articule des énonciations situées à des niveaux de récit différents: le romancier, le narrateur primaire, les paroles des autres citées, la parole du héros-narrateur dans le passé, éventuellement les récits de narrateurs secondaires[5]. La polyphonie propre au roman-mémoires, qui joue sur la pluralité des voix mais aussi, et surtout, des niveaux de voix, autorise des effets de rupture et des réévaluations en cours de récit du rapport entre une narration et celle qui l'encadre. Si le phénomène n'est pas spécifique aux romans-mémoires, on conçoit cependant que la position éminente de l'énonciation mémorialiste pose de façon particulièrement aiguë la question du registre littéraire depuis lequel elle surgit, car c'est elle qui convoque toutes les autres énonciations.

Le chapitre suivant se propose d'examiner comment cette capacité de l'énonciation autre à produire une parole en rupture est mise en œuvre et utilisée par les romans-mémoires. Les énonciations marginales ont presque toujours une fonction critique et celle-ci s'exprime selon deux modalités principales: soit par une transgression ouverte de cadres romanesques brutalement exhibés, soit par une mise en question plus discrète.

I. EXHIBITION DES CADRES:
LA FONCTION CRITIQUE DE LA PAROLE DE L'AUTRE

1. La mise en abyme de la fiction

La pluralité des niveaux de récits permet aux auteurs de romans-mémoires de donner à voir diverses attitudes à l'égard de la fiction insérée et de la fiction en général. Dans son étude sur les romans de Marivaux,

---

[4] Voir l'article déjà cité de J-P. Sermain: «Une poétique de la déchirure», in *Poétiques du burlesque*, D. Bertrand (ed.), 1996, p 401.
[5] La position centrale de la subjectivité du narrateur n'équivaut pas à en faire le lieu d'expression privilégié d'un discours de savoir donné pour vrai. Pour une étude de la manière dont le roman-mémoires conduit un lecteur attentif et raisonnablement actif à remettre en question la validité du discours-cadre, voir R. Démoris, *Le Roman à la première personne du Classicisme aux Lumières*, Paris, Colin, 1975.

Jean-Paul Sermain définit l'énonciation double propre au roman[6] et met en évidence la valeur différentielle de la naïveté de certains énonciateurs:

> La naïveté caractérise des sujets que l'auteur situe en marge de sa propre culture, et qu'il charge d'exprimer ce qu'elle ne peut saisir: celui qui s'abandonnerait au plaisir de dire-écouter les contes merveilleux, celui qui vit les jeux de l'enfance, celui qui dans le royaume des morts pourrait revisiter toute son existence, celui qui cherche à éclaircir son expérience de l'amour, celui qui, de son regard persan, découvre le monde parisien. La naïveté est d'abord une différence, qui ne peut être perçue que de l'extérieur, du point de vue où le texte se situe et où il situe son lecteur[7] [...].

Cette manière de faire réfléchir sur le cadre du récit est particulièrement visible lorsque le processus de fabrication des fictions est mis en intrigue. Dans les *Aventures de Don Antonio de Buffalis* (1722), La Barre de Beaumarchais met en scène un couple de personnages présentant une complémentarité de caractères: Antonio, le narrateur, est sérieux et sensible tandis que Fabricio est gai, sans scrupule et cynique. Au cours de leurs pérégrinations, les deux compagnons s'amusent à inventer des histoires au gré de leur imagination et de leur fantaisie. La complémentarité de leurs personnalités se reflète sur la fabrication de ces histoires, chacun les inventant en fonction de son génie propre:

> [Fabricio] avait su persuader au *paysan* que nous étions fils d'un *noble génois*, et que nous venions de Rome, où nous nous étions engagés d'aller en pèlerinage comme des *pauvres*. Il appuyait ses discours *d'un air dévot*, qu'il contrefaisait à merveille, et il ne parlait à chaque instant que des *Saints Lieux*, que nous avions visités. De mon côté, je forgeais des histoires merveilleuses d'*apparitions*, de *sorcières* et de *châteaux* habités par le *Diable,* que je leur racontais auprès du feu, et j'avais le plaisir de les voir *se serrer* autour de moi, et *gober* toutes mes *fariboles* avec avidité[8].

Fabricio forge les fables les plus vraisemblables et porte un regard de poète sur les aventures vécues et racontées qu'il replace dans le cadre des romans des chevaliers errants ou des romans picaresques:

> Où allons-nous, me dit Fabricio, de quel côté tournons-nous nos pas? Jusqu'ici nous nous sommes laissés conduire au hasard, et nous avons

---

[6] «[La naïveté] procède d'une énonciation double qui épouse la voix de l'autre et en relève l'étrangeté», J-P. Sermain, *Le Singe de Don Quichotte, Marivaux Cervantès et le roman post-critique*, p. 212

[7] J-P. Sermain, *Op.cit.*, p. 212.

[8] La Barre de Beaumarchais, *Aventures de Don Antonio de Buffalis,* La Haye, Jean Neaulme, 1722, II, p.26.

mené une vraie vie de chevaliers errants. Tantôt couchant à l'air, tantôt dans un lit délicieux; aujourd'hui dans un misérable grenier à foin et demain dans un palais enchanté; enfin, gueux, riches, battus, batteurs, emprisonnés, mourant de male faim, et mangeant des perdrix tour à tour. Il faut faire une fin en un mot[9].

L'exigence technicienne de cadrer l'histoire – on peut lire en effet les questions de Fabricio comme des indications de régie, voire comme une critique de la composition hasardeuse jusque là suivie – et de la clore est formulée par le personnage secondaire qui fait ainsi office de relais de l'auteur dans le temps de l'action.

Le chapitre VIII du *Compère Mathieu* de Du Laurens contient également une fable forgée à l'intérieur de la fiction. Le narrateur rapporte un récit burlesque que Mathieu invente pour s'attirer les bonnes grâces d'un sergent. Ce récit ne présente aucune crédibilité et son caractère parodique surenchérit sur celui du Père Jean fait précédemment, qui lui-même surenchérissait sur la narration principale. La narration de Jean inversait les poncifs du récit de vie, le faux-récit de Mathieu accentue encore la caricature:

> Le Compère remercia très affectueusement cet homme et le régala de la bourde suivante: [...] Tel que vous me voyez, je suis le fils et l'unique héritier du Marquis de Gourgnac, un des meilleurs gentilshommes du Bas-Poitou, jouissant de plus de vingt-mille livres de rente. [...] Et quelle différence Grand Dieu, entre l'objet dont mon cœur avait fait choix et celle qu'on me destinait! Ma chère Lassy était le chef d'œuvre le plus parfait de la Nature; et la baronne était borgne, chassieuse, bossue, tortue, boiteuse, lunatique, puante, maussade, et pour surcroît elle avait le clitoris fait comme un cornichon, c'est-à-dire que ma future était hermaphrodite. Quand même je n'eusse point aimé la comtesse, et que la baronne eut été une personne accomplie, l'article du Clitoris m'aurait entièrement révolté[10].

Comme dans le récit parodique de Jean, tous les procédés d'accélération et de mécanisation comiques sont mis en œuvre[11]. L'histoire inventée caricature les procédés traditionnels des romans en accélérant les événements et en réduisant la temporalité longue du roman à un

---

[9] *Ibid*, p. 84.

[10] Du Laurens, *Le Compère Mathieu ou les bigarrures de l'esprit humain*, tome 1, chapitre VIII, p.114-117.

[11] «Mon premier soin après mon arrivée en cette ville fut de donner de mes nouvelles à ma comtesse, et de concerter des moyens de nous voir: ce qu'une de ses femmes et un laquais nous facilitèrent. Trois mois après j'appris que mon père était tombé dans une paralysie incurable, que le baron était devenu fou, et que sa fille était morte d'un mal de rate.», *Ibid*, p. 118.

enchaînement de phrases. Le sommaire dit ainsi une vérité sur le roman-mémoires, son recours au hasard et son invariable séquençage. La critique est appuyée et explicitée par le commentaire du narrateur primaire, Jérôme, qui dénonce le manque de cohérence et de vraisemblance de cette piètre fable :

> Lorsque nous nous vîmes seuls, je demandai au Compère Mathieu ce qu'il attendait de la fable ridicule qu'il venait de débiter à cet homme, et auquel il avait donné presque le reste de notre argent. – Je ne le sais pas trop, me répondit-il [12].

L'historiette sert avant tout à divertir le lecteur et elle opère aussi une gradation dans la parodie. En faisant qualifier de «fable ridicule» cette parodie de roman sentimental, le romancier renchérit sur la condamnation d'une forme qui s'est figée dans des clichés et il souligne du même coup l'arbitraire de tout énoncé, confirmant ainsi le propos critique du roman.

L'attitude de Mouhy est plus ambiguë par rapport à la mise en abyme de la fiction. Dans *La Mouche* (1736), le narrateur use à plusieurs reprises de ses dons de conteur pour s'extirper de situations délicates. Au chapitre 4, il invente une histoire de fantômes qu'il présente comme vraie aux moines qui l'écoutent, ce qui donne occasion au romancier de mettre en scène les réactions d'un auditoire face à une histoire totalement folle. De fait, le texte s'affole et se perd dans un tourbillon d'enchâssements successifs, entraînant l'auditeur au cœur de la terre et de plus en plus loin de toute vraisemblance :

> Les religieux qui écoutaient cette histoire, se regardèrent tous alors; les plus jeunes demandèrent aux plus anciens s'ils avaient quelque connaissance de cet événement remarquable: les plus âgés secouèrent la tête et dirent qu'ils n'en avaient jamais entendu parler. Bon dit l'un de ceux-ci vous ne voyez pas que c'est l'ouvrage de Satan; il n'y a pas un mot de vrai à tout ce que garçon nous dit, et il faut en vérité que le P. Prieur soit bien bon pour écouter de pareilles inepties. Pardonnez-moi, pardonnez-moi, interrompit le Prieur, ces choses valent bien la peine qu'on y fasse attention: cet enfant ne les a pu imaginer, on en pourra peut-être tirer de l'utilité; c'est la fin de l'histoire qui décidera de tout: continue, ajouta-t-il, et n'omets aucune circonstance.
> Comment donc! Ceci mérite une attention singulière.
> Je ne pus m'empêcher de me moquer en moi-même du sérieux avec lequel il prenait la fable que j'inventais; j'avais l'imagination si vive, que de pareilles histoires ne me coûtaient rien: je repris ainsi le fil de ma narration[13].

---

[12] *Ibid,* tome 1, chapitre VIII, p. 122.
[13] Mouhy, *La Mouche*, I, p. 114-115.

En se moquant de la crédulité des moines, le personnage adopte l'attitude de Bigand narrateur nous contant, à nous lecteurs, son histoire, mais aussi l'attitude de Mouhy contant l'histoire de Bigand. La mise en scène de la fabrication des fables a donc ici pour effet de mettre en cause l'adhésion au récit en dénudant le processus d'invention. La facilité de Bigand est à l'image de celle de Mouhy, toujours prêt à vanter son talent d'inventeur d'histoires[14]. Le romancier joue ici sur la frontière entre fictions vraisemblables et fables délirantes. L'histoire des serins, racontée à D'Osilly pour l'endormir au chapitre VIII, et l'histoire du fantôme, fabriquée à l'intention des moines au chapitre IV, sont présentées comme des contes et néanmoins mises sur le même plan que les histoires vraisemblables racontées par ailleurs. La succession de chapitres contenant chacun une histoire établit de fait une équivalence entre toutes ces histoires. L'effet de subversion du dispositif tient au fait que l'efficacité de chacune est totalement indépendante de son degré de vraisemblance, le conte fantastique ayant finalement autant d'effet sur le cours des choses que le récit plausible[15].

Les Mémoires du chevalier de Ravanne, page de son altesse le duc régent et mousquetaire (1740) attribués à Jacques de Varenne jouent aussi sur cette mise en abyme de la production de fiction, avec un effet plus troublant encore, du fait que la fiction représentée n'est autre qu'un récit de vie, le genre cadre lui-même. Le narrateur rencontre un page facétieux, le chevalier d'Arcis, et celui-ci fait un récit pour le moins fantaisiste de sa vie au narrateur et à son oncle:

> Moi, je me retirai dans ma chambre, où mon valet qui m'attendait, fut surpris des éclats de rire qui m'échappaient. En effet je n'en étais pas le maître, quand je me rappelais la manière dont le chevalier s'était presque peint, et la bonne foi avec laquelle j'avais vu mon oncle mordre à la grappe, lui surtout qui se piquait quelquefois d'être si connaisseur. Si ce que j'avais vu me paraissait risible, ce fut bien pis quand j'appris du chevalier que toute son histoire n'était qu'une fable inventée sur

---

[14] Dans la préface des *Mémoires de la marquise de Villenemours*, Mouhy fait l'article de sa puissance d'invention en empruntant la voix de sa femme: «Je suis trop amie de la vérité, pour ne pas convenir de bonne foi que mon mari a revu et corrigé mon livre. Je lui en sais un gré infini, parce qu'il ne s'est jamais donné cette peine pour les siens. J'avouerai encore qu'il a par-ci par-là jeté des étincelles de son imagination, sans marquer les endroits; le public, qui la connaît, les remarquera bien.», *Les Mémoires de madame la marquise de Villenemours écrits par elle-même et rédigés par madame de Mouhy*, La Haye, Antoine Van Dole, 1747, Préface.

[15] A. Rivara analyse ce double plan des romans de Mouhy comme une opposition entre vision réaliste et «contre-réaliste» qui permet au romancier de s'adresser à la bourgeoisie de façon indirecte et figurée, voir *Les Sœurs de Marianne: suites, imitations, variations: 1731-1761*, Oxford, *S.V.E.C.* n°285, 1991, p. 167.

le champ pour son plaisir. [...] En attendant je me tins plus d'une fois les côtés à force de rire, et je le priai de toute mon âme de prendre garde que mon oncle ne s'aperçût jamais qu'il s'était moqué de lui; parce que sûrement il n'en aurait résulté rien de bon. Je ne me suis point moqué de lui, répliqua-t-il, et il aurait tort de le prendre sur ce ton: je n'ai prétendu que l'amuser et le divertir[16].

L'effet de visibilité du cadre est ici particulièrement évident. Ces scènes où, à l'intérieur des romans, sont ridiculisés ceux qui croient aux fables, ont une portée critique à l'égard du romanesque. La fabrication des fables suscite cependant un discours ambivalent: jugement mettant en garde les naïfs incapables de distinguer la fiction de la réalité mais aussi fascination démiurgique devant l'efficacité sur le monde de ces mêmes fables et le plaisir qu'elles suscitent.

Les voix des marges, en rendant visibles les changements de genre et de registre, attirent l'attention sur le cadre de la narration centrale, sa cohérence en matière de forme et de composition, son registre et sa vraisemblance. Dans les textes figurent des indications pour lire la parole de l'autre et les passages qu'elle occasionne du sentimental au comique, du comique au tragique sanglant, d'un récit picaresque à une parodie de roman-mémoires. Le texte porte ainsi témoignage de ses propres sutures en usant des personnages secondaires comme de relais aux ruptures de cadre.

2. Les auditeurs perturbateurs: le trublion et l'incrédule

Dans un contexte romanesque, l'existence d'un cadre du récit est mise en évidence lors de situations qui manifestent un excès ou un manque de distance des personnages par rapport à ce cadre. C'est le cas par exemple lorsque l'un des participants à l'échange verbal met brusquement en relief la trame et la matière de sa parole, de son récit ou de celui d'un autre énonciateur, révélant ainsi le statut d'*artefact* du narré. La représentation d'un échange verbal dissymétrique fait ressortir de brusques changements de registre, de ton et de genre. La parole de l'autre peut dans ce cas modifier et réorienter la lecture d'un récit en cours.

A. *Interruptions spontanées*

Quand une parole ou un récit en train de se faire sont interrompus pour ne jamais être renoués, l'effet créé est spectaculaire puisque le texte

---

[16] Jacques de Varenne, *Les Mémoires du chevalier de Ravanne, page de son altesse le duc régent et mousquetaire*, Liège, 1740, p. 48-49.

pose une énigme au lecteur sans l'accompagner d'aucune explication. On observe ce type d'interruption dans l'*Histoire de la comtesse de Gondez* de Marguerite de Lussan. Le personnage de Calemane, déjà évoqué au chapitre précédent, est caractérisé par la singularité de son expression et de son tour d'esprit. Pour distraire la petite société retirée à la campagne, il entreprend de raconter sa vie et retrace son entrée dans le monde et sa première aventure amoureuse. Amoureux d'une belle séquestrée par son mari, il se porte galamment à son secours et noue une liaison. L'issue de cette histoire est marquée par une double rupture de ton. La première consiste dans un retour au burlesque: le mari trompé découvre la vérité et se venge en lançant ses chiens sur Calemane à qui ils infligent une blessure peu glorieuse. Puis, le même mari, inquiet des suites possibles de l'incident, desserre alors l'étau qui emprisonnait sa femme. Il s'ensuit que mari et femme filent le parfait amour et infligent à Calemane l'insigne ridicule d'avoir pour rival préféré le mari de sa maîtresse. La seconde rupture marque à la fois la fin de cette aventure, un affranchissement des passions et une entrée dans un récit de type libertin, l'amoureux humilié se métamorphosant en jouisseur insouciant:

> Ce genre d'infidélité, le monde, et le temps me rendirent ma tranquillité, et ma tranquillité me mit en état de me livrer à tous les plaisirs qui se présentèrent.
> Calemane s'arrêta et ne parut pas être en disposition de continuer[17].

Le chevalier gascon ne renouera jamais le fil de son récit, malgré les instances de ses amis et auditeurs. Les raisons qu'il invoque tiennent au changement de cadre que commanderait la suite de son histoire:

> Je lui dis qu'il n'en était pas quitte, que nous l'avions laissé trop jeune, & que le commencement de sa vie nous donnait un désir extrême d'en savoir la suite; mais que nous l'en dispensions pour le présent. Dispensez-m'en tout à fait, me répondit-il, & vous ferez bien. Eh! qu'aurait pour vous d'intéressant un fatras d'aventures presque jamais suivies; des voyages en Italie, en Allemagne, en Angleterre, où mon inquiétude autant & plus que la curiosité m'a servi de guide: mon inconstance dans mes projets; mon désir de savoir; la recherche soigneuse des Gens de Lettres, et mon peu d'application à profiter de leurs lumières[18].

Le locuteur secondaire juge de la composition du récit qu'il ferait comme du tournant qu'a pris le cours de sa vie. Le «fatras d'aventures»,

---

[17] Marguerite de Lussan, *Histoire de la comtesse de Gondez*, p. 239.
[18] *Ibid*, p. 240-241.

la série de voyages stériles formulent en creux une critique des romans de liste, de veine libertine ou picaresque, qui déplacent un personnage de lieu en lieu et lui font multiplier les rencontres sans le faire véritablement évoluer. Si l'énonciateur dissonant qu'est Calemane fait encore entendre sa voix par la suite, ce ne sera plus pour parler de lui-même, mais uniquement pour se faire l'écho et le réflecteur de l'intrigue centrale. A l'origine d'une série de ruptures de ton, la parole de l'autre se tait, comme pour conjurer le risque d'un décentrement de l'histoire.

L'Académie militaire ou les héros subalternes (1749), de Godard d'Aucourt, offre l'exemple d'une interruption assez brutale et d'un recadrage interne. Le narrateur expose son projet qui est de fonder une académie militaire chargée de faire l'«Histoire Générale des Héros subalternes» (p. 28). Le texte de Godard d'Aucourt n'est pas cette histoire mais seulement une chronique familière, revêtue par conséquent d'une moindre dignité. Le narrateur prend ainsi soin de distinguer ce projet d'Histoire générale et les histoires particulières de ses amis qu'il retranscrit dans sa propre *Académie militaire*. Il déborde pourtant du cadre qu'il s'est lui-même fixé et feint une étrange expérience de ventriloquie:

> Revenons à moi, Parisien, quand le roi parut au siège de Fribourg, je repris ma gaieté naturelle, toute l'armée semblait renaître avec son prince; que de prodiges de valeur, que de braves guerriers prodigues de leur sang ont... doucement, n'allons pas chasser sur les terres de Picard notre historien général; que j'envie son sort d'avoir à écrire de si belles choses; mais puisque mon projet est de ne parler que de moi, de notre académie et de quelques amis particuliers, dont l'histoire est nécessairement mêlée avec la mienne, tâchons de nous en tenir là; aussi ne dois-je pas tout faire[19].

L'interruption ne porte pas sur une hésitation entre le registre burlesque et le registre épique qui soulignerait soudain quelque disconvenance entre le sujet et le style. Il s'agit plus ici d'un choix entre le centre et les marges d'un événement donné, autrement dit d'une question de point de vue sur la guerre. Alors qu'il s'était un moment écarté de son projet initial pour emprunter le style de l'historiographe, le narrateur se ressaisit sans discrétion. Le recadrage de soi-même a pour effet de réaffirmer avec force le registre comique initial et l'angle d'approche. Non seulement cela fait ressortir le caractère fabriqué du texte en train de s'écrire comme du projet d'Histoire, mais cela souligne aussi le refus de la perspective héroïque:

---

[19] Godard d'Aucourt, *L'Académie militaire ou les héros subalternes par P***, auteur suivant l'armée*, Amsterdam, par la société, 1745, deuxième partie, chapitre VI, p. 40.

dans le cadre d'un projet dédié à l'évocation des marges de la guerre, c'est bien l'évocation sérieuse des exploits guerriers qui fait figure de dissonance.

B. Interruption par un tiers

Plus souvent, une parole extérieure surgit pour remettre en question le système de valeurs qui sous-tend une parole. Dans l'*Histoire de Gogo* (1739), le recadrage est le fait d'une narratrice secondaire: la baronne de Varsebourg influe sur le cadre du récit, d'abord en exposant sa conception de ce qu'est un récit intéressant, puis en réagissant aux propos de la narratrice principale.

Avant de se plier aux exigences de Gogo qui réclame le détail de ses aventures, la baronne formule de nombreuses réticences, justifiées par un discours de type esthétique, par lequel elle critique le roman licencieux et, surtout, sa structure de liste. Pour se défendre de faire le récit de sa vie d'ancienne prostituée, elle accuse le récit libertin de se réduire à une liste dénuée de signification autant que d'intérêt:

> Vous voyez que jusqu'ici j'ai tenu parole et que j'ai assez détaillé les circonstances de ma vie: mais préparez-vous, s'il vous plaît, sans mur-murer, à en voir passer plus de trente en quatre mots, davantage ne serait qu'une répétition fastidieuse[20].

Au travers de cette critique du roman-liste, la baronne rend visible le cadre du roman, parce que celle-ci se fait la porte-parole d'une critique du roman-liste. Le débat entre les deux interlocutrices porte alors sur la distance qu'il convient d'adopter par rapport aux événements narrés:

> Mais s'il vous plaît à votre tour, remettons à un autre temps à y satis-faire, je consens, quoique avec peine, que ces quinze années où il n'entre que de la débauche, aient été passées comme vous l'avez voulu: mais pour celles-ci où il entre de l'intrigue, je prétend plus de détail. Et quel détail, grand Dieu, repartit-elle, voudriez-vous que je vous fisse: auriez-vous jamais assez de patience et moi assez de pou-mons? Hé, qu'y verriez-vous! Fourberie partout chez moi; ou pour nommer les choses par leur nom, talent de faire éclore des passions craintives, que je savais flatter chez celle-ci par les richesses, chez celle-là par l'ambition, cette autre par la magnificence, prenant pour y réussir l'état ou la tournure d'esprit que je savais y mener la plus sûre-ment. Enfin c'était mon caractère que vous vouliez connaître, et non

---

[20] *Histoire de Gogo*, Benjamin Gilbert, La Haye, 1739, p. 180.

pas tous les actes qui me caractérisent; et sans dessein de vous fâcher, je vous le répète, vous me connaissez assez pour pouvoir deviner le reste[21].

En distinguant le caractère d'un être de la succession des actes discontinus qui constituent l'ensemble de ses expériences, la baronne jette un doute sur la possibilité de connaître un individu à travers la liste de ses actions. La critique du roman-liste est ainsi formulée par la cheville ouvrière du dispositif, car la baronne est le personnage qui initie et allonge la liste en débusquant de nouvelles candidates à la prostitution et sa liste est tout aussi bien celle des romans de filles. L'énonciatrice secondaire ne s'oppose cependant pas au mode de vie libertin au nom de principes moraux. Pour remettre en cause la narration libertine, elle invoque plutôt des critères d'évaluation esthétique: l'enjeu est bien le cadre formel de cette littérature.

Lorsque Gogo raconte à son tour sa vie à la baronne, sa première version rompt avec la légèreté des aventures que le lecteur est en train de lire. Malgré sa curiosité pour les aventures libertines de l'autre, Gogo, par un respect de façade pour les conventions sociales, extrait en effet ses aventures du cadre libertin, pour les transformer en une belle passion tragique:

> Tout cela fut jusque là à merveille: mais quand ce vint à l'affaire de Bonnival, je ne sus comment la faire cadrer avec cet étalage de sentiments héroïques, dont je venais de faire parade. [...] Lorsque je l'eus fait, elle me dit en se mettant à rire et en me regardant d'un œil de compassion: mon Dieu! Ma pauvre fille que tu es sotte, et qu'il y a bien là de quoi être honteuse! Quoi, est-ce à cause que c'était encore un écolier, quel malheur! Ne dites-vous pas qu'il avait dix-sept à dix-huit ans? Cela devait faire au moins un philosophe. Va, va ma pauvre enfant, je ne connais pas tout mais j'en sais plus de vingt qui s'amusent d'un troisième, soit dit sans dessein de vous encourager.
> Cela m'encouragea cependant, je ne fis plus de difficulté de lui apprendre toutes mes intrigues, ni les risques qu'elles m'avaient fait courir, et particulièrement le danger actuel dans lequel je me trouvais par la colère du magistrat. Ce récit n'était plus interrompu par elle, que par quelque fort bien, à merveille, peste, etc. et lorsque j'eus fini, elle poursuivit, cela est à merveille, et je vous avoue que je ne conçois pas qu'on puisse mieux employer son temps[22].

L'épisode de Bonnival (oubliant son défunt amant Gerville, la protagoniste a initié au plaisir un beau jeune homme) contraste avec le récit élégiaque de Gogo. La parole de la baronne incite la jeune femme à transgresser le cadre héroïque adopté et à s'orienter vers une version de son

---

[21] *Ibid*, p. 182-184.
[22] *Ibid*, p. 197.

histoire privilégiant la multiplicité et la discontinuité. De surcroît, la baronne adopte une posture, non de moraliste, mais de lectrice et son recadrage est principalement d'ordre éditorial. Son «à merveille» résonne comme une évaluation de la qualité du récit autant que comme une approbation jubilatoire de type hédoniste. La présence de la même expression chez Gogo commentant la conduite de son propre récit souligne on ne peut plus clairement leur statut commun de lectrices et de faiseuses d'histoires. Le récit de Gogo débute sur le modèle narratif noble d'une intrigue centrée autour d'un couple unique et d'un amour exclusif mais son interlocutrice réoriente sa narration vers un programme de lecture libertin. Critique par rapport à la structure de son propre récit, la baronne ne le juge pas digne d'être donné dans le détail. Créatrice d'une histoire passionnée, qu'elle recadre en cours de récit, Gogo se tient, elle aussi, à distance d'une expérience qu'elle adapte et modifie en fonction des indications et des attentes de son interlocutrice. La liste libertine ne peut se construire qu'en opposition par rapport à la grande passion, les deux types de discours se définissent l'un par l'autre.

Après ce rappel au désordre, Gogo entreprend enfin de dérouler le fil de ses aventures amoureuses. Le lecteur se trouve donc placé dans une position analogue à celle de la vieille aventurière, peu soucieux de juger de la moralité de Gogo mais désireux de se divertir.

La parole de l'autre contribue donc à façonner la narration centrale et, par ses exigences littéraires et critiques, elle est à l'origine du choix liminaire dont le romancier a l'habileté de nous dévoiler ici la genèse. Sans le recadrage de la baronne, Gogo pourrait produire le récit de l'innocence calomniée[23]: en d'autres termes, c'est l'autre qui donne le ton du récit principal. En modifiant le récit de Gogo dans le passé, la baronne oriente les mémoires à venir de Gogo vers un récit libertin et distancié, récit qui n'est autre que l'*Histoire de Gogo*.

Dans d'autres cas, la tentative de recadrage échoue parce que le perturbateur est un énonciateur disqualifié. La poursuite du récit dans le même cadre marque alors la supériorité du conteur sur celui qui l'a interrompu. *Le Compère Mathieu ou les bigarrures de l'esprit humain* (1766) occupe une position à part dans notre corpus, parce que Du Laurens y réalise une sorte de synthèse parodique des romans antérieurs. Les narrations secondaires illustrent les diverses façons qu'a un récit de ne pas fonctionner et de malmener l'illusion référentielle. La bigarrure du sous-

---

[23] C'est la voie empruntée par les narratrices des *Mémoires d'une honnête femme* de Chevrier, des *Mémoires d'une fille de qualité* de Mouhy et beaucoup d'autres.

titre désigne aussi le mélange des styles et des paroles, le roman s'employant à faire entendre les voix les plus diverses et à multiplier changements de tons et de registre. Le couple de protagonistes, le héros éponyme, Mathieu, et le narrateur, Jérôme, rencontrent de nombreux personnages qui offrent toute la gamme des marginalités possibles, si bien que la confrontation de leurs paroles et récits ne va pas sans heurt.

L'un des personnages rencontrés s'avère être l'oncle du Compère Mathieu et son récit cumule tous les procédés de mise à distance. La continuité de sa narration est en outre constamment minée par les remarques d'un auditeur indiscipliné, l'Espagnol Diego, qui parasite systématiquement toutes les conversations. Les inévitables heurts entre l'athée cynique et le superstitieux naïf donnent l'occasion à Du Laurens de caricaturer le fait que toute narration est filtrée par un point de vue. Diego est le porte-parole trouble d'un respect aveugle des superstitions, il interrompt le Père Jean pour traduire et réinterpréter les éléments de son récit:

> Je vins à Venise où je vendis une partie de mes marchandises à un Juif, qui me donna sa fille en troc pour le reste. C'était un tendron d'environ quatorze ans, très joli, le vrai lot d'un Vivant comme moi. Lorsque je fus en mer, je voulus user de mes droits sur ma conquête: la poulette commença par faire la grimace et finit par me donner la Vérole. – A ces mots Diego poussa un profond soupir. – Pourquoi soupires-tu lui dit Père Jean. –Hélas! répondit l'Espagnol, c'est qu'au récit dont il a plu à votre Hautesse de m'honorer, je reconnais les divins appas de ma chère Rachel! La perle des filles! Le bijou de toutes les filles! Le meilleur cœur de fille...'
> Père Jean croyant que Diego était devenu fou, le fit taire, et continua ainsi[24].

L'effet de recadrage incongru est encore renforcé par la suggestion d'un croisement des histoires personnelles de Diego et de Jean, la poulette syphilitique du Père Jean et la perle de Diego étant bien sûr la même personne. La confrontation des versions antithétiques du personnage de Rachel revêt une indéniable efficacité comique. Par ce télescopage, Du Laurens porte à son comble la caricature de toute narration.

Le Père Jean interrompt Diego à son tour de son rire tonitruant, lorsque celui-ci fait le récit fantastique de son voyage rêvé au pays des morts[25]. Diego renoue trois fois le fil de son récit toujours interrompu avant de retomber dans la léthargie qui lui avait inspiré ce rêve. Son voyage imaginaire s'achève là puisque, lorsqu'il s'éveille au chapitre VII du tome

---

[24] Du Laurens, *Le Compère Mathieu*, p. 147.
[25] Chapitres VI, VII et VIII du tome 1, p. 337-400.

suivant, il a tout oublié. Ainsi tous les perturbateurs et toutes les paroles n'ont pas le même crédit: la vision fantastique de Diego est en quelque sorte *encore* plus discréditée que toutes les autres du fait de son spectaculaire inachèvement.

Dans *Pinolet ou l'aveugle parvenu*, Jean-Antoine Guer choisit pour narrateur principal un aveugle qui mène la vie errante et misérable des mendiants. La cécité du héros-narrateur le place systématiquement dans une position d'écouteur. Il rapporte notamment une conversation d'auberge entre ses compagnons de route et un soldat fanfaron. L'histoire du soldat est hautement invraisemblable et, de ce fait, sans cesse interrompue par les exclamations naïves ou incrédules de l'auditoire[26]. Les divers perturbateurs jouent sur toute la gamme des interprétations possibles d'une histoire. Les interruptions cyniques de Jean Valois, crédules de Pinolet ou non pertinentes de Gironnet qui s'efforce péniblement de comprendre, reflètent leur personnalité mais aussi autant de conceptions de la narration, mensonge condamnable, fiction divertissante ou vérité objective, selon que l'on efface ou que l'on souligne le cadre formé par les conditions d'énonciation.

Ces romans jouent des effets de heurt et de suture afin de mettre en lumière la façon dont tout récit est informé par et reçu dans un cadre. Les effets de cacophonie obtenus par la confrontation des voix dissonantes illustrent la valeur essentiellement discordancielle[27] et critique de la parole de l'autre dans les romans-mémoires. Le texte de Du Laurens pointe cependant l'une des limites du genre: dans un roman essentiellement constitué de ces ruptures, la dissonance est le seul principe de composition et d'écriture, si bien que les voix des autres prennent le pas sur celle du mémorialiste et que le principe des mémoires n'en sort pas indemne.

C. Passage de relais narratif

Le changement de cadre peut aussi s'opérer à l'occasion d'un passage de relais: la même histoire se poursuit mais racontée par un autre énonciateur qui en modifie la tonalité. Le texte attire alors volontiers l'attention du lecteur sur ses propres sutures, en ménageant chez les personnages secondaires spectateurs une réaction de surprise ou de recul face à ces changements.

---

[26] Jean-Antoine Guer, *Pinolet ou l'aveugle parvenu, histoire véritable, composée sur les faits fournis par Pinolet lui-même, actuellement existant dans Paris*, Amsterdam, Marc-Michel Rey, 1755, p. 47.

[27] Voir C. Jacot-Grapa, *L'Homme dissonant au 18ème siècle*, S.V.E.C., n°354, 1997, p. 137.

Un épisode des *Mémoires et aventures d'un homme de qualité* de Prévost se caractérise par ses ruptures de cadre, celui de la demoiselle en fuite rapporté dans l'«Histoire de Rosambert». Cet épisode du deuxième livre[28] accumule les effets de dissonance qui désorientent le lecteur. Dans un article consacré aux premiers lecteurs de Prévost, Françoise Weil étudie les données d'une correspondance entre des lecteurs des *Mémoires et aventures*. Elle rapporte notamment la réaction d'un dévot rebuté dans sa lecture par un épisode. Ce rare témoignage confirme que le lecteur de l'époque est surpris par certains passages:

> J'ai lu le tome I et le deuxième quart du tome II. Cette lecture me parut agréable, ma femme la goûtait, ma fille en était charmée. Quoique je passasse certaines choses et que j'adoucisse certaines expressions, je jugeais préférable de m'arrêter et je dis qu'il valait mieux lire l'histoire de France, ce que nous fîmes..[29].

La lecture est agréable, vraisemblablement jusqu'à ce que ce lecteur parvienne à l'épisode de la demoiselle que le marquis de Rosambert rencontre dans les rues de Paris. Jean Sgard, dans son analyse du roman, souligne aussi la différence de traitement entre l'histoire de Rosambert[30] et cette histoire secondaire, dans laquelle il reconnaît l'influence féministe de Madame de Lambert:

> Pour esquisser la destinée de son moine tragique, il recourait à des sources archaïques et naïves, et la fatalité qui domine cette vie restait d'ordre magique. Au contraire, le malheur de la «demoiselle» nous sera expliqué d'une façon toute moderne où paraît l'influence d'une œuvre très récente: les *Réflexions nouvelles sur les femmes* de Mme de Lambert[31].

Le personnage de la demoiselle et la parole qu'elle fait entendre ouvrent une échappée sur un univers romanesque hétérogène. Non seulement sa fin tragique pratique une brèche dans le récit de Rosambert, mais encore sa façon de s'exprimer tranche avec les deux paroles masculines qui l'encadrent. La perplexité de Rosambert, le destinataire interne, mime la surprise du lecteur.

---

[28] Cet épisode s'étend des pages 36 à 42 du tome I des *Œuvres*, édition J. Sgard, P.U.G. 1978.

[29] Cité par Françoise Weil, «Les premiers lecteurs de Prévost et le «dilemme du roman»» in *Actes du colloque d'Aix-en-Provence*, décembre 1963, Paris, Ophrys, 1965, p. 225-231.

[30] Jean Sgard précise que l'histoire de Rosambert est inspirée à Prévost par un petit écrit édifiant décrivant la conversion à la vertu du frère Arsène de Janson, voir *Prévost romancier,* Paris, Corti, 1968, p. 66.

[31] J. Sgard, *op.cit*, «La claustration», p. 68.

L'épisode opère une transgression des contraintes de bienséances. Le thème de la grossesse déshonorante, fréquent parmi les faits divers des «Aventures et anecdotes» du *Pour et contre*[32], fait figure d'intrus dans l'univers romanesque de l'homme de qualité, d'autant qu'il s'agit d'un récit personnel.

L'épisode inaugure de surcroît dans le texte une zone d'instabilité générique et un changement de code par rapport aux *Mémoires et aventures*: la rencontre nocturne a recours au ressort comique du quiproquo, le cordelier étant d'abord pris pour une femme. Ce dernier poursuit ensuite le récit commencé par la jeune fille en rapportant consciencieusement des détails et des propos bas, ce qui crée une dissonance comique («[…] et loin d'en paraître touchés, ces misérables ont insulté brutalement à la douleur de leur sœur: allons, ont-ils dit, mesdames les p…, il faut expier votre folie[33]»). Le relais du père prieur fait passer du récit noble de la protagoniste à celui d'un témoin, provoquant un brusque changement de cadre: le récit était noble et pathétique dans la bouche de la jeune fille, la délégation de parole le tire vers le bas. Les détails du récit de l'évasion de la maison des frères au moyen de draps noués contrastent avec la stylisation tragique des explications de la demoiselle[34].

Le changement de perspective temporelle accentue en outre la confusion qui enveloppe l'épisode. Témoin de hasard d'une scène nocturne qui n'est que la conséquence ultime d'une longue histoire, le cordelier ne peut en offrir qu'un point de vue limité: le bandeau posé sur ses yeux et sa découverte progressive et incomplète des tenants et des aboutissants de cette histoire font de lui un témoin excessivement attentif aux détails de la situation mais n'ayant pas de vision d'ensemble. L'épisode ne s'installe cependant pas dans le registre bas car les nouvelles explications de la jeune fille ramènent le lecteur à une perspective plus générale et donc à une tonalité plus noble. Les tentatives de suicide, les flots de sang et la mort de l'héroïne confèrent finalement à l'épisode une tonalité d'histoire tragique.

L'instabilité générique est donnée à voir à travers les réactions du narrateur secondaire qui encadre et rapporte une histoire à laquelle il a pris

---

[32] Cf. *Le Pour et contre*, «Crime d'une fille-mère», I, 214-216, «Horrible désespoir d'une jeune fille», III, 288, «Histoire de la séduction de Louise», XVII, 28-36, «Aventure d'une jeune fille et d'un enfant dissimulé», III, 88-94, «Aventure de Miss B. au Wauxhall», XIX, 114-120, etc.

[33] Prévost, *Mémoires et aventures*, p. 37.

[34] «Vous me sauvez la vie, et vous la sauvez en même temps à un innocent qui aurait été la malheureuse victime d'une barbare colère.», *Ibid,* p. 37.

part: ses sentiments évoluent au fil des étapes de l'aventure: la curiosité, lors de la rencontre nocturne, le rire devant le caractère incongru de la situation[35], la compassion quand il parle avec la jeune fille, l'effroi enfin devant la catastrophe finale, avec une conclusion qui insiste sur l'atmosphère tragique[36].

La multiplicité des ruptures dans un espace textuel très restreint est encore mise en valeur par le dispositif de réception interne. Rosambert, interlocuteur falot, voire transparent, adopte diverses attitudes de réception. Il interroge le prieur en amateur de bonnes histoires mais, dans son entretien avec la demoiselle, joue le rôle du questionneur naïf face à une énonciatrice placée dans une position de sujet de savoir et dissertant sur la nature des passions[37]. Son silence en tant que narrateur se double d'un certain embarras en tant que destinataire premier du récit: «Que dites-vous de tout cela ajouta-t-elle en me regardant. / Je lui répondis que j'avais peine à le comprendre et que je ne pouvais assez l'admirer[38].» Si le texte insiste sur les changements de registre que comporte l'épisode, ce dernier reste énigmatique car il ne fait pas l'objet d'un commentaire extérieur qui lui conférerait un sens et lui donnerait une place et une fonction dans la narration de Rosambert.

Dans une tonalité comique, la délégation de parole aboutit au même suspens final dans l'*Histoire de la comtesse de Gondez* (1725) de Marguerite de Lussan. Le récit de Calemane connaît en effet une ultime perturbation, lorsque celui-ci propose à ses auditeurs de passer le relais à son valet:

> Je ne sais, me répliqua-t-il, qu'un moyen pour vous satisfaire & me tirer d'embarras; il vous paraîtra bizarre et familier ce moyen: le voici. C'est de faire parler Dubois, qui dans sa personne renferme tout mon domestique [...]. Je lui permettrai de vous conter mes sottises, il obéira et m'en grondera en particulier. Nous nous mîmes à rire de la proposition singulière de Calemane, résolus de tirer de lui par lambeaux ce

---

[35] «Je trouvais fort plaisant qu'un mousquetaire de mon âge fût obligé de donner sa chambre pour asile à une demoiselle de dix-sept ou dix-huit ans. Un cordelier, une femme de chambre sous ma protection, tout cela avait l'air d'une petite république d'aventuriers, dont je pouvais me considérer comme le chef.», *Mémoires et aventures*, p. 38.

[36] «Cette lettre me pénétra d'horreur, de pitié et d'admiration», *Ibid*, p. 41. Voir C. Mauron: «*Manon Lescaut* et le mélange des genres» in *L'Abbé Prévost*, Aix, 1967, p. 113-118. et H. Coulet: «Le comique dans les romans de Prévost», *Ibid*, p. 122-143.

[37] «Ce langage me frappa. Je lui demandai...», p. 39, «Je me hasardai là-dessus à lui demander...», p. 40. Rosambert est malmené par la péremptoire demoiselle: «j'ai toujours cru qu'il était aisé [...]. Si vous l'avez toujours cru, vous vous êtes toujours trompé.», *Ibid*, p. 40.

[38] *Ibid*, p. 41.

qu'il ne voulait pas nous donner de suite. Tel fut le récit de Calemane, il nous réjouit fort[39].

Le relais n'est pas anodin: ayant achevé la partie sentimentale de son récit, le Gascon juge que son valet est un locuteur adéquat pour le récit de la succession de ses plaisirs et d'une histoire qui se borne désormais à la satisfaction des sens. Une telle proposition contribue à déconsidérer le récit de vie, en invitant un locuteur dévalué, Dubois, l'organisateur de ses débauches, à prendre la parole au centre du cercle des auditeurs nobles. Le relais proposé de Dubois marque une rupture dans l'histoire racontée et attire l'attention sur ses conditions d'énonciation. La proposition, hâtivement qualifiée de «plaisanterie», restera d'ailleurs sans suite. La poursuite de l'histoire de Calemane par son valet eût certainement représenté une dissonance trop grande pour un roman de registre noble.

Ces phénomènes de paroles dissonantes laissées en suspens et dont le sens et la fonction peuvent demeurer énigmatiques illustrent le fait que ce qui est privilégié dans l'usage de la dissonance, c'est avant tout sa capacité de rupture.

II. Envolées romanesques

Mikhail Bakhtine accorde une attention particulière à la ligne comique de la littérature: parce qu'elle érige en principe le mélange des genres, des styles, des registres et des voix, il y voit l'origine de la polyphonie, une articulation des voix propre au genre romanesque. Il constate que les personnages subversifs et populaires, tels que fripons et brigands, jouent un rôle essentiel dans le dialogisme romanesque.

Au cours de son étude sur la poétique de Dostoïevski, Bakhtine énumère les traits ménippéens des romans, caractéristiques selon lui d'une écriture moderne. Il retrouve la même empreinte d'une vision carnavalesque du monde dans la dialogisation du roman moderne et les genres comico-sérieux de l'Antiquité. Parmi ces traits, on retiendra plus particulièrement l'insertion de genres intercalaires, tels que nouvelles, lettres, discours d'orateurs, qui permettent de représenter tous les degrés possibles de distance entre le locuteur et son énoncé, entre le discours-cadre et le discours encadré[40].

---

[39] Marguerite de Lussan, *Histoire de la comtesse de Gondez*, p. 241.
[40] M. Bakhtine, *La Poétique de Dostoïevski*, [Problemy poetiki Dostoïevskovo] traduit du russe par I. Kolitcheff, Paris, Seuil, 1970, p. 165.

Le critique suggère en outre un lien entre le matériel thématique, certains types de la littérature carnavalisée (les brigands, les pirates, les prostituées…) et l'insertion de genres intercalaires plus ou moins distanciés et parodiques. En donnant la parole à des êtres marginaux, les romans-mémoires s'inscrivent dans la lignée de la littérature ménipéenne. Et parce qu'elle participe de la dialogisation du texte, la parole de l'autre ouvre sur d'autres registres de la fiction. L'articulation des paroles des autres à la narration mémorialiste contribue donc à articuler divers degrés de distance entre les énonciateurs et la matière narrative.

Selon la théorie bakhtinienne, la spécificité même du genre romanesque est sa capacité à coloniser toutes les couches du langage et de la société. Jean Sgard interprète les ruptures de tons et de registres, dans les *Mémoires et aventures* de Prévost, comme les marques de l'hésitation d'un romancier en quête d'un style et d'une identité: «La forme «mémoires» n'a pas été pour lui un genre précis, mais plutôt une matrice dont pouvaient sortir toutes les formes de romans[41].» La forme mémoires favorise en effet ces ruptures qui la rendent particulièrement apte à exprimer une attitude ambivalente à l'égard de la fiction et de l'illusion romanesque.

Nous considérerons ces ruptures en tant qu'elles sont liées aux interventions d'énonciateurs secondaires: les différentes voix se manifestent en personne dans les romans-mémoires, les styles s'incarnent. Nous étudierons d'abord les instruments et les types capables d'embrayer sur d'autres univers romanesques, avant d'interroger les fonctions des échappées hors des cadres qu'autorisent les voix des autres.

1. Ouverture vers un romanesque hyperbolique

A. *Les charmes désuets du roman*

L'évaluation du caractère romanesque de telle ou telle parole suppose que l'on revienne sur le sens que le XVIIIe siècle donne aux termes *roman* et *romanesque*. L'édition du *Dictionnaire de l'Académie* de 1694 donne la définition suivante (reprise par l'édition de 1786):

> Ouvrage en prose, contenant des aventures fabuleuses, d'amour, ou de guerre. Les vieux romans, les romans modernes. Le roman de Lancelot du Lac, de Perceforêt. Le roman de la rose, le roman d'Amadis, un roman nouveau, le roman d'Astrée, de Polexandre, de Cyrus, de Cassandre. Il y a de quoi faire un roman. Le héros, l'héroïne du roman. Style du roman, cela tient du roman.

---

[41] J. Sgard, *Prévost romancier,* Paris, Corti, 1968, p. 95.

> On dit d'une aventure qui paraît surprenante, *c'est une aventure de roman*. On appelle *héros de roman*, quelqu'un qui agit en toutes choses à la manière des héros de roman.

L'édition du *Dictionnaire de Furetière* de 1690 propose à peu près la même définition de *romanesque*: «Qui tient du roman, qui est extraordinaire, peu vraisemblable. Cette aventure est romanesque et incroyable.» Autrement dit le sens figuré reprend l'invraisemblance des grands romans baroques et des romans de chevalerie, car si les définitions des dictionnaires juxtaposent romans anciens et romans nouveaux, les exemples cités sont tous tirés des romans baroques.

La perception d'un changement d'univers romanesque dans les textes se fait donc forcément à partir de l'opposition de ces deux types de romanesque, l'ancien et le nouveau. Le XVIIIe siècle réévalue sévèrement les grands romans du siècle précédent. En cela, il fait écho aux critiques de la deuxième moitié du XVIIe siècle, qui élaborent les principes d'un nouveau romanesque, représenté par la nouvelle historique, en réaction contre les procédés des romanciers baroques. L'un des reproches adressés aux grands romans est celui de l'invraisemblance, les critiques se faisant les porte-parole d'un besoin accru de vraisemblance et rejetant le romanesque échevelé à l'ancienne mode. La rencontre avec le pirate est un *topos* qui cristallise le choix d'un romanesque ancien ou nouveau, à ce titre elle est fréquemment commentée dans le paratexte des romans. Crébillon la condamne dans la préface des *Egarements du cœur et de l'esprit* (1736-1738), tandis que Jean du Castre d'Auvigny la défend dans celle des *Mémoires du comte de Comminville* (1735).

La parole de l'autre est en effet un moyen de réintroduire subrepticement le romanesque baroque, issu du roman grec, dans les romans-mémoires, mais également d'y faire entrer d'autres sous-genres romanesques hérités du passé, comme le récit picaresque, la biographie criminelle, l'histoire tragique, l'histoire comique, le conte de fées ou la pastorale. Le roman-mémoires insère volontiers par exemple des biographies criminelles et des récits de pirate[42]. Les conditions favorables à de telles insertions étant les voyages sur terre ou sur mer, l'ouverture sur l'espace conditionne et autorise les changements de registre romanesque[43].

---

[42] Cf. F. Du Sorbier, *Récits de gueuserie et biographies criminelles de Head à Defoe*, Peter Lang, Berne, Francfort, 1983.
[43] L'espace resserré du carrosse est particulièrement propice aux changements de registre et de tonalité. *Le Voyage Interrompu* de Thomas L'Affichard (Paris, Ribou, 1737) cumule deux formes de décrochements souvent distincts: le voyage en carrosse et le rêve.

Outre qu'elle sert de contrepoint à l'honnêteté du mémorialiste, la parole de l'autre joue le rôle de catalyseur générique. La parole du pirate ménage dans l'intrigue une échappée à la fois géographique et thématique. L'enlèvement par le pirate, l'attaque du carrosse par les brigands, ces versions violentes de la rencontre, sont des moyens de transporter le lecteur, non seulement dans un autre espace, dans l'histoire d'un autre individu, mais aussi dans un autre registre romanesque[44].

B. *Intrusions et métamorphoses des personnages catalyseurs*

Certains personnages prennent la parole depuis l'intérieur du cadre narratif initial et se métamorphosent, modifiant spectaculairement les cadres du récit[45]. Parmi les traits spécifiques de la littérature carnavalisée figure, selon Mikhaïl Bakhtine, la présence de personnages paradoxaux, alliant les contraires en termes axiologiques:

> La ménipée est faite de contrastes violents, d'oxymorons: l'hétaïre vertueuse, le sage profondément libre et prisonnier de sa situation matérielle, la déchéance et la purification, la richesse et la pauvreté, le brigand généreux, etc. La ménipée aime jouer avec les transformations brusques, les revirements, le haut et le bas, l'élévation et la chute, les rapprochements inattendus d'objets éloignés et disparates, les mésalliances de tout ordre[46].

La parole du pirate pose cependant le problème de son accueil par le texte-cadre. Le narrateur principal a recours en particulier à deux types de procédés qui minimisent sa responsabilité dans l'insertion d'une parole si dissonante: soit le récit indigne surgit dans le texte à la faveur d'une rencontre imprévue, soit il apparaît de façon inattendue dans la bouche d'un personnage qui se métamorphose. Les deux se combinent souvent pour faire de l'intrusion de la parole plus romanesque un véritable spectacle.

Dans les *Mémoires et aventures* de Prévost, deux récits relèvent du genre de l'autobiographie criminelle: celui de Brissant, au huitième livre,

---

Le récit d'un rêve sentimental et sensuel forme un fort contraste avec la tonalité grivoise des autres histoires échangées.

[44] Voir H. Lafon, *Espaces romanesques de Madame de Villedieu à Nodier*, Paris, P.U.F., 1997, pour une réflexion sur la rencontre romanesque.

[45] Du Laurens parodie le procédé dans *Le Compère Mathieu* (1766). Le récit du Frère Jean, notamment, est riche en personnages aux métamorphoses aussi improbables que comiques: «Le commandant du corsaire était un philosophe italien qui avait été Hermite *(sic)* et Augustin.», *Le Compère Mathieu*, p. 145.

[46] M. Bakhtine, *La Poétique de Dostoïevski*, Paris, Seuil, 1970, p. 164.

et celui de la picara de la forêt de Senlis, au quatorzième livre. Ils témoignent tous deux d'une volonté de décharger le narrateur de la responsabilité d'un récit sortant des bornes des bienséances, en établissant un lien nécessaire entre l'irruption dans la vie et une irruption parallèle dans le récit.

Le personnage qui surgit au début du huitième livre est une connaissance de collège du marquis de Rosemont, à qui l'on réclame un récit de ses aventures passées. Renoncour insiste sur la tranquillité et la routine de leur vie occupée de visites de civilité et d'études sérieuses et il présente la rencontre avec Brissant comme un coup du sort, presque un coup de force de la part du valet:

> En un mot, nous étions contents de Madrid et de la cour d'Espagne, lorsqu'une bizarre aventure nous précipita dans mille chagrins. Je suis obligé de reprendre la chose d'un peu plus haut.
> Quelques jours après le départ de Le Brun, nous sortions sur les sept heures du soir de chez Monsieur le duc de Saint-Aignan, où nous avions passé l'après-midi au jeu. Nous fûmes rencontrés dans la rue, par un jeune homme assez mal vêtu qui reconnut le marquis, et qui le salua par son véritable nom. [...] Il nous suivit à notre logement, où nous retournâmes sur-le-champ en sa faveur[47].

L'intrusion suscite d'emblée une série de questions à propos de son aspect physique et de sa déchéance sociale. Elle fait l'objet d'une double mise en scène: celle d'une irruption dans la vie des personnages avec une insistance sur la passivité des deux protagonistes dans la scène de la rencontre: «nous fûmes rencontrés dans la rue»; celle d'une irruption dans le récit de Renoncour, qui s'excuse auprès de son lecteur de devoir en rompre la linéarité. Le personnage central se dit contraint de modifier son programme tandis que le narrateur primaire doit infléchir la trajectoire de son récit. La façon dont Brissant interpelle, dans la rue, le marquis par son véritable nom, alors que l'anonymat de celui-ci est jalousement gardé par Renoncour, tant au niveau de l'histoire que de la narration, souligne encore le caractère intrusif de cette parole.

On retrouve le même effet de surgissement dans l'intrigue, lors de l'épisode de la picara, situé à la fin du quatorzième livre. L'intervention de l'intruse y est présentée comme l'un des derniers obstacles au dessein

---

[47] Prévost, *Mémoires et aventures*, p. 155. J. Sgard donne dans son édition des P.U.G une variante qui remplace «en sa faveur» par «à cause de lui», ce qui accentue le caractère intrusif de l'entrée en scène du personnage.

du narrateur de se retirer dans un monastère pour mettre fin à ses aventures: «Cependant, il se présenta encore deux légers obstacles, qui reculèrent de quelques semaines l'exécution de mon dessein[48].» Le narrateur décline toute responsabilité dans la survenue de l'épisode et il le place dans une position secondaire par rapport au dénouement commun des aventures et des mémoires: la retraite. Là encore, l'incursion dans l'univers des marges s'opère par surprise et est présentée comme un hors-d'œuvre narratif qui retarde l'action principale.

«Aventure», «incident», «obstacle», «surprise», «hasard», les mots pour dire l'entrée en scène du fripon construisent l'image d'une intrusion des paroles marginales totalement subie par le narrateur primaire. Les fripons prennent d'assaut le récit comme ils font du carrosse. La parole encadrante multiplie ainsi les signes de défiance et de réticence vis-à-vis de ces échappées vers d'autres régions de la fiction.

Le locuteur dissonant avance masqué. Le plus souvent, son identité n'est pas connue au moment où sa parole est convoquée. Le portrait de Brissant dans les *Mémoires et aventures* accumule les indices de doute quant à la fiabilité du personnage, ce qui correspond à une stratégie fréquente de mise à distance de la parole dissonante. Le fonctionnement de ce portrait est cependant plus complexe:

> Le marquis m'avait raconté pendant ce temps-là, que, quoique Brissant fût plus âgé que lui de cinq ou six années, ils avaient étudié cinq ans dans les mêmes classes; qu'il s'y était toujours distingué par son esprit, qu'il passait même pour être d'une honnête famille; et qu'il était surprenant que nous l'eussions trouvé en si mauvais ordre. Je jugeai moi-même à sa figure, en le voyant un peu mieux mis, qu'il avait eu de l'éducation, et qu'il ne manquait point de savoir-faire. Il était de belle taille, le teint fort basané, mais l'air délié et même un peu effronté[49].

Le portrait de Brissant laisse percevoir la méfiance de Renoncour. Dans un premier temps les deux faces du personnage sont juxtaposées sans être opposées: le narrateur souligne son éducation et son origine honnête[50] et s'étonne de son équipage misérable. Dans la dernière phrase, Renoncour juxtapose quatre traits successifs présentés comme contradictoires deux à deux. De façon traditionnelle, ce raccourci de portrait évoque d'abord le plus apparent, l'aspect physique de Brissant, avant de passer aux traits psychologiques. L'organisation syntaxique de la phrase incite ainsi à lire

---

[48] Prévost, *Mémoires et aventures*, p. 334.
[49] *Ibid*, p. 155
[50] Le portrait de Brissant, mais aussi la teneur de ses aventures, invitent constamment à une réflexion sur la *mine* et la lisibilité des êtres.

un portrait en deux volets, ce qu'on voit et ce qu'on devine. Le *mais* adversatif vient cependant complexifier le portrait en définissant le personnage par une opposition entre sa personne et sa condition.

Le corps de Brissant donne à lire à la fois des signes de distinction et de son origine populaire. Son teint basané, son air effronté et le délabrement de son équipage l'excluent de la sphère honnête, tout comme sa figure, son éducation et l'énigme qui l'entoure le distinguent des autres valets. Son portrait suggère d'emblée qu'il ne saurait être l'équivalent du «brave Scoti» ou du «brave Le Brun», l'épithète homérique signalant le type du valet en qui caractère et condition coïncident exactement, autrement dit celui qui n'aura ni parole ni histoire. La dernière phrase du portrait, sous couvert de concéder une qualité au personnage, souligne ses défauts et le dispositif concessif traduit l'expression de la méfiance du narrateur de qualité face à une parole qui menace de déborder des cadres honnêtes, celle de l'aventurier.

Le personnage a certes de quoi inquiéter: il a reçu une excellente éducation et son histoire prouve qu'habillé adéquatement il peut passer aisément pour un gentilhomme, mais il a aussi du savoir-faire, c'est-à-dire cette forme d'habileté pratique propre aux valets et faisant généralement défaut aux maîtres[51]; il est fort mal mis *mais* sa figure prévient en sa faveur; il est basané *mais* il a l'air délié; il ne manque pas de prestance *mais* c'est un valet.

L'expédition du portrait de Brissant en quatre conjonctives juxtaposées ne masque pas une certaine indécision dans la définition du personnage. Le va-et-vient entre l'affirmation des mérites du valet et leur atténuation est particulièrement sensible dans la structure du passage concernant les études de Brissant («plus âgé», «mêmes classes», «distingué par son esprit»). L'ensemble formé par les trois propositions procède à une évaluation de Brissant par rapport au marquis. L'énoncé concède d'abord l'infériorité de Brissant (il suit les mêmes classes, alors qu'il est plus âgé) et suggère sa subordination à la fois sociale et intellectuelle, mais corrige dans un deuxième temps cette hiérarchie, en précisant qu'il se distingue pourtant par la vivacité de son esprit. Le lecteur se trouve ainsi contraint de le situer au sommet d'une hiérarchie de

---

[51] Sur la question des domestiques, voir J-P. Gutton, *Domestiques et serviteurs dans la France de l'Ancien Régime*, Paris, 1981; C. Petitfrère, «Les Lumières, la Révolution et les domestiques», *Bulletin de la société d'Histoire moderne*, 1986, n° 4 et D. Roche, «Les domestiques comme intermédiaires culturels» in *Les Intermédiaires culturels*, Aix-en-Provence, 1978.

laquelle il a été par avance exclu. Les divers éléments de son portrait font donc que Brissant ne s'inscrit pas exactement dans telle ou telle case sociale, morale, intellectuelle ou même linguistique, mais qu'il est capable de les traverser.

On retrouve ces caractéristiques chez le Comte d'Uffai dans *Le Soldat parvenu* (1753) de Mauvillon. Quand Bellerose, le narrateur, rencontre d'Uffai, il signale les contradictions apparentes du personnage:

> Cette répartie ingénue me plut: et je trouvais je ne sais quoi de noble dans la physionomie de cet homme, qui me faisait soupçonner quelque chose d'extraordinaire. Il était plus âgé que moi, et paraissait bien avoir vingt-quatre à vingt-cinq ans; mais du reste il avait fort bonne mine, un peu gravé de petite vérole, le teint hâlé, mais de beaux yeux, de beaux cheveux noirs. Il était moins haut que moi de quelque trois pouces; mais fort bien pris dans sa taille, d'une démarche vive et délibérée, et ingambe autant qu'on le peut être[52].

Ce premier portrait de d'Uffai est saturé par des expressions de doute et d'approximation[53]. Les soupçons du narrateur sont fondés, car l'histoire du comte d'Uffai sera bel et bien une histoire extraordinaire, à tendance picaresque, beaucoup plus violente que ne l'est le roman de mœurs du narrateur qui assure tranquillement son ascension sociale en séduisant des femmes. Le portrait ambivalent remplit aussi dans ce texte la fonction d'ouvrir une porte sur un autre univers de référence. Une telle ambivalence illustre la difficile question de la *place* du personnage marginal au sein de la hiérarchie des valeurs, mais surtout sa faculté d'adaptation à toutes sortes d'univers romanesques: la façon dont ces locuteurs parlent et se racontent confirme leur labilité sociale et surtout générique.

Les personnages susceptibles de métamorphoses offrent une possibilité particulièrement commode de modification du registre fictionnel. Le pirate a ainsi souvent un passé d'honnête homme et l'honnête homme est un ancien scélérat. L'autre grand type de personnage intermédiaire est le renégat, l'Occidental capturé par les Mauresques et converti à la religion musulmane. Ces personnages secondaires sont construits sur le principe de l'oxymore, les plus grands scélérats étant aussi les plus honnêtes hommes que les narrateurs aient jamais rencontrés. Le retournement de leur personnage et de leur parole est mis en scène comme une

---

[52] Mauvillon, *Le Soldat parvenu ou Mémoires et aventures de M. de Verval dit Bellerose*, Dresde, Walther, 1753, deuxième partie, p. 19.

[53] Le sentiment du *je ne sais quoi*, théorisé par le Père Bouhours (*Entretiens d'Ariste et Eugène*, Paris, Mabre-Cramoisy, 1671), fait partie des stratégies d'esquive de la représentation de la parole de l'autre.

péripétie et leurs destinées atypiques sont l'un des procédés d'insertion de paroles dissonantes ou décalées[54].

Le narrateur des *Aventures de Don Antonio de Buffalis* (1722) de La Barre de Beaumarchais est flanqué dans la première partie de ses aventures d'une figure de picaro, Fabricio. Le roman relève, dans un premier temps, de la veine picaresque supérieure[55]. Les deux protagonistes s'abandonnent à une errance plutôt joyeuse, même si le romancier joue déjà de contrastes à l'intérieur du registre picaresque, en passant de la farce de pages à l'évocation d'une errance affamée et transie. Le plus picaro des deux est incontestablement Fabricio, mais le narrateur se prête de bonne grâce aux tours imaginés par son compagnon. Malgré ses infortunes et la bassesse de ses aventures, Antonio demeure Don Antonio et il rappelle régulièrement son appartenance au monde aristocratique.

Or, à la fin du chapitre VIII, Fabricio, jusque là omniprésent, disparaît inexplicablement, au moment où le narrateur rencontre un capitaine italien pétri de perfections, dont l'honnêteté hyperbolique[56] est explicitement rattachée à l'univers des romans héroïques: «Enfin on ne pouvait trouver tant de belles qualités, que dans un Héros de Roman, ou dans lui; et je ne me serais jamais ennuyé avec lui, s'il avait été possible que je ne m'ennuyasse pas[57].» Le changement de cadre est annoncé par la référence ironique au code romanesque[58]. De surcroît, la dichotomie entre un personnage haut en couleurs et un narrateur primaire caractérisé principalement par son dégoût de la vie fait attendre la survenue d'un nouveau personnage ou le retour de Fabricio.

Fabricio ne reviendra pas mais le chapitre IX s'intitule «*Métamorphose inopinée du capitaine qui conduisait Antonio*», et il exploite joyeusement le thème de l'identité masquée. De moyen de transport, le navire devient catalyseur générique[59]. Le capitaine met en scène sa propre métamorphose en administrant à Antonio une potion soporifique et ce dernier

---

[54] Cf. Dans *Le Soldat parvenu* (1753) de Mauvillon, l'ermite rencontré, dans un récit de troisième degré, est un brigand travesti: de l'histoire du parvenu, son récit fait passer à une histoire modérément picaresque pour conduire à une sorte d'utopie sanglante.

[55] Voir R. Démoris, *op.cit.*, à propos du picaresque supérieur: «[...] la conjonction des mémoires et du modèle picaresque aboutit à un roman masqué du parvenu.», p. 343 et M. Molho, introduction aux *Romans picaresque espagnols*, Gallimard, 1987.

[56] La Barre de Beaumarchais, *op.cit., p.161*.

[57] *Ibid*, p. 161.

[58] On trouve le même effet de mise à distance ironique dans les *Mémoires d'une honnête femme* de Chevrier (1753). Une narratrice secondaire défend son innocence: «Je voulus me disculper des soupçons odieux qu'il avait pu concevoir contre moi, mon histoire seule assurait mon innocence, mais le cruel refusa de m'entendre sous le prétexte qu'il n'aimait pas les romans.», p. 87.

[59] Le carrosse joue un rôle semblable.

découvre à son réveil une situation inversée: il est aux côtés des Turcs, dans un vaisseau corsaire qui combat les Vénitiens et, dans le chef des corsaires, il reconnaît le capitaine italien:

> C'était celui qui m'avait conduit à Raguse, et je ne l'aurais reconnu qu'avec peine sous son turban, si je ne l'avais pas remarqué pendant le combat, où il fit paraître une intrépidité étonnante. *Seigneur*, lui dis-je, *que vois-je? Par quel prodige êtes vous devenu turc? Que sont devenus les convives d'hier, et pourquoi des Vénitiens nous attaquent-ils aujourd'hui? Vous m'en demandez beaucoup*, me dit-il, *cependant je vous satisferai en peu de mots. Le navire où vous êtes m'appartient et est turc, ainsi il n'est arrivé en nous aucun changement. Ceux qui ont soupé ici, y sont encore; et c'est pour les arracher de nos mains, que ces vaisseaux ragusiens sont venus. Et moi*, lui dis-je, *suis-je esclave? Non*, me répondit-il, *vous êtes libre, et je suis votre ami* CODGI HUSSEYN. *Je vous en donnerai des marques bientôt, et je vous en apprendrai davantage. En attendant, je vais tâcher d'enlever les deux galéasses ennemies.*
>
> A la valeur de son nom je reconnus ce *terrible corsaire* dont j'avais entendu cent fois raconter des *actions inouïes*[60].

Cette lourde mise en scène théâtralise, de fait, un passage de relais entre deux énonciateurs secondaires, Fabricio et Codgi Husseyn, qui aiguillent le texte sur des registres fictionnels distincts, lui conférant un aspect d'autant plus disparate que le narrateur n'est pas lui-même ancré dans un univers romanesque donné. Le personnage secondaire informe ici le registre du récit central: lorsque Fabricio était à ses côtés, les aventures de Don Antonio étaient pseudo-picaresques. Le remplacement du valet facétieux par le Maure généreux fait basculer le roman dans les aventures héroïques et cette réorientation est entérinée par la prise de parole du corsaire.

Dans les *Mémoires du comte de Comminville* (1735), Jean Du Castre d'Auvigny a recours lui aussi au procédé du personnage oxymorique. Les interventions de deux personnages secondaires, Mahamet et Carina, qui sont les narrateurs de leur propre histoire, l'une enchâssée dans l'autre, ouvrent sur un autre univers romanesque. A la fois lié à l'occident et à l'orient, Mahamet a vécu une première vie en Italie, une seconde au Maroc, et son destin fait le lien entre le roman d'amour et celui d'aventures. Carina quant à elle, au centre du récit de Mahamet, apparaît dans le texte sous les traits d'une jeune fille ensevelie dans une vie

---

[60] La Barre de Beaumarchais, *Aventures de Don Antonio de Buffalis*, p. 164-165. Le texte use aussi des majuscules: là aussi l'effet de soulignement est rapidement noyé dans un usage massif et systématique.

austère et pieuse, dont les seules distractions sont d'assister à la messe dans un couvent de religieuses et de recevoir les visites d'un vénérable magistrat. La jeune femme austère s'avère être la maîtresse du vieil homme. Elle correspond au type ménipéen de la prostituée vertueuse, que Rousseau évoque dans la *Nouvelle Héloïse* (1761) avec le personnage de Laure des *Amours de Milord Edouard Bomston*[61]. Les prises de parole de ces deux personnages, qui changent de visage en cours d'histoire constituent des digressions divertissantes à l'intérieur de la narration de Comminville.

Les *Mémoires pour servir à l'histoire de Malte* (1741) de Prévost orchestrent l'entrée en scène très théâtrale d'un personnage hors-norme. Le narrateur et Perés, son compagnon, rencontrent Junius, chevalier de Malte devenu roi d'une tribu sauvage. Ce personnage secondaire est auréolé d'une rumeur sulfureuse. Le narrateur primaire ne manque pas d'insister sur la gloire douteuse de son interlocuteur et Junius joue de l'éclat de sa propre légende qu'il évoque à la troisième personne :

> Vous voyez le commandeur Junius, dont il est impossible que vous ne connaissiez pas le nom, Mes aventures n'ont eu que trop d'éclat, et j'ignore moi-même si je dois les nommer infâmes ou glorieuses[62].
> Nous avions entendu parler mille fois du commandeur Junius, et son caractère était fort bien établi dans l'esprit des honnêtes gens. On publiait en effet qu'il avait embrassé la religion turque, et qu'il abusait du pouvoir souverain pour satisfaire toutes ses passions. Sa physionomie seule, qui respirait la droiture et l'honneur, suffisait à prouver la sincérité de son récit[63].

La parole d'une majesté grandiloquente et le récit pour le moins exotique du roi des Maniotes transportent le lecteur dans un autre univers romanesque. Le narrateur secondaire insiste sur le caractère extraordinaire de ses aventures, comme lorsqu'il raconte par exemple comment les Maniotes voient en lui une sorte de divinité: «Je n'entreprendrai point de vous représenter mon étonnement. A peine pouvais-je me persuader que mon aventure ne fût point un songe[64].» Le mot *songe* trahit une prise de distance par rapport au niveau d'histoire des interlocuteurs. L'éclat de

---

[61] Notons que l'épisode n'est publié qu'en 1780, en annexe, à la troisième personne, et rejeté dans les marges d'un roman qui veut précisément éviter les changements de régime romanesque. Nous y reviendrons.

[62] Prévost, *Mémoires pour servir à l'histoire de Malte ou Histoire de la jeunesse du Commandeur*, Paris-Genève, Slatkine, R. Démoris (ed), 1996, p. 152.

[63] *Ibid*, p. 166

[64] *Ibid*, p. 156.

ces héros (dé)masqués, leur renommée légendaire, font de la révélation de leur identité une brèche ouverte sur un imaginaire romanesque plus débridé, par rapport auquel les narrateurs primaires ne sont que des spectateurs fascinés ou ironiques.

Pour les mêmes raisons, les romans-mémoires font un usage immodéré du personnage de l'ermite qui présente une ambivalence comparable à celle du renégat, de même que tous les personnages cloîtrés ou retirés. La retraite suppose en effet une vie antérieure, les ermites étant eux aussi dotés de deux vies successives: celle dont le narrateur est le témoin direct et une vie antérieure généralement tumultueuse. Même si le passage de l'une à l'autre pose quelques problèmes de vraisemblance, les ermites sont des instruments de changement de registre fort appréciés des romanciers.

Les Mémoires de M. de P*** (1736) d'Antoine Emery relèvent d'une forme de picaresque supérieur: le héros est noble mais réduit à la mendicité par les accidents de la vie[65]. Le roman appartient à un genre indécis qui pratique volontiers la bigarrure et le mélange des registres. Il n'est donc guère étonnant que les métamorphoses de personnages y soient innombrables: un brave homme se transforme en brigand, un ermite dévoile son passé de Don Juan, un mendiant galeux s'avère être le frère du narrateur, etc[66]. Au milieu de l'une de ses tristes errances, ce dernier, transi de froid, affamé et égaré dans la nuit se dirige vers la lumière d'une petite cabane. Il s'agit de celle d'un ermite qui lui offre l'hospitalité. L'«Histoire de l'Hermite», nettement isolée par la typographie, occupe la fin de la première partie et transporte le lecteur dans un roman de sérail qui s'étend sur une soixantaine de pages: le vieillard charitable se lance en effet dans une longue histoire tunisienne où se croisent des corsaires, des Maures, des odalisques amoureuses, une sultane adultère, etc. et qui comporte tous les ingrédients de l'histoire de sérail, en violent contraste avec les errances hivernales et provinciales du narrateur autour de Mantes. De Mantes à Malte en passant par Tunis, la parole de l'ermite autorise de multiples décrochements, des changements spectaculaires de registre et de cadre.

---

[65] Emery, *Mémoires de M. de P***, écrits par lui-même et mis au jour par M. de...* Paris, Grégoire-Antoine Dupuis, 1736.

[66] L'ermite lui-même s'étonne de la quantité de péripéties dans l'histoire du narrateur: «Il faut avouer, me dit ce bonhomme, qui m'avait écouté avec attention, et était étonné de la diversité des personnages que j'avais déjà joués, que vous avez été jusqu'à présent bien malheureux.», Emery, *op. cit.*, p. 51.

2. Fonctions des changements de cadre

Les intrusions de la parole de l'autre permettent de brusques changements de registre romanesque. Il nous faut désormais étudier les principales fonctions de ces changements par rapport à l'intrigue centrale : relancer l'intérêt de l'intrigue centrale, la réorienter durablement et enfin, contourner les règles de bienséance et les interdits.

A. *Relancer l'intérêt*

L'échappée vers un romanesque d'aventures héroïques vient conjurer efficacement les risques d'essoufflement de l'intrigue centrale. L'intrigue des *Mémoires d'une dame de qualité qui s'est retirée du monde* de l'abbé Lambert tourne autour de l'héritage, des amours et des perspectives matrimoniales de la narratrice et de ses parents. Les mémoires de Gertrude de Courtanville sont – c'est heureux pour le lecteur – ponctués de rencontres avec des étrangères : une Anglaise passionnée, mais surtout, au troisième tome du roman, clarice une aventurière espagnole qui fuit la maison paternelle, se travestit en homme, s'embarque sur un navire, poursuit son amant, le provoque en duel, s'embarque à nouveau pour l'Espagne après la mort de son infidèle avec qui elle s'était réconciliée, fait naufrage avant d'être repêchée *in extremis* par le navire de Gertrude. Par comparaison, les aventures de la narratrice ont peu d'amplitude, tant géographique que passionnelle. La parole de Clarice a indéniablement pour effet de renouveler l'intérêt romanesque languissant d'une intrigue sentimentale en demi-teintes.

Dans les *Mémoires du comte de Comminville,* le narrateur enlève la maîtresse qu'il a estimée conforme à ses projets, après s'être assuré de sa totale dépendance : elle est orpheline de père et sa mère veut la vendre à un financier. Après cet enlèvement réussi, les amants sont réunis, à la fin de la première partie, et l'histoire marque le pas : le personnage s'ennuie, il le dit et le narrateur n'a plus rien à dire. A la passion satisfaite correspond ainsi un épuisement narratif. Le voyage en mer du narrateur est justifié psychologiquement par le besoin de raviver son amour pour Julie et narrativement par celui de fournir une péripétie salutaire à l'histoire. La traversée inutile d'une mer infestée de pirates relance comme prévu une intrigue qui stagnait. Le récit du Maure sera plein de bruit et de fureur, ingrédients qui font défaut à l'histoire de Comminville et de Julie. Le narrateur de *Cleveland* de Prévost décidait lui aussi de se lancer sur les mers pour ranimer sa passion pour Fanny, mais D'Auvigny propose une version désabusée et amère de la tactique de Cleveland :

> Je risquai je l'avoue, de tomber dans l'indifférence; mais *j'étais presque sûr* de ne trouver nulle part une personne du caractère de Julie; *ainsi j'étais presque sûr* aussi d'en être toujours amoureux[67].

Cette déclaration explicite le fait que l'histoire de Comminville est racontée sur un mode relatif, marqué par l'usage du *presque*, tandis que Mahamet va jusqu'au bout de sa folie, sans en prévoir les conséquences. De même, les protagonistes de Prévost tels que Renoncour et Cleveland semblent toujours un peu en retrait et spectateurs de leurs propres drames, alors que ses personnages secondaires tendent à vivre les leurs sans distance. Le mode du *presque* s'oppose à l'engagement des personnages secondaires dans les événements de leur vie et l'on peut mettre en regard, par exemple, le suicide raté de Renoncour lorsque meurt Sélima et celui, fatalement réussi, de la demoiselle dans les *Mémoires et aventures* ou encore la froideur calculatrice de Montcal, le narrateur des *Campagnes philosophiques,* et la folie tragique de mademoiselle Fidert qui dépense sans compter son énergie passionnelle. Les *Campagnes philosophiques* de Prévost jouent spécifiquement sur le contraste entre les discours et actions passionnés des personnages secondaires et les calculs constants auxquels se livre le narrateur qui sans cesse soupèse les avantages et les inconvénients de tel ou tel choix, de telle ou telle orientation donnée à sa vie et à l'intrigue. Mademoiselle Fidert, meurtrière de son père qui avait lui-même assassiné son amant, connaît une fin tragique, de même que le maréchal de Schomberg, tué dans une action héroïque ou encore le chevalier Ecke, l'amoureux fou. Tous ces personnages n'hésitent pas à s'ouvrir au narrateur, comme le maréchal de Schomberg ou le chevalier Ecke:

> Je suis capable d'une grande passion. Je trouvai dans l'objet de ma tendresse tous le mérite qui pouvait la faire naître. Je me livrai à elle sans réserve[68].
> Ecke entra sans balancer dans la proposition que je m'efforçais de lui inspirer. Il était brusque mais généreux. Si monsieur, me répondit-il, pouvait se transporter sans péril dans une terre que j'ai vers le comté de Clare, je lui répondrais sur ma vie qu'il y serait en sûreté contre toutes sortes de craintes. Outre le secret qui serait impénétrable dans un lieu si écarté des grandes villes, il pourrait compter sur la fidélité de quelques domestiques que j'y ai laissés. Cette ouverture me parut une faveur signalée du ciel. J'affectai néanmoins de la recevoir sans avidité, pour empêcher Ecke de se former lui-même une trop grande idée de son bienfait[69].

---

[67] J. Du Castre d'Auvigny, *op.cit.*, p. 118, nos italiques.
[68] Prévost, *Campagnes philosophiques*, P.U.G., p. 301, pour le récit du maréchal de Schomberg.
[69] *Ibid*, p. 287, pour le dialogue entre Ecke et le narrateur Montcal.

La surprise de Montcal face à ces paroles exprime un contraste fondamental entre la parole calculée du héros-narrateur et les paroles des autres, spontanées et radicales. R. A. Francis a étudié ces oppositions entre le narrateur et les personnages secondaires dans les *Mémoires et aventures*. Analysant des histoires secondaires ajoutées dans l'édition de 1756, il démontre que celles-ci forment un tableau plus intense:

> Read in this way, the interpolations of the original *Mémoires* can be seen as variations on the theme of the central narration raising similar moral dilemmas in a more acute and extreme, sometimes a more tragic, form[70].

Ce déséquilibre se traduit au niveau des paroles rapportées, les prises de parole des autres personnages étant plus séduisantes pour le lecteur que la narration rétrospective et froide du narrateur ou même que ses paroles directes citées.

Cette différence d'accentuation conduit, dans *La Mouche* (1736) de Mouhy, à une neutralisation de l'énonciation centrale puisque le narrateur principal est le spectateur des histoires des autres plutôt que l'acteur de la sienne. Cela se manifeste là aussi par une remarquable adaptation de sa parole aux circonstances et aux individus rencontrés, ainsi que par la tendance systématique à imiter leurs paroles. A peu près dénué d'émotions propres – c'est surtout vrai jusqu'à la modification sensible du personnage, dans la deuxième partie, par un héritage miraculeux qui lui confère une certaine identité, y compris sur le plan de l'expression et du style – Bigand, le narrateur, raconte ses filatures et rapporte les conversations qu'il surprend. Son activité de mouche consiste en effet à s'approprier les histoires et les paroles des autres. Dans la seule première partie, il n'est le protagoniste que de cinq histoires sur douze. Pour faire connaissance avec un Italien misanthrope rencontré dans un café, il s'exerce à parler comme son interlocuteur, en empruntant ses mots et son style. Après l'avoir observé, il copie son attitude physique mais aussi sa façon de s'exprimer[71], ce qui donne lieu à un monologue en forme de pastiche, à la manière d'un misanthrope:

---

[70] R.A. Francis, «The additional tales in the 1756 edition of Prévost's *Mémoires et aventures d'un homme de Qualité*: techniques and functions» in *French Studies* XXII, 1978, p. 408-419.

[71] «Je crus que je devais, pour le mettre au point que je désirais, affecter la même manie dont il était blessé; je commençais à murmurer entre mes dents, il pencha sur-le-champ la tête, et parut mordre à l'appât, je distinguai alors mes paroles et d'un ton impatient je fis le monologue qui suit.», Mouhy, *La Mouche ou les aventures de M. Bigand*, Paris, L. Dupuis, 1736, II, chapitre XVI, p. 180.

> Toute la soirée se passe ainsi; enfin, coulé à fond, je commence à réfléchir sur mes sottises, le battement de cœur me prend, le jeu plaît à tout le monde: vous entendez un bruit éclatant d'espèces et de satisfaction: pour cela, me dit d'un air d'amitié un impertinent qui s'est enrichi de mes dépouilles, vous avez joué avec un guignon bien marqué. Bon! Vous ne connaissez pas monsieur s'écrie un autre, vous le verrez encore perdre dix-mille francs sans souffler, j'enrage. Cependant avec tous ces propos personne ne vient me dire, voyant que je ne parle point de revanche et que je n'ai point d'argent, voilà cent louis pour vous remettre, moi qui en ai prêté plus de vingt fois en pareils cas[72].

Le mimétisme de Bigand ne se borne pas à copier l'apparence extérieure de celui qu'il veut séduire et le monologue, sur plusieurs pages, est un exercice de style qui reproduit le style coupé, la recherche de l'effet à travers le mélange du concret et de l'abstrait, à la manière de Marivaux («un bruit éclatant d'espèces et de satisfaction»), la tendance à la parataxe et le recours massif aux paroles citées des personnages commentées par le locuteur dans le fil même de son récit, tous traits caractéristiques de la parole de l'original repéré dans l'auberge. L'inconnu, intéressé par cette parole dans laquelle il se reconnaît, s'avère être un alchimiste italien à la recherche de celle qu'il aime. Au chapitre 33, Bigand organise les retrouvailles des vieux amants, mais, sur le point de revoir sa bien-aimée, l'Italien est tellement ému qu'il ne peut jouer son propre rôle et que Bigand doit prendre le relais:

> Je m'approchai de lui et le fis ressouvenir du personnage qu'il s'était proposé de jouer; mais le voyant presque immobile, je lui conseillai de passer dans un cabinet voisin, et de laisser le temps à la nature de se remettre. [...] Madame de Viatelly entra appuyée sur l'épaule d'une demoiselle que je pris pour sa femme de chambre; elle était vêtue d'un déshabillé de petit-deuil, et avait l'air très abattu; sa beauté, son air majestueux m'éblouirent à tel point, qu'il s'en fallut de peu que je ne fusse aussi embarrassé que Rametzi: le préjugé n'y avait-il pas un peu de part[73]?

Le protagoniste de cette intrigue secondaire, submergé par l'émotion des retrouvailles, ne peut dire son texte et est donc incapable de mener à bien la scène de la reconnaissance. Bigand prend sa place. Le personnage principal, dont les émotions sont pour ainsi dire neutralisées, ne peut éprouver les sentiments que par contre-coup, par réverbération, et encore en les mettant à distance et en les analysant comme des préjugés. Cette

[72] *Ibid,* II, p. 187.
[73] *Ibid*, p. 389-390.

émotion reflétée, éprouvée de façon secondaire, ce fantôme d'émotion[74], n'est pas aussi forte que l'original et l'expression *il s'en fallut de peu* rappelle le *presque* des héros prévostiens: toujours au bord de l'intensité, le héros central et narrateur primaire se garde des sentiments trop intenses que le romancier réserve aux paroles des marges. A travers la ventriloquie de son narrateur, Mouhy met en évidence une graduation de la parole propre au dispositif des mémoires. Comme si les nécessités de son statut de narrateur influaient sur le type de parole que peut produire le héros: toujours un peu en retrait, son énonciation est toujours plus contrôlée que celles des marges.

Tout se passe comme si, dans certains romans, pour pouvoir raconter, il fallait avoir renoncé, dans le passé, à la parole vivante. Ce point a été analysé à propos de Lesage où cette neutralisation de la parole s'accompagne d'un affaiblissement du désir. René Démoris décrit ainsi l'attitude de renoncement de Gil Blas face aux femmes et à l'amour comme une «atrophie des appétits naturels» venant s'opposer à une obsession de l'or, pur *signe* de la satisfaction des besoins[75]. Dans une étude du picaresque chez Lesage, Francis Assaf associe, pour sa part, les formes de réalisation du désir et la faculté de le raconter dans le roman picaresque:

> Pour pouvoir parler le picaro doit donc observer et raconter le désir des autres, sans désirer lui-même. Il expérimente ainsi le désir, sous une multitude de formes mais comme il n'a pas à le satisfaire pour lui-même, il peut en parler. Une fois comprise et acceptée, l'esthétique du désir picaresque devient le pivot de la dynamique du récit, qu'elle informe de telle sorte que l'assemblage jusqu'ici sans unité véritable devient un tout cohérent et compréhensible[76].

L'observation à laquelle se voue Gil Blas est incompatible avec le désir. Cette analyse pourrait aussi s'appliquer à l'essentielle disponibilité de la parole de Bigand dans *La Mouche*, du moins dans les premières parties d'un roman qui en comporte huit, mais aussi à la parole du narrateur dans les *Aventures de Don Antonio de Buffalis* de La Barre de

---

[74] On songe ici à la théorie de l'abbé Du Bos des «simulacres» de passions qui permettent de réaliser des *économies* d'un point de vue libidinal: la voix de l'autre fait office de dérivatif: elle permet de donner l'image de passions fortes, mais une image moins frontale et moins puissante que si elle était transmise directement par la narration centrale qui reste le lieu principal de l'investissement identificatoire du lecteur. Cf. *Réflexions critiques sur la poésie et la peinture*, [Paris, Jean Mariette, 1719, 2 vol.], Paris, Ecole Nationale Supérieure des Beaux Arts, 1993.

[75] R. Démoris, *op.cit.*, «Le picaresque», p. 375 et sq.

[76] F. Assaf, *Lesage et le picaresque*, Paris, Nizet, 1984, p. 12.

Beaumarchais. Le pseudo-picaresque, tel que le XVIIIe siècle le réaménage, investit le *desengaño* picaresque en faisant de son narrateur un
observateur capable de commenter. Le détachement du narrateur central
par rapport à ce qu'il voit, mais aussi à ce qu'il vit, est une tendance qui
dépasse cependant les seuls récits picaresques. La conscience du littéraire
et l'attachement aux signes ne sont-ils pas communs à d'autres narrateurs
de romans-mémoires[77]? La facticité de Gil Blas pourrait être symptoma-
tique d'un romanesque désormais embarrassé de lui-même et conscient
de ses propres clichés, y compris celui de la parole passionnée. On peut
comprendre de cette façon la distance de certains mémorialistes à l'égard
de leurs propres aventures: Comminville, cynique par rapport à la passion et à ses lieux communs, Bigand lucide quant à la part de préjugé sur
laquelle se fonde le sentiment, Montcal mesurant chacune de ses paroles.
Dans ces romans rétrospectifs de la mauvaise foi, les paroles des autres
apparaissent d'autant plus dissonantes.

B. Réorienter l'intrigue centrale

Non seulement la parole de l'autre permet de faire sortir provisoirement
le lecteur du cadre initial, mais elle altère parfois durablement le registre
romanesque de la narration centrale. Suite au changement de cadre opéré
par l'énonciateur marginal, la narration centrale s'engouffre à son tour
dans la brèche.

Dans les *Mémoires et aventures* par exemple, après le récit de Brissant,
la narration reprend le fil mais en changeant spectaculairement d'orientation: les protagonistes étaient ensevelis dans les livres et, après la rencontre de Brissant, ils sont plongés dans une aventure espagnole qui se
solde par une sanglante tragédie. De là à voir dans l'intervention de Brissant une manière de transition entre une histoire sentimentale et un roman
d'aventure, il n'y a qu'un pas. Au martyre de la jeune femme enlevée
par le pirate dans l'histoire de Brissant succède en effet celui de Donna
Diana séquestrée et torturée par un fou. Des intrigues matrimoniales (problème d'inégalité des fortunes, besoins d'un consentement du père) on
passe à une histoire de vengeance et de sang. Autrement dit, à la suite

---

[77] R. Démoris démontre, à partir de *Gil Blas*, que la première personne permet de représenter une conscience morale frappée d'extériorité et que la «conscience mimétique» de
Gil Blas aboutit à une position de conformisme moral: «De ce héros soumis à l'empire
des signes, l'être moral, avec son irrésistible vocation à l'apparence, n'est pas tant médiocre
que factice. De cette narration hyperlittéraire qu'est l'*Histoire de Gil Blas*, la première
personne fait le premier roman de la mauvaise foi.», *op.cit*, p. 375.

d'une prise de parole dissonante, la narration centrale elle-même est sensiblement modifiée.

Les *Mémoires d'une honnête femme* (1753) d'Antoine Chevrier, débutent par une évocation de la vie de la narratrice à Paris. Les aventures de cette dernière sont bourgeoises pendant les deux premières parties, c'est-à-dire qu'elles tournent principalement autour des procès qu'on lui intente: elle est soupçonnée et calomniée, enfermée dans un couvent par son mari pendant un certain temps, on use contre elle de lettres de cachet mais elle parvient à prouver son innocence. Au début de la troisième partie, elle séjourne à nouveau en prison où elle retrouve une religieuse déjà rencontrée et qui lui avait promis de lui raconter sa vie. Le récit de la religieuse marque l'irruption dans le texte d'une violence sauvage digne d'un roman noir, mais, après la prise de parole de Sophie, l'histoire de la narratrice ne se replace pas dans les bornes du roman vraisemblable dans lesquelles elle était cantonnée jusque là: l'honnête femme parvient à sauver son mari qui était condamné à mort et ils partent tous deux pour Londres. Le déplacement géographique entérine le changement de régime fictionnel amorcé par l'histoire de Sophie: à Londres, le mari de Julie, l'honnête femme, boit une coupe empoisonnée pour accompagner sa maîtresse dans la mort et la narratrice assiste à la mort des amants dans d'atroces souffrances. Elle est aussitôt accusée de meurtre, parvient à se disculper et épouse l'un de ses soupirants, mais il est poussé à son tour au suicide. Comme le laisse voir ce rapide sommaire de la dernière partie du roman, à partir du récit de Sophie, les *Mémoires d'une honnête femme* jouent sans retenue sur l'honnêteté plus que douteuse de la narratrice[78] et le texte sombre complaisamment dans une horreur toute théâtrale:

> Je vous obéis, Madame, reprit le chevalier en se donnant deux coups de poignard, et je meurs content puisque vous vivez sans inquiétude... à ces mots barbares je tombai évanouie, Selmont voulut en vain porter des secours à son ami, baigné dans son sang. Le corps d'Opton n'était plus qu'une ombre dégoûtante sur laquelle les traits affreux d'une mort cruelle étaient gravés; spectacle horrible[79]!

L'histoire principale rejoint progressivement le ton adopté par le récit de Sophie qui se situait d'emblée dans le registre de l'horrible et les mémoires de l'honnête femme conservent par la suite cette tonalité.

---

[78] Conformément à une tradition des mémoires féminins, le texte instille ironiquement le doute quant à l'honnêteté d'une femme compromise dans le suicide ou la mort accidentelle de tous les hommes de sa vie.

[79] A. Chevrier, *Mémoires d'une honnête femme écrits par elle-même et publiés par M. de Chevrier*, Londres, 1753, p. 140.

C. Contourner les bienséances

L'exigence de vraisemblance et le respect des bienséances définissent le cadre du nouveau romanesque qui s'oppose à la fois au romanesque baroque caractérisé par sa tolérance à l'égard du merveilleux et au roman non-sérieux qui se moque des bienséances par provocation. Jean Sgard a noté le relâchement des contraintes dans les zones textuelles périphériques des romans de Prévost. A propos de la reprise, dans une histoire secondaire, du thème du deuil pathologique, déjà présent dans celle de Renoncour, il remarque: «Prévost attribue ainsi à une histoire rapportée ce que la prudence ou le bon goût l'empêchent d'évoquer directement dans l'intrigue principale[80]».

De même, les énonciations marginales fonctionnent comme des espaces textuels en partie affranchis de ces règles de bon goût et de vraisemblance[81]. Dans les *Mémoires du chevalier de Ravanne* de Jacques de Varenne (1740), le personnage du chevalier d'Arcis autorise une échappée vers des zones plus fantaisistes de la fiction, à travers un récit d'enfance aux accents de fable ou de conte de fées, peuplé de masques et de silhouettes inquiétantes, telle que celle de l'homme mystérieux qui vient délivrer un message au jeune d'Arcis:

> Je tournai la tête pour voir ce que c'était. J'aperçus un petit homme masqué, qui s'avançant une lettre à la main, me faisait signe de l'autre, et me disait chut, chut. Si j'avais été moins accoutumé aux mystères, je serais peut-être tombé d'effroi, ou j'aurais crié. Tout au contraire je me levai, non sans pourtant un peu d'émotion, mais n'importe, j'avançai et je reçus la lettre[82].

La véritable histoire du chevalier d'Arcis vient après les fictions qu'il a successivement forgées: son invraisemblance invite le lecteur à mettre en doute la véracité de l'ensemble des histoires racontées.

Dans l'*Histoire de Gogo* (1739), le récit d'enfance de la baronne de Varsebourg se caractérise par le ton et la structure des contes de fées: par un effet d'intertexte parodique le personnage secondaire se présente

---

[80] J. Sgard, *Prévost romancier,* Paris, Corti, 1968, p. 102.

[81] Dans les *Mémoires et aventures d'un homme de qualité*, un récit fantastique de loup-garou est fait par un homme rencontré dans une auberge espagnole, au début du livre neuf, p. 186-187. J. Sgard souligne le caractère fantasmatique de ces histoires périphériques: «Trois récits de magie font ressurgir d'anciennes obsessions, des figures d'hommes loups, de femme poursuivie par cinq hommes aux visages affreux et mise en lambeaux au milieu des forêts.», J. Sgard, *op.cit.*, Paris, Corti, 1968, p. 92.

[82] J. de Varenne, *Mémoires du chevalier de Ravanne, page de son altesse le duc régent et mousquetaire*, Liège, 1740, p. 72.

comme une nouvelle Cendrillon, persécutée par des demi-sœurs laides et jalouses. La jeunesse de la narratrice primaire est, par comparaison, beaucoup plus réaliste et vraisemblable que celle de la baronne, même si les deux histoires présentent de nombreux échos.

Dans *La Mouche*, Mouhy joue constamment sur cet effet d'intertexte en déplaçant son personnage, non seulement dans différents espaces sociaux, mais encore dans divers genres littéraires, dont il donne des sortes de pastiches. Avec une grande proportion d'épisodes secondaires et d'histoires insérées, ce roman illustre on ne peut mieux l'éclectisme de Mouhy : des mémoires picaresques (*Histoire de frère Ange*), un récit fantastique (*Histoire d'un Esprit*), une lettre-confession sentimentale (*Histoire d'un Anglais*), un conte à double entente (*Mariage occasionné par un serin*), etc. Il s'agit là d'une spécificité de l'écriture de Mouhy qui excelle à recycler d'autres genres et d'autres textes. Se succèdent, au fil des chapitres, des stéréotypes qui sont autant d'appropriations parodiques dans lesquelles le lecteur a le plaisir de reconnaître des situations et des personnages : l'Anglais suicidaire fait référence à *Cleveland* et, plus largement, à un stéréotype national, tout comme l'Espagnol ombrageux ; quant au vieux ministre trompé et jaloux qui fait emprisonner le jeune amant, il rappelle le barbon de *Manon*. Mouhy sait parfaitement ménager le plaisir de la reconnaissance du *topos*, en modulant à l'infini des éléments familiers aux lecteurs de romans.

Il s'amuse en outre à multiplier, dans les marges du récit principal, les indices d'un romanesque affranchi de toute prétention à la vraisemblance. La hiérarchisation des niveaux de récits accompagne une graduation sur l'échelle du vraisemblable : tandis que l'histoire principale, celle de Bigand, relève d'un vraisemblable picaresque, les récits secondaires insérés s'en écartent plus nettement. Les décrochements sont tolérés dans les récits insérés, qu'ils se présentent sous la forme d'histoires inventées par le narrateur primaire ou d'anecdotes rapportées par un personnage secondaire. Ainsi, dans le chapitre 3, Bigand feint de rapporter sa rencontre avec un esprit et le récit de celui-ci, tandis que dans le chapitre 11 et dernier de la première partie, une jeune fille raconte comment un nécromancien lui a fait voir l'avenir. Dans la deuxième partie, l'alchimiste Rametzi explique au narrateur qu'il a ressuscité une morte et réalisé le Grand Œuvre alchimique.

Dans ces zones secondaires de la narration, le romancier n'a guère de scrupule à enfreindre les lois de la raison et les règles de la cohérence narrative la plus élémentaire. Lorsque le nom d'*Huzaïl,* tout droit sorti de l'imagination de Bigand au chapitre IV, se retrouve par exemple dans le récit que Mademoiselle de B. fait à Bigand, c'est la frontière entre des niveaux de récits théoriquement différents qui est négligemment transgressée[83]. Par le biais des énonciations secondaires, la fiction pénètre dans un mode de fonctionnement plus lâche, sur lequel les contraintes de vraisemblance, de bienséance, voire de cohérence pèsent infiniment moins que sur l'énonciation centrale.

Les interventions de personnages secondaires se traduisent par un changement de style. La parole de l'autre fait entendre dans les romans la voix du fantasme, les mots du rêve. Les *Mémoires et aventures* de Prévost sont pour ainsi dire encadrés par deux récits féminins, le premier dans l'«Histoire de Rosambert» donnée au livre 2, dans le premier tome, l'autre au livre 15, dans les dernières pages du sixième tome. Les deux épisodes se font écho sur le thème de la condition féminine, en introduisant sur la scène des personnages de malheureuses séduites et abandonnées. Au-delà de leurs différences de tonalité, les deux récits véhiculent un certain nombre d'idées en rupture avec la morale courante, mais ils témoignent aussi d'une prise de distance par rapport à ce qui serait une approche rationnelle et moyenne du monde. La jeune fille enceinte recueillie par Rosambert exprime de façon hyperbolique un dégoût pour la maternité:

> J'ai une horreur inexprimable pour ce fatal et honteux assujettissement de notre sexe. Je n'y saurai penser sans ressentir des mouvements qui me mettent hors de moi-même, et des douleurs déjà pires que celles de la mort[84].

Le discours de la jeune femme est marqué par l'impossibilité de dire sa peur, d'où l'emploi d'expressions hyperboliques – «horreur inexprimable», «assujettissement honteux et fatal», «me mettent hors de moi-même», «douleur pires que celles de la mort» – qui tendent à dissimuler, derrière l'outrance des termes, l'échec de la conceptualisation. Des similitudes existent entre le style de ces paroles de l'excès et le style du rêve et des épisodes fantastiques. Tout se passe comme si la parole de l'autre était équivalente à celle du fantasme. Si l'on compare les mots de la suicidée avec ceux du rêve de Renoncour, à la fin du premier livre des *Mémoires et aventures*[85], on note des points de convergence: «Tout ce

---

[83] C'est ce que G. Genette définit comme une «métalepse». Cf. *Figures III,* Paris, Seuil, 1972. Celle-ci se poursuit d'ailleurs puisqu'on retrouve ce personnage du cabaliste Huzaïl, à un autre niveau de récit, dans l'histoire de Rametzi de la deuxième partie.

[84] *Mémoires et aventures,* p. 22.

[85] Pour une analyse de ce rêve d'angoisse voir E. Leborgne: «Poétique du fantasme chez Prévost: le cas d'un rêve d'angoisse dans les *Mémoires et aventures d'un homme de qualité»*, *Eighteenth-Century Fiction,* vol. 11, 2, January 1999, p. 151-168.

qu'il y eut jamais de songes affreux et funestes se présentèrent à mon imagination. Mon sang coulait à grands flots et je ressentais des *douleurs inexprimables*[86].» La parole du rêve et celle des énonciatrices marginales délimitent une zone où les concepts et les mots précis font défaut. De même, l'arrivée en scène de la picara au quatorzième livre pratique une brèche dans la réalité quotidienne et moyenne. Elle se manifeste d'abord par les rumeurs qu'elle suscite, comme celles que colporte l'un des archers lancés à sa poursuite:

> On nous a donné des avis certains que la bande est composée de onze hommes et d'une femme; et l'on raconte des choses étranges de cette femme, qui commet à elle seule plus de mal que ses onze compagnons[87].

La picara donne matière à récits, mais ce sont «choses étranges», un mal indéfini et d'autant plus inquiétant. Le personnage se précise lorsqu'elle prend elle-même la parole:

> Ce fut alors que je souhaitai que tous les hommes ensemble n'eussent qu'une vie, et que j'eusse le pouvoir de la leur arracher avec mes dents et mes ongles. Je mordais mes propres bras de désespoir. Je quittai l'hôtellerie comme une furieuse, et je me mis à la poursuite de mon perfide, sans considérer que je n'avais nul espoir de le rejoindre. [...] Là, je maudis tout le genre humain, et je fis des imprécations contre les hommes depuis Adam jusqu'à nous. J'invoquai la mort. Je livrai mon traître à toutes les furies; enfin je m'abandonnai aux cris et aux larmes avec une violence qui acheva de m'affaiblir, et qui me mit hors d'état de continuer mon chemin[88].

Le vœu d'arracher la vie à tous les hommes d'un seul coup, avec ses dents et ses ongles, rappelle le mode d'expression du rêve qui transpose idées abstraites et sentiments en images concrètes et en gestes précis: l'agressivité envers les hommes est exprimée par le geste de leur ôter la vie en déchirant leur chair. Analogue ici au langage du rêve, la parole de l'autre est propre à traduire des états psychologiques extrêmes: mais alors que la réaction attendue, au centre de l'histoire, élaborerait une attitude socialement acceptable à l'égard des hommes à partir de cette pulsion agressive en comprenant un tel souhait comme un irréel, la parole de l'autre convertit la phrase en un potentiel réalisable et réalisé: la brigande tue de ses mains. La parole de l'autre offre ainsi aux romans la possibilité de faire figurer un stade plus archaïque de l'expression, les contraintes

---

[86] *Mémoires et aventures*, p. 22, nos italiques.
[87] *Ibid*, p. 342.
[88] *Ibid*, p. 345.

des bienséances étant moindres dans les marges que dans la narration centrale.

La dimension passionnelle et débridée de la parole de l'autre apparaît nettement dans le discours de Sophie, amie et confidente de la narratrice des *Mémoires d'une honnête femme* de Chevrier, dont l'intervention entraîne, nous l'avons vu, un changement de registre dans la narration centrale. Elle offre aussi un accès à une dimension fantasmatique traduite en images. Sophie raconte comment elle a assisté au meurtre de son père puis à celui de son amant:

> A peine ces mots furent prononcés, qu'un de ces brigands fit tomber monsieur de Verbois à ses pieds; mon père à demi-mort, se leva avec précipitation, et perça le premier d'entre eux qu'il put joindre. Destin tu fus juste pour cette fois, c'était d'Argis; la mort du chef redoubla le courroux des complices, un second coup porté à mon père le priva de la vie: j'ignore si quelqu'un peut se peindre l'horreur de ma situation. Séparée pour toujours de l'auteur de mon être, et livrée à des monstres odieux qui voulaient que l'ombre sanglante de mon père fût témoin d'un crime affreux, j'étais abandonnée à des idées horribles, dont la moins cruelle me présentait l'image d'une mort prochaine; tantôt me jetant sur mon père, que j'arrosais de mes pleurs, je me laissais emporter par une tendre illusion, et mes maux semblaient s'adoucir en m'entretenant avec lui; tantôt tournant mes regards furieux sur ses lâches assassins, je les chargeais d'imprécations, et je voulais venger sur eux la mort de M. de Verbois. D'Argis, l'infâme d'Argis étendu sur la poussière teinte de son sang, m'offrait un spectacle dont mon cœur jouissait avec une sorte de plaisir; je voyais en lui l'Auteur de mes malheurs, et cruelle par excès de vertu, j'aurais souhaité qu'il respirât encore pour lui porter le coup fatal[89].

La juxtaposition des deux images de la mort du chef et de celle du père, certains échos troublants («l'auteur de mes malheurs»/«l'auteur de mon être») la multiplicité des dénominations des deux personnages antagonistes que sont le père et l'amant («M. de Verbois», «mon père», «D'Argis», «le chef»), la saturation du passage par le vocabulaire à la fois hyperbolique et flou de l'horreur et la symétrie parfaite de la pensée du père mort mais dont on voudrait qu'il vive, pour lui parler, et de celle de l'amant mort dont on voudrait qu'il vive, pour le tuer soi-même, incitent à interpréter la parole de Sophie comme le résultat d'un amalgame indistinct de sa haine et de sa culpabilité. Cette tension dicte à l'héroïne une parole dans laquelle le fantasme se donne à lire ouvertement. Le passage par la voix de l'autre permet la représentation de scènes de

---

[89] Chevrier, *Mémoires d'une honnête femme,* Londres, 1753, p. 78-79.

folie et l'expression d'une violence qui surenchérit sur l'intrigue centrale. Le changement de registre qu'il permet donne voix aux affects et aux pulsions.

III. Contrôle de la dissonance

1. Rappels de la situation d'énonciation

Dans *Rhétorique et roman au XVIIIe siècle*, Jean-Paul Sermain consacre un chapitre à la dévaluation dont le discours de l'autre fait l'objet dans le récit primaire[90]. Le critique brosse un tableau des différentes modalités de détournement du discours de l'autre par celui du narrateur en fonction des visées qui lui sont propres: d'abord par le biais de la réponse du héros-narrateur à ce discours; ensuite par l'intermédiaire d'un discours second qui ridiculise l'éloquence de l'autre en lui faisant subir des gauchissements plus ou moins honnêtes. Dans tous les cas de figure, la réutilisation du discours de l'autre met en évidence l'écart entre le but affiché par le discours et les effets implicitement recherchés. La plupart du temps plusieurs modalités se combinent pour former des dispositifs rhétoriques plus complexes de reprise du discours de l'autre à des fins polémiques.

Les rappels du discours cadre fonctionnent comme une stratégie de contrôle de la dissonance, et plus particulièrement, du récit inséré dissonant, par le narrateur primaire. Par le biais d'incises et de verbes déclaratifs, le narrateur primaire manifeste discrètement son emprise sur le récit encadré et le met à distance de lui-même mais également du lecteur. Gérald Prince voit dans le discours attributif (l'ensemble des locutions qui attribuent à un personnage sa réplique) l'indice du caractère inadéquat d'une parole littéraire incapable de s'affranchir du joug diégétique:

> Alors même que le narrateur s'efface pour céder la place à d'autres voix, alors même qu'il abandonne ses privilèges, il se sent forcé de manifester son autorité. La formule attributive – réflexe inconditionnel de lisibilité – est comme la marque d'une faiblesse fondamentale du récit: quelle que soit la diversité des voix mises en œuvre, c'est toujours finalement (fatalement!) la même voix qui narre[91].

Loin d'être une simple fatalité, la formule attributive peut aussi être une arme dans les mains de narrateurs primaires qui ne consentent pas à laisser toute latitude aux échappées dissonantes: le discours, du narrateur

---

[90] J-P. Sermain, *Rhétorique et roman au XVIIIe siècle*, p. 97 *et sq.*
[91] G. Prince, «Introduction à l'étude du narrataire», *Poétique* n°35, 1978, p. 190.

secondaire ou de son narrataire, vient briser la clôture et l'autonomie d'une parole narrative qui tend à se déployer en continu[92].

Le propre du roman-mémoires est de mettre en scène une confrontation entre des récits et une parole vivante, réactive et critique. Même si le narrateur insiste sur la menace de subversion et les mises en scène de surgissement des récits insérés hétérogènes, il reste qu'il exerce un ferme contrôle narratif sur les récits qu'il insère. L'un des moyens les plus retors de l'emprise du narrateur primaire sur ces récits est de les présenter comme du discours imparfaitement transformé en récit.

Les récits insérés, au contraire des paroles rapportées, présentent le risque de faire oublier le récit-cadre, pour un peu qu'ils soient aussi étendus ou plus intéressants que ce dernier. L'un des moyens d'exercer un contrôle sur ces récits, c'est de rappeler qu'ils relèvent d'une transmission orale, autrement dit, qu'ils ne sont pas des *textes* écrits mais des fragments retranscrits de conversation.

Le récit dans le récit pose le problème des frontières et de la délimitation du cadre et de ce qui est encadré, en présentant notamment un risque d'oubli du niveau de récit auquel on se situe, risque diversement pris en compte par les textes. Chaque romancier, chaque roman, traite les récits insérés à sa manière: en n'intervenant plus dès lors que le narrateur secondaire prend la parole ou, au contraire, en parsemant le récit inséré d'interventions plus ou moins longues et en l'interrompant par des réflexions du narrateur primaire.

Dans les *Mémoires et aventures*, la parole de la picara de la forêt de Senlis est circonscrite par le narrateur premier. Les imprécations dissonantes de la locutrice s'accompagnent systématiquement d'une réaffirmation de la présence du narrateur primaire:

> O ciel! *continua-t-elle*, une femme ne saurait mourir de rage puisque j'eus la force de résister à la mienne. Ce fut alors que je souhaitais que tous les hommes ensemble n'eussent qu'une vie, et que j'eusse le pouvoir de la leur arracher avec mes dents et mes ongles[93].

La présence de verbes déclaratifs n'a certes rien de remarquable en soi dans un récit de récit. La coïncidence entre ces marques de la présence

---

[92] Pour une théorisation de ce type d'effet, voir J. Derrida: «Derrida propose en effet de nommer «interruptions» les moments, pensés et mis en acte par Lévinas, où le discours, déployant son contenu ou ses thèmes dans la continuité de son dit, est coupé ou déchiré par la dimension du dire, de l'adresse, qui ouvre à l'autre, se rend responsable de l'autre, en se rendant responsable de soi.», Geoffrey Bennington, *Jacques Derrida*, Paris, Seuil, 1991, p. 282.

[93] *Mémoires et aventures*, p.345, *nos italiques*.

du narrateur premier et les irruptions d'un discours à la dissonance particulièrement bruyante est en revanche très significative. Les accès de rage de l'énonciatrice correspondent précisément aux moments où Renoncour manifeste sa présence au lecteur. Ces rappels discrets du cadre servent certes à distinguer les irruptions de discours appartenant à l'interlocutrice de celui du narrateur, mais ils interrompent, de fait, le fil du récit de la criminelle et portent atteinte à son autonomie, en rappelant qu'il s'agit d'un récit de deuxième degré, fait oralement par une narratrice proche des événements qu'elle raconte.

2. Rappels des cadres idéologiques et éthiques

Les narrateurs primaires plus ou moins bien-pensants et *bien-disants* usent aussi de procédés de distanciation moins neutres par rapport aux récits secondaires dissonants. Dans les *Mémoires et aventures* par exemple, Renoncour tend à invalider le récit secondaire de la picara en le frappant de dérision par le biais, notamment, d'appellatifs péjoratifs:

> Perfides hommes! s'écria la friponne[94].
> [...] et la plus grande marque que je puisse vous donner de ma reconnaissance, nous dit cette effrontée en finissant, c'est de vous remettre mes armes[95].
> Voilà, messieurs, ajouta cette malheureuse, l'histoire que vous avez voulu entendre[96].

L'emploi du pronom personnel collectif, englobant Renoncour et son gendre, établit une complicité entre le lecteur et Renoncour et accentue la distance entre les gens de bien, *nous*, et la parole scélérate. Le narrateur réaffirme ainsi sa maîtrise de tous les compartiments de son récit et son ironie instaure entre lui et le lecteur une complicité dont la narratrice infâme est évidemment le tiers exclu: «Je me tournai ensuite vers notre héroïne, et je la priai[97]...»; «Dois-je vous le confesser? ajouta notre historienne[98].» Les deux expressions disent par antiphrase ce que l'énonciatrice n'est pas: ni une héroïne, ni une historienne, mais une horrible caricature des deux. Les interventions de Renoncour encadrent littéralement le récit secondaire (en l'ouvrant et en le refermant) et en guident la lecture, indiquant aux moments-clés du récit indigne la distance à laquelle

---

[94] *Ibid.* p. 344.
[95] *Ibid*, p. 346.
[96] *Ibid*, p. 346.
[97] *Ibid*, p. 343.
[98] *Ibid*, p. 345.

il faut se placer pour le recevoir. Autrement dit, le narrateur primaire ne délègue pas franchement la maîtrise du récit à cette locutrice indigne.

De même, la parole de Brissant est mise à distance et recadrée par le narrateur primaire: «Nous marchâmes vers Alcudia, continua Brissant, qui voulait raconter aussi ses exploits militaires: c'est une ville assez forte, à l'Orient de l'île, environ à sept lieues de Palma[99].» L'intervention de Renoncour brise la continuité du récit de Brissant pour émettre une réserve ironique face à un pirate repenti. Cette réserve recadre tout le récit de Brissant et rejette sa parole à bonne distance du lecteur. Certains moments semblent favoriser le surgissement d'indices d'oralité qui brisent l'intégrité du récit second en le replaçant dans le cadre d'une conversation. Les irruptions du discours du narrateur secondaire lui-même interviennent comme une forme d'autocensure ou de commentaire interne à des moments où les événements décrits menacent de sortir des cadres idéologiques et éthiques de l'honnêteté et des bienséances.

A. La dissonance honteuse et le je vous avoue...

Chez Prévost, l'expression *je vous avoue* fonctionne comme une cheville stylistique qui rappelle la situation d'énonciation et laisse entrevoir le cadre axiologique du récit. En la plaçant dans la bouche du narrateur secondaire, le romancier indique au lecteur qu'il est en train de lire un récit enchâssé secondaire. En faisant précéder ce qu'il raconte de *je vous avoue*, l'énonciateur laisse voir les cadres et les circonstances d'un récit adressé, tel que celui de Rosambert à Renoncour dans le livre I des *Mémoires et aventures*:

> Je la priai de trouver bon que j'eusse l'honneur de manger avec elle; et je vous avoue que je remarquai, dans ses manières et dans le tour de son esprit quelque chose de si touchant que j'eus de la peine à retenir mon cœur dans de certaines bornes[100].
>
> Je vous avoue que, perdant toute patience à cette réponse, je lui donnai effectivement plusieurs coups d'un bâton que je portais à la main[101].

La première occurrence de *je vous avoue* signale que Rosambert est sur le point de succomber au charme de la jeune fille en détresse, la seconde, qu'il a un comportement qui manque de noblesse. Les deux emplois correspondent donc à la perception par le narrateur secondaire d'un risque

---

[99] *Ibid*, p. 159.
[100] *Ibid*, p. 39.
[101] *Ibid*, p. 44.

d'écart par rapport aux règles de la politesse et de la morale. Celui-ci refait surface dans son récit en tant que personne morale et réfléchit sur la distance qui le sépare du *moi* de son récit, à des moments où il éprouve le besoin peut-être de s'en distinguer. On note la même précaution oratoire chez Brissant, à un moment également critique de son récit: «Je vous avoue, continua Brissant, que cette aventure me fit horreur[102].» Témoin de scènes d'horreur, le pirate-valet s'en désolidarise en recréant une complicité sur le plan du discours avec son interlocuteur et en revenant, depuis son échappée dissonante, dans le cadre axiologique commun aux honnêtes gens.

Les réflexions par lesquelles le narrateur secondaire revient dans l'interlocution, pour abandonner momentanément les temps du récit et le fil de son histoire, jouent un rôle comparable de garde-fou. A chaque niveau d'enchâssement des *Mémoires de Comminville*, d'Auvigny met en scène la façon dont le narrateur secondaire réagit aux émotions qu'il suscite chez son interlocuteur. L'interlocution prend alors le pas sur la narration:

> […] en même temps, je lui donnai tous les noms qui conviennent aux parjures. Vous me traiterez d'emporté et de brutal ajouta Mahamet; et je conviens que j'agissais alors comme un homme sans éducation et sans politesse, mais j'agissais comme un jaloux[103].
> Je n'avais pu, me dit Mahamet, contenir pendant ce récit les mouvements de ma pitié; j'en laissai échapper des marques. Carina s'en aperçut; votre sentiment m'est un présage heureux, ajouta-t-elle, si vous entrez dans mes malheurs, vous excuserez mes fautes. J'approche du fatal moment où je dois vous les avouer[104].

Dans tous les cas, de telles brèches contribuent à scander le récit et à souligner ses moments dramatiques, comme lorsque Rosambert s'apprête à raconter la mort de la demoiselle:

> Qui n'aurait cru comme moi après un discours si tranquille et si sérieux, que cette infortunée demoiselle était entièrement revenue à elle-même, et que ses résolutions étaient sincères? Il ne vous paraîtra pas croyable qu'une femme, dans le fort de sa passion ait pu pousser la dissimulation si loin[105].

Le narrateur secondaire souligne la situation d'interlocution lorsque l'action racontée est sur le point de sortir des bornes des bienséances:

---

[102] *Ibid,* p. 158.

[103] Jean du Castre d'Auvigny, *Mémoires du comte de Comminville*, Paris, J.F. Fosse, 1735, p. 211.

[104] *Ibid*, p. 172.

[105] *Mémoires et aventures*, p. 41.

ici, la justification de Rosambert prépare à l'échappée dissonante qui va suivre, le suicide sanglant de la jeune fille[106]. Juste avant que son récit ne devienne particulièrement dissonant, il s'en distancie pour revenir au plan de l'interlocution présente, plus civilisée.

B. *Les accrocs de la parole féminine*

Le romancier peut investir l'énonciation féminine déchue en exploitant sa marginalité comme lieu d'expression de valeurs subversives et de paroles dissonantes par rapport aux cadres axiologiques du discours central. Le texte élabore cependant une sorte de système de défense interne contre les dangers représentés par ces brèches.

La jeune fille rencontrée par Rosambert au livre second des *Mémoires et aventures d'un homme de qualité* lui expose les principes d'une «philosophie» qui rend compte de son état – elle est enceinte – et de sa situation – elle n'est pas mariée et elle est sans secours. On pourrait certes interpréter une telle insertion comme le signe de la volonté du romancier de dénoncer l'éducation pernicieuse dispensée aux petites filles[107]. L'insertion de cette parole de femme dans des récits masculins ne saurait cependant s'y réduire. Outre l'aura proprement romanesque et la rupture de registre provoquées par une telle insertion[108], le micro-récit de la jeune fille entre dans un dialogue complexe avec les valeurs présupposées par les narrations masculines qui l'encadrent.

Renoncour se réfère explicitement à une vision de la passion comme résultat d'une prédestination de deux êtres l'un à l'autre, mais son récit suggère un ancrage imaginaire et culturel de ce sentiment. La réflexion que la demoiselle livre sur les femmes, à partir de son expérience personnelle, entre en contraste avec l'image relativement conventionnelle de la plupart des héroïnes du roman[109]. Celle-ci se livre en effet à une analyse

---

[106] Quand Diderot reproche à certains romanciers, dans son *Eloge de Richardson*, de faire encore couler le «sang le long des lambris», il a peut-être en tête cet épisode.

[107] La dénonciation passe principalement par la condamnation des romans, jugés responsables de la transmission du vice. Le bref récit de la demoiselle fait songer aux *Mémoires de mademoiselle de Moras* (1739) du Chevalier de Mouhy. Les romans du XVIIIe siècle exploitent fréquemment le motif de l'insinuation de la passion dans l'imagination de très jeunes filles.

[108] Jean Sgard y voit l'influence des *Histoires tragiques* (1614) de François Rosset.

[109] Sur la question de la passion et de la figure du passionné(e), voir l'article de Aron Kibedi-Varga qui analyse le phénomène de l'affaiblissement de la distinction classique entre l'attitude féminine et masculine devant la passion: «La désagrégation de l'idéal classique dans le roman français de la première moitié du XVIIIe siècle», *S.V.E.C.*, n°26, 1963, p. 965-98.

radicalement démystifiée de la passion amoureuse en décrivant le mécanisme d'un processus purement imaginaire qui prédispose l'individu au
mythe de la grande passion. Selon elle, le désir est préconçu, préparé par
l'imagination et s'incarne dans un être par la suite, en un mécanisme partiellement aléatoire et secondaire:

> Dès l'âge de douze ans, je me formais l'idée d'un amant tel que je
> l'aurais souhaité pour être heureuse: ce fantôme m'accompagnait par-
> tout, et je sentais déjà pour lui les désirs qu'inspire la réalité. [...] Plus
> je le voyais, plus je lui trouvais de rapport avec mon idole, et bientôt
> il ne fut plus qu'une même chose avec elle. Ce n'est pas que je ne lui
> aie fait acheter ma conquête assez cher: mais à quoi sert la résistance
> d'une femme qu'à l'irriter contre ses propres désirs? Je voulais garder
> quelque dehors de bienséance et m'assurer que j'étais aimée. [...] je
> n'ai pas du moins évité la dernière faiblesse. Mais une femme est-elle
> maîtresse d'elle-même, quand elle est sans cesse avec un homme
> qu'elle a rendu le maître de son cœur[110]?

La demoiselle replace explicitement le sentiment amoureux dans des
cadres culturels et le met en rapport avec les exigences d'un désir qui n'a rien
de métaphysique. Sa parole et son récit autobiographique ne se bornent donc
pas à prêcher contre les dangers d'une mauvaise éducation par les romans,
ils vont jusqu'à proposer une analyse socio-culturelle de la construction imaginaire de l'objet aimé, analyse qui diffère du discours mythique sur la passion et qui éclaire les intrigues amoureuses du récit primaire.

L'énonciation féminine rend possible un changement de registre romanesque, mais aussi une prise de distance par rapport au système de valeur
dominant. A travers la parole féminine des marges, le romancier peut
montrer les situations d'un autre point de vue. Il représente les narratrices
secondaires comme des victimes de la fatalité ou de leurs sens. La jeune
fille de l'histoire de Rosambert analyse son destin de victime comme une
conséquence de l'éducation dispensée aux femmes. Autrement dit, elle
corrige et nuance le mécanisme de victimisation repris par tous les
romans. Par la voix d'une énonciatrice secondaire Prévost formule donc
la conscience du cliché et son démontage. Les héroïnes des romancières
de la fin du dix-septième siècle suivaient dans leur vie et prônaient dans
leurs mémoires d'autres principes de conduite que ceux qui sont ordinairement dictés par les hommes et par les romans[111]. Les romanciers des

---

[110] *Mémoires et aventures*, p. 40.
[111] Par rapport aux mémoires féminins de la période précédente (1680-1725) étudiés
par R. Démoris (*op.cit.*, p. 263-296) les narratrices secondaires de mémoires masculins
écrits par des hommes, sanctionnent un retour à une image très conventionnelle de la

romans-mémoires des années trente et quarante attribuent à des énonciatrices marginales des discours identifiables comme féministes. La parole
de l'autre est un support de paroles subversives que les romanciers, soucieux de préserver une apparence de moralité, peuvent aisément mettre à
distance, à l'intérieur de cadres.

Ces versions féminines moins nobles et plus complexes des événements sont toujours lourdement encadrées. Sans les interpréter ou prendre
position par rapport à elles, leur hétérogénéité fait l'objet d'un commentaire. Tous les récits encadrants comportent, à un moment ou à un autre,
la trace d'un mouvement de surprise devant l'incongruité du discours
féminin qu'ils citent, que la réaction procède des narratrices elles-mêmes
ou du destinataire de leur récit.

Dans les deux récits féminins secondaires des *Mémoires du comte de
Comminville* de d'Auvigny, la dissonance de la parole féminine est recadrée de deux manières. Lorsque Julie raconte comment le financier qui a
soudoyé sa mère tente de se rembourser en attaquant sa propre vertu, le
narrateur est gêné: «J'aurais bien voulu que Julie n'eût point tant appuyé
sur les circonstances; celle-ci me fit rougir; mais elle ne s'en aperçut pas
et continua ainsi[112].» Comminville souligne l'indécence qu'il y a, de la
part de Julie, à raconter la scène avec autant de précision. L'expression
de son embarras devant un détail trop cru relève du recadrage. Selon lui,
Julie aurait dû gazer l'évocation des gestes du financier amoureux, à
moins que le détail à proscrire ne fût la liste des objets précieux propo-
sés en échange de l'amour, une montre d'or, une tabatière et une «fort
belle bague», dont la jeune fille estime ouvertement la valeur marchande.

La seconde intervention dissonante, à un autre niveau de récit, fait
entendre une parole contrevenant aux codes et aux règles de distinction
entre les sexes: Carina raconte comment elle est devenue la maîtresse
d'un vieux magistrat en même temps qu'elle fait l'aveu de son amour
envers son interlocuteur. Ne pouvant achever sa confession oralement,
elle lui écrit la fin:

> Je me repens d'avoir cédé à l'intérêt; ma première faute a une cause
> moins noble que la seconde, et d'ailleurs, elle ne trouve pas la même
> excuse dans mon cœur. Je la regarde comme un crime, parce qu'en
> effet elle m'a rendu criminelle. Ce mot achève ma confidence. Voilà
> ce que je n'ai pu vous dire et que j'ose à peine vous écrire; mais votre

femme martyre que les femmes mémorialistes de la période précédente avaient tendance
à remplacer par une revendication positive et subversive d'immoralité.

[112] J. du Castre d'Auvigny, *Mémoires du comte de Comminville*, Paris, J-F. Josse, 1735,
p. 96.

> jalousie m'y a obligée (tout ceci est étrange de la part d'une fille) je
> vous aime; mais si vous voulez que je reçoive vos soins il faut prendre
> des mesures pour les cacher à votre rival. Je suis forcée de le ménager
> par le besoin que j'ai de lui, et j'ai pour excuser la continuité de ma
> faute les mêmes raisons qui me l'ont fait commettre[113].

L'incise fait ici office de précaution oratoire et souligne la dissonance.
Dans les deux cas, il s'agit de marquer une distance par rapport à une
parole qui sort des cadres implicitement assignés à ces paroles secondaires. Comme les paroles qualifiées de *pittoresques*, l'énonciation féminine déplacée attire le commentaire: là encore le texte se dédouble pour
mettre à distance la parole de l'autre, y compris lorsque le locuteur perçoit sa propre parole comme hors-normes. Les échappées dissonantes produisent une forme d'autocensure qui dédouane le mémorialiste et autorise en quelque sorte le romancier à sortir des bornes. Les échappées de
la parole dissonante font ainsi l'objet d'un discret recadrage qui en précise les limites.

La parole de l'autre donne du jeu au texte, elle permet à la narration
centrale de trouver sa place par rapport au romanesque et à ses règles. Elle
sert aussi de refuge à un romanesque à l'égard duquel le narrateur principal est au mieux réservé, au pire ironique. Qu'elles formulent un excès
ou un défaut de romanesque, les énonciations marginales participent donc
d'une critique de l'énonciation centrale et des moyens qu'elle met en
œuvre. La mise à distance des règles et des codes littéraires traditionnels
par les énonciations marginales se manifeste par des ruptures spectaculaires, par une soudaine mise en évidence des cadres, mais aussi par des
changements et des glissements plus discrets.

On constate que la différence entre les marges et le centre ne tient pas
uniquement au genre, mais aussi, et peut-être avant tout, au degré d'adhésion des énonciateurs à la fiction. En racontant leurs aventures, les narrateurs affichent une conscience des contraintes qui pèsent sur le nouveau romanesque. Dans un certain nombre de romans, cette prise de
conscience fait obstacle à l'imagination romanesque: le mémorialiste se
perçoit d'emblée comme l'amer rédacteur d'une histoire qu'il élabore à
partir des romans déjà écrits et de leurs ridicules. Il est difficile de parvenir, comme Marivaux, éclairé par sa pratique théâtrale du double
registre, à faire tour à tour se juxtaposer et se distinguer le personnage
immergé dans l'action et le narrateur vieilli écrivant ses mémoires; il
n'est guère aisé de se résoudre à abandonner totalement le romanesque

---

[113] *Ibid*, p. 188-189.

outré ou héroïque, devenu synonyme de mauvais goût. Compte tenu de ces difficultés, la parole de l'autre offre à la narration centrale la possibilité de se déborder, de rendre possible à la fois une lecture cynique et une lecture passionnée, en transférant sur l'énonciation secondaire la part de rêve, la passion ou, au contraire, la voix critique et le désenchantement.

CONCLUSION DE LA PREMIÈRE PARTIE

Dans *La Vie de Marianne*, même si Madame Dutour se prend volontiers comme exemple et dit ce qu'elle ferait ou aurait fait à la place de Marianne, son histoire de jeune veuve ne fait cependant pas l'objet d'un récit à la première personne. Le personnage dissonant ne raconte pas sa vie: Marianne se contente de résumer, dans la première partie, les éléments biographiques et descriptifs qu'elle observe ou que lui confie Toinon[1]. Le *je* de Madame Dutour et des locuteurs dissonants est peu narratif et lorsqu'ils font part de bribes de leur expérience personnelle, celles-ci sont déclarées parasites et illicites.

Madame Dutour, Etiennette Gauri dans les *Mémoires d'Anne-Marie de Moras* de Mouhy ou encore Christine, la gouvernante des *Mémoires d'une dame de qualité* de l'abbé Lambert ne prennent pas en charge un récit, mais elles sont en revanche citées longuement et à plusieurs reprises dans la narration principale[2]. Les narrateurs secondaires peuvent certes faire entendre leur voix ailleurs que dans leur récit, mais leurs interventions ne scandent pas le texte avec la même régularité que celles des perturbateurs – souvent des perturbatrices – dissonants. Les locuteurs dissonants intrusifs et les narrateurs dissonants ne renvoient donc pas au même mode de dissonance ni aux mêmes types. Dans les *Mémoires du chevalier de* *** de Boyer d'Argens, les personnages féminins se situent nettement dans l'une ou l'autre de ces catégories. La première maîtresse du chevalier de *** est une certaine Clarice dont Boyer d'Argens fait une nouvelle Manon en lui attribuant un discours pragmatique qui se heurte au langage passionné du narrateur[3]. Elle ne donnera pas en revanche le récit de sa vie pendant leur longue séparation. Au contraire, les maîtresses espagnoles du chevalier de ***, Dona Teresa (I, p. 141-161, et II, p. 1-71) et Dona Mendoza (II, p. 98 *et sq.*) font chacune le récit de leurs fort

---

[1] «Les inclinations de Mme Dutour n'étaient pas oubliées: son amant l'aurait déjà épousée; mais il n'était pas assez riche, et en attendant, il la voyait toujours, venait souvent manger chez elle, et elle lui faisait un peu trop bonne chère. C'est pour vous divertir que je vous conte cela; passez-le si cela vous ennuie.», Marivaux, *La Vie de Marianne*, I, p. 34.

[2] Les locutrices intrusives ont un nom de famille et une identité sociale marquée. Ce trait les oppose, comme nous le verrons dans la troisième partie, aux narratrices secondaires, plus fréquemment privées de nom.

[3] Boyer d'Argens, *Les Mémoires du chevalier de* ***, Londres, 1745, II, p. 89.

romanesques aventures. De façon comparable, dans les *Aventures de Don Antonio de Buffalis* de La Barre de Beaumarchais, des deux personnages qui se succèdent aux côtés du narrateur, le premier, Fabricio, est un locuteur dissonant, le second, Godgi Husseyn, est un narrateur dissonant.

Autrement dit, ceux qui racontent ne sont pas forcément ceux qui parlent, les conteurs ne sont pas les babillards pittoresques. La parole des femmes de chambre et des gens du peuple, dans un roman de registre noble, est de l'ordre de l'esquive ou de la touche ponctuelle: par-là, elle est rarement l'instrument d'un récit, encore moins d'un récit autobiographique. Les romanciers réservent, dans le cadre des romans nobles, la prise de parole narrative à des locuteurs dotés d'un certain rang social[4], ou bien compensant leur bassesse par des aventures extraordinaires: si un valet comme Brissant peut raconter sa vie, non sans quelque ironie de la part du narrateur primaire, c'est qu'il a exercé la profession de pirate et côtoyé de célèbres bandits.

On peut rendre compte de la répartition différenciée des types de dissonance sur les paroles et les récits par une explication de type euphonique: la dissonance mimétique renvoie à des sociolectes ou idiolectes plus ou moins appuyés. Ce qui est jugé plaisant sur de petites unités de texte peut s'avérer à la longue d'une lecture fastidieuse. Le genre poissard ose généraliser et étendre l'emploi de ces sociolectes à tout le roman: il requiert par là un effort constant de traduction de la part du lecteur qui doit rétablir la correction de la langue pour déchiffrer le texte[5]. L'adoption de la parole dissonante comme parole de référence du texte, tient néanmoins de l'exercice de style, tel qu'on l'observe chez Caylus qui s'amuse, dans *Guillaume, cocher* (1737) à faire supporter une dissonance mimétique par la narration mémorialiste elle-même. De telles exceptions font figure cependant de tentatives expérimentales et restent rares dans les romans-mémoires qui ne se permettent pas d'infractions aussi prolongées: même lorsqu'ils sont censés être écrits par des prostituées, récits primaires et secondaires n'y sont pas continûment dissonants et se

---

[4] Les véritables exceptions sont rares. Ainsi, dans *La Nouvelle Marianne* (1740) de l'abbé Lambert, «la Lambert» est la gouvernante de Marianne. Le simple patronyme précédé d'un article fait attendre une énonciation dissonante: la Delort, la Dutour, etc. Elle fait pourtant le récit de sa vie dans un style noble et sobre. Cette anomalie est rapidement expliquée: comme Renoncour, elle est fille de qualité mais déchue de ses droits et sans fortune.

[5] On désigne généralement par le terme de «poissard» un sous-genre de fiction qui joue à reproduire le sociolecte du bas peuple à des fins de dérision: voir les *Lettres de la Grenouillère* (1749) de Vadé et *Les Ecosseuses* (1739) de Caylus.

contentent d'emprunter ici ou là un terme au vocabulaire de tel ou tel sociolecte[6].

L'explication euphonique dissimule des enjeux idéologiques car les romanciers attachent de fait une dignité particulière à la possibilité de faire un récit de vie. L'autobiographie d'un narrateur secondaire implique un renoncement provisoire du narrateur principal à la maîtrise narrative. Elle constitue de ce fait une limite tacite à l'ouverture du roman aux locuteurs dévalués, limite que le roman-mémoires ne franchit pas aussi volontiers que le théâtre par exemple. Marivaux, en accord avec son parti pris moderne, soutient dans *Pharsamon ou les Nouvelles Folies romanesques* que les plus humbles sujets, comme des moineaux, des enfants qui jouent, sont dignes d'être représentés[7]. De même, il se défend des critiques, dans l'avertissement de la deuxième partie de *La Vie de Marianne,* en affirmant vouloir montrer «ce que c'est que l'homme dans un cocher, et ce que c'est que la femme dans une petite marchande». Cependant montrer Madame Dutour et le cocher ou les faire ponctuellement parler – qui plus est, presque exclusivement entre eux ou lors de monologues – est plus aisé que d'en faire des narrateurs secondaires ou des interlocuteurs à part entière. Les limites du récit d'actions ou du portrait ne sont en effet pas celles du récit de paroles. L'intervention dans la conversation et l'attribution d'un récit de vie à l'intérieur de mémoires ne se réduisent pas à la question de la dignité de la représentation, car le droit à être représenté n'implique pas celui de parler et moins encore celui de raconter son histoire.

La dissonance ne décrit donc pas adéquatement les modalités de représentation de la parole de l'autre dans les romans-mémoires, si on l'envisage comme une copie stylistique du caractère singulier ou populaire de la parole de l'autre. La représentation de la singularité formelle ou stylistique est souvent remplacée par le signe de la dissonance. Le signifiant de la différence stylistique peut être décevant et ne pas tenir les promesses du narrateur primaire. De fait, l'ouverture des romans aux

---

[6] Voir les remarques de V. Mylne à ce propos, dans le chapitre consacré au «réalisme de forme», *Le Dialogue dans le roman français de Sorel à Sarraute*, Paris, Universitas, 1994, p. 130 *et sq.*

[7] «Ah, l'ennuyant personnage que votre Cliton quand il parle trop longtemps, dit un lecteur sérieux à qui les pommes ont fait mal au cœur; et que je sais bon gré à la compagnie qui nous épargne le reste de sa vie! [...] Quoi, vous dirais-je, parce qu'il y a des pommes, des moineaux, et des enfants qui se divertissent, vous concluez de là qu'elle est ennuyante: ce ne sont point les choses qui font le mal d'un récit.», Marivaux, *Pharsamon ou les Nouvelles Folies romanesques*, septième partie, in *Œuvres de Jeunesse, édition Gallimard*, Pléïade, 1972, p. 602. Notons cependant l'ambiguïté de la critique dont on ne sait si elle porte sur la matière ou la manière du récit.

catégories populaires et basses ne s'accompagne que rarement d'une ouverture de la représentation elle-même. Il faut donc chercher ailleurs que dans l'illusion mimétique la fonction de la parole de l'autre dans les romans-mémoires.

Dans *L'Homme dissonant au XVIIIème siècle*, Caroline Jacot-Grapa analyse la perception et la représentation de la différence au XVIIIe siècle, dans les domaines linguistique, musical, socio-économique et biologique et elle fait apparaître que la fonction *discordancielle* de la dissonance est un lieu commun du discours critique du XVIIIe siècle dont elle précise le statut:

> C'est moins le rôle thématique assumé par la dissonance que sa fonction, qui est capitale: fonction «discordancielle» par laquelle elle insinue un écart, une différence, une tonalité nouvelle, pour dire autre chose que l'accord parfait, exprimer l'indicible, ce qui transgresse les convenances d'un langage voué à l'exactitude, au dire d'une pensée rationnelle, mesurée, et met en cause l'idéal d'une concordance entre le signe et la chose[8].

Autrement dit, la dissonance a une fonction de perturbation de l'expression et elle est définie comme une fonction, c'est-à-dire que sa présence est subordonnée à son effet sur un ensemble homogène. Sa valeur est donc, avant tout, différentielle et résulte nécessairement d'une mise en rapport. L'étude de l'évolution du concept de dissonance au cours du siècle témoigne du fait qu'il acquiert progressivement une valeur positive qui dépassera cette fonction purement discordancielle, les notions d'exception et d'écart étant en effet soumises à un processus de réévaluation qui voit progressivement l'harmonie discordante, héritée des théories poétiques antiques, se transformer en une dissonance positive, valant aussi pour elle-même. Pour la période et le genre qui nous occupent, il semblerait pourtant que la représentation de la parole de l'autre renvoie encore essentiellement à cette valeur ancienne de la dissonance.

Entendue au sens de brèche ouverte sur un ailleurs, elle désigne en effet une fonction essentielle de la parole de l'autre dans l'économie de la représentation des romans-mémoires: celle d'attirer l'attention sur les cadres du récit personnel. La parole de l'autre permet de mettre à distance les moyens de la fiction. Les romans-mémoires recourent à la parole pittoresque de deux façons: d'abord en suggérant une dissonance plutôt qu'en la reproduisant; ensuite, en utilisant les énonciateurs dissonants comme des embrayeurs permettant de pratiquer dans le texte une brèche

---

[8] C. Jacot-Grapa, *L'Homme dissonant au XVIIIe siècle*, S.V.E.C., n°354, 1997, p. 137.

par laquelle le lecteur est transporté vers d'autres univers fictionnels et en le contraignant à poser un regard distancié sur la fiction-cadre. La parole de l'autre vaut avant tout, dans les romans du XVIIIe siècle, par sa capacité de modifier le regard du lecteur.

DEUXIEME PARTIE

LA PAROLE DE L'AUTRE COMME EFFET:
VALEUR IDÉOLOGIQUE ET VALEUR FORMATRICE

Nous avons pu observer, dans la partie précédente, que la relative fai-blesse mimétique de la parole de l'autre dans les romans-mémoires n'em-pêchait pas qu'elle tînt une place importante dans la narration. Dans le même temps, nous avons constaté la créativité des romanciers, quand il s'agissait de parler de la dissonance des autres: traductions imprécises, métalangages substitutifs, portraits énonciatifs, échantillons, collages, sont apparus comme autant de moyens de faire d'une représentation défaillante le centre du propos, en un dispositif qui n'est pas sans rappeler l'esthé-tique rococo.

Nous nous proposons d'étudier maintenant la représentation des effets de la parole de l'autre. Nous voudrions établir que l'un des enjeux essen-tiels de sa représentation est précisément son cheminement à travers la conscience du narrateur central. En d'autres termes, la valeur formatrice de la parole de l'autre est systématiquement représentée, à travers les impressions qu'elle produit sur ses destinataires y compris le narrateur central. Montrer les effets que la parole de l'autre a eu sur soi est une manière de se raconter et de se définir; pour le romancier, c'est aussi un moyen de remettre en cause la hiérarchie, posée par le narrateur, entre, d'une part, paroles utiles et valorisées et, de l'autre, paroles parasites et dévaluées.

La narratologie et la pragmatique nous ont semblé des outils métho-dologiques particulièrement adéquats pour étudier la façon dont les mémoires font une double lecture de cette valeur formatrice. Le roman-mémoires se caractérise par une subordination de toutes les voix à la narration principale. Le narrateur traite d'événements factuels ou ver-baux et il produit, dans ce dernier cas, un récit de paroles[1]. Ce disposi-tif recouvre une grande diversité dans la répartition des perspectives auc-toriale, qui fait entendre la voix du narrateur ou de la narratrice principale, et narratoriale, qui reproduit celles des personnages, qu'il

---

[1] Le terme est employé par G. Genette, *Figures III*, Paris, Seuil, 1972, «Récit de parole», p. 189-203. Voir aussi P. Delbouille et F. Tilkine. «La technique du récit de paroles dans le roman français du XVIIIème siècle.» *Actes du VIIIème colloque interna-tional des Lumières*, Bristol, Juin 1991, p. 1290-1293.

s'agisse du personnage joué dans le passé par le narrateur principal lui-même ou de ceux qui l'entouraient alors. Le narrateur rapporte de façon inégale les paroles prononcées, soit par la traduction de discours alors intégrés à la narration par le biais des styles indirect ou narrativisé, soit par une citation littérale. La citation étant la forme de soulignement la plus visible, le narrateur module la mise en relief des paroles à travers le mode de retranscription choisi. Les propos rapportés par le narrateur peuvent alors être hiérarchisés et évalués, qualifiés ou disqualifiés, soulignés ou atténués.

Négliger de distinguer les perspectives narratoriale et auctoriale reviendrait à confondre deux logiques souvent séparées dans les romans-mémoires. La mise en relief opérée par le narrateur ne recoupe pas forcément, en effet, celle qui est suggérée par le romancier. Notre deuxième partie étudiera donc les interférences entre ces deux systèmes de valorisation des paroles des autres.

La prise en compte de l'action de la parole sur son destinataire, ou sur celui qui l'intercepte, engage une problématique de type pragmatique[2]. La pragmatique s'interroge sur ce que le locuteur accomplit en parlant et sur le fonctionnement des échanges verbaux et propose une théorie générale des actes de langage[3]. Selon J.L Austin, toute énonciation accomplit simultanément un acte locutoire (le contenu propositionnel), un acte illocutoire (l'acte accompli en parlant, public, conventionnel et délibéré) et un acte perlocutoire (les effets que produit l'acte de dire sur les autres ou sur soi: l'énonciation sert alors des fins lointaines et dissimulées que l'interlocuteur ne perçoit pas nécessairement).

Dans l'étude des interférences entre l'utilisation conjointe, dans les romans-mémoires, de la parole de l'autre par le narrateur et par le romancier, nous ferons appel à ces catégories. Elles ont été affinées, discutées et contestées par les recherches ultérieures des philosophes du langage, mais la distinction entre les portées locutoire, illocutoire et perlocutoire de la parole demeure opératoire. La dimension perlocutoire, la moins nettement définie, est encore au cœur des débats des linguistes[4] et c'est sans doute la plus utile à notre propos car elle fournit un outil pour décrire le

---

[2] La pragmatique de l'énonciation reprend et formalise les préceptes de la rhétorique antique et classique qui a pour axe l'impression que l'orateur veut produire, au moyen de sa parole, sur son auditoire.

[3] J.L. Austin, *Quand dire c'est faire* [*How to do Things with Words*, Oxford, 1962], Paris, 1970.

[4] O. Ducrot et J.M. Schaeffer font le bilan de ces discussions dans le *Nouveau Dictionnaire encyclopédique des sciences du langage*, Paris, Seuil, Points Essais, 1995.

cheminement sourd de la parole des autres dans l'histoire et la constitution de l'identité du narrateur.

Les paroles romanesques ne sauraient certes être analysées par la pragmatique énonciative comme peuvent l'être des extraits de conversation[5]. Même s'il n'est pas question de nier ce qui sépare les paroles naturelles et les discours contraints, de multiples façons, des personnages doublement encadrés des mémoires, il reste que la pragmatique aide à déchiffrer les représentations romanesques de la parole de l'autre ou, tout au moins, à distinguer et à hiérarchiser ses niveaux d'efficacité, du plus direct au plus indirect.

Comme tout énoncé, la parole romanesque comporte donc une dimension locutoire – qui apporte un certain nombre d'informations utiles à la progression de l'intrigue –, illocutoire – effet produit généralement explicité par le narrateur – et perlocutoire – les conséquences et les effets non conventionnels de cette parole. Il arrive que la portée perlocutoire soit interprétée différemment par le narrateur et le romancier, qui peut donner à lire un autre cheminement des mots et suggérer des suites perlocutoires non conformes à l'objectif visé par le personnage. Nous voudrions préciser, à la lumière de ces catégories, les niveaux de fonctionnalité et d'efficacité de la parole de l'autre dans les mémoires fictifs.

---

[5] Dans *La Parole romanesque*, G. Lane-Mercier passe en revue les querelles autour de la question du statut du discours rapporté dans les romans en montrant que l'idée que le discours rapporté est au plus près du référent est désormais communément réfutée. Au contraire, l'instance citante oriente, en fonction de ses visées, les paroles d'autrui: «Il s'ensuit que la spécificité même du genre romanesque, *fondée sur la présence d'un contrôle permanent et généralisé exercé par l'instance narrative supérieure*, empêche les discours microtextuels de se calquer sur une mimésis pure de la parole d'autrui. [...] Ainsi non seulement le balisage illocutoire des activités linguistiques, mais aussi l'axiologisation de contenus propositionnels sont assurés par le seul biais du discours narratorial.» G. Lane-Mercier, *La Parole romanesque*, Klincksieck, 1989, p. 247, nous soulignons.

CHAPITRE 3

LE MESSAGE IMPOSÉ DES PAROLES DRAMATISÉES

> Les signes naturels des passions font impression sur ceux qui
> les voient et, à moins qu'ils ne fassent de la résistance, ils s'y
> laissent aller.
> Bernard Lamy, *La Rhétorique ou l'art de parler.*

Dans ses *Entretiens sur le fils naturel* (1757), Diderot s'appuie sur la distinction entre roman et théâtre pour soutenir qu'un ouvrage dramatique ne peut retranscrire tous les détails d'une action, mais qu'il se doit au contraire de moduler la représentation en accentuant les éléments les plus importants de l'intrigue. Cela implique pour le dramaturge de s'efforcer de ne faire entendre que les paroles pathétiques ou sublimes, les paroles *intéressantes*, c'est-à-dire propres à susciter une identification du spectateur aux passions éprouvées par le personnage central. Diderot oppose en cela le théâtre au roman qui inscrit les intrigues dans la durée et peut faire figurer des détails anodins, qui donnent de la vérité à un ouvrage[1]. A la stylisation des paroles théâtrales s'opposerait donc la fidélité des paroles romanesques.

Le roman-mémoires brouille cependant cette distinction trop nette entre les poétiques romanesque et théâtrale, en faisant du narrateur le metteur en scène des paroles prononcées. Celles qu'il rapporte font l'objet de stratégies de mise en relief qui s'apparentent aussi à une entreprise de stylisation. Dramaturge, romancier et narrateur ont donc en partage la tâche de sélectionner des paroles, à partir de la masse de celles que le lecteur doit supposer prononcées pour que l'intrigue avance et que le temps passe.

Diderot pose également le problème, corollaire, de la sélection et de la dignité des propos rapportés. Dans les *Entretiens sur le fils naturel*, il affirme l'indignité sociale et, par extension, l'incompatibilité de certains

---

[1] «Dans la société, les affaires ne durent que par de petits incidents, qui donneraient de la vérité à un roman, mais qui ôteraient tout l'intérêt à un ouvrage dramatique: notre attention s'y partage sur une infinité d'objets différents; mais au théâtre, où l'on ne représente que des instants particuliers de la vie réelle, il faut que nous soyons tout entiers à la même chose.», D. Diderot, *Entretiens sur le fils naturel, [Paris, Le Breton, 1757]* in *Œuvres esthétiques*, Paris, Garnier, 1968, p. 81.

sujets avec la représentation scénique[2]. La question est encore plus complexe dans le roman en raison de la nature de la transcription des paroles.

La dignité de la représentation au théâtre consiste avant tout à déterminer si un personnage prend la parole sur la scène ou s'il ne la prend pas, et dans quelles proportions, si bien que la hiérarchie de la retranscription est principalement quantitative. Le romancier et son narrateur disposent en outre de modes de transcription qualitativement différenciés que sont les discours narrativisé, indirect et direct[3]. De cette différenciation il résulte que deux paroles formant une même «transaction verbale[4]» peuvent fort bien ne pas recevoir le même traitement – certaines pouvant être mises en relief par une reproduction mimétique, d'autres, plus ou moins atténuées par un discours indirect ou narrativisé. En faisant employer tour à tour par leurs narrateurs ces divers outils de mise en relief, les romanciers inscrivent dans la trame du texte une organisation des paroles rapportées complexe et hiérarchisée.

I. POLARITÉ DES IMAGES DE LA PAROLE

1. Le paysage philosophique et les thèses de l'impression

L'évolution du traitement romanesque des paroles citées peut être mise en rapport avec un contexte culturel et intellectuel marqué par une réflexion sur la formation du sujet. La parole de l'autre est en effet au cœur des enjeux poétiques et idéologiques des romans-mémoires du XVIIIe siècle. Les Lumières s'intéressent passionnément aux questions de pédagogie, comme en témoignent les nombreux traités d'éducation qui paraissent tout au long de la période[5]. La question de l'apprentissage

---

[2] «Je me garderais bien de rendre importants sur la scène des êtres qui sont nuls dans la société.», D. Diderot, *Entretiens sur le fils naturel,* in *Œuvres esthétiques*, Paris, Garnier, 1968, p. 84.

[3] «1. le discours narrativisé, ou raconté, est évidemment l'état le plus distant et en général, comme on vient de le voir, le plus réducteur. [...] 2. Le discours transposé, au style indirect. [...] 3. La forme la plus «mimétique» est évidemment celle que rejette Platon, où le narrateur feint de céder littéralement la parole à son personnage», G. Genette, *Figures III*, Paris, Seuil, 1972, p. 191-193.

[4] L'expression est de S. Durrer, *Le Dialogue romanesque, style et structure*, Paris, Droz, 1994.

[5] Cf. G. Snyders, *La Pédagogie en France aux XVIIème et XVIIIème siècles*, Paris, P.U.F., 1965. Voir aussi les nombreux articles de l'*Encyclopédie* consacrés à ces questions: «collèges» (d'Alembert), «éducation» (Faguet), «Enfant» (Jaucourt), «Locke» (Diderot), «Père» (D.J) et les diverses formes d'«avis» à ses enfants publiés par des écrivains moralistes comme l'*Avis d'une mère à sa fille* (1738) de la Marquise de Lambert.

du langage, dans les premières années de la vie, suscite en particulier un grand nombre de réflexions. Dans cet engouement, on perçoit l'influence de la philosophie empiriste de Locke et des thèses sensualistes de Condillac qui la prolongent.

John Locke réfute l'innéisme et postule que l'individu se construit à partir des sensations qu'il perçoit et qui impriment une forme à son âme[6]. Que le sujet soit considéré comme le résultat d'un façonnage par les paroles et les mots des autres n'est pas sans profondes conséquences sur la conception de l'apprentissage du langage et de la morale. Les romans font écho à ce changement de perspective en montrant comment les paroles entendues forment ou déforment, éduquent ou pervertissent les enfants. Locke n'hésite pas à dramatiser les dangers d'une enfance malencontreusement exposée à des paroles néfastes:

> Le vice, si nous en croyons les plaintes générales, arrive aujourd'hui si promptement à son comble dans les jeunes gens, qu'il est impossible de sauver un enfant de la corruption, si on l'expose dans la foule, et qu'on abandonne au hasard ou à son inclination le soin de lui choisir des camarades dans une école[7].

En dépit de ses inconvénients, Locke soutient le parti d'une éducation reçue au sein de la maison paternelle. La controverse sur les dangers des couvents, des collèges et des institutions qui dispensent une éducation collective, ne laisse pas d'alimenter nombre de débats: vaut-il mieux enfermer les enfants dans des institutions collectives ou les isoler dans la maison paternelle? Dans les deux cas, les auteurs de traités mettent en garde contre les risques de contamination: dans les collèges, les enfants sont en contact avec des éléments vicieux, conséquence inévitable d'une relative hétérogénéité sociale; dans la maison paternelle, ils courent le risque d'être contaminés par le monde que reçoivent leurs parents et surtout par les mauvais domestiques de la maison. Dans la plupart des traités[8], la fréquentation du domestique est jugée pernicieuse avant tout parce

---

[6] Cf. Malebranche: «Quand les hommes nous parlent, ils gravent dans notre cerveau des traces pareilles à celles qu'ils ont. Lorsqu'ils en ont de profondes, ils nous parlent d'une manière qui nous en grave de profondes: car ils ne peuvent parler qu'ils ne nous rendent semblables à eux en quelque façon.», *De la recherche de la vérité* in *Œuvres*, Paris, Gallimard, 1979, p. 286. Voir l'article de B. Kaech-Toumarkine, «Châteaux en Espagne: folie contagieuse et écriture romanesque de Malebranche à Condillac.» in *Folies romanesques au siècle des Lumières*, Paris, Desjonquères, 1998.

[7] *Quelques pensées sur l'éducation, traduit de l'anglais de M. Locke, par M. Coste,* cinquième édition, Amsterdam, Mayanrd Uytwere, 1744, p. 140

[8] Les *Quelques pensées sur l'éducation* de Locke sont traduites en français, par Coste, dès 1695. Tout le siècle voir fleurir des écrits sur l'éducation mais ils sont particulièrement nombreux dans les années 1760, sous forme de «lettres» ou de «mémoires». Outre l'*Emile*

que celui-ci ne parle pas le bon langage[9]. C'est donc principalement par la parole que le vice se propage.

Les *Dialogues entre Lord Shaftesbury et M. Locke, sur quelques points essentiels à l'éducation de la jeunesse* (1764) de Richard Hurd, (traduit de l'anglais dès 1765) sont un dialogue des morts posant la question de l'utilité pédagogique des voyages: pernicieux selon Locke, ils sont recommandés par Shaftesbury. Les deux thèses en présence illustrent de façon exemplaire la tension entre un réflexe obsidional et le besoin d'ouverture[10].

Le fantasme de contamination apparaît confusément lié à une peur du contact avec les autres et il est associé à une menace de contagion morale. Dans *L'Invention de l'homme moderne*, Robert Muchembled analyse les règles qui définissent, dans les traités de civilité, une «hantise du toucher direct et du contact impur»[11]. L'historien des mœurs voit dans l'injonction, relayée par les traités, de garder ses distances avec les autres, l'indice d'une «désynchronisation culturelle» croissante au cours du XVIIIe siècle, entre les élites et le reste de la population[12]. De même, la peur de

ou de l'éducation (1762) de Rousseau, on peut citer, entre autres: *Lettres instructives et curieuses sur l'éducation de la jeunesse* (1760) de G. Martin, *Lettres sur l'éducation* (1762) de C-E. Pesselier, *Recueil de Mémoires touchant l'éducation de la jeunesse* (1763) de D-F. Rivard, *Plan d'études et d'éducation avec un discours sur l'éducation* (1764) de G. Sutaine, *Essai sur les moyens de réformer l'éducation particulière et générale* (1764) de N. M de Fleury, *Principes généraux pour servir à l'éducation des enfants* (1768) de l'abbé Poncelet, *Le Gouverneur* (1768) de La Fare, etc. A la fin du siècle, la réflexion sur l'éducation sera réorientée vers les questions nouvelles posées par une éducation nationale et républicaine.

[9] C'est le premier inconvénient souligné: «En effet, la contagion de ces mauvais exemples, au point de vue de la politesse, comme au point de vue de la vertu, corrompt profondément les enfants toutes les fois qu'ils y sont exposés. A l'école de serviteurs mal élevés ou débauchés, ils apprennent *un langage grossier*, des manières inconvenantes, des vices enfin que sans cela ils auraient peut-être ignorés toute leur vie», Locke, *Quelques pensées sur l'éducation,* «La société des domestiques», traduction de G. Compayré, Paris, Hachette, 1903, p. 82, nos italiques.

[10] Voir également la note anonyme «Sur l'éducation des collèges et des couvents», Bibliothèque Mazarine, Manuscrit 4037.

[11] Notamment dans *Le Nouveau Traité de la civilité* d'A. de Courtin dont la première version date de 1671 et qui est remanié par son auteur jusqu'en 1702 et réédité huit fois jusqu'en 1766. Voir R. Muchembled, *L'Invention de l'homme moderne, sensibilité, mœurs et comportements collectifs dans l'Ancien Régime*, Paris, Fayard, 1988. p. 245.

[12] Dans les *Mémoires d'une honnête femme* (1753) de Chevrier, la narratrice veut quitter Paris pour élever son fils dans un air moins corrompu. La peur du contact prend ici la forme nouvelle de la revendication d'une éducation saine et «bourgeoise», loin du faux brillant de la noblesse parisienne: «L'éducation qu'il convenait que je donnasse à mon fils semblait exiger que je le laissasse à Paris; mais quand je réfléchissais que l'air contagieux que la jeunesse respire dans cette ville, devait gâter le naturel le plus heureux, je détestais un pays dangereux, où l'on ne polissait l'esprit, qu'en risquant de le corrompre et je préférais une éducation bourgeoise à des connaissances brillantes, qui en emportant l'estime

la souillure est souvent inscrite dans les romans-mémoires où l'image de l'impression, utilisée par Descartes, Malebranche, puis Locke, se décline sous diverses formes. Qu'elle s'insinue comme un souffle empoisonné, qu'elle se grave dans l'esprit ou se transmette comme une maladie, quelle que soit l'option éducative privilégiée par les auteurs de traités de péda-gogie ou de civilité, la mauvaise parole est toujours fantasmée comme un ennemi qui vient s'amalgamer au sujet et le modifier de l'intérieur.

2. La dramatisation par le contexte

L'influence des thèses empiristes et sensualistes, qui voient dans un jeune sujet une conscience éminemment malléable et poreuse, peut expli-quer en partie la fréquence, dans les romans de cette époque, du thème de la contagion d'un enfant par son entourage et notamment par la parole d'un domestique[13].

C'est à travers le filtre de la narration principale que les paroles des autres apparaissent comme une source de contamination. Tout en les citant textuellement, le narrateur primaire modifie les paroles rapportées en indiquant la façon dont le lecteur doit les recevoir. D'abord par le choix opéré sur la masse des paroles fictivement prononcées; ensuite par le choix du contexte dans lequel elles apparaissent. Meir Sternberg fait observer qu'il est illusoire de considérer le discours direct rapporté comme un mode de transmission sans reste, sans ajout, sans interférence, quand au contraire il implique un certain nombre de distorsions, à la fois intrinsèques et extrinsèques[14]. Les conditions d'énonciation créent notam-ment des interférences contextuelles en orientant l'interprétation du dis-cours direct. Diverses altérations sont commandées aussi par la conven-tion: il arrive que le rapporteur recherche la plus grande homogénéité

du grand monde, entraînent la perte de ceux qui les possèdent, et de ceux qui les admi-rent.» Chevrier, *Mémoires d'une honnête femme écrits par elle-même et publiés par M. de Chevrier*, Londres, 1753. p. 73.

[13] Les figures d'éducateurs pervers et de mentors négatifs sont extrêmement fréquentes dans les romans où gouvernantes et percepteurs donnent volontiers le mauvais exemple. Cf. J. de Varenne, *Mémoires du chevalier de Ravanne* (1740); Mme de Puisieux, *Mémoires d'un homme de bien* (1768); plus tard, Louvet de Couvray, *Les Aventures du chevalier de Faublas*. Dans *Le Roman pédagogique de Fénelon à Rousseau*, Peter Lang, Berne, 1983. R. Granderoute montre comment, à partir de 1730, la philosophie expérimentale de Locke se répercute sur les romans pédagogiques.

[14] M. Sternberg, «Point of view and the indirections of direct speech», *Language and Style* n° 15, 1982, p. 184-214. Sur la contextualisation du discours hétérogène, on se repor-tera aussi aux travaux de Jacqueline Authier-Revuz, notamment «Hétérogénéités énon-ciatives.», *Langages* n°73, Mars 1984, p. 98-111., ainsi qu'à l'article de Bernadette Fort:

possible, au prix de modifications du discours original, comme c'est le cas, par exemple, dans le discours judiciaire, particulièrement homogénéisant. Enfin, la paraphrase interprétative du discours prononcé constitue un dernier type d'interférence.

Le principe général selon lequel les phénomènes de déplacement et d'extraction, à l'œuvre dans tout processus citationnel, entraînent inévitablement une recontextualisation qui modifie plus ou moins la signification et la portée du passage cité n'est pas étranger à ce qui se passe dans les romans-mémoires. Les narrateurs y utilisent en effet toutes les techniques de manipulation du discours de l'autre, y compris les interférences contextuelles[15].

La tendance à la dramatisation des paroles présentées comme significatives par le narrateur se manifeste par leur sacralisation ou, au contraire, leur diabolisation. Ces deux types de mise en scène contribuent à mettre à distance la parole de l'autre en la présentant au lecteur à travers un réseau d'images et une grille de représentations fortement polarisées.

La personnalité des énonciateurs est notamment un moyen efficace de contextualisation, car disqualifier un énonciateur revient à placer sa parole dans un certain cadre de réception par le lecteur. La linguistique moderne rejoint ici ce que la rhétorique désigne comme l'une des voies de la persuasion: l'utilisation conjointe de l'*ethos* et du *pathos* dans la manipulation d'un auditoire[16]. Dans *Rhétorique et roman au dix-huitième siècle*, Jean-Paul Sermain étudie précisément la rhétorique en tant qu'elle est traduite en scènes par les narrateurs des romans-mémoires de Marivaux et de Prévost. Les orateurs jouent sur l'*ethos* et le *pathos* afin d'émouvoir leur auditoire, de l'orienter vers tel ou tel sentiment. L'emploi de certains mots ne peut susciter efficacement le *pathos* que si l'*ethos* construit par l'orateur correspond à la *bonne* image, c'est-à-dire celle qui

---

«Manon's suppressed voices: the uses of reported speech», *Romanic Review* n° 76, 1985, p. 172-191

[15] M. Bakhtine évoque l'infléchissement opéré par l'encadrement du discours direct: «La parole d'autrui comprise dans un contexte, si exactement transmise soit-elle, subit toujours certaines modifications de sens. Le contexte qui englobe la parole d'autrui crée un fond dialogique dont l'influence peut être fort importante. En recourant à des procédés d'enchâssement appropriés, on peut parvenir à des transformations notables d'un énoncé étranger, pourtant rendu de façon exacte. [...] Voilà pourquoi lorsqu'on étudie les différentes formes de transmission du discours d'autrui, on ne peut séparer le procédé d'élaboration de ce discours du procédé de son encadrement contextuel (dialogique): les deux procédés sont indissolublement liés.», *Esthétique et théorie du roman,* traduit du russe par Daria Olivier, Gallimard, NRF, Paris, 1978, chapitre IV, «Le locuteur dans le roman.», p. 159.

[16] Aristote, *La Rhétorique*, 1356 a2-10; Quintilien, VI, 2, 13.

est susceptible de remporter l'adhésion de l'auditoire donné. La variation de l'*ethos,* autant que celle du mot, influe sur le *pathos* et sur ses effets, si bien que les mêmes mots, accentués et prononcés différemment, pourront avoir des effets opposés. Autrement dit, la personnalité, le statut social, l'apparence, la voix, l'assurance, la réputation, bref, l'*ethos,* l'image morale de l'orateur, orientent le sentiment de l'auditoire vers le dégoût, l'identification ou l'adhésion complice.

Le couple conceptuel éclaire la question de la polarité des représentations: les paroles rapportées ne sont pas absolument sacrées ou diaboliques, mais plutôt sacralisées ou diabolisées, repoussées vers les pôles positif ou négatif, en fonction de l'image des différents locuteurs que le narrateur construit et de l'effet recherché sur leur destinataire. Le processus de dramatisation de la parole rapportée comporte donc une dimension essentiellement idéologique.

A. *Paroles édifiantes: du discours au texte-monument*

Parmi les personnages dont la parole est fréquemment mise en scène dans les romans-mémoires, le mentor figure en bonne place[17]: la sœur du curé et Tervire dans *La Vie de Marianne* de Marivaux, Perés dans les *Mémoires pour servir à l'histoire de Malte,* Eugénie dans les *Malheurs de l'amour* de Madame de Tencin, Agathe dans les *Mémoires de Cécile* de La Place, la Mère de Moni dans *La Religieuse*, etc. Tout héros, et plus encore toute héroïne, a droit à un mentor, longuement cité dans les mémoires[18]. Que ce soit un parent ou un ami plus âgé, la voix du mentor guide toujours le personnage central. Le narrateur peut aussi occuper lui-même la position du mentor, auquel cas les mémoires procèdent de la volonté de guider un, ou une, jeune disciple comme, par exemple, dans les *Mémoires de la comtesse de Montglas* de Carné ou dans le second volet des *Mémoires et aventures* de Prévost[19]. Les parents peuvent également dispenser une parole de sagesse, comme dans les récritures moralisantes de *La Vie de Marianne* qu'entreprend l'abbé Lambert: *La Vertueuse Sicilienne* (1742) et *La Nouvelle Marianne* (1740). Dans tous les

---

[17] Sur la figure du mentor dans les romans, voir R. Granderoute, *op. cit.*

[18] L'amitié de couvent est une variante féminine de la relation mentor/disciple: Les religieuses plus anciennes transmettent des paroles et des principes de sagesse à leurs amies nouvellement arrivées.

[19] La référence aux *Aventures de Télémaque* de Fénelon figure implicitement dans le frontispice de l'édition originale. Voir l'introduction par J. Sgard des *Mémoires et aventures,* in *Œuvres* de Prévost, Grenoble, PUG, 1978.

cas, le mentor incarne la sagesse et il dispense un savoir moral depuis une position d'autorité.

Les romans ne laissent pas d'interroger l'autorité morale du mentor et de mettre en doute son discernement[20]. Les conseils d'Eugénie, dans *Les Malheurs de l'amour* de Madame de Tencin, ont une influence directe sur le destin de Pauline, la narratrice: à chaque décision qu'elle doit prendre, Pauline revient dans son couvent recueillir la parole d'Eugénie mais ses conseils conduiront l'héroïne à commettre une erreur qui lui coûtera le bonheur. L'autorité du mentor est ainsi souvent mise en accusation de façon implicite par les conséquences tragiques ou négatives de ses conseils[21]. La question du mentorat inversé ou pervers a été bien étudiée chez Prévost[22]. La quête spirituelle et philosophique de Cleveland, par exemple, est scandée par des rencontres avec de supposés experts qui lui prodiguent force conseils contradictoires. Le jésuite, rencontré au sixième livre, réévalue ainsi les précédents guides suivis par Cleveland:

> Je sais, reprit-il que vous avez essuyé des malheurs sans nombre et sans exemple; que vous y cherchez depuis longtemps du remède; que vous n'en avez trouvé ni dans la philosophie, ni dans les consolations du ministre de Saumur, du père de l'Oratoire, et du prélat d'Angers. Mais, mon cher Monsieur, à qui vous adressiez-vous? A la philosophie? Une vieille décrépite, qui, dans ses jeunes ans même n'eut jamais rien d'aimable que son nom; qui fut peut-être capable de faire alors des fous, mais qui ne le fut jamais de faire des heureux; et qui n'est bonne aujourd'hui qu'à amuser les enfants dans la poussière des écoles. A qui vous adressiez-vous? A un protestant et à deux jansénistes! Bon Dieu! Dans quelles mains vous étiez-vous livré; et comment pouviez-vous espérer du remède, où vous deviez craindre les plus grands de tous vos maux? Bénissez Dieu, ajouta-t-il d'un air de triomphe, bénissez-le de vous avoir fait éviter le poison de ces charlatans, et de vous avoir conservé pour recevoir les secours qu'il va vous offrir par mes mains[23].

La parole grandiloquente du jésuite permet de faire une sorte de bilan de la quête passée, mais le petit-maître catholique s'avère encore plus

---

[20] Pour une étude diachronique, voir P. P. Clark, «The Metamorphoses of Mentor: Fénelon to Balzac», *Romanic Review*, vol. 75 (2), 1984, p. 200-215.

[21] Les textes jouent constamment sur des effets de confrontation des voix. Quand la voix de Mentor contredit la version du héros, cela peut inciter le lecteur à remettre en cause le point de vue central ou, au contraire, estimer qu'il s'agit d'un mauvais mentor.

[22] Cf. James P. Gilroy, «Variations on the theme of Mentor in the later novels of the Abbé Prévost», *S.V.E.C.* 266, 1989, p. 181 *et sq.*

[23] Prévost, *Le Philosophe anglais ou Histoire de Monsieur Cleveland*, Grenoble, Presses universitaires de Grenoble, 1978, p. 311.

mauvais conseiller et il oriente vers le divertissement et le libertinage un narrateur qui trouvera enfin le bon mentor dans la personne de Milord Clarendon.

Les paroles des mentors sont complaisamment mises en scène en étant souvent prononcées *in articulo mortis*. Dans *La Vie de Marianne* par exemple, la sœur du curé, au seuil de la mort, rappelle à Marianne les principes de vertu et d'honnêteté qui ont présidé à son éducation. Le narrateur souligne le caractère exemplaire et le statut de monument de ce discours. La lettre des paroles vénérées est scrupuleusement respectée et leur citation introduite avec une extrême solennité:

> Quand son évanouissement fut passé et que nous fûmes seules, elle me dit d'approcher, parce qu'elle avait à me parler. Laissez-moi ma chère amie, vous dire une partie de son discours: le ressouvenir m'en est encore cher, et ce sont les dernières paroles que j'ai entendues d'elle[24].

Les propos de la sœur du curé sont mis en valeur et détachés. Le texte insiste à plusieurs reprises sur leur caractère ultime, d'abord par la bouche de Marianne, puis par celle de la mourante. La charge pathétique des paroles d'outre-tombe a été de même parfaitement exploitée par le roman épistolaire qui sait user fort habilement des lettres révélées après la mort de l'épistolier[25]. L'agonie confère au locuteur une position de surplomb propice à la formulation d'un savoir moral ou de révélations solennelles. Précisément, un tel surplomb fait de ces paroles édifiantes des paroles gelées, au sens où ceux qui les reçoivent ne parviennent pas toujours à en faire un usage immédiat. Même si Marianne invite sa lectrice à lire le récit de sa destinée à la lumière des paroles mémorables de la sœur du curé,

> Quelqu'un de la maison, qui entra alors, l'empêcha d'en dire davantage; peut-être êtes-vous curieuse de savoir ce que je lui répondis. Rien, car je n'en eus pas la force. Son discours et les idées de sa mort m'avaient bouleversé l'esprit: je lui tenais son bras que je baisai mille fois, voilà tout. Mais je ne perdis rien de tout ce qu'elle me dit, et en vérité, je vous le rapporte presque mot pour mot, tant j'en fus frappée; aussi avais-je alors quinze ans et demi pour le moins, avec toute l'intelligence qu'il fallait pour entendre cela.
> Venons maintenant à l'usage que j'en ai fait[26].

---

[24] Marivaux, *La Vie de Marianne*, [Paris, Prault, 1731] Paris, Bordas, Classiques Garnier, édition de F. Deloffre, 1990, première partie, p. 19.

[25] On songe à la saisissante lettre posthume de Julie dans *La Nouvelle Héloïse* (1761), procédé repris par de nombreux romans épistolaires comme *La Nouvelle Clémentine* (1774) de Léonard. Les *Lettres de la duchesse* (1768) de Crébillon jouent aussi de cet effet de relecture, avec l'explication envoyée par la duchesse, après un long silence.

[26] Marivaux, *La Vie de Marianne*, p. 21.

l'encadrement des propos de la principale éducatrice de Marianne illustre l'isolement des paroles vénérées qui n'irriguent pas directement l'intrigue. Trop lourdes de sens, elles ne font pratiquement jamais partie d'un dialogue, d'un échange, même déséquilibré, entre deux interlocuteurs. La seule réponse de Marianne ici n'est pas un mot mais un mouvement: elle embrasse le bras de sa bienfaitrice en pleurant. Le geste signale que l'émotion excède la capacité à verbaliser ses sentiments mais il permet aussi de prolonger un silence qui évite au personnage, et à la narratrice, de donner sa propre interprétation de ces paroles dispensatrices d'une sagesse reconnue comme telle.

Il s'agit en outre d'un fragment de discours: non seulement Marianne souligne qu'elle ne rapporte qu'une partie du discours de son amie, et précise qu'elle ne le cite que partiellement, mais encore il est interrompu par l'irruption d'un tiers dans la pièce et s'achève sur une question rhétorique («Car, en y songeant, qui est-ce qui voudrait cesser d'être pauvre, à condition d'être infâme?», p. 20). Placé au sommet de l'échelle axiologique de la narratrice, ce discours est pourtant interrompu et inachevé. Non seulement Marianne ne répond pas à la vieille femme, mais encore celle-ci ne sera plus citée. La parole sacralisée est pour ainsi dire neutralisée, laissée en suspens, même si elle ne laisse pas de travailler en profondeur le personnage.

Cela révèle une caractéristique de toute une partie des paroles vénérées: elles n'ont pas de conséquences immédiates sur l'action. Leur effet illocutoire est fort mais il ne porte pas sur l'intrigue, il intervient à un niveau psychologique que le texte ne peut représenter: la parole importante chemine sourdement. Il est frappant de constater que l'effet des paroles *in articulo mortis* de la sœur du curé est strictement implicite et que leur retentissement sur la conduite à venir de Marianne ne fera à aucun moment l'objet d'un commentaire de la narratrice. Marianne ne donne donc jamais sa propre interprétation d'un discours de savoir qui semble aborder des questions fondamentales pour sa conduite ultérieure: la sœur du curé lui conseille, au nom de la morale et de la raison, de prendre garde de conserver sa valeur aux yeux des autres, c'est-à-dire littéralement, de savoir donner un prix à sa vertu mais l'effet de ces conseils sur Marianne, dans le moment de leur réception, n'est pas enregistré par le texte.

Dans *La Religieuse* (1760, remanié vers 1780) de Diderot, la narratrice transmet au lecteur une vision du monde qui distingue nettement les personnages positifs et négatifs. Le personnage le plus positif et la figure d'autorité morale du roman est sans conteste la mère de Moni, la supérieure du premier couvent de Suzanne. Sa parole est particulièrement théâtrale du fait de son statut d'intercesseur entre ici-bas et l'au-delà:

Nous l'entourions, nous fondions en larmes, sa cellule retentissait de cris, lorsque tout-à-coup ses yeux brillèrent; elle se releva brusquement, elle parla; sa voix était presque aussi forte que dans l'état de santé; le don qu'elle avait perdu lui revint: elle nous reprocha des larmes qui semblaient lui envier un bonheur éternel. 'Mes enfants, votre douleur vous en impose. C'est là, c'est là, disait-elle en montrant le ciel que je vous servirai; mes yeux s'abaisseront sans cesse sur cette maison; j'intercéderai pour vous, et je serai exaucée. Approchez toutes, que je vous embrasse; venez recevoir ma bénédiction et mes adieux...' C'est en prononçant ces dernières paroles que trépassa cette femme rare, qui a laissé après elle des regrets qui ne finiront point[27].

La mère de Moni laisse également des écrits mystiques, auxquels Suzanne fait référence («*Les derniers instants de la sœur de Moni.*»), mais que le texte de Diderot ne retranscrit pas. La narratrice cite des mots de la mère de Moni dans la suite de ses mémoires, et ils lui fournissent une perspective philosophique sur les épreuves qu'elle subit:

Combien de fois je me suis rappelée le mot de ma céleste supérieure de Moni: 'entre toutes ces créatures que vous voyez autour de moi si dociles, si innocentes, si douces, eh bien! mon enfant, il n'y en a presque pas une, non, presque pas une, dont je ne puisse faire une bête féroce; étrange métamorphose pour laquelle la disposition est d'autant plus grande, qu'on est entré plus jeune dans une cellule, et que l'on connaît moins la vie sociale. Ce discours vous étonne; Dieu vous préserve d'en éprouver la vérité. Sœur Suzanne, la bonne religieuse est celle qui apporte dans le cloître quelque grande faute à expier[28]'.

Pour Diderot, la vie en société est civilisatrice, la clôture est une aberration au regard de la nature et elle génère des catastrophes. La voix du mentor permet ici de conceptualiser ce qui n'est que décrit par la narratrice et de faire entendre la thèse du romancier-philosophe, par une autre voix que celle de la naïve narratrice. La parole des mentors renvoie à un autre niveau de discours qui vise à décrire le monde par le biais d'un discours général de savoir[29]. Là encore, la parole vénérée n'a pas un effet immédiat sur l'action narrée, elle est instrumentalisée à un autre niveau, celui de la narration et de la relation entre le mémorialiste et son destinataire.

---

[27] Diderot, Denis, *La Religieuse*, édition Folio, p. 87.

[28] *Ibid.*, p. 125.

[29] Cf. C. Dornier: «Le discours général est un discours de savoir, composé d'assertions qui visent non une 'vérité subjective' garantissant tout au plus la sincérité de l'énonciateur, mais qui prétendent définir le réel.», *Le Discours de maîtrise du libertin*, Paris, Klincksieck, 1994, p. 12.

A l'instar des *Méditations de la mère de Moni*, la sagesse du mentor peut être transmise au narrateur par le biais d'un texte cité ou simplement mentionné. Il peut prendre la forme d'une lettre, d'un opuscule rédigé à l'intention du narrateur ou encore d'une simple liste de principes. Dans les *Mémoires de Cécile* de La Place, les préceptes du commandeur, qui a élevé Cécile, sont transmis à cette dernière en deux temps: d'une part le vieillard prononce sur son lit de mort des paroles par lesquelles il révèle à sa protégée le mystère de sa naissance et, d'autre part, il lui lègue un testament moral en lui recommandant de respecter deux principes fondamentaux, l'honneur et la justice. Le testament est une sorte de traité de philosophie politique qui énumère les devoirs que chacun doit remplir envers soi-même et les autres:

> L'honneur et la justice sont ces principes, et la source de toutes les vertus, qui nous sont nécessaires par rapport à nous-mêmes, comme par rapport à la société dans laquelle nous vivons, et pour laquelle nous devons vivre[30].

L'héroïne ne médite pas activement les principes de son mentor, elle en fait un usage plus direct et littéral, en se méfiant instinctivement de toute parole qui s'en écarte. Lorsque, par exemple, le donjuanesque comte de Beaubourg lui adresse des discours séducteurs et lui propose de devenir chanteuse d'opéra et sa maîtresse, elle le repousse parce que les mots qu'il emploie ne sont pas ceux que le commandeur a toujours employés au sujet de sa beauté. La narratrice confronte les discours du comte de Beaubourg, qui sont diabolisés, et ceux de la comtesse et de Madame Duclos, la mère adoptive de Cécile, qui toutes deux perpétuent la mémoire c'est-à-dire les *mots* du commandeur. Le texte qu'il laisse, ainsi que le souvenir de ses paroles, forgent une norme à laquelle Cécile se réfère pour juger des propos qu'on lui adresse:

> La nature vous a encore prodigué des appâts qui peuvent être un jour pour vous un avantage; mais cet avantage, ma chère Cécile, est un présent bien dangereux[31].
> Que puis-je répondre à un discours auquel je n'ai point dû m'attendre? Vous me parlez monsieur, de me faire entrer à l'opéra: je ne sais ce que c'est, mais je me souviens que Madame la comtesse vous pria hier de ne m'en point parler. Pour ce qui est des avantages de cette condition que vous me proposez, l'image même que vous m'en faites, toute

---

[30] La Place, *Mémoires de Cécile, par Melle Eléonor Guichard revus par M. de La Place*, Paris, Rollin, 1751, p. 40.
[31] *Ibid.*, p. 15.

flatteuse qu'elle paraît être dans vos discours, m'effraie. Vous me parlez, monsieur, d'hommages qu'on va me rendre, de la liberté de disposer de mon cœur, de moi-même, du succès de mes talents: ces idées
toutes neuves pour moi doivent m'être suspectes; jamais le commandeur, qui m'aimait assurément, ne m'a tenu un pareil langage: il m'a
bien dit au contraire que ces petits avantages dont vous me flattez,
étaient souvent de dangereux présents de la nature. Ah! Monsieur, votre
langage doit me paraître si différent du sien que vous ne devez pas être
surpris que j'en sois alarmée[32]…

La réponse de Cécile au libertin est donc de type linguistique et philo-
logique: elle se défend en se référant aux mots précis du commandeur et
en les citant: les «avantages» et le «dangereux présent» sont des expressions qui lui ont été littéralement léguées par le vieil homme et qui deviennent des armes et des arguments dans sa bouche. Dans l'univers fortement
polarisé de ce roman, les personnages se déterminent pour ou contre la
vertu en optant pour tel ou tel type de discours et l'héroïne s'efforce de
déchiffrer les personnages qu'elle rencontre grâce à sa propre grille de
lecture, prêtant attention aux discours qu'elle reconnaît, rejetant ceux qui
dérogent à son orthodoxie terminologique[33]. Lorsque le comte libertin lui
propose d'entrer à l'opéra, elle rejette sa proposition parce qu'elle a
entendu la comtesse – qui perpétue le langage du commandeur – la
condamner. Autrement dit, elle se détermine par mimétisme. La réponse
de Cécile au comte de Beaubourg est fondée sur la comparaison de deux
langages, d'une sorte de commentaire comparé de deux *textes* dont les
tenants et aboutissants ne sont nullement discutés. Ainsi, la parole de
l'autre fonctionne bien ici comme une grille de lecture, un filtre qui préserve l'innocence du contact direct avec les paroles corruptrices. De même
pendant un moment, la narratrice ne parvient pas à décider de l'interprétation du discours de Monsieur Duclos, le concierge: il pourrait être l'un
des agents du comte, porteur de la parole mauvaise. Après un moment
de doute, le concierge passe enfin du bon côté et ses paroles sont enfin
déchiffrées à la lumière de celles du défunt. Les *Mémoires de Cécile* se

---

[32] *Ibid.*, p. 88.
[33] De ce point de vue, La Place attribue à Cécile la même réaction que Marianne face
aux avances de Climal: «Vous savez que je sors d'entre les mains d'une fille vertueuse
qui ne m'a pas élevée pour entendre de pareils discours; et je ne sais comment un homme
comme vous est capable de me les tenir sous prétexte que je suis pauvre», *La Vie de
Marianne*, Paris, Bordas, 1990, I, p. 116, nos italiques. La Place explicite un phénomène
suggéré chez Marivaux: la morale est transmise par des mots et des paroles, ce qu'il illustre
par la reprise des mêmes mots et non simplement par une comparaison de contenus idéologiques.

présentent donc comme un montage de discours et de déclarations de principes mis en rapport avec l'image que la narratrice se fait de la parole convenable. L'originalité du roman tient au fait que les paroles vénérées sont explicitement utilisées dans l'action par la narratrice sans que cette utilisation soit pour autant immédiate: elle doit passer au contraire par une médiation supplémentaire, celle du texte hérité.

B. Une contextualisation problématique: les paroles des mentors hétérodoxes

Le roman libertin systématise la mise en cause de la figure tutélaire de Mentor, déjà amorcée dans le roman-mémoires d'apprentissage, en faisant des roués et des personnages vicieux des initiateurs qui enseignent la théorie, la pratique et le langage du vice[34]. Les romans libertins *philosophiques* jalonnent les parcours des narratrices de discours solennels à visée pédagogique: dans *Thérèse Philosophe* (1748), Boyer d'Argens rend ainsi perceptible une gradation allant des faux mentors que sont, pour Thérèse, Eradice et le père Dirrag jusqu'au parfait amant qu'est le comte, en passant par les discours plus argumentés de l'abbé T*** et de Mme C***. Le discours final du comte constitue l'aboutissement du parcours initiatique de la narratrice: il fait l'éloge d'un usage des plaisirs aussi éloigné de la débauche que de la morale conventionnelle. Les titres qui découpent en plusieurs chapitres la parole de cet éducateur ultime de Thérèse affichent leur ambition didactique: «Définition du plaisir et du bonheur: ils dépendent l'un et l'autre de la conformité des sensations», «L'homme, pour vivre heureux, doit être attentif à contribuer au bonheur des autres. Il doit être honnête homme[35]». A l'opposé de ce discours fortement valorisé, les discours de dévotion prononcés par des énonciateurs malhonnêtes ou aveuglés, comme ceux d'Eradice ou du Père Dirrag, sont disqualifiés par l'*ethos* dévalué de ces énonciateurs.

Dans *Thérèse Philosophe*, le système des vrais et des faux mentors est déplacé mais non inversé: le schéma de quête, depuis les discours de faux mentors jusqu'au message de sagesse du bon mentor, est proche de celui que l'on trouve dans *Cleveland*. Boyer d'Argens maintient en effet une

---

[34] C. Dornier a analysé le statut du discours général chez le libertin, *op. cit.*, p. 8. Voir aussi «Le traité de mondanité d'un mentor libertin: la «leçon de l'Étoile» dans les *Égarements du cœur et de l'esprit* de Crébillon fils (1738)», in *L'Honnête Homme et le Dandy*, Tübingen, Gunter Narr Verlag, coll. «Études littéraires françaises», 54, 1993, p. 107-121.

[35] *Thérèse Philosophe* [1748] in *Romans libertins du XVIIIe siècle*, Paris, Robert Laffont, édition de R. Trousson, 1993, p. 650.

polarité claire entre bons et mauvais précepteurs, même si la norme est déplacée vers une valorisation des plaisirs sensuels. Les romans comiques ou pornographiques procèdent souvent de façon plus ambiguë, rendant ainsi particulièrement problématique la question de la contextualisation des paroles rapportées.

Nous avons vu que la position de l'énonciation centrale par rapport à la morale ou la *doxa* dominante engageait une série de choix esthétiques et idéologiques qui déterminaient la façon de représenter et d'insérer les paroles des autres dans la narration. Dans un article déjà cité sur le burlesque au XVIIIe siècle, Jean-Paul Sermain a recours à la notion de «posture énonciative dominante» d'un texte[36]. Dans la mesure où les romans comiques prennent le parti de la voix de l'autre en choisissant leur narrateur primaire dans les marges de la société des *honnêtes gens*, ils déplacent le point fixe de leur énonciation centrale vers une position hétérodoxe ou déviante.

Or, ce déplacement du point fixe se répercute inévitablement sur la valeur formatrice de la parole de l'autre et, en particulier, sur l'évaluation de la parole pédagogique du mentor: le mentor de ces romans hétérodoxes occupe une position morale paradoxale, à laquelle le lecteur ne peut apporter une adhésion sans réserve, mais qu'il ne peut non plus totalement rejeter, comme il le ferait des discours caricaturalement corrupteurs de l'abbé Dirrag dans *Thérèse Philosophe*. Maquerelles rusées et protecteurs expérimentés sont complaisamment cités par les mémorialistes, mais l'évaluation interne de leur parole est hautement problématique. *Margot la ravaudeuse* (1750) de Fougeret de Montbron retrace les débuts d'une jeune femme dans la carrière de courtisane. Lors de l'admission de Margot comme pensionnaire d'une maison de plaisir, la tenancière lui prodigue un certain nombre de maximes sur la carrière de fille du monde. Les conseils de la Florence offrent un exemple du type de préceptes dispensés par les mentors hétérodoxes:

> Il n'y a qui que ce soit, ma chère fille, qui ne convienne qu'on fait une fort triste figure en ce monde lorsqu'on n'est pas riche. Point d'argent dit le proverbe, point de suisse. On peut bien dire aussi, point d'argent, point de plaisir, point d'agrément dans la vie[37].

---

[36] J-P. Sermain, «Une poétique de la déchirure» in *Poétiques du burlesque*, Colloque de Clermont-Ferrand, 1996, D. Bertrand (ed.), p. 401.

[37] Fougeret de Montbron, *Margot la ravaudeuse*, [Hambourg, 1750] Paris, Jean-Jacques Pauvert, 1958, p. 20.

S'appuyant sur des présupposés recevables et présentés comme universellement vrais, le mentor des romans comiques fait l'éloge de la prostitution ou du vol. Sa parole, qui ne relève pas simplement de l'antiphrase ironique, est donc plus difficile à situer qu'il n'y paraît. *L'Histoire de Gogo* (1739) raconte également les aventures d'une jeune femme qui vit de ses charmes, dans un registre plus licencieux que pornographique. Tout comme Margot, Gogo retranscrit les conseils d'une femme plus âgée et plus expérimentée, la baronne de Varsebourg, qui veut la convaincre de se lancer dans la carrière de l'opéra: «Sachez que ce qu'il y a de plus aimable à Paris rampe misérablement faute d'être placé dans un point de vue avantageux, et le Théâtre est de tous le plus favorable[38].» Ici encore, le mentor négatif tient un discours général et occupe une position surplombante qui véhicule une sagesse commune[39]. Il ne s'agit pas seulement de se moquer de la prétention du roman noble à représenter une autorité morale valide. Les propos de la Florence sur la toute-puissance de l'argent, ceux de la baronne sur la promotion sociale et économique que permet l'opéra ne sont pas contraires au bon sens et à la vérité. Ils correspondent à une vision de la société cynique et amorale mais parfaitement pertinente et recevable[40].

Dans l'*Anti-Paméla* (1742) de Villaret, le discours initial de la mère, bouquetière et prostituée, expose les principes de la prostitution qu'elle justifie par le dénuement économique et la violence sociale faite aux femmes. La prostitution apparaît alors comme un moyen naturel de rééquilibrer l'injustice sociale et l'inégalité des fortunes:

> C'est ainsi que la nature, par le secours des passions, venge les femmes des injustices du sort; et la faiblesse des hommes, toujours dupes quand on se maîtrise assez pour défendre son cœur de leur séduction, est une ressource infaillible[41].

L'interprétation de ces paroles opposées à la morale courante n'est pas aisée. Dans le roman de Villaret, la justification de la prostitution peut être entendue au premier degré, dans un sens favorable aux femmes: elles ont le droit de compenser leur faiblesse physique, économique et sociale en dépouillant les mâles dominateurs. Un tel discours peut également être

---

[38] *Histoire de Gogo*, La Haye, Benjamin Gilbert, 1739, p. 201.

[39] Le proverbe est aussi une façon d'ancrer le propos dans un discours commun.

[40] Sur la question du discours de savoir dans le roman, voir R. Démoris, «L'écrivain et son double dans le texte classique» in *Les Sujets de l'écriture*, J. Decottignies (ed.), Lille, P.U.L., 1981.

[41] Villaret, *L'Anti-Paméla ou Mémoires de M. D***, traduit de l'Anglais*, Londres, 1742, p. 9.

entendu comme une mise en garde contre la séduction des courtisanes manipulatrices[42]. Le statut de ces déclarations, dans des textes dont le narrateur est radicalement extérieur à la *doxa*, est donc ambivalent puisque leur interprétation dépend de la position du romancier par rapport à l'énonciation centrale, qui reste une inconnue.

La difficulté est en outre renforcée, dans les romans de filles, par le caractère spectaculairement palinodique de l'énonciation centrale: la narratrice se convertit souvent à la vertu comme l'anti-Paméla de Villaret, Fanfiche, l'héroïne du roman de Gimat de Bonneval ou même la Margot de Fougeret de Montbron. Le discours du mentor est d'autant plus difficile à ancrer que la narratrice ne le situe ni ne l'interprète par rapport à sa propre évolution. Le roman révèle encore son dilemme[43]: ces petits traités du vice, qui justifient la prostitution, le mensonge ou le vol, sont toujours pris en charge par la voix d'un autre et isolés dans le texte. Le narrateur les enregistre sans préciser comment il les a lui-même perçus dans le passé et comment il les interprète dans le présent de sa narration, si bien que l'*ethos* des mentors vicieux est si brouillé qu'il ne saurait guider l'interprétation à donner des morceaux de savoir qu'ils dispensent.

C. *Paroles infâmes*

Si les paroles représentées comme corruptrices ou initiatrices sont parfois difficiles à interpréter, ce n'est pas le cas des paroles infâmes, dépeintes comme intrinsèquement viciées. L'articulation des paroles infâmes à un discours narratorial honnête pose apparemment moins de difficultés d'interprétation puisque le narrateur ne les reconnaît pas comme des paroles de vérité et les rejette. Elles ne laissent pas d'être menaçantes, comme si, même invalidées par avance, les paroles des autres gardaient intactes leur puissance de contamination. Les jeux d'inclusion et d'exclusion de la parole de l'autre mettent alors en jeu des tensions entre les deux instances citantes, le romancier et le mémorialiste, l'énonciation narratrice réalisant la délicate opération d'accueillir formellement une parole sans assumer la responsabilité de sa présence.

---

[42] Mise en garde formulée par Fougeret de Montbron à la fin de *Margot la ravaudeuse:* le livre est destiné à prévenir les jeunes gens contre les filles d'opéra. Ce qui n'exclut d'ailleurs pas d'autres cibles de la satire.

[43] Voir G. May, *Le Dilemme du roman au dix-huitième siècle*, New Haven, Yale University Press, Paris, PUF, 1963, et J. Rustin, *Le Vice à la mode: étude sur le roman français de la première moitié du dix-huitième siècle*, Paris, Ophrys, 1979.

Il y a sans conteste dans les romans à prétention honnête un attrait pour les paroles infâmes, d'ailleurs souvent transcrites au style direct. Elles représentent en effet des curiosités que le narrateur se complaît à rapporter, tout en les mettant à distance. Tout comme les paroles édifiantes, les paroles infâmes servent dans les romans honnêtes de jalons fixes, disposés comme autant de repères à l'attention du lecteur. Dans les *Mémoires de Cécile* de La Place, la parole de sagesse est la pierre de touche qui permet à la narratrice d'identifier, par opposition, les mauvaises intentions des locuteurs. La netteté du processus de classement est fonction du caractère plus ou moins univoque du roman.

Dans les *Mémoires d'une fille de qualité qui ne s'est point retirée du monde* (1747) de Mouhy, la narratrice est exposée à deux discours successifs: celui d'un bon prêtre et celui d'un mauvais qui en a usurpé l'identité. Agnès rapporte donc ses deux confessions successives: avec le père Trainasseau, l'abbé suborneur, et avec le véritable Père R. Or, ne sont rapportés au style direct que les propos de l'usurpateur[44], tandis que la parole du vénérable ecclésiastique ne fait l'objet que d'un très bref résumé. De même, le topos du mauvais précepteur témoigne d'un traitement préférentiel de la parole corruptrice dans les romans. Que cette parole soit jugée infâme –parce que son pouvoir de corruption est fort – ou grotesque – parce qu'elle est inopérante–, elle prend le pas, particulièrement dans les mémoires hétérodoxes, sur celle du bon précepteur. Dans le chapitre III des *Aventures de Don Antonio de Buffalis*[45] la parole honnête n'est pas citée et l'enseignement d'une année du bon précepteur est résumé en moins d'une page, tandis que plusieurs sont consacrées aux paroles grotesques de l'un des mauvais maîtres qui lui succèdent:

> Vraiment, me disait-il d'un ton de voix paysan, vous me la baillez belle avec vos airs pimpants et votre mine freluquete. Hé mort de ma vie, faut-il tant de façons pour s'habiller? mais passe encore pour cela; ce que je ne saurais souffrir, c'est ce virtuoso qui vient ici vous apprendre à danser; beau virtuoso de bal avec ses pas de sisonne, et son violon qu'il racle! Si l'on faisait bien, on enverrait tous ces gens là dans le Tibre, donner des leçons aux poissons. Croyez-moi et plantez à la porte cet animal là; les gens de son métier ne sont bons à rien qu'à corrompre la jeunesse.

---

[44] Et partiellement au style indirect, cf. *Mémoires d'une fille de qualité qui ne s'est point retirée du monde*, Amsterdam, aux dépens de la compagnie, 1747, p. 295-300.

[45] La Barre de Beaumarchais, Antoine de, *Aventures de Don Antonio de Buffalis, histoire italienne*, La Haye, Jean Neaulme, 1722, chapitre 3, «Comme il changea de maître et ce qui en arriva.», p. 6.

> Je ne faisais que rire de ces *déclamations ridicules* qu'il me répétait
> tous les jours[46].

La parole de Mazziere, le précepteur calabrais de Don Antonio, n'est
pas à redouter, parce que son élocution est ridicule et dissonante. Les
paroles véritablement corruptrices sont en effet plus proches de la norme
stylistique, c'est-à-dire qu'elles ne présentent généralement pas de différence notable avec la langue du narrateur.

Ainsi, la parole de la gouvernante dans les *Mémoires d'Anne-Marie de
Moras, comtesse de Courbon*[47] de Mouhy, qui apparaît comme un poison
efficace et vient infecter la parole et les idées du personnage central, ne
présente pas la moindre particularité stylistique. Ce roman prend la forme
d'un mémoire écrit par une jeune fille dont la réputation a été ruinée par
un scandale et des libelles calomnieux. Elle s'efforce donc de justifier
des épisodes fort douteux de son passé. En cela, Mouhy fait prendre à son
héroïne la posture traditionnelle des mémoires féminins historiques et fictifs qui répondent à la nécessité de récrire un épisode scandaleux et de
replâtrer une réputation endommagée par la rumeur publique[48].

L'originalité du roman de Mouhy réside dans son insistance sur le processus de contagion. La protagoniste se présente comme la victime de
tout un entourage éducatif mais le rôle de la mère est prépondérant: elle
impose à sa fille le modèle d'une destinée en lui transmettant, dès son plus
jeune âge, le récit de sa fuite avec le premier commis de son père, qui sera
le père de la narratrice. Les domestiques, alors qu'ils sont chargés d'encadrer l'éducation d'Anne-Marie de Moras, lui fournissent des romans
sentimentaux, puis pornographiques, qui pervertissent son imagination en
lui enseignant le vocabulaire de la passion et de l'amour: la fillette (elle
a onze ans) est corrompue à la fois par l'amitié qu'elle noue dans le couvent avec Julie, une fille de condition inférieure, par l'influence de sa
chambrière et nourrice, Etiennette Gauri et enfin par les romans, précepteurs muets pouvant fort bien enseigner le langage du vice[49].

---

[46] *Ibid.*, p. 11.

[47] Mouhy, *Mémoires d'Anne-Marie de Moras, comtesse de Courbon, écrits par elle-
même, adressés à Mlle d'Au ***, pensionnaire au couvent du Cherche-midi*, La Haye,
Pierre Dehondt, 1739.

[48] Voir les analyses de R. Démoris dans *Le Roman à la première personne du classicisme aux Lumières*, p. 134-140.

[49] Mouhy, *Mémoires d'Anne-Marie de Moras*, deuxième partie, p. 43: «La Gauri qui
devenait de jour en jour plus complaisante, en allait acheter elle-même toutes les fois
qu'elle sortait, et je lisais ces dangereux ouvrages, avec une avidité qui n'est pas conce-
vable.»

Contrairement à Madame Dutour, Etiennette Gauri n'est pas caractérisée par ses accents populaires. Elle ne joue pas le rôle de joviale babillarde
généralement dévolu aux femmes de chambre. Mouhy fait un traitement
plus inquiétant du personnage: la Gauri est accusée des égarements de la
petite fille et elle est la seule dont les erreurs soient sanctionnées par une
condamnation à mort. Si elle est explicitement présentée comme responsable de la perversion de la petite fille, ce n'est pas parce qu'elle lui fournit des livres, mais parce qu'elle lui en refuse certains:

> L'imprudence de la Gauri me mit au fait de ce que je ne savais pas,
> elle revint, et ne m'apporta qu'une partie des livres que j'avais deman-
> dés. Si elle ne m'en eût pas parlé ou qu'elle m'eût dit simplement, en
> cas que je lui eusse demandé, pourquoi elle ne s'était pas acquittée de
> sa commission, que ces livres ne se trouvaient pas, je n'y aurais pas
> songé davantage assurément; mais en m'apportant les Romans qu'elle
> m'avait achetés, elle me dit qu'elle n'avait eu garde de demander au
> libraire ceux qui étaient inscrits sur ma liste. 'Ha! (s'écria-t-elle) vous
> n'y avez pas songé sans doute. Savez-vous bien, que ces livres sont
> bons à jeter au feu, et apprennent des choses qu'une fille de votre âge
> ne doit point savoir'[50].

La parole de la Gauri est corruptrice parce qu'elle sème les germes du
vice en suscitant la curiosité de sa maîtresse. Par la suite, la narratrice
décrit la manipulation dont elle a été victime et fait peser toute la responsabilité de ses errements sur sa femme de chambre[51]. Suite à une trahison de Julie, la Gauri devient l'adjuvante principale de l'héroïne sur le
plan de l'intrigue, c'est-à-dire l'opposante principale de la narratrice dans
des mémoires entièrement palinodiques. Elle prend de plus en plus la
parole[52] et les troisième et quatrième parties voient sa parole envahir littéralement la narration car elle devient l'intermédiaire obligée des contacts
entre Anne-Marie et le monde, et particulièrement, avec M. de Courbon
qui l'a vraisemblablement soudoyée. La scène qui ouvre la troisième partie est emblématique de ce rôle d'intermédiaire obligée:

> Elle tint ma place au parloir et y fut plus d'une demi-heure; je la gron-
> dai d'abord beaucoup, mais l'excuse qu'elle me donna me calma:

---

[50] *Ibid.*, II, p. 80-81.

[51] Le dispositif argumentatif du texte est particulièrement pervers: tout en en défendant
sa mère, la jeune fille la charge d'une lourde part de responsabilité; en décrivant les événements sans les comprendre entièrement, elle fait de la Gauri l'unique coupable, si bien
qu'il est impossible de démêler, dans l'aveuglement de la narratrice, la stratégie argumentative de la naïveté.

[52] Elle explique par exemple comment elle a sauvé la réputation de sa protégée, *Ibid.*,
deuxième partie, p. 101-103.

[M. de Courbon, (me répondit-elle,) m'a tant dit de choses gracieuses de Mademoiselle, qu'il ne m'a pas été possible de l'interrompre et de le congédier plutôt; d'ailleurs je l'avouerai, il prévient tellement en sa faveur, qu'on ne peut prendre sur soi d'en user mal avec lui.][53]

Les discours de la Gauri sont abondamment rapportés à mesure que le roman progresse et que s'affirme son emprise[54]. Cette invasion est rendue visible typographiquement par la grande quantité de paroles entre crochets qui barrent le texte:

[Oui, Mademoiselle, (interrompit cette habile femme en se jetant à mon col,) je vous suis trop attachée et vous aime trop, pour n'avoir point démêlé ce qui se passe dans votre cœur. Vous aimez à coup sûr, et voilà le principe de l'inquiétude secrète qui vous dévore depuis votre retour; si vous me l'aviez avoué plus tôt, vous auriez trouvé dans ma confiance et dans mes conseils une douceur qui vous aurait dérobé bien des moments cruels. Nous nous serions entretenues sans cesse de la cause de vos soupirs; nous aurions trouvé d'heureux moyens pour adoucir vos peines secrètes, et vous m'auriez après cela recherchée avec autant d'impatience que vous évitez aujourd'hui de vous trouver seule avec moi. Croyez-moi (ajouta cette fille adroite, en me serrant tendrement entre ses bras,) soulagez votre cœur, vous connaîtrez après l'avoir répandu, qu'il n'est rien de plus doux que de s'entretenir de ce qu'on aime avec une personne qui nous est attachée, et sur la discré-tion de laquelle on peut compter hardiment.] L'habile Gauri assaisonna ce discours de tant de caresses et ajouta tant d'assurances de son atta-chement que j'en fus émue et attendrie[55].

La parole de la domestique établit le programme que suivra l'intrigue. L'originalité du roman tient à ce que l'amant exerce d'abord son pouvoir de séduction sur la Gauri qui le répercute ensuite sur sa maîtresse. La séduction passe entièrement par cette parole subalterne, ce dont Mouhy tire des effets troublants:

[Vous l'avouerais-je, Mademoiselle, (continua ma femme de chambre, avec des expressions qui m'émurent jusqu'au fond du cœur) M. de Courbon m'a fait une telle pitié alors, que craignant avec tant de rai-son qu'il ne tombât en faiblesse à mes yeux, que je lui ai promis de vous parler de lui et de vous apprendre le secret qui le met dans un état si violent.][56]

---

[53] *Ibid.*, troisième partie, p. 7.

[54] Le code typographique de la parole rapportée change en cours de roman puisqu'on passe des guillemets, répétés à chaque début de ligne, à des crochets dans lesquels les verbes déclaratifs sont mis entre parenthèses.

[55] *Ibid.*, III, p. 14-15.

[56] *Ibid.*, III, p. 23.

Les images convoquées («assaisonna son discours», III, p. 15, «avec des expressions qui m'émurent jusqu'au fond du cœur», *Ibid.*, «ce discours adroit me fit une vive impression», III, p. 78) figurent toutes le cheminement de la parole de l'autre comme l'absorption d'un poison ou la gravure d'une impression, mais, dans tous les cas, comme un objet extérieur qui vient s'amalgamer au sujet et le modifier en profondeur, l'altérer.

Le texte de Mouhy problématise avec force la question du porte-parole en mettant en scène la perversion d'une jeune fille par l'éloquence de sa servante: celle-ci n'est en effet pas une simple messagère, elle donne forme au sentiment et ce sont ses expressions à elle qui émeuvent. L'emprise de celle-ci est si forte qu'elle finit par assigner aux héros éponymes – Anne-Marie de Moras et le comte de Courbon, le sous-titre du roman renseignant sur l'issue de la séduction – les répliques qu'ils doivent prononcer pour faire progresser leur propre histoire et, surtout, qu'elle traduit les événements de la vie d'une fille de onze ans en un pseudo-langage galant qui tourne à vide: «Ne voyez-vous pas que ceci est concerté entre M. de Courbon et moi, pour dérober à Madame votre mère et à tout le monde la connoissance de la passion de votre amant[57].» La petite fille n'éprouve pas, à proprement parler, de désir, mais se lance dans l'aventure parce qu'elle s'imagine être une femme. A l'image du stratagème mis en place pour faire croire à sa puberté[58], son statut d'héroïne de roman est truqué et inspiré par les histoires des autres, soufflé par la voix de la Gauri. Toute la séduction s'opère de façon indirecte, par l'intermédiaire d'une parole émanant d'une figure maternelle, Etiennette Gauri étant la nourrice d'Anne-Marie de Moras[59].

Le ton et la visée didactiques de *La Vertueuse Sicilienne ou les Mémoires de la marquise d'Albelini* (1742) de l'abbé Lambert offrent l'exemple d'une diabolisation sans nuance de la parole de l'autre. *La Vertueuse Sicilienne* est une imitation de *La Vie de Marianne* orientée vers le triomphe d'une vertu débarrassée des ambiguïtés qui, dans le roman de Marivaux, choquaient l'abbé Lambert. Le triomphe de la vertu passe par

---

[57] *Ibid.*, IV, p. 41.

[58] Anne-Marie veut faire croire à sa mère qu'elle est pubère et le romancier accentue avec complaisance le caractère répugnant de la supercherie: sur les conseils de la Gauri, elle répand du sang de poulet sur son linge pour faire croire à sa nubilité.

[59] La parole de la mère, sous la forme de son récit de vie, sera étudiée dans la troisième partie. D'une certaine façon, la Gauri n'est qu'un avatar de la mère qui permet au romancier d'atténuer le scandale de la représentation directe d'une mère responsable de la transmission du vice à sa progéniture, ce que le texte ne cesse de suggérer.

une série d'épreuves et de tentations aisément vaincues par l'héroïne. La narratrice est aux prises avec deux visages du vice puisque elle passe des mains de Donna Clara, une vieille entremetteuse qui ne se soucie pas de sauver les apparences et revendique le métier de maquerelle, à celles de Donna Silvia, une lingère qui sait préserver une fausse réputation de vertu et offre donc une image moins scandaleuse du libertinage.

Thérésile est d'abord aux prises avec Donna Clara qui maîtrise parfaitement les techniques de la rhétorique. Cette dernière adapte en effet son discours en fonction des réactions de l'ingénue Thérésile et le romancier construit le discours de l'antagoniste en fonction d'une norme morale nettement identifiée. La narration peint tour à tour la vieille femme sous les traits d'une mère adoptive bienveillante ou d'une infâme corruptrice jusqu'à ce que son dernier discours retranscrit fige enfin ses intentions corruptrices. Les revirements de stratégie de la locutrice infâme, entre la prostitution pure et simple et un libertinage plus aimable parce que sauvant les apparences, orientent ainsi mécaniquement les jugements que Thérésile porte sur elle, la parole prononcée fonctionnant comme le signe univoque et transparent de ce qui se passe dans la conscience de l'autre, sans obscurité possible. La disqualification de Donna Clara s'opère à travers l'imaginaire de la contagion, ainsi que par une forte polarisation axiologique:

> Voilà en vérité, répliqua la scélérate, qui voulait me séduire, une délicatesse qui me paraît très bien placée, et je suis comme vous d'avis que les choses ne se peuvent faire trop secrètement; mais reposez-vous sur moi du soin de conduire votre petite barque, je la mènerai à bon port, et cela avec tant de précaution et tant de ménagement pour votre honneur que vous n'aurez rien à craindre du caquet du monde.
> O Dieu! quelle affreuse, quelle épouvantable morale! Je laisse à penser quel dût être mon étonnement, d'entendre tenir à l'infâme, qui me parlait, un discours si opposé aux conseils de sagesse et de morale qu'elle m'avait donnés le jour précédent. Mon indignation me représenta cette odieuse femme comme un monstre *dont le souffle empoisonné était capable de corrompre l'âme la plus pure*. […]: j'ajoutai que je croyais m'être suffisamment fait connaître d'elle, pour qu'elle ne fût plus tentée de me tenir un langage, dont elle savait que ma vertu ne pouvait que s'offenser[60].

La narratrice multiplie les indices disqualifiant son interlocutrice: substantif péjoratif, doublé à chaque fois d'une subordonnée relative qui rappelle une scélératesse déjà connue, en précisant l'*ethos* et la visée de la

---

[60] C-F. Lambert, *La Vertueuse Sicilienne ou les Mémoires de la marquise d'Albelini*, p. 31. Nous soulignons.

locutrice[61]. La redondance du signifié témoigne d'une lecture idéologiquement univoque de *La Vie de Marianne*.

Pour la vertueuse Sicilienne, la parole de l'autre n'est qu'«impure éloquence», parole suffixée par excellence, c'est-à-dire exclusivement définie par opposition à une norme[62]. L'exacte superposition des différents plans confirme le caractère univoque du roman: ce qu'écrit la narratrice coïncide avec ce qu'elle disait alors, ces deux moi sollicitant conjointement la reconnaissance des mêmes valeurs et la même attitude de la part du lecteur. En affichant, dans sa préface, son intention de clarifier le flou moral que Marivaux ménageait autour de son héroïne, l'abbé Lambert donne une description adéquate de sa récriture: elle consiste à replier l'un sur l'autre des plans disjoints chez Marivaux, le sujet Marianne étant à la fois un et multiple, toujours le même et toujours autre. Faute de ce tremblé de la représentation, la parole empoisonnée est envisagée sans la moindre distance. Cette version frénétique et outrée du roman de l'orpheline peint une héroïne cernée de femmes corruptrices et de libertins libidineux qui lui adressent tous de longs discours infâmes. Leurs tentatives de corruption s'avèrent d'ailleurs inefficaces, Thérésile ayant été parfaitement immunisée par les préceptes vertueux légués par ses parents. La parole scélérate apparaît, dans ce roman, comme une souillure dont le personnage veut se prémunir, mais qu'il intègre néanmoins, de façon paradoxale, à son récit, au nom de l'ambition didactique des mémoires: le texte se ramène alors à un heurt entre les bonnes et les mauvaises paroles, il s'emploie à instruire un procès dont l'issue n'est guère incertaine.

3. Critiques du topos de la parole corruptrice

A. *La parole corruptrice comme objet de satire*

En rédigeant *La Religieuse*, vers 1760, Diderot reprend, à des fins polémiques, le motif de la parole corruptrice et l'image du souffle empoisonné. L'expression est mise dans la bouche du père Lemoine qui met en garde la jeune Suzanne Simonin contre les avances de sa supérieure lesbienne. Le père confesseur refuse de procurer à Suzanne le savoir précis de type clinique qui lui permettrait de comprendre l'épisode qu'elle

---

[61] «La scélérate, qui voulait me séduire», «l'infâme qui me parlait», etc. et plus loin: «Allons, Mademoiselle, reprit la scélérate qui m'avait livrée entre ses bras, prenez votre parti de bonne grâce», *Ibid.*, p. 33.

[62] «Son impure éloquence ne servit qu'à m'inspirer de l'horreur et du mépris pour celle qui me parlait», *Ibid.*, p. 24.

vient de vivre[63], parce qu'il estime que ces mots sont susceptibles de la corrompre:

> Sans oser m'expliquer avec vous plus clairement, dans la crainte de devenir moi-même le complice de votre indigne supérieure, et de faner, par le souffle empoisonné qui sortirait malgré moi de mes lèvres, une fleur délicate qu'on ne garde fraîche et sans tache jusqu'à l'âge où vous êtes, que par une protection spéciale de la Providence, je vous ordonne de fuir votre supérieure, de repousser loin de vous ses caresses […] et de faire tout ce que l'amour de Dieu, la crainte du crime, la sainteté de votre état et l'intérêt de votre salut vous inspireraient si Satan en personne se présentait à vous et vous poursuivait[64].

L'ironie à l'égard du poncif s'exprime à travers la naïveté des représentations imaginaires de la narratrice:

> L'image sous laquelle le directeur me l'avait montrée, se retraça à mon imagination, le tremblement me prit, je n'osais la regarder, je crus que je la verrais avec un visage hideux et tout enveloppé de flammes, et je disais au-dedans de moi '*Satana, vade retro, apage, Satana.* Mon Dieu, conservez-moi, éloignez de moi ce démon[65].'

La combinaison de l'imaginaire de la parole contagieuse et d'une rhétorique chrétienne traditionnelle opposant, en un combat héroïque, le Bien et le Mal, produit une manière d'hallucination chez Suzanne qui se met à redouter tout contact verbal ou physique avec un être désormais assimilé à Satan.

Dans *Jeannette seconde* (1744) de Gaillard de la Bataille, le discours direct est principalement réservé au personnage de la Duparc, figure atypique de femme de chambre d'âge mûr, sincèrement convertie à la sagesse après une vie libertine. Les inclinations de Jeannette lui font prôner quant à elle un respect des apparences de la vertu qui n'exclut pas une grande liberté de mœurs. La Duparc fait au contraire l'éloge de la véritable sagesse et du respect des bienséances:

> La vivacité du désir que vous me faites connaître, poursuivit-elle, ne me laisse aucun lieu de douter que votre chute n'est pas éloignée: l'image du plaisir vous fait voler au précipice. N'empoisonne point, en m'effrayant, répartis-je, celui que je me promets: je ne prévois point d'abîme dans la route aimable que je veux parcourir. Avec l'amour et

---

[63] Suzanne interprète, lors d'une précédente scène, un orgasme de la Supérieure, comme une sorte de maladie, dont elle se demande d'ailleurs si elle n'est pas «contagieuse», car elle-même en a ressenti un certain trouble.

[64] D. Diderot, *La Religieuse* [Paris, Buisson, 1796, première rédaction vers 1760], Paris, Folio-Gallimard, p. 231.

[65] *Ibid.*, p. 235.

> la volupté j'y serai guidée par la prudence; je veux enfin en me livrant
> à tout ce que la galanterie a de plus délicieux, jouir des avantages d'une
> réputation de vertu. La Duparc surprise de cet emportement, voulut
> répliquer; je lui fermai la bouche, en lui disant de se taire, et qu'il suf-
> fisait qu'elle ne fût pas disposée à servir mes désirs avec complaisance,
> sans me contrarier par d'ennuyeuses représentations[66].

La Duparc recourt aux métaphores chrétiennes traditionnelles de la
chute et du précipice. Le couple formé par Jeannette et la Duparc est
traité à l'inverse de celui de Marianne et Madame Dutour: Marianne voulait être vraiment vertueuse, tandis que la Dutour, tout en affirmant que
«l'honneur [devait] marcher le premier», n'excluait pas d'emprunter des
chemins de traverse. Dans *Jeannette seconde*, la parole empoisonnée est
ici encore la parole de l'autre, mais, c'est, cette fois, la parole moralement
orthodoxe.

On constate, une fois encore, que la répartition des paroles sur deux
pôles nettement caractérisés dépend d'un contexte et d'un réseau d'images
qui varient en fonction de l'économie générale et du système axiologique
du texte, autrement dit, que les valeurs de la parole sont aussi fortement
contrastées qu'entièrement réversibles. Dans une perspective intertex-
tuelle, on pourrait dire que les «sœurs de Marianne» jouent sur la réver-
sibilité des valeurs et des représentations de la parole.

Dans les *Mémoires d'une honnête femme* (1753), Antoine Chevrier
porte lui aussi un regard critique sur la schématisation des paroles des
autres orchestrée par certains romans en revenant sur le *topos* du domestique corrupteur. Bernon, la femme de chambre, prend le parti de l'amant
alors que sa maîtresse est encore indécise:

> Irrésolue sur la réponse que je devais y faire, j'écrivis dix lettres dif-
> férentes que je déchirai aussitôt; et assez maîtresse de moi-même, pour
> en imposer à mon cœur, j'allais suivre mon devoir, si Bernon ne m'eût
> pressée de répondre au chevalier, qu'elle me peignit prêt à quitter sa
> patrie pour toujours. Quelque défiance que j'eusse des femmes de
> l'espèce de Bernon, je me laissai aller[67].

Dans le billet, obtenu par les pressions de la femme de chambre, la
narratrice se contente de confesser son amour tout en rappelant fermement
ses devoirs conjugaux. Il jouera cependant un rôle crucial dans l'intrigue

---

[66] Gaillard de la Bataille, *Jeannette Seconde*, Amsterdam, Compagnie des Libraires, 1744, p. 40.

[67] Chevrier, *Mémoires d'une honnête femme écrits par elle-même* et publiés par M. de Chevrier, Londres, 1753, p. 26.

en étant réutilisé, des années plus tard, pour calomnier la narratrice. Chevrier reprend donc, apparemment sans le modifier, le lieu commun de la parole domestique mauvaise conseillère. En revanche, quand la narratrice se lasse de son premier soupirant et en change, le texte propose une lecture critique du *topos:*

> Seule dans mon appartement, je confiai ma situation à Bernon, qui depuis l'aventure du chevalier gardait une sage circonspection. Cette fille que je ne consultais que pour trouver des armes contre d'Armerville, me déplut dans l'instant même qu'elle prit mon parti contre lui; en vain elle me peignit les désordres d'une passion malheureuse dont les suites étaient d'autant plus terribles, que le duc était un homme de cour, et on sait que l'étiquette de ce pays-là, est de se piquer d'indiscrétion; je n'écoutais rien, et la soupçonnant de s'intéresser toujours à l'amour du chevalier que je commençais à nommer sans émotion, j'allais la congédier pour la seconde fois si cette pauvre fille, docile à mes désirs, n'eût chanté la palinodie, en me représentant d'Amerville, comme le seul amant qui pût rendre une faiblesse excusable. Bernon louait encore le duc, lorsqu'un de ses gens apporta un billet qui acheva de me décider[68].

Le passage remet en question la nature intrinsèquement vicieuse de la parole subalterne pour suggérer qu'elle se borne à refléter les désirs du maître: assujettie à des contraintes de service, chargée de la responsabilité des catastrophes, c'est une parole soumise qui s'efforce de produire le type de discours attendu.

Son asservissement est poussé jusqu'à l'absurde, comme par exemple lorsque l'honnête femme doit ranimer sa chambrière évanouie pour tirer d'elle des conseils et se défaire du cadavre d'un amant malencontreusement étendu mort dans sa chambre: «A ces mots, Sanville expira; jugez de ma situation, Bernon étendue sur le plancher avait perdu l'usage de ses sens, et je ne la rappelai que pour la consulter sur cet événement sinistre[69]». La tournure restrictive de cette dernière phrase suggère une critique de l'instrumentalisation de la parole de la domestique. Une touche d'humour est perceptible dans le texte à l'égard de l'*honnête femme* embarrassée, mais nullement émue, à la vue de tous ces corps inanimés sur son plancher. En tous cas, la participation de la femme de chambre permet à la narratrice de faire de la question de l'évacuation du corps l'objet d'un discours en *nous*, plutôt qu'en *je*, se déchargeant ainsi partiellement sur la domestique d'un sujet pour le moins délicat.

---

[68] *Ibid.*, p. 42. Notons l'inversion des rôles: la domestique reste loyale envers le premier amant dont la narratrice s'est elle-même lassée.
[69] *Ibid.*, p. 60.

B. Echapper à la parole corruptrice: l'éducation désincarnée

Les *Mémoires du chevalier de Ravanne* de Jacques de Varenne infléchissent de façon originale le traitement de la parole corruptrice, tout en reprenant apparemment sans distance le topos du préceptorat décisif. Le roman oppose en effet, en une vision strictement manichéenne, la bonne et la mauvaise parole. Le thème du bon préceptorat interrompu est développé à la fois dans le récit principal et dans le récit secondaire du chevalier d'Arcis. Dans les deux cas, un jeune homme raconte l'interruption d'une éducation bénéfique par le départ d'un bon maître, aussitôt remplacé par un précepteur qui cultive le penchant au vice de son disciple[70]. Le chevalier de Ravanne et le chevalier d'Arcis expriment les mêmes regrets à l'égard de l'honnête homme qu'ils *auraient pu* devenir, sous la conduite d'un bon maître:

> Mon précepteur qui ne doutait pas que ce train de vie ne me plût infiniment, et qui craignait même qu'il n'allât bientôt sous ses yeux plus loin qu'il ne voudrait, me prêcha morale dès que nous fûmes entre quatre yeux. Monsieur, me dit-il: voici un nouveau genre de vie, qui me paraît vous plaire assez pour craindre qu'il ne vous plaise bientôt trop. Souvenez-vous que j'ai encore à répondre de vous, et que tant que vous serez sous ma direction, vous devez vous laisser gouverner et suivre mes avis. J'espère cette grâce de vous mais je crains bien, lorsque vous ne m'aurez plus, que vous ne m'oubliiez tout à fait, et mes conseils[71].
>
> Soit inquiétude ou fatigue soit indisposition venue de plus loin, mon précepteur tomba malade. Il se mit au lit et ne s'en leva plus. Toutes les fois que je réfléchis à cette perte, je crains de ne l'avoir pas assez regretté. Ce sévère ecclésiastique eût, je crois, fait de moi tout autre chose que je ne suis. Il est sûr au moins que je ne serais pas si ignorant, et qu'ayant peut-être à la fin pris du goût pour l'étude, je n'en aurais pas tant aujourd'hui pour la vie que je mène: vie qui m'ennuie quelquefois et qui n'est pas sans remords. C'est ainsi qu'au milieu de la débauche même la conscience parle et nous presse. On sent malgré l'ivresse, le tort qu'on a de s'y livrer; et pour peu qu'elle passe ou diminue, on ne peut s'empêcher de se haïr et de se détester[72].

Dans chaque cas, les morales du bon et du mauvais guide s'affrontent, ce qui se traduit par les citations successives de prêches contradictoires.

---

[70] «Du reste aussi facile, aussi complaisant que son prédécesseur l'était peu, il gagna bien vite mon amitié, de sorte que j'eus donné pour lui mon sang et ma vie.», J. de Varenne, *Mémoires du chevalier de Ravanne*, Liège, 1740, p. 64.

[71] *Ibid.*, p. 33 (récit du chevalier de Ravanne).

[72] *Ibid.*, p. 62 (récit secondaire du chevalier d'Arcis).

Ces moments-charnières dans le récit suscitent des réflexions du narrateur qui fait le lien entre passé et présent.

Ne connaissant pas ses parents, le jeune d'Arcis est en effet ballotté de précepteur en précepteur qui tour à tour le guident ou l'égarent, traçant l'itinéraire tourmenté d'une éducation dont la particularité est d'échapper totalement à la cellule familiale:

> Je ne suis pas seulement posthume, comme il me vint l'autre jour dans l'esprit de le dire, mais une espèce de Melchisédec, sans père, sans mère, sans généalogie. Je dirais même sans commencement de jours ni fin de vie, si une expérience journalière ne m'apprenait que l'on naît et que l'on meurt. Je ne connus jamais de parents, ni de loin, ni de près. J'en ignore jusqu'aux noms, et ne sais d'où m'est venu celui que je porte[73].

L'expression autonymique, le mode du *comme je dis*[74], renforce l'idée d'une auto-génération du personnage: privé de paroles aimantes qui lui auraient raconté des histoires et surtout celle de ses origines, il a dû l'élaborer avec ses propres mots[75]. Le chevalier d'Arcis a grandi coupé de tout lien familial et l'instance pourvoyeuse d'argent qui se manifeste à intervalles réguliers, n'exerce sur lui aucune pression affective ou morale. Pareille éducation présente de ce fait un caractère résolument expérimental. Au moment où la parole mauvaise semble l'emporter, d'Arcis raconte comment son éducation est à nouveau bouleversée: un mystérieux homme masqué entre en scène et lui remet, par écrit, des instructions à suivre à la lettre pour se bien conduire. L'assassinat du mauvais précepteur, les instructions transmises par billets interposés, les menaces de mort adressées en cas d'insoumission, expriment le fantasme d'une éducation *in absentia* qui se passerait de toute voix humaine:

> Vous recevrez la même somme exactement tous les trois mois; mais prenez garde, il y va de votre vie, si vous ne vous conduisez pas comme on le veut, si vous marquez de la curiosité, et surtout si jamais vous parlez. Vous n'aurez désormais plus de gouverneur, continua-t-il. Il eût

---

[73] *Ibid.*, p. 57.

[74] «comme il me vint l'autre jour dans l'esprit de le dire». Voir l'article de Josette Rey-Debove, «Notes sur une interprétation autonymique de la littérarité. Le mode du 'comme je dis'», *Littérature* n° 4, 1971, p. 90-95.

[75] En ce sens, le chevalier d'Arcis est plus démuni que Marianne. Dans *La Vie de Marianne*, la narratrice a été façonnée par les paroles aimantes du curé et de sa sœur et qui plus est, elle a bâti son identité sur l'esquisse de mythe personnel qu'ils lui ont léguée, l'histoire de l'accident de carrosse: Marianne a matière à imaginer son histoire à partir de celles que les autres lui racontent. D'Arcis doit forger des histoires totalement fictives et invraisemblables, faute de ce legs fondamental à partir duquel il pourrait se raconter un roman crédible de sa vie.

mieux valu que vous n'en eussiez jamais eu, mais l'on y suppléera par des avis qu'il faut suivre, ou mourir[76].

Devant les dangers d'une éducation incarnée dans un individu, la solution trouvée consiste à médiatiser radicalement l'éducation déjà strictement professionnalisée du jeune garçon, en la désincarnant. Les messages écrits transmis par un être sans visage suppléent l'absence d'interlocuteur: l'enfant ne doit pas parler, nul ne doit lui parler. Le roman de Jacques de Varenne conjure ainsi, à travers la fable d'une éducation violemment coercitive, la menace de la parole potentiellement corruptrice, en remplaçant la parole éducatrice vivante, donc toujours incontrôlable, par des billets qui *instruisent* de la marche à suivre sans la moindre marge d'interprétation possible.

Le discours des romans tend donc à dramatiser l'influence et la puissance de la parole des autres sur la formation et l'identité du sujet. Les narrateurs déchus rêvent à ceux qu'ils auraient pu être en étant exposés aux bons discours et ils relisent leur destinée à la lumière de ce manque initial. Inversement, ils dramatisent l'influence néfaste du mauvais guide. L'éducation désincarnée imaginée par Jacques de Varenne tente ainsi exemplairement de conjurer la menace d'une parole pédagogique éminemment incertaine, parce que vivante.

Au terme de cette première étape, on constate donc que les représentations de la parole de l'autre sont considérablement dramatisées: diabolisées ou sacralisées, elles dépendent toujours du contexte dans lequel elles apparaissent, c'est-à-dire de l'orientation idéologique du roman. Comme il est cependant rare que ces paroles offrent une grille axiologique claire, elles sont souvent difficiles à contextualiser et à interpréter.

D'autre part, leur incidence sur l'action et leur influence sur le sujet central ne sont pas proportionnelles aux moyens déployés pour les dramatiser. De façon paradoxale, lorsque le texte convoque les représentations les plus violemment antagonistes, tout se passe comme si le personnage se représentait, déjà dans le passé, comme figé dans une identité sur laquelle la parole de l'autre n'a guère de prise, comme si le romancier éprouvait quelques difficultés à représenter le processus d'impression sur l'âme. Mettre en scène le rejet ou l'adhésion à une parole qui n'est pas reconnue comme familière, c'est se contenter, en quelque sorte, de représenter les conséquences de ce processus d'appropriation des paroles des autres. La parole de l'autre représentée dans le roman ne fait alors que renforcer la lisibilité d'une identité et les représentations de la narration

---

[76] *Ibid.*, p. 76.

ne sont si fortement binaires que parce que le narrateur jette un regard rétrospectif sur son passé: les paroles des autres structurent, en amont, son univers mental et sa narration. L'imaginaire du contact dangereux et de la souillure apparaît, dès lors, comme un artifice dramatisant une scène *déjà* jouée, dans un en-deçà du récit qui ne sera pas montré.

II. Mises en scène de surgissement: vrais coups de théâtre et déclamations tragiques

On peut légitimement se demander si une insertion spectaculaire signale à coup sûr une parole qui oriente sensiblement l'action et le destin du personnage, s'interroger en d'autres termes, sur ce qui différencie, dans les romans-mémoires, une parole théâtralisée d'une parole proprement dramatique.

Diderot affirme, dans les *Entretiens sur le Fils naturel* (1757), que la mise en scène de la transmission d'informations s'opère au théâtre selon deux modalités, le coup de théâtre et le tableau. Au cours d'un dialogue, Dorval et «Moi» discutent de la pièce écrite par Dorval, *Le Fils naturel*. Leur réflexion les conduit à distinguer les coups de théâtre, jugés forcés et trop nombreux dans les pièces contemporaines, et les tableaux auxquels les deux interlocuteurs donnent leur préférence et qu'ils appellent de leurs vœux pour les œuvres à venir:

> Un incident imprévu qui se passe en action, et qui change subitement l'état des personnages, est un coup de théâtre. Une disposition de ces personnages sur la scène, si naturelle et si vraie, que, rendue fidèlement par un peintre, elle me plairait sur la toile, est un tableau[77].

Le texte de Diderot traite des moyens propres au nouveau genre qu'est le drame mais il porte, plus généralement, sur les ressources de la représentation. Or, on trouve des points de convergence entre les réflexions de Diderot sur le drame et les pratiques romanesques contemporaines de représentation de la parole. Les modalités de transmission de l'information dramatique présentent des analogies avec les modes d'insertion des paroles des autres dans le roman-mémoires.

Pierre Frantz a montré que, dans le drame, la frontière entre coup de théâtre et tableau était loin d'être aussi nette, en distinguant le «tableau-stase» (début d'acte et jeu muet) du «tableau-comble» (moment où

---

[77] D. Diderot, *Entretiens sur le Fils naturel*, [Paris, Le Breton, 1757] in *Œuvres esthétiques*, Paris, Editions Garnier, 1968, p. 88.

l'émotion atteint un paroxysme) qui peut correspondre de fait à un coup de théâtre[78]. Les paroles romanesques théâtrales se répartissent entre ces deux pôles que sont le tableau statique, simple ponctuation de l'action par une parole marquante et le tableau qui accompagne une véritable péripétie de l'action. Dans le premier cas, seule la narration se trouve dramatisée, tandis que dans le second, c'est l'intrigue elle-même qui opère un tournant important.

1. Dramatisation de l'intrigue et/ou de la narration

A. Dramatisation de l'intrigue et de la narration

Le coup de théâtre proprement dit engage un changement dans la situation et la conduite des personnages. Sa valeur illocutoire se trouve particulièrement mise en valeur dans le cas de paroles qui retournent une situation ou qui en modifient l'interprétation ou la portée.

Dans ses romans, Marivaux ménage des coups de théâtre qu'il rehausse par une dramatisation, dans la narration, des effets de la parole. Dans *La Vie de Marianne*, par exemple, toutes les interventions de Madame Dutour ne sont pas décisives pour le cours de l'intrigue[79]. Plusieurs sont en revanche éminemment fonctionnelles, comme, par exemple, l'ultime prise de parole de la lingère. Il s'agit de la scène de reconnaissance de la cinquième partie où Madame Dutour fait irruption dans le monde noble qui vient d'accueillir Marianne: en pénétrant chez Madame de Fare, la lingère commente explicitement l'ascension sociale de celle-ci, provoquant l'une des péripéties majeures de l'intrigue, à savoir le complot de la famille de Valville qui tente de marier Marianne à un valet.

Marivaux rappelle sur la scène un personnage qui divulgue une information au mauvais endroit et au mauvais moment et le discours direct traduit le fracas d'une parole qui bouleverse l'équilibre des forces. L'ironie du romancier consiste à prêter à Madame Dutour des paroles qui transmettent au fond le *même* message pour lequel elle a été chaleureusement remerciée lors de l'épisode de la tourière. Le retour de Madame Dutour et la reprise de son discours illustrent l'instabilité de l'orientation illocutoire de toute parole, en suggérant que le déplacement du même contenu locutoire dans un lieu et un temps inappropriés transforme des paroles adéquates, et même salutaires, en paroles inconvenantes.

---

[78] P. Frantz, *L'Esthétique du tableau dans le théâtre du XVIIIe siècle*, Paris, PUF, 1998, p. 153 *et sq.*
[79] La célèbre scène du cocher, par exemple, ne modifie pas le cours de l'intrigue.

«Au surplus, je n'ai que du bien à dire d'elle; je l'ai connue pour honnête fille, y a-t-il rien de plus beau[80]?», se défend-elle. Mais dire du bien ne suffit pas, encore faut-il que celui-ci corresponde à la définition que lui confère la situation de parole. Le discours de la lingère convenait à la bienfaitrice rencontrée dans le couvent et à un contexte moral, mais non aux besoins matériels et aux exigences de l'intégration à la caste aristocratique. C'est le contexte et le destinataire qui décident du statut bénéfique ou nuisible des paroles des autres dans la destinée du narrateur principal.

La parole de l'autre sert et dessert tour à tour Marianne, selon qu'elle fait circuler l'information à bon ou à mauvais escient, mais dans les deux cas elle pèse sur le cours de l'intrigue. Cela illustre l'originalité de Marivaux par rapport aux romans qui font de la qualité des paroles des autres une essence fixe: la parole de Madame Dutour est, selon les circonstances, diabolisée ou jugée positive, son efficacité ne dépend pas de sa nature intrinsèque mais plutôt de l'opportunité de son insertion. En faisant dépendre la valeur des paroles des autres de la situation dans laquelle elles sont prononcées et de l'effet qu'elles produisent, Marivaux attire l'attention sur leur portée illocutoire et crée ainsi un véritable coup de théâtre verbal.

B. Le surgissement de la parole comme stratégie narrative

Les narrateurs honnêtes ont tendance à représenter l'insertion des paroles infâmes comme une intrusion, une brèche pratiquée à la fois dans la trame des événements vécus par le héros et dans le tissu narratif des mémoires. De fait, les mises en scène de surgissement dans la narration sont plus fréquentes que les véritables coups de théâtre dans l'intrigue et elles jouent un rôle dans le plaidoyer *pro domo* du narrateur.

L'abbé Prévost cite les paroles des personnages avec parcimonie et transcrit directement un fragment de discours plutôt que l'intervention complète d'un énonciateur dissonant[81]. Jean Sgard a commenté l'éloignement et le feutrage de la parole dans l'*Histoire du chevalier Des*

---

[80] Marivaux, *La Vie de Marianne*, V, p. 265.
[81] La remarque pourrait d'ailleurs être étendue à tout type d'énonciateur dans les romans de Prévost. La technique qui consiste à insérer des fragments de discours direct ou indirect libre dans un récit transposé se retrouve dans le traitement des paroles d'énonciateurs parfaitement orthodoxes et honnêtes.

Grieux et de Manon Lescaut[82] en montrant que le discours du personnage apparaissait d'abord au style indirect ou indirect libre ou même sous
la forme d'un discours narrativisé et que le style direct n'apparaissait que
très ponctuellement sur des unités d'une ou deux phrases. Cet isolement
du fragment de parole directe fait d'autant mieux ressortir le parti pris éditorial qui préside à la transmission des paroles des autres.

Ainsi, dans *Manon Lescaut*, le frère de Manon est l'un des rares personnages à faire entendre une parole en radicale contradiction avec la
rhétorique passionnelle du narrateur. Il s'agit en outre d'une parole
ignoble. Il apparaît à la page 380 et sa parole est rapportée au style direct
dès la page 382[83]. Des Grieux raconte comment, au moment où il prend
conscience qu'il est ruiné, il va solliciter les conseils de ce personnage
peu recommandable dont la parole est alors citée:

> Il me répondit que se casser la tête était la ressource des sots [...];
> qu'il m'assurait de son secours et de ses conseils dans toutes mes
> entreprises.
> Cela est bien vague, monsieur Lescaut, lui dis-je: mes besoins deman-
> deraient un remède plus présent, car que voulez-vous que je dise à
> Manon? A propos de Manon, reprit-il, qu'est-ce qui vous embarrasse?
> N'avez-vous pas toujours avec elle, de quoi finir vos inquiétudes quand
> vous le voudrez? Une fille comme elle devrait nous entretenir, vous,
> elle et moi[84].

Les trois phrases au style direct de Lescaut sont insérées dans un
contexte au style indirect. Sa part de style direct dans la scène se réduit à
cela, ce qui donne un relief particulier à sa remarque: *avoir* Manon, c'est
avoir de quoi survivre, autrement dit, Manon est une source de revenu.

L'allusion à la prostitution de Manon au profit d'un Des Grieux
proxénète surgit donc au détour d'un échange inégalement retranscrit et
le narrateur la présente comme un tour inattendu pris par la conversation. La présence, dans le récit de Des Grieux, de cette allusion à une
Manon pourvoyeuse d'argent est présentée comme une sorte de lapsus
narratif qui mime le coup de force d'une parole survenue par surprise.
Elle est d'ailleurs immédiatement atténuée dans la suite par une transposition au style indirect du narrateur censeur. La parole infâme est ainsi

---

[82] «Les romans de Prévost font peu de place au dialogue direct, à l'irruption sur la
scène des personnages secondaires. Ils paraissent parfois fondus dans une sorte de gri-
saille.», J, Sgard. *L'Abbé Prévost, Labyrinthes de la mémoire,* PUF écrivains, 1986, p. 97.

[83] Nous nous référons toujours à l'édition de J. Sgard des *Mémoires et aventures,* Grenoble, P.U.G, 1978, volume 1, tome septième: *Histoire du chevalier Des Grieux et de
Manon Lescaut* que nous abrégeons en *Manon Lescaut*.

[84] *Ibid.*, p. 382.

présentée comme une faute de style et de goût, ponctuelle et rapidement corrigée, une sorte de fausse note qui échapperait à la vigilance du narrateur. Lescaut ne fait pourtant qu'enchaîner sur le sujet de Manon que Des Grieux vient d'évoquer. L'irruption de la parole scélérate n'est qu'une réponse possible à la question posée. Entre le moment où Des Grieux se ressaisit de sa narration et celui où il se ressaisit de la parole, un discours indirect vient préciser et appuyer ce que le discours direct suggérait:

> Il me coupa la réponse que cette impertinence méritait, pour continuer de me dire qu'il me garantissait avant le soir mille écus à partager entre nous, si je voulais suivre son conseil; qu'il connaissait un seigneur, si libéral sur le chapitre des plaisirs qu'il était sûr que mille écus ne lui coûteraient rien, *pour obtenir les faveurs d'une fille telle que** Manon[85].

La variante «pour passer une nuit avec une fille comme Manon» manifeste un plus grand écart encore entre le style direct et indirect, tandis que le texte de l'édition définitive édulcore quelque peu la phrase de Lescaut[86]. Le passage du style direct à l'indirect traduit à la fois la reprise du contrôle sur la narration et une perte de contrôle, qui s'est prolongée dans le passé, sur la parole de l'autre: l'accumulation maladroite des *que* conjonctifs, le sémantisme des verbes de parole présentent la parole de Lescaut comme un flux que le personnage honnête se prétend incapable d'endiguer. Inattendue et pétrifiante, elle est mise en scène comme une force incontrôlable.

Un effet de sens comparable est perceptible dans le traitement de certains épisodes de sa vie rapportés par Madame Dutour dans *La Vie de Marianne*. La lingère assume le discours du personnage dissonant en reprenant à son compte une partie du lexique traditionnellement réservé aux Arlequins et aux valets des comédies. A chacune de ses apparitions, sa parole, longuement citée, perturbe et parasite la vie et la narration de Marianne. Là aussi, son insertion figure une irruption. Marianne parvient cependant parfois à la désamorcer, comme dans cette conversation:

> Aussi le zèle de cette bonne femme me choqua-t-il autant que l'insulte de l'autre et les larmes m'en vinrent aux yeux. Madame Dutour en fut

---

[85] *Ibid.*, p. 382.

[86] La modification suggère un passage du style indirect libre (car on peut supposer que dans «passer la nuit avec», ce sont les mots de Lescaut qu'on entend) à un style indirect plus neutre («obtenir les faveurs de» relèverait d'une traduction polie de Des Grieux).

> touchée sans se douter de sa maladresse qui les faisait couler: son atten-drissement me fit trembler, je craignis encore quelque nouvelle répri-mande à Toinon et je me hâtai de la prier de ne dire mot[87].

Plus souvent en revanche, Madame Dutour ne se tait pas et empêche les autres de parler, comme lors de la querelle du cocher: «Levez-vous donc, Marianne; appelez M. Ricard. Monsieur Ricard! criait-elle tout de suite elle-même[88].», ou encore dans la scène de reconnaissance chez madame De Fare:

> Et tout de suite elle se jeta à mon col. Quelle bonne fortune avez-vous donc eue? ajouta-t-elle tout de suite. Comme la voilà belle et bien mise! Ah! que je suis aise de vous voir brave! que cela vous sied bien! Je pense, Dieu me pardonne, qu'elle a une femme de chambre. Eh! mais, dites-moi ce que cela signifie. Voilà qui est admirable, cette pauvre enfant! Contez-moi donc d'où cela vient. A ce discours, pas un mot de ma part; j'étais anéantie[89].

La répétition de la locution adverbiale *tout de suite* contribue, dans les deux passages cités, à accentuer le caractère incontrôlable d'une parole dont l'incidence sur le cours de l'intrigue est grande, puisqu'elle révèle à Madame de Fare que Marianne usurpe le statut de fille de qualité[90]. La narratrice préserve jusqu'au dernier moment l'anonymat de la personne qui surgit dans la chambre, pour ménager le suspens dramatique et obtenir un coup de théâtre des mieux ménagés:

> A peine achevait-elle de m'habiller, que j'entendis la voix de Mlle de Fare qui s'approchait, et qui parlait à une autre personne qui était avec elle. Je crus que ce ne pouvait être que Valville, et je voulais aller au-devant d'elle; elle ne m'en donna pas le temps, elle entra.
> Ah! Madame, devinez avec qui, devinez! Voilà ce qu'on peut appeler un coup de foudre[91].

Dans le passage précédent, Marianne avait joué parfaitement son rôle de fille de condition. La marchande remet donc en cause le mensonge éla-boré par Marianne et ses alliés, en prononçant, trop vite[92], des mots qui blessent sa dignité:

---

[87] Marivaux, *La Vie de Marianne*, I, p. 43.

[88] *Ibid.*, II, p. 94.

[89] *Ibid.*, V, p. 263.

[90] La locution «tout de suite» se retrouve d'ailleurs dans la bouche de Madame de Fare, qui correspond aussi au type des locutrices importunes, même sa condition sociale fait d'elle une babillarde mondaine.

[91] Marivaux, *La Vie de Marianne*, V, p. 263.

[92] «[...] ceci, au reste, se passa plus vite que je ne puis le raconter.», *La Vie de Marianne*, p. 264.

C'était M. de Climal qui l'y avait mise, et puis qui la laissa là un beau jour
de fête; bon jour, bon œuvre; adieu, va où tu pourras! Aussi pleurait-elle,
il faut voir la pauvre orpheline! Je la trouvai échevelée comme une Madeleine, une nippe d'un côté, une nippe de l'autre, c'était une vraie pitié[93].

La parole populaire use de formules expressives et traduit en images
ce qui est conceptualisé par les autres locuteurs. L'image d'une Marie-
Madeleine «échevelée» inscrit en filigrane celle d'une Marianne courtisane[94]. Le mot et le détail cru des «nippes» rassemblées en hâte par celle
qu'on jette à la rue, porte un coup fatal à l'image de Marianne. Au détour
d'une expression familière (*pleurer comme une Madeleine*), la parole de
la Dutour fait surgir dans le texte l'image de la femme pécheresse. Cette
image est certes évoquée rétrospectivement et indirectement par une énonciatrice disqualifiée, mais elle n'en est pas moins inscrite dans le texte.
Les effets dévastateurs de la parole de l'autre participent indéniablement
d'une mise en scène de la narration.

La parole populaire est presque systématiquement exploitée sous la
forme d'une confrontation dramatisée de paroles alors même que cette
dramatisation n'est guère motivée. Dans la deuxième partie des *Mémoires
d'une dame de qualité* (1739) de l'abbé Lambert, l'héroïne s'inquiète de
la mélancolie du comte à qui elle est fiancée. Eclairée sur les sentiments
du jeune homme par sa femme de chambre, elle se lance dans une déclaration de constance adressée à celui-ci *in absentia*[95]. Le mode d'articulation des deux discours directs est la confrontation: le texte insiste sur le
caractère agonistique de l'échange et chacune des locutrices cherche à
imposer sa parole mais ici ni le contenu, ni la lettre, ni la situation d'énonciation ne justifient une telle réception de la parole populaire: la femme
de chambre ne relaie pas un discours de corruption, elle se contente d'exposer la conception courante et mondaine de l'amour, en l'absence de
témoin. Le statut d'héroïne de roman de la narratrice et la mémoire inter-
textuelle du couple conversationnel maîtresse/femme de chambre font
réagir néanmoins l'héroïne à ces propos comme à un discours offensant.

---

[93] *Ibid.*, p. 264.
[94] C. Hunting étudie la demande contradictoire adressée par les lecteurs aux romanciers
qui veulent séduire les lecteurs tout en se protégeant des accusations d'immoralité. La vertu
féminine et le jugement porté sur elle sont au centre de cette stratégie de double discours
qui se réapproprie, sur un mode équivoque, les mythes judéo-chrétiens d'Eve, de Marie-
Madeleine ou encore de la Pécheresse repentie. Cf. C. Hunting, *La Femme devant le «tribunal masculin» dans trois romans des Lumières: Challes, Prévost, Cazotte,* New-York,
Berne, Peter Lang, 1987.
[95] C-F. Lambert, *Mémoires d'une dame de qualité qui s'est retirée du monde,* La Haye,
aux dépens de la compagnie, 1739, II, p. 231.

Quelle que soit donc la motivation textuelle, le narrateur insiste sur le choc provoqué par la parole de l'autre. La parole intrusive est mise en scène dans la narration de manière à évoquer l'image d'un narrateur sans cesse débordé par l'irruption d'une parole dissonante qui surgit et se déploie, pour ainsi dire, contre son gré.

C. *Métamorphoses du personnage et paroles* ad hoc

Les coups de théâtre, surprenant à la fois le personnage, le lecteur et modifiant les données de l'intrigue, sont rares dans les romans et les romanciers utilisent d'une autre façon les paroles des autres pour insérer une péripétie dans l'intrigue et la narration. La parole d'un personnage secondaire miraculeusement métamorphosé permet par exemple de provoquer un coup de théâtre ou une modification soudaine des données de l'histoire.

Les romanciers du XVIIIᵉ siècle n'hésitent pas, en effet, à doter opportunément un personnage secondaire d'une compétence et d'une parole *ad hoc*. Dans les *Mémoires d'une fille de qualité qui ne s'est pas retirée du monde* (1747) de Mouhy, Madame Séverin se trouve ainsi subitement pourvue, pour les besoins de l'intrigue, d'un père joaillier, parce que son œil connaisseur peut alors commodément distinguer les faux diamants des vrais:

> Par le hasard le plus heureux qu'on puisse imaginer, Madame Séverin était fille de joaillier; [...] Ces pierreries sont toutes fausses, je vous en avertis, continua-t-elle. [...] Prenez garde à ce que vous allez faire, interrompit ma voisine, il m'en a tant passé par les mains que je dois m'y connaître. Ce fut à cette occasion qu'elle m'apprit qu'elle était fille d'un orfèvre, et que son père faisant le négoce des diamants, elle avait été élevée dans cette connaissance, et qu'elle la possédait aussi bien que les plus célèbres joailliers[96].

Mouhy joue avec malice de l'instabilité de ses personnages secondaires: bourgeoise fureteuse, experte en joaillerie, Madame Séverin se métamorphose sans cesse, selon les besoins de la narration centrale[97]. Dans les parties suivantes, le type de la jeune fille persécutée appelle celui de la mère jalouse et abusive: la bonne madame Séverin endosse alors sans tarder les traits de la marâtre, en une réorganisation radicale et

---

[96] Mouhy, *Mémoires d'une fille de qualité qui ne s'est point retirée du monde*, p. 277.
[97] cf. A. Stroev, *Les Aventuriers des Lumières,* Paris, PUF-écritures, 1997, pour une analyse des métamorphoses du héros aventurier.

injustifiée des sèmes qui composaient son personnage. Ces métamorphoses, qui vont au rebours de la cohérence du personnage, sont dictées
par les besoins immédiats du récit et par un mode d'écriture qui ne semble
pas toujours anticiper sur ce qui va suivre[98]: elles permettent au romancier de faire avancer l'intrigue au prix d'une discontinuité très visible des
personnages. Le récit suscite l'expertise de Madame Séverin parce que la
découverte de la fausseté des bijoux est nécessaire au rebondissement de
l'intrigue et à la punition ultérieure de l'abbé suborneur. Chez Mouhy, la
fonction crée le personnage: lorsqu'un besoin narratif se fait sentir, il
convoque ou métamorphose n'importe quel personnage, conférant de la
sorte à ses narrations un aspect désinvolte. Dans ces hasards décidément
incroyables, on peut voir une forme faible du coup de théâtre. Ils témoignent, en tout cas, que la parole des personnages secondaires est une donnée mobile et malléable que les romanciers ne dédaignant pas les facili-
tés n'hésitent pas à mettre à profit.

2. Menace de coup de théâtre et suspens dramatique

Reconnaissance, retrouvailles, révélations scandent les intrigues de nos
romans. Les romanciers jouent parfois sur une attente du coup de théâtre
chez le lecteur, en nouant l'intrigue autour d'un secret partagé entre ce
dernier et le narrateur. Dès lors, le dénouement ne tient pas tant à la révélation de ce secret qu'à l'ignorance du moment et des circonstances dans
lesquels il va être divulgué à l'ensemble des personnages.

Les domestiques gardent en mémoire les bonnes et les mauvaises actions
de leurs maîtres et leur parole peut toujours menacer l'équilibre du présent.
De cette menace permanente, les romanciers tirent des effets intéressants.
Dans *La Vie de Marianne*, le retour de Madame Dutour bouleverse l'équilibre d'une situation fondée sur un mensonge. Les *Mémoires d'une fille de
qualité* de Mouhy vont plus loin en faisant de la menace de divulgation du
secret le ressort principal de l'intrigue. La connaissance de l'origine adul-
térine de la narratrice se répand progressivement et les rebondissements de
l'intrigue suivent le trajet de sa propagation de locuteur en locuteur.

Le lecteur sait tout, dès le début du roman, grâce au récit initial fait à
l'héroïne par sa mère, qui redoute que son mari ne soit désormais au fait

---

[98] On pourrait dire que le personnage chez Mouhy tend à se réduire à son *faire* (modèle
sémiotique) tandis que son *être* (auquel s'intéresse l'approche sémiologique) en est si
dépendant qu'il n'a plus de consistance. Voir Philippe Hamon: «Pour un statut sémiologique du personnage» in *Poétique du récit*, Paris, Seuil, 1977, p. 115-180.

de cet adultère passé. Dans ce récit, Madame de Saint-Preuil accorde une place centrale aux propos au style direct de Louison, son ancienne femme de chambre, jadis seule dépositaire du secret[99]. La mère et sa fille partent ensuite recueillir le témoignage de Louison qui révèle comment s'est divulgué le secret: croyant sa fin toute proche, elle s'est confessée. Elle réchappe de sa maladie mais le prêtre a confessé à son tour le secret avant de rendre l'âme. La remontée de récit en récit révèle que le secret a échappé à tout contrôle. L'intérêt romanesque réside dans l'activité déployée par les personnages pour empêcher que ce secret ne parvienne à M. de Saint-Preuil.

Si la valeur perturbatrice de la parole domestique est convoquée dans ce roman, elle n'est cependant pas représentée ni activée, le romancier jouant constamment de l'*idée* du coup de théâtre redouté par l'héroïne, sans pour autant le représenter dans la narration. Le secret est certes finalement découvert par M. de Saint-Preuil, mais hors-texte, et celui-ci ne le divulgue pas non plus mais s'efforce de séduire celle dont il sait désormais qu'elle n'est pas sa fille. Le roman dédouble la figure du domestique indiscret en deux femmes du peuple babillardes: Louison, la femme de chambre, et Babet, la fille du concierge mise auprès d'Agnès par son père supposé pour la suborner. Au-delà de leurs différences, Babet et Louison remplissent la même fonction, celle d'être les dépositaires du secret, ce que confirme leur retour conjoint dans le texte, lorsqu'elles reviennent hanter les rêves de la narratrice:

> Je n'ai jamais ajouté de foi aux rêves, mais j'en fis un si suivi cette nuit-là, qu'il me frappa au point que je pensai qu'il devait m'annoncer quelque chose d'extraordinaire: il me sembla voir ma mère dans le même état où elle se trouva quelques heures avant sa mort. Se peut-il, me dit-elle que vous viviez tranquille, tandis que vous ignorez ce que sont devenues Louison et Babet? Avez-vous oublié que l'une sait le secret de votre naissance, et que l'autre savait que vous n'étiez point la fille de M. de Saint Preuil? Ne tremblez-vous pas que tôt ou tard votre secret ne transpire? Une indiscrétion de leur part peut vous perdre. Je me préparais à me jeter aux pieds de cette chère mère, lorsque la porte de l'appartement s'ouvrit impétueusement. Mais que devins-je en voyant entrer ma tante, Madame de Barbasan, avec un air furieux, un couteau à la main, suivie de Louison et de Babet, de plusieurs des parents de Madame de Bréville, et de l'abbé du Hautcœur[100]!

---

[99] Dans ce roman, la femme de chambre incarne les remords de la mère coupable, figure obligée des romans du chevalier de Mouhy.

[100] *Ibid.*, p. 239.

Le coup de théâtre du retour fracassant de Madame Dutour dans *La Vie de Marianne* est transposé ici dans l'espace du rêve. Le texte réactive le souvenir de ces deux locutrices populaires sans que ce retour, purement onirique, se traduise par quelque rebondissement ou péripétie. Après quelques investigations, il s'avère en effet que les deux femmes sont mortes, au plus grand soulagement de la narratrice: «Je vous avoue, ma princesse, que je ne pus m'empêcher de me réjouir intérieurement de ces deux morts, qui étaient survenues si à propos pour me rendre entièrement ma tranquillité[101].» La peur engendrée par la parole de l'autre conduit Agnès à formuler un vœu de mort à l'encontre de ces locutrices pour le moins gênantes. En indiquant un scénario possible sans le suivre, en rappelant, à travers l'énonciation enchâssée d'une morte, dans un rêve, que la parole de l'autre est une menace, Mouhy jette un éclairage ironique sur l'artifice des coups de théâtre provoqués par les intrusions dissonantes. En transférant sur le plan du rêve ce que Marivaux représentait au centre de la scène, Mouhy évite également de faire entendre directement une parole populaire dangereuse. Il fait état de son pouvoir, sans cependant représenter son efficacité.

3. La parole tableau

La parole de l'autre fait tableau lorsqu'elle est dramatisée sans pour autant bouleverser en rien les données de l'intrigue et la situation des personnages. La citation directe de paroles solennelles est en effet un moyen efficace de dramatisation de la narration. Elle accompagne alors le tableau statique du théâtre, le roman-mémoires surajoutant en quelque sorte une parole déclamatoire à la description d'un tableau muet.

A la fin de la première partie des *Mémoires de Madame la comtesse de Montglas* (1756) de Carné, la narratrice vient d'achever le récit d'un épisode dans lequel elle a failli mourir empoisonnée. En guise d'épilogue, elle rapporte les paroles de la maîtresse du Comte de Montglas, Silvia, qui avoue, au milieu du silence médusé des autres personnages, avoir provoqué, par un empoisonnement, la fausse couche de la comtesse de Montglas. La scène de l'aveu place les membres de la communauté en position de spectateurs de la Bohémienne:

> Après un moment de silence que tout le monde employait à examiner les mouvements de Silvia, cette horrible fille parla la première, et jetant

---

[101] *Ibid.,* p. 243.

les yeux sur ce malheureux enfant qui était sur un tabouret: Je ne suis qu'à demi-vengée, s'écria-t-elle, en me regardant, et j'emporterai en mourant, le regret de t'avoir laissé la vie. Puis se tournant vers Monsieur de Montglas: qu'attends-tu, lui dit-elle, pour me punir d'un crime que tu m'as fait commettre, puisque je ne l'ai imaginé que comme un moyen de te posséder seule. Mon mari courut à elle pour l'immoler à son ressentiment. Attends, lui dit-elle sans s'émouvoir, ne précipite pas ta vengeance; tu ne connais pas encore tous mes forfaits; j'ai procuré, sans que tu l'aies su, une mort soudaine à deux enfants qui étaient le fruit de notre commerce, dans la frayeur qu'ils n'eussent partagé ton cœur avec moi; et je comptais t'empoisonner toi-même, si, après la mort de ta femme, tu avais songé à te donner à quelque autre qu'à moi. Frappes maintenant, poursuivit-elle, tu perceras un cœur qui n'eût peut-être jamais été criminel s'il ne t'avait pas aimé[102].

L'insertion de la parole dissonante est caractérisée par la recherche de l'effet maximal, une théâtralisation outrée et le recours à des détails horribles comme le cadavre de l'enfant sur un tabouret. Tout se passe comme si une convention tacite maintenait les autres personnages dans le mutisme: la comtesse ne répond pas plus que le comte à la parole furieuse qui lui est adressée. Celui-ci se précipite pour réduire au silence cette parole horrible mais un curieux mouvement arrêté suspend son bras jusqu'à ce que la tirade de Silvia soit achevée. De tels dysfonctionnements apparaissent comme les signes d'une tendance du texte à isoler les répliques dramatisées: au lieu d'entraîner une action d'éclat, la tirade de Silvia suspend l'action et l'immobilise, car ce roman préfère le tableau à la séquence narrative.

Cet exemple illustre le fait que la parole de l'autre, lorsqu'elle prend en charge un type de discours théâtral – comme la tirade tragique –, est volontiers exclusive du dialogue et sert plutôt à scander le texte. La déclaration d'amour et de haine de Silvia est faiblement narrative et, si elle apporte tout de même une série d'informations complémentaires, elle vient surtout fixer le portrait de la meurtrière, avant que celle-ci ne quitte définitivement la scène. Silvia apparaît alors sous les traits d'une Médée moderne, sacrifiant ses propres enfants à sa fureur jalouse, ce qui modifie sensiblement le statut d'un personnage plutôt réduit jusque là à un statut populaire et ancillaire. La Bohémienne parricide use soudain du style tragique – «le fruit de notre commerce», «percer le cœur» – qui se propage dans le langage de la narratrice: «mon mari courut à elle pour

---

[102] Carné, *Mémoires de Madame la comtesse de Montglas ou consolation pour les religieuses qui le sont malgré elles*, Amsterdam, 1756, p. 40.

l'immoler à son ressentiment.» La tirade de Silvia sert ici à marquer nettement la fin d'un épisode centré sur la persécution de la femme par la maîtresse.

On retrouve cette fonction de clausule dans les *Mémoires et aventures d'un bourgeois qui s'est avancé dans le monde* (1750) de Digard de Kerguette. Le roman voit se succéder les aventures d'un narrateur qui noue des liaisons amoureuses avec toutes sortes de femmes, sur le principe de la liste libertine: la jeune fille défigurée par la petite vérole, l'amante trompée et mariée par dépit, la veuve joyeuse mais digne, la roturière impétueuse, la fausse prude, l'autre fausse prude, la fourbe, la sincère, etc. L'une des aventures de Courci le conduit à se lier avec une jeune bourgeoise aspirant à un train de vie magnifique. Mademoiselle Jérôme est présentée d'emblée comme une énonciatrice étrange qui fait entendre un discours en rupture avec les normes morales et les bienséances. Enceinte de Courci, elle lui propose de le garder comme amant tout en épousant un homme riche qui reconnaîtra son enfant:

> Vous ne perdrez rien à mon mariage, puisque j'aurais toujours pour vous la même tendresse, et vous y gagnerez en ne vous chargeant pas d'une femme dépensière: car je sais que je la suis, et je me propose de l'être encore davantage. Votre bien suffirait à peine à mon entretien. Que deviendrions-nous? L'amour ne nourrit point, n'habille point, ne loge point. Nous ferions bientôt mauvais ménage. Il me semble donc que vous me devez plutôt des remerciements, que des reproches pour le parti que je prends. M. Desnoyers au contraire sera la partie lésée. Il peut s'apercevoir qu'on a fraudé ses droits: des fruits précoces le surprendront sans doute. Voilà la seule cause de mon inquiétude. Après tout c'est le sort de ses pareils, il ne sera pas l'unique dans son espèce: et si je puis par quelque précaution me tirer du premier danger, une chute faite à propos me garantira du second. Ce discours me surprit et m'indigna au dernier point. Aussi confus qu'elle aurait dû l'être elle-même, je restai quelques moments sans lui répondre[103].

Cet arrangement économique et libertin se heurte d'abord au silence et à la stupéfaction vertueuse de Courci, qui confirment l'isolement déjà noté de la parole dissonante. Chez Prévost, la conversion à la vertu de

---

[103] Digard de Kerguette, *Mémoires et aventures d'un bourgeois qui s'est avancé dans le monde*, La Haye, Jean Neaulme, 1750, p. 168. La déclaration de Manon à Des Grieux sur les nécessités matérielles («Crois-tu qu'on puisse être bien tendre lorsqu'on manque de pain? La faim me causerait quelque méprise fatale; je rendrais quelque jour le dernier soupir, en croyant en pousser un d'amour.», *Histoire du chevalier des Grieux et de Manon Lescaut*, Paris, Flammarion, 1992, p. 70) inspire de nombreuses récritures.

Manon Lescaut était plus ou moins justifiée par une série d'incarcérations et d'humiliations, mais surtout Manon vertueuse n'était plus citée. Mademoiselle Jérôme explicite, quant à elle, sa transformation par une déclaration *in articulo mortis* totalement palinodique:

> J'ai senti que j'étais indigne de vous, et que vous ne voudriez plus de ma main, après tout ce que j'avais fait pour mériter votre haine et vos mépris. Certaine de ma grossesse et sans aucune ressource, je me suis livrée au désespoir. Hier au matin, je me suis empoisonnée[104].

Ces paroles faiblement fonctionnelles permettent avant tout de modifier *in extremis* l'image du personnage et de dramatiser sa sortie de scène, dans un roman dont l'action progresse sur un mode discontinu par la clôture artificielle de chaque aventure: celle-ci meurt empoisonnée, celle-là de vieillesse, d'autres le trahissent... Recherchant l'effet de scansion maximal sur chaque épisode, Digard de Kerguette n'hésite pas plus que Mouhy à attribuer des tirades tragiques à des personnages qui ne le sont pas: le discours de Mademoiselle Jérôme contredit la logique de l'histoire mais a le mérite d'arrêter cet épisode sur un tableau édifiant et funèbre, qui sert de point de repère à la fois pour le lecteur et le narrateur. Le besoin d'un type de parole l'emporte là encore sur la cohérence du personnage.

Les *Mémoires d'une honnête femme* de Chevrier offrent l'exemple d'un usage systématique de ces tableaux verbaux qui n'ont d'autre fonction que d'accentuer le pathétique ou le tragique de certains épisodes et souligner les charnières de l'histoire. Les mots soudain retranscrits au style direct, et éventuellement en italiques, disposent dans le texte autant de repères visibles. Dans la deuxième partie du roman, le vicomte de Sanville, l'un des nombreux amants rebutés par la narratrice s'est caché dans sa toilette. Il en surgit et menace de se tuer si elle ne se donne pas à lui. La majeure partie de sa déclaration est retranscrite au style indirect, la citation directe étant réservée aux derniers mots qu'il prononce avant de se poignarder:

> Révoltée de ce discours, j'allais lui arracher son funeste poignard, quand l'infortuné vicomte se refusant au service que je voulais lui rendre se perça de deux coups, et tomba à mes pieds où il mourut en prononçant ces mots dont le souvenir me glace encore:
> *L'amour que vous seule m'avez fait connaître, troublait le repos de mes jours, et je ne meurs aujourd'hui que pour me soustraire à un pouvoir tyrannique, trop heureux si j'emporte au tombeau un de ces*

---

[104] *Ibid.*, p. 192.

regards favorables, que vous pouvez jeter sans crainte sur un mal-
heureux qui ne meurt que pour vous laisser vivre tranquille.
A ces mots, Sanville expira[105].

Pour éviter à sa femme d'être compromise par ce suicide pour le moins scandaleux[106], le mari tente de se débarrasser du corps. De malentendu en malentendu, il est à son tour emprisonné. Sa femme se précipite alors dans son cachot:

> Est-ce vous cher époux, lui dis-je, en tombant à ses genoux? Ah! Madame, reprit-il, voyez l'état dans lequel vous me réduisez; mots ter- ribles, qui n'ont que trop porté sur le malheur de ma vie! Le comte eut à peine achevé cette phrase funeste, que le commissaire ordonna qu'on nous séparât[107].

La narratrice insiste ensuite fortement sur la portée de ces paroles («ces mots dont le souvenir me glace encore»). Revenant à sa narration, elle ajoute un nouveau point de repère dans son récit en indiquant que ces mots scellent un tournant décisif de son histoire. La mise en scène de cer- taines paroles permet indéniablement d'accentuer la lisibilité d'un destin.

Dans l'*Anti-Paméla* (1742) de Villaret, la narratrice est une ancienne courtisane qui s'est mariée et rangée. Elle cède cependant à son premier amant, non loin du lit de son mari agonisant qui aperçoit la scène dans un miroir malencontreusement placé devant la porte entr'ouverte. Son mari meurt – d'indignation ou de maladie, on ne sait trop – mais elle refuse d'épouser son amant en alléguant les remords qui la rongent. L'amant écon- duit s'apprête à s'immoler aux pieds de la cruelle qui le repousse:

> N'en accusez, me dit-il, que la violence de mon amour; je suis cou- pable, je l'avoue; le repentir, je le sais, ne peut expier mon offense; je connais trop votre inhumanité pour espérer vous fléchir; je n'ai plus d'autre ressource que mon désespoir: cruelle, je vais vous venger; en prononçant ces paroles, il se jeta hors du lit, prit son épée qu'il appuya contre le plancher, et sur laquelle il se précipita[108].

On peut s'étonner, sans être exagérément attentif à la vraisemblance, du décalage, apparemment inutile, entre les paroles prononcées et ce

---

[105] Chevrier, *Mémoires d'une honnête femme écrits par elle-même et publiés par M. de Chevrier*, Londres, 1753, p. 60. (les italiques sont ceux du texte).

[106] Il s'agit peut-être d'une allusion au scandale du suicide de Charles de la Fresnais dans l'appartement de Madame de Tencin, en 1726.

[107] Chevrier, *op. cit.*, p. 69.

[108] Villaret, *Anti-Paméla ou Mémoires de M. D***, traduit de l'anglais*, Londres, 1742, p. 147. L'amant suicidaire survivra d'ailleurs à ses blessures et épousera la narratrice, ce qui confirme le réemploi mécanique du procédé des paroles *in articulo mortis*.

qu'on sait des conditions leur énonciation: c'est que les paroles théâtrales ont une valeur en elles-mêmes, indépendamment de la situation qui est censée les générer.

Les paroles des autres s'insèrent dans un tableau, font appel à un décor, des accessoires et des postures: le cadavre d'un enfant mort-né posé sur un tabouret, l'amant poignardé agonisant, la narratrice aux pieds de son mari dans le cachot, les épées, le poison, etc. Dans les tableaux verbaux, les paroles prononcées par l'autre ne sont pas nécessaires à la narration, n'apportent pas d'information décisive, n'influent pas sur le cours de l'intrigue. L'effet de dramatisation s'exerce plus ou moins sur la narration, mais non sur l'histoire: ce que les autres font, plus que ce qu'ils disent, a éventuellement un effet sur l'intrigue. La citation de ces paroles marque en revanche un changement de séquence narrative et ponctue le récit. Leur fonction principale est de guider le lecteur en lui proposant des jalons et une meilleure lisibilité des personnages et de l'intrigue.

Les paroles des autres mises en relief par le narrateur le sont donc selon deux modalités principales: le manichéisme des représentations et la dramatisation de l'insertion dans la narration. La stratégie du narrateur consiste souvent à construire un réseau d'images particulièrement contrastées: qu'elles soient affectées d'une valeur positive ou négative, les paroles des autres sont ainsi mises à distance, leur effet est conventionnel et maîtrisé.

Une telle stratégie de mise en relief reflète certes une conception dramatisée du contact verbal, envisagé comme une empreinte ou comme un souffle modifiant en profondeur celui qui y est exposé. Néanmoins, les romans se contentent souvent de formuler explicitement l'idée de la parole-impression, par le biais de diverses métaphores, sans la traduire au niveau de la narration. La dramatisation de la transmission est donc indépendante de l'effet réel de la parole sur la vie du personnage et les paroles les plus théâtrales ne sont pas nécessairement les plus *productives*, dramatiquement parlant. Au contraire, elles restent souvent sans réponse et, pour ainsi dire, n'irriguent ni ne nourrissent l'action du personnage central. Une disjonction est donc perceptible entre la théâtralisation de ces paroles et leur portée effectivement dramatique.

On pourrait même dire que les métaphores et les commentaires sur la puissance de la parole surgissent dans le texte lorsque celle-ci a le moins d'effet sur l'action et le destin de celui à qui elle s'adresse. Dans les romans où les représentations des paroles des personnages sont les plus schématisées, elles permettent surtout au lecteur de reconnaître des types: la parole diabolisée de la vieille de *La Vertueuse Sicilienne*, celle du comte de Beaubourg des *Mémoires de Cécile* nous renseignent sur les intentions de ces personnages mais elles ne s'insinuent nullement dans l'esprit de leurs destinataires dont l'identité a déjà été, hors-texte, définitivement figée. Là où le texte dit les dangers de la contagion, il ne montre pas une parole de l'autre effectivement contagieuse.

Entre les effets escomptés et ceux obtenus par la parole proférée, il peut y avoir des différences notables. Cette disjonction nous incite à questionner les instructions de lecture disposées dans le texte. «Les signes naturels des passions font impression sur ceux qui les voient et, à moins qu'ils ne fassent de la résistance, ils s'y laissent aller[109].» écrit Bernard Lamy. La question posée par l'évaluation de la parole de l'autre dans les romans se ramène en effet à cette alternative: s'abandonner ou résister aux paroles des autres, et la question se pose tant au héros-narrateur qu'au lecteur de romans.

---

[109] B. Lamy, *La Rhétorique ou l'art de parler*, Paris, PUF, 1998, chapitre XXI, p. 517.

CHAPITRE 4

L'EFFET OBLIQUE DES PAROLES DISQUALIFIÉES

> Quand je m'appelle une babillarde, entre nous, ce n'est qu'en
> badinant, et que par complaisance pour ceux qui m'ont peut-
> être trouvée telle; et la vérité est que je continuerais de l'être
> s'il n'était pas plus aisé de ne l'être point.
> Marivaux, *La Vie de Marianne*.

I. LE BABILLAGE ET LE SILENCE

1. Une parole dévaluée: le babillage

Le subalterne volubile est un type énonciatif dont les romans font rarement l'économie. Combinant les sèmes d'abondance et de futilité, la
parole babillarde est fréquemment féminine et populaire[1]. Femme du
peuple ou de la petite bourgeoisie caractérisée par un bavardage incessant,
la figure de la locutrice étourdie traverse la plupart des mémoires féminins, et, dans les versions masculines, le valet joue parfois, auprès du personnage principal, un rôle équivalent de divertissement comique. Parole
parasite, parole à nettoyer, elle fait l'objet d'un traitement particulier.

A. *Une parole à expurger*

Dans ses deux romans-mémoires, Marivaux accorde une place importante aux bavardes dont il retranscrit de longs pans de discours. Madame
Dutour intervient à huit reprises dans *La Vie de Marianne*, surtout dans
les trois premières parties. Sa réapparition inattendue dans la cinquième
partie est la dernière. Le personnage parle abondamment et sa parole
directement citée envahit la narration. Madame Dutour est un être de

---

[1] Il existe une version noble du babillage mais les exemples en sont moins fréquents
et uniquement féminins. On peut songer par exemple à Madame de Fare dans *La Vie de
Marianne* ou à Madame de Blainville dans *Jeannette seconde*. Marianne elle-même présente au début de la deuxième partie ses réflexions comme du babillage, mais en se cor-
rigeant aussitôt: le babillage est une notion mouvante, définie de façon subjective par les
différents récepteurs, cf. *La Vie de Marianne*, p. 272.

paroles, plus encore que les autres personnages, qui, pour agir les uns sur les autres et sur le cours de l'intrigue, parlent mais aussi trébuchent, payent, vendent, donnent, prennent, se déguisent, écrivent, etc., et sont connus autant par leurs paroles retranscrites que par leurs actions décrites. La lingère en revanche ne l'est que par le biais de ses discours. La querelle avec le cocher met certes en scène les mouvements de Madame Dutour, mais il s'agit avant tout d'une joute verbale, l'affrontement physique tournant court.

Les narrateurs mettent en œuvre plusieurs moyens pour dévaloriser le babillage à l'intérieur de leur narration. Les personnages peuvent par exemple le commenter: à plusieurs reprises, le babillage de Madame Dutour fait ainsi l'objet d'une mise à distance intradiégétique: «Que cette femme est babillarde! me dit-il en levant les épaules; j'ai cru que nous ne pourrions jamais nous en défaire. Oui, lui dis-je, elle aime assez à parler[2].» Dans *Le Paysan parvenu*, la parole de Madame d'Alain provoque aussi l'exaspération: «Si vous faites toujours vos réflexions aussi longues sur chaque article, dit alors Mlle Habert excédée de ces discours, je n'aurais pas le temps de vous mettre au fait[3].» L'indifférence du protagoniste à l'égard de ces paroles aussi peut signifier implicitement qu'il les met à distance, comme Jacob fait des propos de Madame Rémy:

> De quoi Mme de Ferval s'embarrasse-t-elle! N'ai-je pas dit même que c'était votre tante?
> Eh! vraiment tant pis, repris-je, car il sait tout le contraire. Pardi! me dit-elle, le voilà bien savant, n'avez-vous pas peur qu'il vous fasse un procès?
> Pendant que la Rémy me parlait, je songeais à ces deux personnes que j'avais laissées dans la chambre[4].

Les paroles babillardes apparaissent comme un fond neutre sur lequel l'action et la pensée du personnage central s'inscrivent, elles en constituent en quelque sorte le décor sonore. Pendant que les babillardes parlent, le personnage a tout le loisir de réfléchir à son histoire. Le narrateur peut en outre ne pas retranscrire, de façon ostentatoire, le babillage dans son intégralité. Ainsi procède Jacob à l'égard des propos de sa logeuse,

---

[2] *La Vie de Marianne*, édition citée, p. 108-109.
[3] Marivaux, *Le Paysan parvenu* [Paris, Prault, 1734], Paris, Bordas, édition de F. Deloffre et F. Rubellin, 1992, p. 101. Toutes les citations du *Paysan parvenu* se référeront désormais à cette édition.
[4] *Ibid.*, p. 229.

Madame d'Alain: «Notre entretien pendant le repas n'eut rien d'intéressant; Mme d'Alain, à son ordinaire, s'y répandit en propos inutiles à répéter[5][...]». Rappeler la nécessité de tailler dans une masse verbale, c'est présenter cette parole sous l'angle de la quantité et donc la disqualifier. L'expurgation se fait parfois en amont du texte, la narration désigne alors l'espace où la parole de l'autre *aurait pu* se déployer. Le triage ne laisse subsister que des bribes plus ou moins résumées. Dans les *Mémoires d'une fille de qualité* de Mouhy, les deux protagonistes, la narratrice et sa mère, ont besoin d'interroger une femme de chambre. Certains de ses propos sont retranscrits au style direct, d'autres au style indirect, comme ici: «[Cette fille] quitta un moment ce qui la regardait pour me conseiller de ne jamais écouter mon cœur pour le choix d'un époux et étala à ce sujet plusieurs maximes, qu'il est inutile de répéter ici[6].»

Les discours indirect puis narrativisé sont des moyens de dire la présence d'une parole tout en soulignant son caractère accessoire. Madame de Saint-Preuil et sa fille s'attachent à leur préoccupation du moment, qui est de savoir si Louison a divulgué le secret. Dès lors, son babillage n'est qu'un obstacle à contourner pour poursuivre le fil de l'intrigue centrale. Le phénomène d'expurgation s'observe aussi à la fin de la troisième partie de *La Vie de Marianne*, lorsque Marianne revient chercher ses hardes pour aller au couvent, elle abrège et élude la parole de Madame Dutour qui s'enquiert des derniers rebondissements survenus: «Eh bien, Marianne! Dieu merci, vous avez donc trouvé fortune? eh bien! par-ci, eh bien! par là, qui est cette dame qui a envoyé chez moi? J'abrégeai. Je suis extrêmement pressée, lui dis-je[7].» L'expurgation est ici particulièrement appuyée et soulignée.

Lors de la scène des adieux qui suit, Marianne élague à nouveau: «Je supprime un détail que vous devinerez aisément [...] ce sont mes adieux à Madame Dutour; [...] ce sont mille assurances que nous nous fîmes cette bonne femme et moi[8].» A l'expurgation au niveau de l'histoire se superpose celle qui touche la narration: la précipitation des explications, des adieux et des actions de l'héroïne, qui s'envole vers une nouvelle vie, s'accompagne d'une accélération de la narration et d'une sévère abréviation de la parole déclarée inutile.

---

[5] Marivaux, *Le Paysan parvenu*, p. 118, et «Agathe, c'était son nom, avait bien plus d'esprit que sa mère, dont les épanchements de cœur et la naïveté babillarde lui paraissaient ridicules», *Ibid.*, p. 87.

[6] Mouhy, *Mémoires d'une fille de qualité qui ne s'est point retirée du monde*, Amsterdam, aux dépens de la compagnie, 1747, p. 24.

[7] Marivaux, *La vie de Marianne*, p. 157.

[8] *Ibid.*, p. 158

B. Le sérieux du comique et l'inquiétant babillage

Les romans de Mouhy explorent à l'envi les possibilités narratives du type de la babillarde. Dans *Les Mémoires d'Anne-Marie de Moras* (1739), il retourne le cliché de la babillarde inefficace, en faisant de la femme de chambre, normalement cantonnée à une parole abondante et mal contrôlée, une manipulatrice dont l'éloquence est d'une diabolique efficacité. Nous avons vu, au chapitre précédent, qu'Etiennette Gauri était le personnage que la narration noircissait le plus en montrant la progression de son emprise sur sa protégée. Cela se manifeste, entre autres, par la progression en volume de sa parole rapportée qui finit, sous la forme d'explications et d'instructions, par déterminer le cours de l'intrigue:

> «Laissez-moi vous conduire, ajouta-t-elle. J'imagine un moyen infaillible, pour obliger madame votre mère à me faire entrer dans sa confiance: si j'y parviens, comme je n'en doute pas, persuadez-vous bien, que je saurai faire changer les choses et retarder le dénouement de l'intrigue tramée.» Nous lui demandâmes, monsieur de Courbon et moi, ce qu'elle voulait faire. «Continuez à vous entretenir, reprit-elle, je vais écrire à Madame de Moras, vous allez voir ma lettre, et je serai ici dans un moment; je vous expliquerai ensuite les motifs, qui me portent à tenter le moyen dont je vous parle, et je ne doute pas qu'il ne produise l'effet que je m'en promets.»
> En attendant son retour, le comte et moi nous nous jurâmes une fidélité éternelle: il me demanda ma foi, et je la lui engageai. Notre entretien fut aussi tendre qu'intéressant, je me trouvai soulagée de ma confiance[9].

Le passage révèle une inversion intéressante dans la répartition des paroles efficaces et parasites: les interruptions de la femme de chambre deviennent peu à peu essentielles à l'action, tandis que les protagonistes logent leur parole dans les intervalles de temps où la Gauri n'est plus en scène: les propos des prétendus amants n'apparaissent que sous la forme d'un discours narrativisé quand ceux de la Gauri sont intégralement retranscrits. De tels choix de transcription suggèrent une inversion de la hiérarchie des paroles, qui prend place au sein d'un plaidoyer: il s'agit, pour la narratrice de faire peser toute la responsabilité des fautes sur le personnage subalterne dont la place est ainsi étrangement réévaluée.

Dans les *Mémoires d'une fille de qualité* (1747) de Mouhy, le sort de l'héroïne est entre les mains de la babillarde Louison. Dès sa première

---

[9] Mouhy, *Mémoires d'Anne-Marie de Moras,* La Haye, P. de Hondt, 1739, IV, p. 131-133.

intervention, sa parole fait donc l'objet du filtrage réservé aux paroles parasites:

> Ensuite, elle revint à elle, vanta la douceur d'une fille qu'elle avait, pleura la mort d'un fils aîné, qui était, assurait-elle, un prodige à quatre ans, et qui s'était laissé tomber par une fenêtre. [...] Elle nous fit voir son appartement, nous obligea à en remarquer toutes les commodités, ouvrit ses armoires, en fit l'inventaire devant nous, et à chaque pièce nouvelle qu'elle nous montrait, elle s'écriait: hélas! j'en avais bien d'autres, mon malheureux mari m'en a fricassé une partie; mais je tiens le reste sous la clé, et je périrai plutôt que de souffrir qu'il me menât davantage par le nez: j'ai été trop bonne: depuis que j'ai pris ce ton il n'ose s'y frotter: ah! ah! il trouverait à qui parler[10].

On constate que toutes les paroles de la babillarde ne sont pas soumises à un traitement uniforme mais que tout ce qui, dans le discours parasite, menacerait de sortir du registre comique est atténué par une transcription au style indirect. La narratrice cite les paroles de Louison uniquement lorsqu'elles évoquent un scénario comique, quand elles concernent par exemple les objets qu'elle se vante de posséder et étale fièrement, devant ses visiteuses, le contenu de ses armoires. En revanche, lorsqu'elle parle des drames de sa vie, de ses enfants, vivants ou morts, de ses sentiments, sa voix est immédiatement étouffée par du discours indirect ou narrativisé. L'habileté de Mouhy consiste à suggérer, par cette différence de mise en relief, que la babillarde parle d'autre chose que du contenu de ses armoires, détail bas par excellence. Il reste que ses seules paroles retranscrites sont des paroles comiques: le romancier cède peut-être lui-même à l'univocité du type, à moins qu'il ne veuille prendre au contraire quelque distance par rapport au cliché de la parole babillarde et à son traitement univoque par la narratrice. Les détails non comiques, présents dans le texte et rendus visibles, même non accentués, incitent à pencher vers la deuxième interprétation et à lire en filigrane une critique du cliché. Comme si l'expurgation de la parole babillarde induisait ses propres effets critiques. De même, en résumant la parole de l'autre et en déclarant ennuyeux le récit de sa vie, la narratrice de *Jeannette seconde* (1744) de Gaillard de la Bataille retire à l'évocation de la babillarde toute efficacité comique:

> Les chagrins qu'elle avait essuyés dans le mariage, les circonstances de la mort de Nicolas Brument son mari en firent la partie élégiaque. Cette tendre veuve qui nous avait fidèlement rapporté tous les traits de la

---

[10] Mouhy, *Mémoires d'une fille de qualité*, Amsterdam, aux dépens de la compagnie, 1747, p. 24.

brutalité du défunt, sanglota amèrement au triste récit de son trépas. Madame Brument supprima bientôt ses soupirs, pour nous raconter assez gaiement les petits profits qu'elle avait faits depuis son veuvage, et nous peindre la tranquillité dont elle jouissait actuellement. Un fils âgé de dix-sept ans, beau comme l'amour, qui faisait ses études à Rouen, ne fut point oublié dans sa narration. Elle finit ce détail qui m'ennuyait fort[11].

Ne subsiste alors que l'expression du mépris de la narratrice pour le babillage. Ce qui émane du traitement qui lui est réservé n'est donc guère flatteur pour l'instance narratrice, et l'on peut y voir une critique, en sourdine, de la part du romancier.

2. De l'utilité du babillage

A. *Une source brute d'informations*

Le narrateur s'excuse de la présence de paroles dont il admet le statut parasite. Il justifie cependant leur transcription en alléguant principalement deux raisons: la nécessité de ménager des points de repère dans son texte et celle de fournir à la progression de l'intrigue des informations brutes mais exploitables. Le torrent des paroles parasites charrie toujours une matière exploitable d'où narrateur et personnages peuvent extraire des informations importantes pour la poursuite de l'intrigue. La citation d'énonciateurs dissonants est ainsi fréquemment présentée comme dictée par la logique du récit et le souci d'être intelligible. Marianne rend compte de l'intervention de Madame Dutour dans son récit et Agnès de celle de Louison, par un souci de clarté, tout comme la narratrice des *Mémoires d'une dame de qualité* de l'abbé Lambert, à l'égard de Christine[12].

Dans les *Mémoires d'une fille de qualité* (1747) de Mouhy, pour obtenir de Louison la femme de chambre, l'éclaircissement désiré, la mère et sa fille doivent franchir un écran de paroles inutiles que la narratrice ne prend pas la peine de rapporter et auxquelles le couple de protagonistes se garde de répondre:

> Nous n'eûmes garde de faire aucune réponse à ce discours, nous avions trop d'empressement d'apprendre le fatal détail qu'on nous promettait.

---

[11] Gaillard de La Bataille, *Jeannette seconde ou la Nouvelle paysanne parvenue* par M. G***de la Bataille. Amsterdam, Compagnie des Libraires, 1744, p. 116-117.
[12] «Je les raconterai; mais j'ai à parler auparavant de Christine. Le rôle qu'elle a joué, et celui qu'elle jouera encore dans tout le cours de cette histoire, mérite bien qu'on ne la perde point de vue», C-F. Lambert, *Mémoires et aventures d'une dame de qualité*, III, p. 64.

Nous nous approchâmes le plus près que nous pûmes de Louison et elle s'exprima dans ces termes[13].

La babillarde subalterne est donc vouée au monologue: le flux de ses paroles s'écoule sans que ses interlocuteurs lui donnent la réplique. Le mouvement des deux dames qui s'approchent le plus près possible de la locutrice étourdie figure l'intérêt particulièrement ciblé que les protagonistes lui portent.

Dans les *Mémoires de Cécile* de La Place, Cécile vient de quitter la maison de son tuteur, le commandeur, qui est gravement malade. Elle est préoccupée par l'état de santé de son père adoptif et ne prête donc guère d'attention à ce que lui dit la servante de la maison. Lorsqu'elle entend le nom du commandeur prononcé par la bavarde, elle l'écoute soudain avec plus d'attention:

> La fille qu'on avait laissée près de moi s'empressa de m'instruire de mille particularités qui regardaient son maître et sa maîtresse; j'étais trop occupée pour y prêter beaucoup d'attention; je compris seulement en général d'un torrent de paroles qu'il me fallut essuyer, que la comtesse, dont cette fille faisait les plus grands éloges, avait fort à se plaindre de son mari. [...]; ce qui me rendit insensiblement plus attentive aux discours d'une personne qui n'avait pas besoin de ce prétexte pour les continuer. C'était le commandeur qui avait été l'objet de ma réflexion; j'imaginai que tout ce qu'on allait m'apprendre, devait se rapporter à lui, et j'écoutai plus tranquillement ce qu'on brûlait de me dire. [...]. J'étais instruite de toutes ces choses, et j'en avais entendu beaucoup d'autres moins intéressantes pour moi, lorsque la comtesse entra[14].

A mesure que la narratrice devient plus attentive au discours de la femme de chambre, sa transcription est de plus en plus directe: du discours narrativisé au discours indirect, pour finir par la transcription directe des paroles utilisables, c'est-à-dire utiles à la progression du récit. Par définition, la babillarde n'est pas capable de maîtriser le flux de ses paroles mais son indiscrétion peut être exploitée par des personnages plus avisés.

Dans *La Vie de Marianne*, un épisode illustre cette nécessaire sélection de l'information véhiculée par la parole populaire. Dans les dernières pages de la troisième partie, Madame de Miran envoie la tourière du couvent chez Madame Dutour pour s'enquérir de la moralité de Marianne.

---

[13] Mouhy, *Mémoires d'une fille de qualité*, édition citée, p. 27.
[14] La Place, *Mémoires de Cécile écrits par elle-même, par Mlle Eléonor Guichard, revus par M. de La Place*. Paris, Rollin, 1751, p. 24-25 et p. 28.

La messagère effectue un filtrage de son entretien avec «cette bonne madame Dutour». Elle conserve certes quelques tournures et quelques mots identifiables comme ceux de Madame Dutour («Témoin un gros richard»), mais en abrégeant:

> Madame, vous ne sauriez croire tout ce qu'on m'en vient de conter; c'est qu'elle est sage, vertueuse, remplie d'esprit, de bon cœur, civile, honnête, enfin la meilleure fille du monde; c'est un trésor, hors qu'on dit qu'elle est si malheureuse que nous en venons de pleurer, la bonne Madame Dutour et moi. Il n'y a ni père, ni mère, on ne sait qui elle est: voilà tout son défaut; et sans la crainte de Dieu, elle n'en serait pas plus mal, la pauvre petite! Témoin un gros richard qu'elle a congédié pour de bonnes raisons, le vilain qu'il est! Je vous conterai ça une autre fois, je vous dis seulement le principal[15].

Le compte rendu de la tourière sélectionne, dans ce qui aurait pu donner lieu à un bel exemple de babillage de commère, les informations pertinentes et fait l'effort de synthèse qui échoit d'ordinaire aux narrateurs eux-mêmes.

Dans les exemples cités, la babillarde semble ignorer la valeur de ses propres paroles et l'usage qui peut en être fait. Torrent, flux, matériau, le babillage est représenté par le narrateur comme une parole sans forme, intention ni orientation, une matière première dans laquelle le personnage doit trouver des éléments utiles et que le narrateur doit retraiter.

B. Un autre regard: le sexe et l'argent

Nous voudrions recentrer notre propos sur les babillardes marivaudiennes, par un souci de concision, mais aussi parce qu'elles sont particulièrement représentatives du changement de point de vue autorisé par l'énonciatrice dissonante. Rappel à la vie, l'intervention babillarde chez Marivaux est souvent le signal d'un retour aux réalités *basses* de l'existence, le sexe et l'argent.

Dans *La Vie de Marianne*, chacune des apparitions de la lingère vient meubler le silence et se loger dans les interstices laissés vides par les démissions du personnage central. Le passage suivant introduit sa première longue réplique rapportée:

> Quand je serais tombée des nues, je n'aurais pas été plus étourdie que je l'étais; les personnes qui ont du sentiment sont bien plus abattues que d'autres dans de certaines occasions, parce que tout ce qui leur

---

[15] Marivaux, *La Vie de Marianne*, III, p. 156.

arrive les pénètre; il y a une tristesse stupide qui les prend, et qui me prit: Mme Dutour fit de son mieux pour me tirer de cet état-là[16].

Marianne rend explicite le rappel à la vie opéré par le babillage, qui s'exerce à la fois au niveau de l'histoire et de la narration. La parole de l'autre investit un espace laissé vide par la mort psychologique provisoire de l'héroïne. Les critiques ont tous été sensibles à l'éclat des bavardes dans les romans de Marivaux[17]. Or, la densité humaine du bavardage tient en grande partie au changement de perspective auquel il contraint le lecteur. Dans *Le Paysan parvenu*, la fonction babillarde est distribuée sur deux figures, celle de Madame d'Alain, l'hôtesse de Mademoiselle Habert et de Jacob, et celle de Madame Rémy, personnage plus épisodique qui loue des chambres à la journée. Madame d'Alain commente ainsi la différence d'âge entre les futurs époux:

> Eh! pardi, non, dit l'hôtesse; vous êtes en âge d'épouser, ou jamais: après tout, on aime ce qu'on aime; il se trouve que le futur est jeune: eh bien, vous le prenez jeune. S'il n'a que vingt ans, ce n'est pas votre faute non plus que la sienne. Tant mieux qu'il soit jeune, ma voisine, il aura de la jeunesse pour vous deux. Dix ans de plus, dix ans de moins; quand ce serait vingt, quand ce serait trente, il y a encore quarante ans par-dessus; et l'un n'offense pas plus Dieu que l'autre. Qu'est-ce que vous voulez qu'on vous dise? Que vous seriez sa mère? Eh! bien! Le pis aller de tout cela, c'est qu'il serait votre fils[18].

Le babillage de l'hôtesse fait bruyamment écho aux questions délicates dans la situation des personnages: tout ce qu'elle dit touche au cœur du scandale, explicite le fantasme suscité par une union disproportionnée et blesse mademoiselle Habert. Cette locutrice particulièrement pertinente est relayée dans le roman par Madame Rémy, qui héberge les amours de Jacob et de Madame de Ferval:

> Après cela, quel mal y a-t-il qu'on ait vu Mme de Ferval avec vous chez moi? Je me repens de n'avoir pas ouvert tout d'un coup, car qu'est-ce qu'on en peut dire? Voyons, d'abord il me vient une dame, ensuite arrive un garçon, je les reçois tous les deux, les voilà donc ensemble, à moins que je ne les sépare. Le garçon est jeune, est-il obligé d'être vieux?[19]

---

[16] *Ibid.*, p. 32.

[17] A l'instar de Michel Gilot: «Dans ses deux grands romans Marivaux exploite avec prédilection l'épaisseur, le poids humain que peut posséder le langage (Madame Dutour et Madame d'Alain, tout entières dans ce qu'elles disent, ne sont si vivantes que parce qu'on croit les entendre)», *L'Esthétique de Marivaux*, Paris, SEDES, 1998, p. 167.

[18] Marivaux, *Le Paysan parvenu*, p. 101. Seules de longues citations illustratives peuvent donner une idée du discours de ces personnages intarissables.

[19] *Ibid.*, p. 229.

Il n'est pas anodin qu'à une centaine de pages de distance, deux personnages babillards mettent l'accent sur la différence d'âge entre Jacob et sa partenaire, attirant l'attention du lecteur sur l'un des nœuds de signification du texte. Dans les deux romans, la parlure des babillardes rejoint le parler proverbial et tautologique des Arlequins du théâtre[20]. Cette homogénéité formelle incite à interpréter l'intervention de ces pertinentes impertinentes comme une fonction, et à les envisager comme les supports de paroles *devant être prononcées* et non comme de simples parasites comiques. A l'instar des bouffons de comédie, ces personnages subalternes sont les porte-parole d'un discours de vérité, qui se dissimule sous de grossiers truismes.

Les jaseuses dissocient délibérément les liens logiques entre les actions, construisant une vision absurde du monde. Contrairement à des témoins plus radicalement exotiques[21], les locutrices sont parfaitement en mesure d'effectuer les liaisons entre les actes. En prétendant détacher les apparences des intentions et de leur signification, elles insistent au contraire sur leur caractère indissociable[22]: le don de Climal est lié à son désir pour Marianne, l'amour de Melle Habert est lié à la vigoureuse jeunesse de Jacob, la présence d'un couple dans une chambre de Madame Rémy est liée à leur appétit sexuel. Ce que les bavardes juxtaposent et feignent de délier apparaît encore plus fortement lié par un rapport de causalité.

En ne donnant que des raisons absurdes, en enfilant tautologies et truismes, elles dénudent les mécanismes du jeu social. Les gestes ambigus et les faux-semblants sont grossièrement dépouillés de leur ambiguïté et l'effet paradoxal de ce discours est de mettre en valeur les raisonnements implicites ou atténués dans le discours du narrateur. Les babillardes ont ainsi souvent recours à l'irréel ou au potentiel qui leur permettent de faire entendre la voix de la rumeur, sans la prendre à leur compte:

> Qu'est-ce que vous voulez qu'on vous dise? Que vous seriez sa mère[23]?
> Qu'est-ce qu'on en peut dire? Voyons, d'abord il me vient une dame, ensuite arrive un garçon, je les reçois tous les deux, les voilà donc ensemble[24].

---

[20] Voir F. Deloffre, *Une préciosité nouvelle: Marivaux et le marivaudage*, Paris, Colin, 1955, p. 225.
[21] Exotiques, d'un point de vue ethnologique ou social: les Persans, les Incas, les paysans, etc.
[22] Sur la notion de *déliaison*, voir la préface aux *Lettres persanes* de Paul Valéry, *Variété II*, 1929, repris dans *Œuvres*, édition Pléïade, t.2, p. 508-517, Paris, 1959.
[23] Marivaux, *Le Paysan parvenu*, p. 101.
[24] *Ibid.*, p. 229.

Par le biais de la ventriloquie du pseudo-textuel, les énoncés acquièrent une forme d'impunité, donc une indéniable brutalité. La dénégation pure et simple est un autre procédé récurrent qui permet de proférer des énoncés agressifs:

> S'il n'a que vingt ans, ce n'est pas votre faute[25].
> Il vous aime, ce n'est pas votre faute non plus que la sienne[26].

Le retour de la même expression ne peut manquer d'attirer l'attention. Les deux phrases évoquent le scandale au cœur des intrigues, celui de l'union disproportionnée et la vague disculpation fait entendre au contraire une accusation de concupiscence et de coquetterie adressée à Melle Habert et à Marianne[27].

Outre les motivations sexuelles, le babillard populaire met en lumière le soubassement économique des relations humaines, noblement nié par les autres locuteurs. Les interventions des babillardes sont saturées par les lexiques de l'argent, de l'économie et du commerce:

> Eh bien! le pis aller de tout cela, c'est qu'il serait votre fils. Si vous en aviez un, il n'aurait peut-être pas si bonne mine et il vous aurait déjà coûté davantage[28] […].
> […] car, puisque vous ne possédez rien, et que vous n'êtes qu'une pauvre fille qui n'avez même pas la consolation d'avoir des parents, je prendrais d'abord tout ce que M. de Climal me donnerait, j'en tirerais tout ce que je pourrais: […] Il vous achète des nippes, prenez toujours puisqu'elles sont payées; s'il vous donne de l'argent, ne faites pas la sotte, et tendez la main bien honnêtement, ce n'est pas à vous à faire la glorieuse[29].

La question des rapports entre les sexes est brutalement envisagée dans une perspective économique. Les babillardes marivaudiennes ne sont pas les seules à ramener systématiquement les intrigues et les destinées des narratrices au plan de l'avoir. Dans les *Mémoires d'une dame de qualité* de l'abbé Lambert, le personnage de Christine, la femme de chambre, est aussi le porte-parole des nécessités matérielles. Elle fait entendre une version réaliste de l'histoire en cours, en évoquant les contraintes financières et patrimoniales qui pèsent sur le projet de mariage de la narratrice et

---

[25] *Ibid.*, p. 101.

[26] Marivaux, *La Vie de Marianne*, I, p. 47.

[27] On reconnaît le «ce n'est pas ma faute» de la Lettre CLXI des *Liaisons dangereuses* (1781) de Laclos, qui scelle le désengagement ludique du libertin. Les babillardes n'insinueraient-elles pas que les protagonistes sont sur la voie d'une forme de déresponsabilisation libertine?

[28] Marivaux, *Le Paysan parvenu*, p. 101.

[29] Marivaux, *La Vie de Marianne*, p. 47.

explique pourquoi l'amant de cœur, désargenté, a toutes les raisons d'être inquiet:

> Je vous laisse à penser si votre amant, tendre et passionné comme il est, a pu entendre ces accablantes nouvelles sans voir tout ce qu'il avait à craindre pour son amour? Car il a trop d'esprit pour ne pas comprendre que l'autorité du bon vieux comte, de qui vous attendez et à qui vous devez toute votre fortune, est un terrible poids pour contrebalancer toute la tendresse, que vous pourriez avoir pour le cher comte[30].

La chambrière évoque la situation en termes de forces antagonistes, véhiculant un savoir sur les mécanismes sociaux non conforme à l'idéologie de la passion. Ce faisant, elle inscrit dans le texte une autre conception possible de l'amour[31].

Le babillage est exemplaire de ces paroles doubles, dont la fonctionnalité avouée par le narrateur et celle suggérée par le romancier ne coïncident pas, voire divergent. Le mutisme du personnage central et le babillage de son interlocuteur, les deux faces de la même situation de parole, renvoient à deux lectures du rapport entre parole et silence: le silence envisagé comme une coupure nette entre deux paroles antagonistes – le narrateur rejette la parole de l'autre dont il nie l'efficacité – ou comme un relais entre deux paroles complémentaires – le narrateur se rend stratégiquement muet pour faire servir la parole excessive à ses propres fins. Le babillage peut être interprété comme une interruption vide, une parole obstructive et parasite ou au contraire comme une parole éminemment fonctionnelle, qui vient s'inscrire dans les creux laissés par celle du narrateur et le contraint à se définir.

3. Lectures du silence

S'il est souvent le signe de la stupeur du narrateur, le silence ne fait pas uniquement office de parenthèse ou de coupure. Du point de vue de l'économie romanesque, c'est au contraire une zone fonctionnelle du texte, qui permet de maintenir une ambiguïté nécessaire à l'inscription de certaines paroles. A des moments critiques, le narrateur *doit* ne pas entendre: se murer dans le silence est donc une stratégie d'esquive permettant de ne pas prendre en compte la vérité du babillage.

---

[30] C.F. Lambert, *Mémoires et aventures d'une dame de qualité*, édition citée, p. 229.
[31] Pour inciter Gertrude à accepter le parti de son oncle, elle lui peint l'amour comme un goût éminemment changeant qui ne saurait servir de guide dans le choix d'un mari.

A. Le silence:
réaction au bruit ou expression d'une ambiguïté identitaire?

Le silence souligne en général le pathétique d'une situation, comme celui dans lequel s'emmure Marianne lorsqu'elle est confrontée à la mort[32]. Dans un autre registre, les interventions de Madame Dutour sont aussi entourées d'un silence de Marianne personnage qui les fait paraître, par contraste, encore plus tonitruantes. Lors du fameux épisode du cocher par exemple, Marianne laisse un long moment Madame Dutour seule en scène et, en dépit des appels réitérés de la lingère, elle ne profère aucune parole. Le même mutisme la frappe lors de l'irruption de madame Dutour dans la chambre de Mademoiselle de Fare.

Concevoir le silence comme une coupure c'est s'abandonner à l'interprétation suggérée par le narrateur. Il paraît plus intéressant de constater que le silence isole prudemment la parole hétérogène et babillarde qui se trouve donc tout aussi exclue du dialogue et détachée que les paroles vénérées ou diabolisées, étudiées précédemment. Loin de toujours signifier la perte de maîtrise du personnage central[33], le silence peut correspondre, dans certains cas, à une stratégie. Il forme un écran entre le narrateur et des questions auxquelles il ne veut ou ne peut pas répondre.

Cette fonction du silence apparaît de façon exemplaire dans la première partie de *La Vie de Marianne*. Un détail fait soudain découvrir à Madame Dutour que c'est Monsieur de Climal qui a acheté (à une autre marchande, c'est ce qui provoque la colère de la lingère) la totalité du linge de Marianne. Celle-ci en tire des conclusions:

> Mais *je vois bien ce que c'est*, ajouta-t-elle *en tirant l'étoffe de l'habit qui était dessous, pour la voir,* car sa colère n'interrompit point sa curiosité, qui est un mouvement chez les femmes qui va avec tout ce qu'elles ont dans l'esprit; *je vois bien ce que c'est*; je devine pourquoi on a voulu m'en faire accroire sur ce linge-là, mais je ne suis pas si bête qu'on le croit, je n'en dis pas davantage; remportez, remportez, pardi, le tour est joli[34]!

Pendant toute cette scène, Marianne reste muette. Ce silence est mis en valeur, non seulement par la longueur de la tirade de Madame Dutour,

---

[32] Béatrice Didier interprète le silence qui interrompt le discours de la sœur du curé comme la manifestation figurée du non-dit qui enveloppe la mort de la mère. Cf. *La Voix de Marianne*, Paris, Corti, 1987, p. 130.

[33] Cf. John Kristian Sanaker, *Le Discours mal apprivoisé, essai sur le dialogue de Marivaux*, Solum Forlag, Didier Erudition, 1987.

[34] *La Vie de Marianne*, p. 45, nos italiques.

mais aussi par la scénographie du passage. La lingère tire l'étoffe du *dessous* du paquet pour l'examiner, en un geste qui cherche à découvrir le dessous des choses, à éliminer un doute. La parole et le geste du tiers qu'elle représente visent à faire disparaître ou à réduire l'ambiguïté de la situation.

Dans la cinquième partie, chez Madame de Fare, un autre silence obstiné de Marianne est cette fois doublement commenté par la narratrice et ceux qui l'entourent:

> Eh! ma chère, qu'avez-vous donc? Vous ne me dites mot! s'écria Melle de Fare, étonnée de mon silence et de mon immobilité[35].
> En un mot comme en cent, qu'elle parle ou qu'elle ne parle pas, c'est Marianne; et quoi encore[36]?

Madame Dutour ponctue sa prise de parole de questions, d'interpellations adressées à Marianne[37] et qui réclament une réponse, mais elle ne rencontre que le silence médusé de la jeune fille. Cette stupeur a une indéniable vraisemblance psychologique. L'effet médusant est également lié à la révélation d'un décalage entre ce que le personnage prétend être et ce qu'il est, entre une image passée et une nouvelle image. Comme lors de l'incident de l'habit, la récurrence du tour présentatif («je vois bien ce que c'est» et «c'est Marianne») chez Madame Dutour souligne que sa parole s'ancre fortement dans la situation d'énonciation présente. Le silence du personnage central est lié à son refus momentané de combler l'écart entre son moi passé et son moi présent et de renoncer à une ambiguïté protectrice. De ce déchirement du personnage, sommé de s'expliquer sur la faille de son identité, procède son incapacité à répondre, c'est-à-dire, avant tout, à répondre de soi. L'anéantissement de la narratrice doit se comprendre littéralement: il en va effectivement de la destruction d'une identité bâtie sur un silence et une occultation.

Le silence du personnage est parfois redoublé par un assourdissement au niveau de la narration. La seule fois où la voix de Madame Dutour n'est pas retranscrite, c'est, comme nous l'avons vu, lors de la scène des adieux:

> Je supprime ici un détail que vous devinerez aisément; c'est ma petite cassette, pleine de mes hardes, que je ne pouvais pas porter moi-même,

---

[35] *La Vie de Marianne*, p. 263.

[36] *Ibid.*, p. 264.

[37] «dites-moi donc», «Contez-moi donc», «demandez-lui», «répondez-donc», «dites-donc», *Ibid.*, p. 264.

> et que j'envoyai prendre en haut par un homme qui s'était dévoué au service de tout le quartier, et qui se tenait d'ordinaire à deux pas du logis; ce sont mes adieux à Madame Dutour, qui me promit que le ballot et le billet pour Valville seraient remis à leur adresse en moins d'une heure; ce sont mille assurances que nous nous fîmes, cette bonne femme et moi; ce sont presque des pleurs de sa part, car elle ne pleura pas tout à fait, mais je croyais toujours qu'elle allait pleurer[38].

Cette parole, réduite à un sommaire par la tourière dans la troisième partie, fera, comme on sait, un retour fracassant dans la cinquième. Le traitement du passage confère à ces adieux quelque chose d'inachevé. Tout se passe comme si, par un effet de correspondance étrange entre le niveau de l'histoire et celui du récit, les adieux de Madame Dutour étaient nuls et non avenus parce qu'ils n'ont pas été retranscrits par le récit. De plus, la temporalité de la scène est problématique: l'épisode semble noyé dans un présent général à valeur d'abréviation et un imparfait difficile à interpréter[39]. L'imminence des larmes suspend en quelque sorte la scène des adieux pour donner au final l'impression d'une scène à la fois immobile et inachevée. Cette esquive de la temporalité rend le retour de Madame Dutour inévitable, comme si le passé mal raconté devait forcément faire retour. La lingère revient préciser ce qui avait été enseveli, à la fin de la troisième partie, dans le double silence de l'histoire et de la narration. En attendant, celui de la narration permet de ne pas retranscrire une parole qui eût explicité ce qui est, en fin de compte, pour Marianne, une bonne fortune.

Dans le silence auquel se heurte la parole de l'autre, on peut lire le maintien artificiel d'un équilibre ambigu et fragile, ainsi que la nécessité qu'il y aurait, pour répondre à cet autre dérangeant, de sortir d'une ambiguïté qui fonde l'identité du narrateur[40].

---

[38] *Ibid.*, p. 158.

[39] Voir J. Rousset: «Comment insérer le présent dans le récit: l'exemple de Marivaux.», *Littérature* n°5, 1972.

[40] Sur cette question, voir ce que dit J.P. Sermain de la stratégie d'*ambiguïsation* du roman-mémoires: «Par leur éloquence, l'orpheline et le paysan font comme si la question ne se posait pas, et ils évitent toujours soigneusement de mettre en évidence l'aspect matériel de leur réussite, leur enrichissement et leur ascension: ils en font des circonstances accidentelles de ce qu'ils présentent comme essentiel, la reconnaissance de leur mérite. Ce qui fait l'objet de leur demande, et constitue la condition même de leur énonciation (la position obtenue dans la société) se trouve mis au même plan que les *verba*: c'est au fond ce qu'il vaut mieux taire.», J-P. Sermain, «L'art du lieu commun chez Marivaux: l'opposition *res*/*verba* dans *La Vie de Marianne*», *R.H.L.F.* n°84 (6), 1984, p. 899. Ce non-dit, c'est de fait Madame Dutour qui le traduit en paroles.

B. La rêverie profonde ou le désengagement des âmes sensibles

Le silence a une autre fonction. L'ambiguïté qu'il maintient ne protège pas seulement l'identité du personnage, elle permet aussi de minimiser sa responsabilité dans des situations délicates, c'est-à-dire dans la réception de paroles embarrassantes.

Dans *Manon Lescaut*, Des Grieux se mure dans le silence dès qu'il est exposé à la parole infâme du frère de Manon. Ayant perdu tout l'argent gagné au jeu en trichant, le chevalier rend visite à Lescaut qui vient de conduire sa sœur auprès de M. de G…M…. Le narrateur cite Lescaut au style direct lorsqu'il lui explique le rôle de petit frère qu'il devra tenir dans une rouerie destinée à dépouiller un barbon amoureux. L'homme détaille tout le profit qu'ils vont pouvoir tirer tous trois de la prostitution de Manon. A ce propos, dénué d'ambiguïté, le chevalier réagit par un silence qui l'abstrait de la situation d'énonciation:

> Je m'assis en rêvant à cette bizarre disposition de mon sort. Je me trouvai dans un partage de sentiments, et par conséquent dans une incertitude si difficile à terminer, que je demeurai longtemps sans répondre à quantité de questions que Lescaut me faisait l'une sur l'autre. […] Monsieur Lescaut m'écriai-je en fermant les yeux comme pour écarter de si chagrinantes réflexions, si vous avez eu dessein de me servir[41] […].

La réception de la parole infâme est décrite comme une attitude de prostration et d'effacement: assis, les yeux fermés ou détournés de son interlocuteur, et surtout muré dans le silence, Des Grieux use de termes qui rappellent ceux employés par Marianne face à Madame Dutour[42]. Le rapprochement de ces deux passages, qui enregistrent une démission du narrateur devant la situation présente, illustre le fait que le silence du narrateur n'est pas forcément la conséquence d'une intrusion de la parole de l'autre mais qu'il en peut être la cause en permettant d'éviter la confrontation avec une parole dangereuse, parce qu'explicite. Dans le cas de Des Grieux, répondre à cette parole directe et brutale exigerait de sortir de l'ambiguïté qui protège son *ethos* de mémorialiste.

Dans les *Mémoires d'Anne-Marie de Moras*, la narratrice raconte comment elle s'est enfuie de son couvent pour obliger sa mère à la

---

[41] Prévost, *Histoire du chevalier des Grieux et de Manon Lescaut,* in *Mémoires et aventures,* édition des PUG, vol. 1 des *Œuvres de Prévost,* p. 388.

[42] «Je sentais tant de mouvements, tant de confusion, tant de dépit, que je ne savais par où commencer pour parler: c'était d'ailleurs une situation bien neuve pour moi que la mêlée où je me trouvais.», *La Vie de Marianne,* p. 45.

marier. Nous avons vu, dans le chapitre précédent, que la stratégie de justification de la narratrice est de faire porter apparemment tout le poids de ses fautes par les autres (sa mère, ses domestiques) et surtout par Etiennette Gauri, sa femme de chambre, présentée comme son mauvais ange. Dans cette entreprise de disculpation, le rôle du silence est prépondérant:

> Dès que je fus en pleine campagne, *je tombai dans une rêverie profonde: ma femme de chambre m'en tira.* 'Il n'est plus question mademoiselle, me dit-elle, de regarder derrière vous: allons en avant s'il vous plaît, et rassemblons tout notre courage, pour mettre à une heureuse fin notre aventure[43]. […].'

C'est au moment le plus périlleux du plaidoyer *pro domo* de la mémorialiste, lorsqu'elle raconte sa fuite hors du couvent, qu'intervient le cliché de la rêverie profonde[44]. La parole de l'autre qui la ramène au réel et l'incite à s'engager dans la mauvaise direction est désignée comme responsable du cours des événements. La rêverie profonde permet de suggérer les remords et les doutes du personnage sans les expliciter et sans mettre au jour ses contradictions.

Le motif du silence des héros tend d'ailleurs à devenir une facilité narrative qui évite à la narratrice de préciser ses intentions passées. Il est aussi un moyen commode de poursuivre une scène de tonalité libertine, tout en préservant la vertu de l'héroïne. Dans *La Vie de Marianne*, la narratrice maintient un silence ambigu face aux projets libertins de son faux dévot: le silence et la mauvaise compréhension du langage libertin autorisent Marianne à prolonger une situation qui lui rapporte un bel habit.

Ce qui caractérise Marianne par rapport à d'autres belles ambiguës est qu'elle explicite le fonctionnement de son silence, tandis qu'il n'est pas commenté par des héroïnes constamment attaquées et constamment vertueuses. Dans les *Mémoires de Cécile* de La Place, le comte de Beaubourg, amoureux de Cécile, voit ses déclarations successives se heurter à un silence obstiné de la narratrice:

> Il se tut enfin, paraissant attendre ma réponse; j'avais les yeux baissés, et je ne pensais pas que je dusse lui répondre, je profitai de son silence, et me levai à dessein de me retirer. Quoi! S'écria-t-il, cruelle Cécile,

---

[43] Mouhy, *Mémoires d'Anne-Marie de Moras, comtesse de Courbon*, La Haye, P. de Hondt, 1739, IV, p. 185, nos italiques.
[44] Mouhy a lu Marivaux: la fonction de diversion que revêt la parole de Madame Dutour et l'articulation entre le silence de la narratrice et la parole de l'autre ne lui ont pas échappé.

> pouvez-vous vous résoudre à me quitter de la sorte? Quoi, sans me dire un seul mot[45]?

Le comte triomphe de ce mutisme initial et obtient finalement une réponse de la jeune fille qui exprime son refus à travers la métaphore de l'incompétence linguistique. Lors de la seconde déclaration du comte, Cécile ne peut ignorer désormais ses intentions mais tous les moyens sont bons pour maintenir l'ambiguïté de la situation:

> Il attendait avec impatience une réponse que ma douleur, mon embarras et ma confusion ne me permettaient pas de faire si légèrement, et il allait continuer à me presser encore, quand le commandant de la Brigade entra dans la chambre sans s'être fait annoncer[46].

Cette opportune interruption permet à Cécile de ne pas trancher et au romancier de ne pas abandonner un malentendu intéressant parce que générateur d'intrigues et de discours libertins. De la même façon, le silence de la narratrice est une cheville narrative chez Mouhy qui ne prend presque jamais la peine de le justifier. Ainsi, l'héroïne des *Mémoires d'une fille de qualité*, Agnès, se mure systématiquement dans le silence aux moments critiques pour sa vertu. Qu'on lui adresse des propositions malhonnêtes («Ma vanité s'en trouvait humiliée, je me tus et ne répondis rien[47]», qu'un abbé corrupteur fasse irruption dans sa chambre («en un mot, j'étais immobile comme un terme: j'avais les yeux baissés, je n'avançais ni ne reculais, & je ne savais en aucune façon à quoi me déterminer»[48]), sa seule réaction est de copier l'aphasie de Marianne, sans qu'elle soit aussi bien motivée.

Cette façon de prolonger l'ambiguïté d'une conversation est caractéristique d'un type de roman qui s'attache à préserver la vertu de l'héroïne tout en faisant longuement parler le libertin. Dans des mémoires écrits par une première personne plus ou moins honnête, le personnage, grâce au silence, s'absente pour ainsi dire de sa propre histoire, à un moment où il est pris dans une situation gênante. Il s'ensuit une esquive analogue sur le plan du récit, puisque la confusion et le tumulte intérieur sont mis en relief. Le silence permet de la sorte d'éluder les questions embarrassantes posées par la parole de l'autre, au niveau de l'action, et la confusion des sentiments agit dans le même sens sur le plan de la narration. La démission dans l'histoire, motivée psychologiquement, permet

---

[45] La Place, *Mémoires de Cécile, première partie*, p. 86-87.
[46] *Ibid.,* deuxième partie, p. 94.
[47] Mouhy, *Mémoires d'une fille de qualité*, p. 157.
[48] *Ibid.,* p. 211

un évitement dans la narration. L'abondante glose sur le silence ne fait que redoubler le flou et l'ambiguïté de l'action narrée.

Les paroles qui véhiculent un discours et des valeurs rejetés par la narratrice sont de deux ordres: des paroles infâmes mais ridicules et aussitôt déclarées parasites ou bien des paroles dangereusement corruptrices que le héros feint de ne pas comprendre et auxquelles il ne fait pas de réponse. Dans les deux cas, la parole de l'autre reste sans commentaire. Le silence est *donné à lire* comme une conséquence du babillage, mais le romancier et le narrateur s'en servent comme d'un moyen de prolonger une ambiguïté, de se désengager de certaines situations et de faire entendre des paroles corruptrices qui glissent sur l'*ethos* vertueux d'un narrateur devenu obstinément sourd.

II. LA PAROLE DE L'AUTRE ET L'AUTRE VÉRITÉ

1. La parole des personnages latéraux comme miroir

Dans *Esthétique et théorie du roman*[49], Mikhaïl Bakhtine accorde une attention particulière à trois personnages de la littérature romanesque: le fripon, le bouffon et le sot. Selon le critique russe, ces figures archétypales de la littérature sont placées sous le signe de l'extériorité. En tant que figures de la marge, elles seraient l'expression d'une extériorisation de l'intime et leur fonction spécifique serait de refléter la vie d'autrui, elles-mêmes étant dépourvues d'une histoire individuelle. Elles refléteraient ce qui se passe au centre de la scène romanesque, non seulement en réfléchissant, comme un miroir fidèle ou déformant, une image des protagonistes, mais encore en explicitant la leçon et l'enseignement à tirer de leur histoire. Or, le roman-mémoires, du fait de sa concentration sur un individu, a un besoin particulier des propriétés réfléchissantes des figures des marges. Leur parole fait office de miroir.

A. *Un miroir qui ne ment pas*

Le *je* mémorialiste se sert des réactions que son apparence provoque sur son entourage pour transmettre à son lecteur une certaine image de soi. La parole de l'autre est ainsi utilisée pour relayer un certain nombre d'informations: la mémorialiste est d'une grande beauté, son apparence

---

[49] M. Bakhtine, *Esthétique et théorie du roman*, Gallimard, N.R.F., Paris, 1978.

émeut ses interlocuteurs et modifie leur jugement, elle a *l'air* d'une demoiselle de qualité, elle a *la mine* d'une honnête fille…

Chez Marivaux, l'objet-miroir est à la fois instrument de connaissance et moyen de son exposition. L'expérience de la coquette au miroir est transposée dans les romans et notamment dans *La Vie de Marianne,* où miroir et parole de l'autre fonctionnent conjointement[50]. Dans le dispositif du roman-mémoires, caractérisé par ses points aveugles, miroir et parole de l'autre viennent combler des lacunes dans l'information. Image dans le miroir et parole de l'autre permettent de contourner l'impossibilité d'être à la fois à l'intérieur et à l'extérieur de soi. Cette fonction commune est révélée par la contiguïté, dans les romans-mémoires, des scènes de personnages au miroir et des énoncés révélateurs. Le commentaire sur soi demeure cependant forcément plus suspect qu'un avis exprimé par un tiers.

La parole du mentor peut également servir à faire un portrait moral du narrateur. Dans les *Mémoires de Cécile* de La Place, plusieurs portraits de la narratrice faits par son mentor participent à la construction de son image. Outre les principes généraux sur la conduite à adopter pour son propre bien et celui de la société, le texte que le commandeur lègue à sa filleule contient des recommandations adaptées à la personnalité de Cécile, aux dangers qui la menacent, aux travers qui la fragilisent. Ces mises en garde dessinent ainsi son portrait en creux: la hauteur, l'humeur, la beauté, le désir de plaire, la soif de savoir. La caution morale du vieux commandeur confère un poids indiscutable à cette image de la narratrice. La narratrice confronte les deux images d'elle-même que lui tendent les paroles remémorées: le texte sévère de son mentor et les louanges du comte de Beaubourg sur sa beauté.

La possibilité de faire tenir par l'autre tel ou tel discours de *vérité* sur le mémorialiste dépend en outre du rapport de hiérarchie entre les deux interlocuteurs. Marivaux souligne la capacité révélatrice de la parole du peuple, pour peu que l'on prenne soin de dissimuler l'inégalité des conditions sous le masque du carnaval:

> Je connais un de mes amis, homme d'esprit et de bon sens, qui me disait un jour, en parlant du génie du peuple: le moyen le plus sûr de connaître ses défauts et ses vices serait de familiariser quelque temps avec lui et de lui chercher querelle après. On a trouvé l'invention de se voir le visage par les miroirs: une querelle avec le peuple serait la meilleure invention du monde pour se voir l'esprit et le corps ensemble.

---

[50] Voir M. Delon, «La femme au miroir», *Europe* n°74, 1996, p. 79-86.

> Une aimable fille, entendant parler ainsi mon ami nous dit, en badinant: tous mes amants me disent belle; ma glace et mon amour-propre m'en disent autant; mais pour en avoir le cœur net, quelque jour en carnaval, j'userai de l'invention dont vous parlez[51].

Cette réflexion sur la fonction herméneutique de la parole populaire s'intègre dans un montage énonciatif intéressant. La remarque du curieux, un peu philosophe et désireux de surprendre la parole du peuple pour mieux se connaître, correspond à une utilisation morale possible de ce miroir. En faisant suivre cela par le projet d'une coquette, qui veut, elle, se servir de cette parole pour flatter sa vanité de jolie femme, Marivaux indique que le miroir peut servir la vérité comme l'illusion.

B. Le petit miroir complaisant des coquettes

La fonction du discours de l'autre est bien de fournir une information qui importe à la narration mais que le personnage narrateur ne peut pas transmettre directement, par impossibilité physique ou défaut de crédibilité psychologique. Le discours de l'autre offre une possibilité de détour, nécessaire à la production d'un certain type de discours évaluatif.

Le témoignage direct de la narratrice sur elle-même se heurte en effet à un obstacle: il serait malséant – et le témoignage serait peu crédible – qu'une mémorialiste fasse elle-même l'article de ses charmes, quand bien même ils ne seraient que des souvenirs. La parole de l'autre vient donc souvent relayer le reflet de la coquette en son miroir:

> Mes compagnes m'ont entourée; elles m'embrassent, et se disent: mais voyez donc, ma sœur, comme elle est belle! Comme ce voile relève la blancheur de son teint! comme ce bandeau lui sied! Comme il lui arrondit le visage! Comme il étend ses joues! Comme cet habit fait valoir sa taille et ses bras!.. Je les écoutais à peine, j'étais désolée; cependant il faut que j'en convienne, quand je fus seule dans ma cellule, je me ressouvins de leurs flatteries; je ne pus m'empêcher de les vérifier à mon petit miroir, et il me sembla qu'elles n'étaient pas tout à fait déplacées[52].
> [...] j'essayai mon habit le plus modestement qu'il me fut possible, devant un petit miroir ingrat, qui ne me rendait que la moitié de ma figure; et ce que j'en voyais me paraissait bien piquant. [...] La Dutour me trouvait charmante[53].

[51] Lettres sur les habitants de Paris, in Journaux et œuvres diverses, éd. F. Deloffre et M. Gilot, Paris, Classiques Garnier, 1988, p. 13.
[52] D. Diderot, La Religieuse, Paris, Gallimard, R. Mauzi (ed.), 1972, p. 51.
[53] Marivaux, La Vie de Marianne, p. 49-50.

Marianne vérifie sur le visage des autres et à travers leurs paroles, présentes ici sous la forme d'un discours narrativisé de Madame Dutour, une conviction déjà acquise dans son petit miroir, tandis que Suzanne procède à la vérification inverse, en y allant chercher confirmation de ce qu'elle vient d'entendre dire d'elle. Elle passe par les autres pour se voir et se donner à voir[54]. Ce passage correspond aussi à un parti pris esthétique. Au théâtre, Diderot prône l'usage de tableaux expressifs, scènes immobiles exprimant avec force l'essentiel d'une situation. De même, le roman comporte une série de scènes décrites par l'effet qu'elles produisent sur leurs spectateurs:

> Mais je fus un spectacle bien touchant, il faut le croire, pour ma compagne et pour les deux religieuses qui survinrent.[…] Quand je me retournai de leur côté, mon visage avait sans doute un caractère bien imposant, si j'en juge par l'effet qu'il produisit sur elles et par ce qu'elles ajoutèrent: que je ressemblais alors à notre ancienne supérieure, lorsqu'elle nous consolait et que ma vue leur avait causé le même tressaillement[55].

L'effet produit sur les personnages, sur le marquis de Croisemare, destinataire supposé des mémoires, et sur le lecteur, n'est pas forcément de même nature. Mais l'édification des religieuses, le désir du marquis et le plaisir de la lecture se mêlent et se superposent, Diderot jouant sans cesse sur la présence-absence du désir pour la belle religieuse.

Les informations concernant l'aspect physique de la narratrice ne sont pas indifférentes aux intrigues des mémoires féminins, dans la mesure où la mémorialiste porte témoignage d'un destin marqué par une réussite, une ascension ou, au contraire, une chute, où la beauté joue presque toujours un rôle déterminant. La coquetterie transpose le rapport de séduction sur la relation de la narratrice avec son ou sa narrataire, et au-delà, avec son lecteur. La religieuse de Diderot veut séduire le marquis de Croisemare, Marianne témoigner du temps glorieux de sa beauté aux yeux de sa vieille amie et, dans les *Mémoires d'une fille de qualité qui ne s'est point retirée du monde* (1747) de Mouhy, Agnès susciter la bienveillance de sa dédicataire. Le rapport de séduction colore de fait la plupart des situations de communication fictives qui encadrent les mémoires et il se communique forcément en quelque façon à la relation dans laquelle sont pris le romancier et son lecteur.

Dans le roman à la première personne, tout portrait est focalisé. Les portraits filtrés par le point de vue d'un être amoureux construisent donc la

---

[54] Voir R. Kempf, *Diderot et le roman ou le démon de la présence,* Paris, Seuil, 1964, p. 227.
[55] D. Diderot, *op.cit.,* p. 111.

mémorialiste comme un objet de désir. Le portrait de la narratrice de *La Religieuse* est ainsi informé par le désir de la supérieure de Sainte-Eutrope:

> Elle trouvait que j'avais l'haleine pure, les dents blanches, et les lèvres fraîches et vermeilles. En vérité, je serais bien belle si je méritais la plus petite partie des éloges qu'elle me donnait; si c'était mon front il était blanc, uni et d'une forme charmante; si c'étaient mes joues, elles étaient vermeilles et douces, si c'étaient mes mains, elles étaient petites et potelées; si c'était ma gorge, elle était d'une fermeté de pierre et d'une forme admirable; si c'étaient mes bras, il était impossible de les avoir mieux tournés et plus ronds; si c'était mon cou, aucune des sœurs ne l'avait mieux fait et d'une beauté plus exquise et plus rare; que sais-je tout ce qu'elle me disait! Il y avait bien quelque chose de vrai dans ses louanges; j'en rabattais beaucoup mais non pas tout[56].

Suzanne adresse ainsi l'inventaire de ses charmes au marquis de Croismare, dont elle espère les secours, et au lecteur de Diderot. La coquetterie de Suzanne est cependant atténuée dans la mesure où les paroles laudatives ne sont présentes qu'au style indirect. Mouhy exhibe au contraire l'artifice du relais par la parole de l'autre et le recours au procédé s'accompagne d'une certaine mauvaise conscience:

> Dès que la femme de chambre fut descendue jusqu'à nous elle baisa les mains de ma mère, la prit sous le bras, et lui dit qu'elle était bien heureuse de recevoir en ce jour tant d'honneur. Elle se tourna ensuite vers moi avec un air de surprise, et demanda à ma mère si j'étais mademoiselle Agnès. Ah, mon Dieu s'écria-t-elle après que ma mère lui eut répondu, qu'elle est grande! qu'elle est belle! Se peut-il qu'en quatre ans on change à ce point? Cette fille avait raison, à l'âge de dix ans j'étais une laideron, et il n'y avait pas d'apparence que je fusse jamais autre à douze: mes traits avaient commencé à changer, une maladie fort longue avait fait le miracle, et à quatorze ans que j'avais alors, j'étais embellie de manière que je pouvais le disputer aux belles de mon âge. C'est moins par vanité que pour justifier l'étonnement de cette fille, que j'ai donné l'essor au petit amour-propre; en cas que j'ai mal fait, princesse, je vous en demande pardon, une autre fois je serai sur mes gardes, je parlerai de moi plus modestement[57].

Les justifications et les excuses de la narratrice révèlent que le relais par la parole de l'autre n'est ici qu'une commodité de la narration. Malgré la distance de Mouhy par rapport au procédé[58], il ne laisse pas de l'utiliser car la parole domestique présente l'intérêt d'être indiscrète et

---

[56] *Ibid.,* p. 193.

[57] C. Fieux de Mouhy, *Mémoires d'une fille de qualité,* édition citée, p. 22.

[58] Cet emploi en mention des procédés et des clichés se retrouve dans tous les romans de Mouhy et il constitue l'une des caractéristiques de sa poétique.

sensible aux moindres variations du personnage. Le domestique sert de mémoire et ses réactions rappellent au personnage central ce qu'il était, ce qu'il n'est plus, les ruptures de son destin, les changements que le passage du temps ou les vicissitudes de l'existence ont imprimés sur son visage et sur son corps.

La parole de l'autre rappelle aussi au narrateur primaire la nécessité d'une fidélité à soi dans la durée et d'une continuité de son histoire. Cette parole fait donc le lien entre les différentes strates du passé, elle autorise une certaine profondeur temporelle. A la discontinuité dans laquelle se cantonnent les narrateurs qui oublient volontiers l'ensemble du passé pour en isoler certains fragments, la parole de l'autre oppose une exigence de continuité en imposant, parfois, au personnage en devenir de se considérer *en entier* dans le miroir.

C. Un miroir social inquiétant

Souvent envisagé comme le moyen d'entendre une parole vraie sur soi, la parole de l'autre ne garantit pourtant pas un reflet fidèle. Aussi bien, elle se fait l'écho de rapports sociaux et de tensions. La parole populaire objective évoquée par les *Lettres sur les habitants de Paris* émane d'une situation construite, puisque la coquette de Marivaux précise qu'elle devra être protégée par un masque. Le «naturel» populaire est donc obtenu par le biais d'un dispositif hautement artificiel.

La parole populaire peut certes révéler à la personne son «vrai» visage en dépouillant le regard de l'observateur des faux-semblants et des convenances qui l'obscurcissent mais le dispositif herméneutique imaginé présente deux inconvénients: d'une part, cet écho ne confirme pas forcément les louanges formulées dans le cadre contraint d'une sociabilité polie et de rapports de force, et d'autre part la parole du peuple peut être elle aussi brouillée par d'autres considérations. La parole populaire est donc un miroir dont l'utilisation n'est pas complètement maîtrisable.

Le romancier peut ainsi jouer de la violence[59] d'une parole qui contredit l'image que le mémorialiste veut donner de lui-même. La parole de

---

[59] «Une femme ne s'alarme pas de s'entendre dire un bon gros mot, elle y est faite en temps de paix comme en temps de guerre; le mari de son côté n'est point surpris d'une réplique brutale, ses oreilles n'y trouvent rien d'étrange; le coup de poing seulement avertit que la querelle est sérieuse; et leur façon de parler en est toujours si voisine, que ce coup de poing ne fait pas un grand dérangement.», *Lettres sur les habitants de Paris*, *Journaux et œuvres diverses*, édition de F. Deloffre et M. Gilot, Paris, Classiques Garnier, 1988, Chapitre 1, p. 11.

Madame Dutour illustre le fait que la parole de l'autre est une arme à double tranchant. Dans nos précédentes analyses du discours de la tourière et de la scène chez Madame de Fare, nous avons montré que la parole populaire est en elle-même neutre et que seules les conditions de son énonciation font d'elle une parole néfaste ou positive, fidèle ou déformante. Contrôlée et bénéfique une première fois dans le cas du rapport de la tourière, la même parole est néfaste et incontrôlable dans la chambre de Mademoiselle de Fare[60].

Les paroles populaires sont potentiellement dangereuses du fait que ceux qui les profèrent n'ont pas la maîtrise polie des honnêtes gens[61]. Dans les *Mémoires d'une fille de qualité* de Mouhy, l'image que l'héroïne voit dans son miroir se double de celle que lui renvoie l'autre subalterne. Sa bâtardise ayant été révélée à son père légal, elle éprouve le besoin de modifier son apparence, afin qu'elle reflète son déclassement:

> Pour faire décemment [cette visite] et selon mon nouvel état, je demandai la robe la plus simple: moi qui étais accoutumée à me parer extraordinairement, je supprimai jusqu'aux mouches. Ce changement me coûta. Quoique je fusse toujours la même, je ne pus me présenter devant une glace sans soupirer intérieurement de me voir si différente de ce que j'étais ordinairement. La remarque que ma femme de chambre fit à ce sujet, en se récriant sur ma nouvelle manière de me mettre, fut un coup de poignard qui me fut d'une sensibilité extrême[62].

Tandis que l'image dans le miroir suscite un vague regret du rang perdu, celle renvoyée par la domestique est qualifiée de «coup de poignard». La vigueur de l'expression révèle la façon dont la parole de l'autre entérine le changement d'apparence. La matérialisation de l'absence de légitimité (et donc de droit à l'héritage) est transformée en humiliation par le commentaire de la domestique. Il reste que la mémorialiste circonscrit considérablement, dans ce passage, l'effet de la parole de l'autre, en la laissant dans le flou d'un discours narrativisé: observons là encore que le métalangage se fait d'autant plus énergique que la lettre n'est pas rapportée.

---

[60] Sur le difficile contrôle de la parole du peuple: «Sa malice lui fournit des moyens de nuire, que l'homme d'esprit n'imaginerait jamais. Tel est le pathétique de ses discours, qu'il laisse, parmi les plus honnêtes gens et les meilleurs esprits, une opinion de bien ou de mal, pour ou contre vous, qui ne manque pas de vous servir ou de vous nuire.» *Ibid.*, p. 10.

[61] Les domestiques se caractérisent par un certain bilinguisme culturel: tantôt ils parlent comme leurs maîtres, tantôt comme le peuple, cf. D. Roche: «Les domestiques comme intermédiaires culturels» in *Les Intermédiaires culturels*, Aix-en Provence, 1978, p. 189-202.

[62] Mouhy, *Mémoires d'une fille de qualité qui ne s'est point retirée du monde*, p. 55

Dans certains cas, la parole de l'autre donne voix à l'ironie de l'auteur envers son mémorialiste. Dans les *Mémoires d'un bourgeois qui s'est avancé dans le monde*, Digard de Kerguette imagine un dispositif complexe. Le narrateur, nommé Du Courci, est sur le point de servir de dupe à une fausse prude qu'il courtise. Son ami, l'abbé Dupré, découvre le complot qui se trame en interrogeant la femme de chambre de la maison et rapporte alors à Du Courci ce qu'elle a dit de la piètre générosité de Du Courci envers la maisonnée. Le compte rendu que fait l'abbé de son enquête s'achève sur une parole rapportée de la servante:

> Bon, s'est-elle écriée! Il semble n'y pas penser devant nous; je croyais que c'était par discrétion, je vois bien que ce n'est que par avarice puisqu'il vous en a parlé. Il ne m'a jamais rien donné. Jusqu'à présent même sa maîtresse n'en a reçu que des bagatelles: mais patience, il lui donnera bientôt plus qu'il ne croit, et je serai bien maladroite, si je ne sais pas en tirer ma bonne part. Sans savoir ce qu'elle entendait j'ai feint d'en être instruit, et lui ai dit qu'il n'y avait pas grand mal de vous faire dupe, et qu'on n'aurait pas beaucoup de peine, parce que vous n'étiez pas des plus fins[63].

A travers le dialogue rapporté entre la servante et l'abbé, le texte fait surgir une image peu flatteuse du narrateur: un avare doublé d'un sot face à une femme plus rusée que lui. Grâce à ce jeu d'échos, Digard de Kerguette dispose dans le texte plusieurs images du narrateur, sans préciser laquelle est la plus pertinente. Entre les mains d'un romancier ironique, le miroir du discours de l'autre permet ainsi d'insérer des images qui viennent miner l'image de soi globalement positive que s'efforce d'imposer le narrateur des mémoires.

Enfin, l'intimité avec les domestiques n'est pas exempte de risques. C'est sans doute le sens que l'on peut donner aux diverses représentations et mentions de paroles somnambules. La circulation de paroles entre les maîtres et les domestiques est dépeinte de façon ambivalente et, dans les *Mémoires d'une fille de qualité* (1747), Mouhy met implicitement en garde contre les dangers, du point de vue des maîtres, d'une trop grande intimité avec les domestiques. La narratrice raconte comment sa femme de chambre a surpris son secret en saisissant les paroles qui lui ont échappé pendant son sommeil[64]. La parole somnambule serait ainsi une

---

[63] Digard de Kerguette, *Mémoires d'un bourgeois qui s'est avancé dans le monde*, édition citée, p. 220.

[64] *Mémoires d'une fille de qualité*, p. 75. Tout cela n'est d'ailleurs qu'un stratagème car c'est le père d'Agnès qui a informé Babet. Encore un exemple d'une représentation de paroles fausses mais parfaitement efficaces.

modalité des paroles adressées imprudemment par les maîtres à leurs serviteurs et échappant, de ce fait, aux contraintes sociales, aux stratégies et
aux bienséances.

2. Fonction définitoire de la parole de l'autre

A. *La définition de soi par l'autre*

Les paroles des autres personnages fonctionnent comme des points de
repère dans la construction d'un portrait du narrateur. Dans les *Mémoires
d'une fille de qualité* (1747) de Mouhy, plusieurs locutrices permettent à
la narratrice d'élaborer son portrait moral en lui tendant des images en
négatif de ce qu'elle prétend être. Ce sont principalement les conversations d'Agnès avec Babet, la fille du concierge et avec Madame Séverin,
une voisine, qui donnent occasion à la narratrice de délimiter les contours
énonciatifs et psychologiques de son propre personnage[65]. Les différents
traits tendent ainsi à se distribuer sur deux personnages antithétiques:

> Elle était de deux ans plus âgée que moi, c'était la fille d'un concierge
> d'un des châteaux de M. de Saint Preuil: elle avait été élevée dans un
> Couvent à Paris; mais loin que le Cloître lui eut inspiré cette décence
> et cette retenue si convenables à une fille, elle était sémillante, volage,
> étourdie, & quelquefois un peu trop libre dans ses paroles: cependant
> malgré ses défauts que je reconnus d'abord, je ne pus m'empêcher de
> l'aimer et de m'y attacher. Elle avait l'art de m'amuser. Je suis née un
> peu triste […][66].

La tristesse d'Agnès n'est mentionnée de fait que lors du surgissement
dans le texte d'un personnage secondaire. Les personnages centraux sont
ainsi volontiers définis par leur situation au sein d'un couple de personnages distingués avant tout par leur type énonciatif: parole abondante/
rare, joyeuse/sérieuse, précieuse/grossière[67], etc. Le procédé est fréquent,
parfois accentué jusqu'à la caricature. Le couple antithétique formé par
le narrateur et son valet ou un compagnon légèrement subalterne se
ramène souvent à une confrontation de deux types de paroles: Fabricio

---

[65] Outre le statut du personnage chez Mouhy, les métamorphoses de Madame Séverin
illustrent la définition relative des personnages: lorsqu'elle sert à définir Agnès, elle est
une jeune voisine joviale, lorsqu'elle est considérée par rapport à sa fille, elle se transforme
en une marâtre aigrie.

[66] Mouhy, *Mémoires d'une fille de qualité qui ne s'est point retirée du monde*, Amsterdam, 1747, p. 70.

[67] Dans *L'Infortuné Français ou les Mémoires et aventures du marquis de Courtanges,*
un roman anonyme de 1752, la différence de contenu et de tonalité entre les deux protagonistes ne se traduit nullement par une différence stylistique.

et Don Antonio dans les *Aventures de Don Antonio de Buffalis* de La Barre de Beaumarchais (1722), Gertrude la narratrice et Christine, sa confidente, dans les *Mémoires et aventures d'une dame de qualité* (1739) de l'abbé Lambert, le chevalier de Ravanne et le chevalier d'Arcis dans les *Mémoires du chevalier de Ravanne* (1740) de Jacques de Varenne, la narratrice et Bernon, sa femme de chambre, dans les *Mémoires d'une honnête femme* (1753) de Chevrier, etc., ne sont définis que l'un par rapport à l'autre, selon une répartition des sèmes qui ne varie guère: le subalterne est un bavard indiscret, la parole du narrateur est plus mesurée. La parole de l'autre se réduit donc dans de nombreux romans à une pure différence et fonctionne alors comme un signe arbitraire, sans être investie par une volonté de rendre une quelconque altérité stylistique ou psychologique.

Il arrive que le narrateur joue explicitement de cette fonction définitoire de la parole de l'autre. Dans l'*Histoire de Gogo* (1739), la narratrice manipule la parole de sa domestique, Javotte, et fait part du détail de ses manœuvres au lecteur. Pleurant la perte de son premier amant, Gogo est tentée de mettre fin à une abstinence sexuelle qui lui pèse, en séduisant un jeune homme. Un long monologue, reflet de ses débats intérieurs, lui permet d'endosser provisoirement la fragile image morale qu'elle vient de se forger:

> Hé bien, je fis comme toutes celles qui raisonnent ainsi. Après m'être persuadée que je triompherais de ma nouvelle passion, il me tardait de le persuader à Javotte, non pas qu'elle en fût informée; mais je connaissais si fort la vicissitude des choses humaines, et combien il était dans l'ordre des possibles qu'il en fût autrement, que je mourrais de peur qu'elle n'apprît ma défaite, avant d'avoir entendu parler de mes combats, et je sentais que je n'avais point de temps à perdre; cela me rendait rêveuse, elle m'en demanda la cause, je l'imputai à ma chute, dont je craignais disais-je, quelques fâcheuses suites. Vraiment dit-elle, vous le mériteriez bien. [...] d'ailleurs, reprit-elle, vous êtes si farouche que personne n'ose vous offrir le bras, vous voyez pourtant que je tombe avec vous. Mon Dieu, lui dis-je, tu as tort de me parler ainsi, je ne demanderais pas mieux que de vivre autrement; car enfin je sens que je me consume; mais cependant, qui veux-tu que je voye? car tu sais que si l'on voit un ou plusieurs hommes, la médisance en fait aussitôt un ou plusieurs amants. Hé, l'on se met au-dessus, repartit-elle, et l'on en voit, et l'on se fait accompagner et quelquefois cela tourne à mieux. Hé bien, repris-je, je suivrai tes conseils[68].

---

[68] *Histoire de Gogo*, [s.l], II, p. 65.

La narratrice se hâte de projeter une image vertueuse, avant de la mettre à mal, et se fait un jeu de sa propre mauvaise foi. L'image de soi n'ayant d'existence qu'à travers le regard d'un autre, Gogo s'arrange pour faire prononcer à Javotte un discours qui la disculpe par avance. Après avoir passé en revue tous les hommes de la maison, Javotte songe enfin à Bonnival, sur lequel la narratrice a jeté son dévolu, et conseille à sa maîtresse de le séduire :

> Elle acheva de me déconcerter, je ne doutai point que je ne me fusse trop livrée; j'avais craint les reproches, et fus piquée de ne rencontrer que des encouragements, auxquels je ne l'avais cependant que trop enhardie. Je crus ne pouvoir les réprimer qu'en affectant quelques dehors de vertu; je m'en parai donc d'une façon qui n'était point désespérante. Elle continua à me fait son éloge, moi celui de la vertu; et tout en lui disant de ne m'en plus parler, j'eus le plaisir toute la soirée de ne parler d'autre chose[69].

La rhétorique de la narratrice tourne autour de la question du degré de vertu qu'il convient d'afficher pour permettre à l'autre de tenir le discours attendu. Des explications de Gogo se dégage l'idée que la *bonne* parole de l'autre n'est autre que celle que l'on désire entendre.

B. *Une injonction à se définir*

La parole de l'autre n'est pas toujours manipulée par le héros-narrateur. Elle peut aussi le contraindre à envisager une certaine image de soi. Le personnage secondaire joue ainsi souvent un rôle de repoussoir dans la mesure où il force le narrateur à réagir à un ensemble de traits définitoires. Dans *Fanfiche* (1748) de Gimat de Bonneval, ce mécanisme de définition négative est rendu particulièrement visible par une invraisemblance psychologique. Fanfiche, fille d'une bouquetière et d'un savetier, débute dans la carrière de courtisane en acceptant, sans joie ni révolte, d'être la maîtresse d'un financier. Elle s'enfuit pour devenir celle de M. de Sainte-Luce qui lui dispense une éducation et lui transmet sa culture, puis le quitte pour suivre un maître à danser. La narratrice n'est donc déjà plus une ingénue quand elle rencontre la Nougaline, une entremetteuse qui lui propose de la mettre en relation avec un riche amant. Contre toute attente, la narratrice refuse et adopte la posture morale et le discours d'une ingénue. Le personnage a, à cet endroit du texte, un sursaut de vertu qui déplace, de façon spectaculaire, le point fixe de son énonciation. Cette

---

[69] *Ibid.*, II, p. 70.

réaction est d'autant moins ancrée dans le personnage que Fanfiche sera ensuite la maîtresse d'un prêtre et que cette prise de position ne correspond donc pas à une brusque conversion morale. La citation directe du discours de la Nougaline entérine un glissement du système axiologique du roman: la vieille entremetteuse étant la porte-parole d'un libertinage cynique, le personnage principal peut se décentrer vers un autre type de libertinage, malheureux et honteux[70]. Le discours de savoir sur le monde que fait entendre la Nougaline rejoint les justifications de la narratrice au début de ses mémoires, puisqu'elle définit les principes de la morale comme des préjugés dont seuls les riches peuvent s'embarrasser[71].

Dans un premier temps, Fanfiche refuse d'entendre la Nougaline, ce qui se traduit par une ellipse au niveau de la narration («Ce composé de tout ce qu'il y a de plus méprisable me fit horreur, et je refusai de l'entendre.», II, p. 85), mais finalement cette dernière parvient à faire entendre ses arguments en faveur du libertinage, envisagé comme un plaisir et surtout comme une nécessité, en un discours retranscrit au style direct:

> Telle est la vie du monde d'aujourd'hui, et vouloir la réformer c'est s'exposer au sifflet de ce qu'il y a de mieux. [...][72]. Ce que je vous dis là, poursuivit-elle vous paraît inconcevable, je le vois à la mine que vous me faites; il n'y a cependant, je puis vous l'assurer, vous le prouver même, qu'un peu de singularité.
> Le portrait qu'elle venait de me faire d'une vie aussi licencieuse me poussa à bout. Je lui déclarai si nettement qu'elle eut à me laisser tranquille. Vous ne gagnerez rien auprès de moi, lui dis-je, retirez-vous, je vous méprise trop pour continuer à vous répondre[73].

Le plaidoyer de la vie licencieuse que prononce la Nougaline contraint la narratrice à se définir parce qu'elle fait un système de ce qui n'était jusqu'alors qu'une pratique. Fanfiche se détermine par opposition à l'image d'elle-même que lui renvoie son interlocutrice. La parole de l'autre théorise et généralise, elle propose une vision de l'extérieur d'une expérience vécue et racontée de l'intérieur dans le roman-mémoires.

La Vie de Marianne offre une version plus complexe de ce processus de définition par différenciation. Marianne vient de raconter comment

---

[70] Gimat de Bonneval, *Fanfiche ou les Mémoires de Mademoiselle de****, A peine, 1748, II, p. 86-87.

[71] *Ibid.*, II, p. 84-85.

[72] Elle détaille dans ce passage les avantages et les inconvénients d'avoir deux amants en même temps.

[73] Gimat de Bonneval, *op. cit,* II, p. 88-89.

elle a reçu les conseils de sa mère adoptive agonisante et les réflexions que ce souvenir lui inspire sous-entendent qu'elle n'a pas adopté la conduite à la fois rationnelle et morale qui lui était recommandée:

> Venons maintenant à l'usage que j'en ai fait. Que de folies je vais bientôt vous dire! Faut-il qu'on ne soit sage que quand il n'y a point de mérite à l'être! Que veut-on dire en parlant de quelqu'un, quand on dit qu'il est en âge de raison? C'est mal parler: cet âge de raison est bien plutôt l'âge de la folie. Quand cette raison nous est venue, nous l'avons comme un bijou d'une grande beauté, que nous regardons souvent, que nous estimons beaucoup, mais que nous ne mettons jamais en œuvre. Souffrez mes petites réflexions; j'en ferai toujours quelqu'une en passant: mes faiblesses m'ont bien acquis le droit d'en faire. Poursuivons[74].

Or, la suite de ses aventures prouve au contraire qu'elle a su, à un moment, intégrer ces préceptes en mettant à profit, avec discrétion, son image vertueuse et sa réputation. D'abord en persuadant Valville de sa vertu, ensuite et surtout, en convainquant Madame de Miran que sa conduite n'était pas dictée par l'intérêt, incitant celle-ci à en faire sa fille adoptive, sans que la question économique fût évoquée entre elles. Cet écart entre la mise en pratique effective des paroles de la sœur du curé et le discours encadrant de Marianne qui prétend ne pas les avoir prises en compte, oblige à supposer que Marianne ne s'approprie pas immédiatement leur contenu. Or, c'est la parole disqualifiée de Madame Dutour qui joue un rôle de médiation déterminant dans l'intériorisation par Marianne des paroles de sagesse de la sœur du curé, paroles que nous avions, comme le texte lui-même, laissées en suspens.

En effet, l'inachèvement et la non-interprétation des paroles sacrées sont en quelque sorte corrigés par les propos de Madame Dutour qui contraignent Marianne à prendre position et à préciser la conception de la vertu dans laquelle elle se reconnaît. Leurs face à face sont caractérisés par un processus de définition par différenciation, qui modèle Marianne personnage, mais aussi Marianne narratrice. Quand Madame Dutour se pose en exemple et se met mentalement *à la place* de Marianne, celle-ci se raidit et prend une position nette à l'égard du projet de libertinage dans lequel Climal est en train de l'engager:

> Tenez, Marianne, à votre place, je sais bien comment je ferais; car puisque vous êtes une pauvre fille qui n'avez pas seulement la consolation d'avoir des parents, je prendrais d'abord tout ce que M. de Climal me donnerait, j'en tirerais tout ce que je pourrais: je ne l'aimerais pas, moi, je m'en garderais bien; [...] Oh! S'il me venait un dévot qui

---

[74] Marivaux, *La Vie de Marianne*, p. 21.

> m'en contât, il me ferait des présents jusqu'à la fin du monde avant que
> je lui dise: arrêtez-vous[75]!

Le détail du texte révèle un glissement de perspective progressif, illustré par l'énallage grammaticale du *vous* au *je*. Ce court récit au conditionnel par lequel Madame Dutour prend la place de Marianne déclenche chez la narratrice une opération de distinguo, précisément parce que l'image d'une Marianne s'accommodant avec les règles de l'honneur, comme une madame Dutour, lui est insupportable. A l'issue de l'épisode du paquet découvert qui provoque une mise au point, à la fin de la première partie, et une exposition des valeurs et principes de Madame Dutour *et* de Marianne, la lingère profère une parole de sagesse présentée comme négative par la narratrice. La double exclusive négative redouble presque systématiquement toutes les déclarations de Marianne à propos de son interlocutrice et elle est le signe d'une volonté de la narratrice de se mettre à double distance de l'image complaisante du vice que lui tend la marchande:

> Pour moi, j'avais le caractère trop vrai pour me conduire de cette manière-là; je ne voulais ni faire le mal, ni sembler le promettre[76].
> De son côté, elle aurait été bien aise que ma pension eût duré longtemps, et que nous eussions fait quelques petits cadeaux ensemble de l'argent de M. de Climal: c'était ainsi qu'elle s'en expliquait en riant; car la bonne femme était gourmande et intéressée, et moi je n'étais ni l'un ni l'autre[77].

Cette entreprise de distinction se manifeste aussi dans le montage des paragraphes de la page 48 qui présente un mouvement de va-et-vient entre le sujet et l'autre, entre l'identité sous laquelle Marianne veut être reconnue et Madame Dutour: «La naïveté et l'affection avec laquelle Mme Dutour …»; «Toute jeune que j'étais, je n'approuvais point intérieurement…»; «Pour moi, j'avais le caractère trop vrai pour me conduire de cette manière-là…»; «Ainsi je secouai la tête à tous les discours de Mme Dutour». Marianne détermine ses propres repères moraux en inversant ceux de Madame Dutour, qui vient de donner sa lecture de la situation. L'image de Marianne se construit donc dans ce face à face avec l'autre.

Cette dernière ne fait que reprendre les termes d'une casuistique développée intérieurement par le personnage et mise en pratique: Marianne a

---

[75] *Ibid.*, p. 47-48.
[76] *Ibid.*, p. 48.
[77] *Ibid.*, p. 48.

effectivement laissé planer une ambiguïté sur les termes du marché proposé implicitement par Climal et fuit le plus longtemps possible toute explicitation de ses termes. Madame Dutour s'efforce de tenir le discours qui correspond, selon elle, à ce que pense Marianne, à partir de ce qui est visible: les présents sont trop beaux et trop chers pour procéder de la seule charité, Marianne les accepte pourtant. De fait, par la bouche de Madame Dutour, la conduite effective, visible, de Marianne est verbalisée, alors que sa position n'était tenable que grâce à la confusion prolongée de ses réflexions et de son discours intérieur[78]:

> Je consultais donc en moi-même ce que j'avais à faire; et à présent que j'y pense, je crois que je ne consultais que pour perdre du temps: j'assemblais je ne sais combien de réflexions dans mon esprit; je me taillais de la besogne, afin que, dans la confusion de mes pensées, j'eusse plus de peine à prendre mon parti, et que mon indétermination en fût plus excusable. Par là je retardais une rupture avec M. de Climal, et je gardais ce qu'il me donnait[79].

La marchande explicite le marchandage intérieur auquel Marianne s'est livrée pour retirer un profit maximal de l'amour de Climal. Elle le fait en des termes qui accentuent le désir de posséder qui sous-tend le procédé:

> Tenez Marianne, me disait-elle, à votre place je sais bien comment je ferais; car, puisque vous ne possédez rien, et que vous êtes une pauvre fille qui n'avez pas seulement la consolation d'avoir des parents, je prendrais d'abord tout ce que M. de Climal me donnerait, j'en tirerais tout ce que je pourrais: je ne l'aimerais pas, moi, je m'en garderais bien: l'honneur doit marcher le premier et je ne suis pas femme à dire autrement, vous l'avez bien vu; en un mot comme en mille, tournez tant qu'il vous plaira, il n'y a rien de tel que d'être sage, et je mourrai dans cet avis. Mais ce n'est pas à dire qu'il faille jeter ce qui nous vient trouver; il y a moyen d'accommoder tout dans la vie. Par exemple, voilà vous et M. de Climal; eh bien! faut-il lui dire: allez-vous en? Non, assurément: il vous aime, ce n'est pas votre faute, tous ces bigots n'en font point d'autres. Laissez-le aimer, et que chacun réponde pour soi. Il vous achète des nippes, prenez toujours, puisqu'elles sont payées; s'il vous donne de l'argent, ne faites pas la sotte, et tendez la main bien honnêtement, ce n'est pas à vous à faire la glorieuse. S'il vous demande de l'amour, allons doucement ici, jouez d'adresse, et dites-lui que cela viendra; promettre et tenir mène les gens bien loin[80].

---

[78] Sur le processus d'«ambiguïsation» des discours incompatibles, voir l'article de J-P. Sermain, «L'art du lieu commun chez Marivaux: l'opposition *res/verba* dans *La Vie de Marianne*», RHLF n°84 (6), 1984, p. 891-900.

[79] Marivaux, *La Vie de Marianne*, p. 39.

[80] *Ibid.*, p. 47.

Après avoir longuement cité la lingère, Marianne met à bonne distance ironique ses leçons de morale. Elle développe alors une réflexion morale de portée générale saturée de termes axiologiques vigoureux («lâches maximes», «honteux», «infâmes», «je haïssais la fourberie, de quelque espèce qu'elle fût, surtout celle-ci, dont le motif était d'une bassesse qui me faisait horreur»), multiplie les verbes de jugement prenant position contre Madame Dutour et ses principes («je crois», «je ne pense pas», «j'estime»), invite enfin sa narrataire à partager son sentiment à l'aide d'une question oratoire («N'êtes-vous pas de mon sentiment?», p. 48).

Tout le passage se caractérise par une surenchère («dans les marchés, même infâmes, le plus infâme de tous», «de quelque espèce qu'elle fût, surtout celle-ci») et par l'établissement d'une échelle axiologique sur laquelle Marianne peut se situer («je l'estime encore plus honteux que», «j'avais le caractère trop vrai pour»). A l'aune des principes prônés par sa première mère adoptive et en s'opposant à l'interprétation de Madame Dutour, la narratrice dégage sa position morale: «Toute jeune que j'étais, je n'approuvais pas intérieurement ce qu'elle me disait.», (p. 48).

La parole de la marchande fonctionne donc comme un principe d'extériorisation, mais, à la différence de ce qui se passe, par exemple, dans *Fanfiche*, la définition morale du personnage principal ne passe pas par un dialogue. Le romancier évite au contraire la confrontation et laisse les paroles de Madame Dutour se déployer dans le vide et la prise de conscience de Marianne se cantonner dans l'espace de son discours intérieur et de ses réflexions. Au dialogue avec Madame Dutour, Marianne substitue celui avec la destinataire de ses lettres.

Ce jeu de va et vient entre le discours intérieur et extérieur, entre ce que le sujet se dit et ce que les autres lui disent, illustre la capacité d'extériorisation que Mikhaïl Bakhtine attribue à la figure du locuteur bouffon. Le discours que Marianne s'adresse à elle-même ne paraît tenable que tant qu'il reste intérieur. Dès lors qu'il est repris à l'extérieur et relayé par la locutrice dévaluée qu'est Madame Dutour, il devient insupportable. Le personnage central se raidit alors sur une pureté morale érigée en impératif catégorique.

N'est-ce pas pour Marivaux une manière de revenir à l'anecdote des *Lettres sur les habitants de Paris*: le peuple est un miroir, sa parole est clarificatrice et aide à avoir le cœur net? Grâce à Madame Dutour et à sa parole présentée comme fausse, Marianne intériorise et s'approprie les préceptes de la sœur du curé qu'elle avait compris mais qui étaient comme suspendus à une application ultérieure et hypothétique. Marivaux laisse entendre que l'importance de la parole de l'autre peut également ne pas dépendre de la qualification ou de la disqualification de l'énonciateur. Par le montage des paroles de la sœur du curé et de Madame Dutour, il suggère que l'éducation peut passer aussi par un processus d'identification négative. La différence entre Marivaux et les romans posant une infranchissable frontière entre les paroles bonnes et mauvaises est qu'il montre le sujet en train de se construire et de se déterminer alors que le tableau polarisé des paroles ne donne à voir que les réactions d'un sujet déjà figé et campé sur ce qu'il considère comme la bonne identité morale.

C. *Le brouillage axiologique des paroles dans* La Vie de Marianne

Dans un article consacré à une analyse croisée de *La Vie de Marianne* et de *La Princesse de Clèves*, Silvère Lotringer a proposé une interprétation de l'articulation des différents discours dans ce texte: le roman de Marianne irait à l'encontre du fonctionnement du roman libertin en montrant un triomphe du discours de la doxa sur le discours combiné du libertinage et de l'argent tenu par Climal et Madame Dutour[81]. Marianne, comme la Princesse de Clèves, serait contrainte d'intérioriser la loi sociale.

Cette opposition des discours pourrait cependant être appréhendée autrement car, dans le récit de Marianne, le rapport des paroles méprisées aux paroles sacralisées illustre la complexité que peut revêtir le montage axiologique et énonciatif des paroles rapportées des mémoires. Lorsque la narratrice fait découvrir la parole de Madame Dutour, elle l'oppose aussitôt à celle du curé et de sa sœur. Les deux paroles présentées comme antagonistes n'en présentent pas moins, de fait, de nombreux points de convergence.

La sœur du curé prônait la sagesse et la vertu pour des raisons morales et religieuses, mais, dans son discours, la préoccupation morale s'adossait à une démonstration empruntant tournures et arguments à une réflexion de type économique. La nécessité de rester sage et de conserver sa vertu était *aussi* présentée comme le meilleur calcul à faire. L'ancrage du raisonnement de la mourante dans une perspective de calcul apparaissait à travers la forte présence du champ sémantique du gain et de la perte: «garder», «héritière», «trésor», «riche», cinq occurrences du mot «pauvre», «fortune», «récompensera», «rares», «besoin»,

---

[81] S. Lotringer, «*La Vie de Marianne ou le roman impossible*», *Poétique* n° 3, septembre 1970, p. 297-321.

«richesses», «indigence», «acquérir», «dépourvue», «perdre», «garder» (p. 19-20).

La sœur du curé conseille à Marianne d'augmenter sa valeur morale aux yeux des autres. Elle lui laisse pour tout héritage le raisonnement suivant, en forme de syllogisme: ce qui est rare a une grande valeur, or les gens vertueux sont rares et, en de certaines occasions, absolument nécessaires, donc les gens vertueux ont une grande valeur sociale dont ils retireront les fruits, dans l'autre vie ou dans celle-ci.

Les deux paroles présentées comme antithétiques reposent paradoxalement sur un équilibre comparable entre l'affirmation de principes moraux universels (revendiqués aussi par Madame Dutour) et la prise en compte de nécessités matérielles. La voix sacralisée et la voix disqualifiée intègrent toutes deux un raisonnement et un calcul économiques et certains mots de la sœur du curé prennent tout leur sens au regard des échos qu'ils trouvent dans les paroles de Madame Dutour:

> Peut-être aussi Dieu récompensera-t-il votre sagesse dès ce monde. Les gens vertueux sont rares, mais ceux qui estiment la vertu ne le sont pas; d'autant qu'il y a mille occasions dans la vie où l'on a absolument besoin des personnes qui en ont
> [...] et ce qu'il a donné est donné; pardi! Il n'y a rien de si beau que le don; et si les gens ne donnaient rien, ils garderaient donc tout [82]!

Faire valoir ce que l'on a aux yeux de ceux qui ne l'ont pas... on retrouve la même idée d'une compensation de l'absence de bien par les qualités individuelles. Les lectures de Madame Dutour et de la sœur du curé diffèrent néanmoins sur deux points. D'abord, par la nature de ce qui est mis en circulation et exploité: la vertu selon la sœur du curé, la beauté et la jeunesse selon Madame Dutour, afin d'obtenir, dans les deux cas, quelque chose en retour: la paix de l'âme pour la sœur, la fortune dans ce monde pour les deux locutrices. Ainsi elles se rejoignent sur la nécessité de faire circuler des biens matériels et/ou symboliques répartis inégalement. La seconde différence notable consiste dans le respect ou non du contrat et des règles du commerce. Madame Dutour fait croire qu'elle va donner ce qu'elle veut garder, elle trompe par conséquent sur la marchandise. Les paroles de son amie mourante étaient restées inachevées, suspendues sur le terme *infâme* que Marianne reprend pour faire un distinguo:

> L'art d'entretenir un homme dans cette espérance-la, je l'estime encore plus honteux qu'une chute totale dans le vice; car dans les marchés,

---

[82] Marivaux, *La Vie de Marianne*, p. 20.et p. 47.

même infâmes, le plus infâme de tous est celui où l'on est fourbe et de mauvaise foi par avarice[83].

Marianne place le respect du contrat passé, tacitement ou ouvertement, au-dessus même du respect de la morale, selon un raisonnement qui relève d'une honnêteté de type commercial. Par une hiérarchisation paradoxale, la rigueur dans la transaction est placée au-dessus du caractère moral ou immoral de la transaction envisagée. On pourrait interpréter une telle remarque comme une condamnation de la coquetterie en tant qu'elle est une forme de transaction truquée. Au contraire, la même logique reconnaît à la prostitution une certaine netteté commerciale.

L'articulation des paroles placées aux deux extrémités de l'échelle axiologique du discours du narrateur ne se réduit donc pas ici à un simple antagonisme. Au contraire, ces deux types de paroles se relaient et concourent à orienter le personnage central vers telle ou telle image de soi. A travers la mise en rapport de ces différents discours, Marivaux suggère que les paroles des autres ont pour effet, que l'on peut qualifier de perlocutoire, de contraindre le *je* central à fixer son image d'abord indéterminée et qu'elles informent la parole qu'il adresse au monde et dans laquelle il accepte de se reconnaître.

3. Fonction de dénomination: fixer une identité

Les locuteurs secondaires dans les romans sont chargés de prononcer certains mots, c'est-à-dire de faire figurer, dans la narration, non seulement des images et des types de paroles qui caractérisent le personnage central ou ses actions, mais encore des mots qui ne peuvent être prononcés que par des énonciateurs marginaux et qui ont une résonance particulière dans le texte.

A. *L'expression des* idées*: netteté de la parole de l'autre*

La sensibilité de Marivaux aux questions linguistiques, ses intuitions et conceptions qui posent les jalons d'une psychologie du langage, justifient que l'on sollicite encore une fois plus particulièrement *La Vie de Marianne*, qui joue sur toute la gamme des ressources offertes par la parole de l'autre.

Outre ses fonctions de détermination et d'orientation, Madame Dutour s'emploie à nommer les choses en faisant correspondre une réalité à un

---

[83] *Ibid*, p. 48.

mot. Marianne critique son langage qu'elle qualifie de jargon et qu'elle oppose d'emblée à celui du curé et de sa sœur, ses parents adoptifs:

> Leurs discours étaient unis et sensés; d'honnêtes gens vivants médiocrement pouvaient parler comme ils parlaient, et je n'aurais rien imaginé de mieux, si je n'avais jamais vu autre chose: au lieu qu'avec ces gens-ci, je n'étais pas contente, je leur trouvais un jargon, un ton brusque qui blessaient ma délicatesse[84].

Que vise exactement une telle critique? Mise à part l'altercation avec le cocher de fiacre, effectivement tonitruante, la lingère n'emploie pas un langage particulièrement pittoresque, se contentant la plupart du temps de nommer ce qu'elle observe. Au-delà de la coloration populaire de ses propos et de sa propension à aligner les proverbes, la caractéristique la plus intéressante de sa parole est sans doute de *fixer* sur les choses le terme précis:

> Marianne, me dit-elle, vous avez fait là une bonne rencontre quand vous l'avez connu; voyez ce que c'est, il a autant de soin de vous que si vous étiez son enfant; cet homme-là n'a peut-être pas son pareil dans le monde pour être bon et charitable.
> Le mot de charité ne fut pas fort de mon goût: il était un peu cru pour un amour-propre aussi douillet que le mien; mais Madame Dutour n'en savait pas davantage, ses expressions allaient comme son esprit, qui allait comme il plaisait à son peu de malice et de finesse[85].

Dans la sixième feuille du *Cabinet du philosophe*, Marivaux fait une mise au point sur la notion de style, en réponse aux reproches de préciosité que lui adressent les critiques. Il expose, à cette occasion, sa conception de la formation de la pensée et du discours et décompose le processus de la formation et de l'expression des pensées:

> Je dis que chacune de ces idées en tout genre a son signe, son mot que je n'ai qu'à prononcer pour apprendre aux autres à quoi je songe.
> Nous voilà donc fournis des idées de chaque chose, et des moyens de les exprimer, qui sont les mots.
> Que faisons-nous de ces idées et de leurs mots?
> De ces idées, nous en formons des pensées que nous exprimons avec ces mots; et ces pensées, nous les formons en approchant plusieurs idées que nous lions les unes aux autres: et c'est du rapport et de l'union qu'elles ont alors ensemble, que résulte la pensée[86].

---

[84] *Ibid*, p. 32.
[85] *Ibid.*, p. 43.
[86] Marivaux, *Le Cabinet du philosophe*, in *Journaux et œuvres diverses*, édition citée, sixième feuille, p. 383.

On aperçoit une idée par les «yeux de l'esprit», à cette idée correspond un mot. En combinant les idées, l'esprit formule et exprime des pensées. De telle sorte que la pensée dépend étroitement de la quantité de mots et donc d'idées dont chacun dispose, l'auteur prenant l'exemple de peuples qui ont peu d'idées et, par conséquent, peu de mots à leur disposition[87].

Les principes de cette théorie peuvent s'appliquer à l'analyse du *jargon* de Madame Dutour: en fixant un mot sur une chose, la lingère illustre en quelque sorte la première étape du processus de l'expression. Disposant de peu de mots, la lingère ne peut guère les combiner en des pensées complexes et son expression est plus ou moins bornée à la dénomination. Le malaise de la jeune fille face au langage brusque et direct de la lingère tiendrait au fait que le curé et sa sœur ont transmis à Marianne, outre les préceptes moraux, un grand nombre de mots qui lui permettent de formuler et de combiner des pensées complexes et fines. Une telle conception peut être interprétée de deux manières. Selon le point de vue de Marianne, on considérera que la parole de Madame Dutour est grossière et primitive, parce qu'elle se borne à des formulations et à des idées simples. On peut considérer que cette parole est plus proche de l'observation des choses. Cette seconde interprétation rejoint les observations de Carole Dornier qui s'attache à définir, à propos de la coopération conversationnelle dans *La Double Inconstance,* les deux types de langage que Marivaux met en scène, à travers les heurts entre le langage grossier d'Arlequin et celui des courtisans:

> Pour Marivaux, le langage et les manières de la cour seraient marqués par un excès des manifestations de déférence, un goût de l'implicite, qui dissimulerait mal la violence sociale exercée sur les inférieurs, tandis que les gens du peuple parleraient droit et vrai et se méfieraient d'un usage indirect de la langue[88].

De même, à Madame Dutour revient la responsabilité de prononcer certains mots, sa parole contribue de façon décisive à fixer le sens par la dénomination. On pourrait mettre en regard la critique de la forme des expressions de la marchande avec cette question posée dans sa sixième feuille du *Cabinet du Philosophe*: «Or si l'idée de l'auteur est juste, que trouvez-vous à redire au signe dont il se sert pour exprimer cette idée?»

---

[87] «C'est la disette d'idées qui fait chez eux la disette de leur langue, ou de leurs mots.», *Ibid.,* p. 383.

[88] C. Dornier, «La coopération conversationnelle dans *La Double Inconstance*» in *Masques italiens et comédie moderne: Marivaux, «La Double Inconstance», «Le Jeu de l'amour et du hasard»*, A. Rivara (ed.), Orléans, Paradigme, 1996, p. 185.

(*op. cit.*, p. 388). Il est vrai que Marivaux justifie par-là l'originalité de l'expression nécessaire à certaines pensées particulièrement fines et non l'adéquation simple du mot à une idée. A un niveau rudimentaire de l'expression, celui des *idées* et non celui des *pensées*, le langage de Madame Dutour illustre pourtant la conception du rapport entre les mots et les choses mise en œuvre par la narration de Marianne, qui s'efforce, elle aussi, d'exprimer ses pensées par les formulations les plus exactes dont elle dispose.

B. Conscience linguistique du narrateur et perméabilité aux paroles des autres

Les narratrices de Marivaux manifestent en plusieurs occasions une sensibilité linguistique particulièrement aiguë. La parole de Madame Dutour agit comme un réactif dans la mesure où les réactions de Marianne face aux commentaires de la marchande permettent de voir les paroles qui blessent l'oreille de l'héroïne et par conséquent celles qui sont censées attirer l'attention du lecteur[89].

Un échange faisant intervenir Madame Dutour, Toinon, sa fille de boutique, et Marianne, confirme la tendance de Madame Dutour à la clarification: elle traduit en accolant un nom précis à une chose qui n'avait jusque là pas été nommée par Marianne personnage. Marianne vient de rentrer de faire ses achats avec M. de Climal et se heurte à la jalousie de Toinon:

> Oh! pour cela, Mademoiselle Marianne, me dit-elle à son tour d'un air un peu jaloux, il faut que vous soyez née coiffée. Au contraire, lui répondis-je, je suis née très malheureuse; car je devrais sans comparaison être mieux que je ne suis. A propos, reprit-elle, est-il vrai que vous n'avez ni père ni mère, et que vous n'êtes l'enfant à personne? Cela est plaisant. Effectivement, lui dis-je d'un ton piqué, cela est fort réjouissant; et si vous m'en croyez, vous m'en ferez vos compliments. Taisez-vous, idiote, lui dit Madame Dutour qui vit que j'étais fâchée; elle a raison de se moquer de vous; remerciez Dieu de vous avoir conservé vos parents. Qui est-ce qui a jamais dit aux gens qu'ils sont des enfants trouvés? J'aimerais autant qu'on me dît que je suis bâtarde.
> N'était-ce pas là prendre mon parti d'une manière bien consolante[90]?

Le début de l'échange se situe sur le plan de l'allusion: Toinon fait allusion à l'histoire de Marianne et aux cadeaux de Climal. Marianne y

---

[89] Ce procédé est mis en œuvre, de façon plus rudimentaire, par Claude-François Lambert dans ses *Mémoires et aventures d'une dame de qualité*, p. 75.
[90] Marivaux, *La Vie de Marianne*, I, p. 43.

répond par une autre allusion à la possibilité qu'elle soit née de parents nobles et riches. Toinon enchaîne, entraînant Marianne sur un terrain plus dangereux pour elle, en évoquant le sujet de la condition d'enfant trouvée de Marianne, sous la forme d'une périphrase, certes redoublée, mais toujours indirecte et gazant quelque peu la brutalité de l'idée (n'avoir ni père ni mère, n'être l'enfant à personne). Marianne répond alors une seconde fois à l'attaque, en ramenant l'échange à une forme indirecte d'énonciation, en usant d'ironie antiphrastique. L'intervention de Madame Dutour fait passer d'un mode indirect de signification à un mode direct.

Marianne interprète, aussi bien que le lecteur, les périphrases de Toinon tournant autour du statut d'enfant trouvée. Madame Dutour intervient dans l'échange et, tout en voulant défendre Marianne, elle dégage avec netteté ce qui faisait l'objet de l'échange à mots couverts entre les deux jeunes filles: elle associe un mot précis à l'idée autour de laquelle tournait l'échange. Qui plus est, ce n'est pas une mais deux expressions qu'elle fait figurer en hésitant sur l'infamie attachée respectivement au statut de bâtarde et d'enfant trouvé.

Au-delà de l'effet comique évident du manque de tact de cette adjuvante paradoxale, il semble que le personnage de la lingère soit là pour proférer certains mots. Ils sonnent certes mal aux oreilles de la narratrice, parce qu'ils blessent son amour-propre, mais ils ne font que nommer de façon précise ce qui était déjà l'objet du débat en filigrane et, de ce point de vue, ils améliorent la clarté du discours du roman. On pourrait dire qu'à l'inverse de Toinon, qui ne parle que «pour figurer dans l'aventure»(p. 45), Madame Dutour ne figure dans l'aventure que pour prononcer certains mots.

Le mot *charitable*, appliqué à Climal, mettait l'accent sur l'indigence de Marianne, c'est-à-dire sur sa dépendance économique envers son bienfaiteur. D'une certaine façon, en récusant l'emploi du terme *charitable*, Marianne ménage une marge de manœuvre à Climal. L'ambiguïté dans laquelle Marianne veut bien se laisser pour mettre la main sur les cadeaux qu'il lui offre est une sorte d'écran que le personnage central dispose entre lui et le monde. Ainsi le flou terminologique ouvre la voie à un flou axiologique contre lequel Marianne se récriera plus tard mais dont elle est, à l'origine, la complice. Le personnage secondaire vient en quelque sorte arracher le personnage principal à cette ambiguïté aussi protectrice que périlleuse.

Le terme d'*enfant trouvée* traduit de façon positive ce qui n'était présent, dans le discours de Toinon, que sous forme de périphrases négatives. L'expression de Madame Dutour replace ici la destinée de Marianne, non dans des structures économiques et sociales, mais dans des cadres insti-tutionnels. Le pluriel et l'expression collective («Aux gens qu'ils sont des») incluent Marianne dans un groupe, celui des enfants trouvés. Le nom commun amarre son histoire à une dénomination officielle. Le mot *bâtarde* vient renchérir sur *enfant trouvé* en y ajoutant une conno-tation négative d'illégitimité. L'intervention de Madame Dutour dans la conversation recadre et clarifie avec violence le flou de l'allusion.

Ce qui ressort de ces interventions fixatrices, c'est qu'elles tendent à dépouiller l'histoire de Marianne de son caractère extraordinaire et unique, c'est-à-dire d'une partie de son aura romanesque. La parole de l'autre extériorise l'image de soi et la rattache à une situation précise et définie que chaque locuteur peut reconnaître.

En un effet de boucle saisissant, le terme de *bâtarde* apparaît aussi sous la plume de la mémorialiste. Marianne mémorialiste, métamorpho-sée en comtesse, dans les toutes premières lignes de *La Vie de Marianne ou les aventures de Madame la comtesse de* *** écrit ainsi à son amie: «Il y a quinze ans que je ne savais pas encore si le sang d'où je sortais était noble ou non, si j'étais bâtarde ou légitime[91].»

Au seuil des mémoires de Marianne vieillissante, le mot de Madame Dutour, celui-là même jadis mis à distance par le personnage, ressurgit dans un discours rétrospectif, par comparaison plus lucide. Le mot de *bâtarde,* trop cru pour et par Marianne qui ignore le secret de sa nais-sance, est employé sans répugnance par la comtesse de *** qui connaît sans doute ce secret. La mémorialiste, contrairement au personnage, n'a plus peur de ce mot: est-ce parce qu'il ne la définit plus ou au contraire parce qu'elle ne croit plus à l'histoire romanesque de ses origines? L'in-achèvement du roman laisse la question de ce mot en suspens, mais son retour prouve en tous cas que la sensibilité aux mots en général dépend de la situation dans laquelle se trouve celui qui les reçoit.

Par un écho qui ne saurait être fortuit, la parole de l'autre fixe égale-ment une identité dans l'histoire insérée de Tervire qui occupe les par-ties neuf à onze de *La Vie de Marianne* et qui reste, elle aussi, inache-vée. C'est lors d'une scène d'écoute ayant lieu alors qu'elle n'a que douze ans que Tervire est cruellement mise au fait de sa situation, par la parole d'un autre. Dans son récit elle rend compte à Marianne d'une conversa-tion surprise entre sa grand-mère, qui l'a recueillie après que sa mère l'a abandonnée, et une amie:

---

[91] Marivaux, *La Vie de Marianne*, p. 9.

> Dieu est le maître, il est le père des orphelins.
> […] tranquillisez-vous. Melle de Tervire n'est point orpheline comme vous le pensez; espérez mieux de sa mère. Il est vrai qu'elle l'a négligée; mais elle ne la connaît point, et elle l'aimera dès qu'elle l'aura vue. Quelque bas qu'elles parlassent, je les entendis, et le terme d'orpheline m'avait d'abord extrêmement surprise; que pouvait-il signifier, puisque j'avais une mère, et que même on parlait d'elle? Mais ce qu'avait répondu l'amie de Mme de Tresle me mit au fait, et m'apprit qu'apparemment cette mère que je ne connaissais pas ne se souciait point de sa fille; ce furent là les premières nouvelles que j'eus de son indifférence pour moi, et j'en pleurais amèrement; j'en demeurai consternée, toute petite fille que j'étais encore[92].

Le mot *orpheline* ouvre, dans ce passage, les yeux du personnage encore enfant pour lui signifier son abandon. Notons d'ailleurs que la seule présence du mot suffit, quel que soit son contexte syntaxique, puisque ici, il fait l'objet d'un débat entre les deux dames: pour qu'il fasse un effet, il suffit qu'il ait été prononcé par un autre. De façon plus générale, la conscience de la couleur, du poids et de l'effet que le mot dissonant ou discordant peut avoir sur l'ensemble du discours est souvent évoquée par Marivaux. Tervire rend explicite cette sensibilité aux mots, en utilisant elle-même le tranchant d'un mot comme une arme pour frapper un auditoire et le gagner à sa cause. Elle adresse en public un réquisitoire à sa belle-sœur qu'elle accuse de laisser sa mère dans une totale indigence et fait cette parenthèse:

> Je dis pitié à la lettre, ajoutai-je; car cela ne s'appelle pas autrement, et il n'y a plus de moyen de ménager les termes. (Et effectivement, vous ne sauriez croire tout l'effet que ce mot produisit sur ceux qui étaient présents; et ce mot qui les remua tant, peut-être aurait-il blessé leurs oreilles délicates, et leur aurait-il paru ignoble et de mauvais goût, si je n'avais pas compris, je ne sais comment, que, pour en ôter la bassesse, et pour le rendre touchant, il fallait fortement appuyer dessus, et paraître surmonter la peine et la confusion qu'il me faisait à moi-même.)[93].

Le passage illustre une sensibilité lexicale qui caractérise à la fois Marianne et Tervire dans leur manière de recevoir des paroles des autres. Le narrateur est surtout sensible, dans les mots des autres, à ce qui se rapporte à lui.

Villaret a tiré un excellent parti de ces effets de résonance lexicale. Dans son *Anti-Paméla ou Mémoires de M. D***.*(1742), la mémorialiste est une petite courtisane vendue par sa mère à un homme répugnant

---

[92] *Ibid.*, p. 444.
[93] *Ibid.*, p. 579.

mais riche. Elle s'enfuit et, grâce à un accident de carrosse semblable à celui de Marianne et Valville, elle rencontre un jeune noble qui sera son premier amant. Retirée à la campagne avec lui, la narratrice surprend une conversation entre ce dernier et son ancienne maîtresse, une jeune aristocrate[94]:

> Traître, vous m'oubliez donc, et pour qui? Pour une petite grisette qui n'a d'autre mérite que son effronterie; que me répondez-vous pour vous justifier? Parlez-donc, que j'aie du moins la triste consolation de vous entendre avouer que vous êtes le dernier des hommes. La curiosité me coûtait cher. [...]
>
> Je conviens que j'ai été séduit par une petite coquette, qui ne méritait pas de vous balancer un instant. Mais comment vouliez-vous que je fisse? Elle est venue se jeter à ma tête, j'étais brouillé avec vous, je cherchais à me dissiper[95].

Les mots de *coquette* et *grisette* surpris par la narratrice n'ont pas le même statut. *Grisette* la désigne par sa classe sociale et son activité de femme légère et entretenue[96]. *Coquette* la choque un peu moins mais il donne d'elle une image qu'elle désavoue également. Prononcé ici par son amant, le mot était apparu auparavant sous la plume de la narratrice pour décrire son attitude lors d'un souper avec des amis. Il était alors employé dans un sens relativement positif:

> Le souper fut d'une gaieté charmante; je me sentais une vivacité que je ne m'étais jamais connue, l'on m'agaçait, je répondais avec feu, j'employais tout mon esprit pour répandre l'enjouement et les grâces sur tout ce que je disais. L'air de satisfaction qui brillait dans les yeux de ceux qui m'écoutaient, m'animait encore: je n'avais de ma vie tant désiré de plaire. je ne cherchais pas à démêler la cause de ce désir.

---

[94] Le procédé de l'*eavesdropping* permet d'obtenir une parole de l'autre vraie: comme le miroir populaire, il offre la possibilité d'une information vraie ou du moins sincère. Cette ruse marque les limites de la position de tout narrateur non omniscient: le lecteur et le narrateur ont besoin des paroles des autres mais comment obtenir des paroles vraies étant donné que sa présence est susceptible de les orienter? Le paradoxe est proche de la position anthropologique: comment obtenir l'information la plus exacte possible tout en étant observateur? L'eavesdropping est, comme le masque en carnaval de la coquette des *Journaux*, un moyen artificiel d'obtenir une parole vraie. J.K. Sanaker fait le point sur les emplois de ce procédé chez Marivaux dans *Le Discours mal apprivoisé, essai sur le dialogue de Marivaux*, Oslo, Solum Forlag, Paris, Didier Erudition, 1987.

[95] C. Villaret, *Anti-Paméla ou Mémoires de M. D***. traduit de l'Anglais*, Londres, 1742, p. 64. et 65.

[96] M. de Climal jette également ce mot à Marianne, au cours d'un portrait peu flatteur de Valville et des jeunes gens: «Ils n'ont que des vices surtout avec une fille de votre état, que mon neveu croira bien au-dessous de lui, qu'il regardera comme une jolie grisette, dont il va tâcher de faire une bonne fortune, et à qui il se promet bien de tourner la tête; ne vous attendez pas à autre chose.» *La Vie de Marianne*, Troisième partie, p. 111.

> Une femme devient coquette d'elle-même sans s'en apercevoir, il ne faut pour cela que laisser agir la nature[97].

La coquetterie décrite et assumée par la narratrice est une attitude suscitée par le désir de plaire, dans une situation précise. L'emploi adjectival du terme tranche avec son emploi substantivé, dans le discours adressé par son amant à sa rivale: ce dernier fait de la coquetterie une profession, voire une nature, et non plus une attitude de circonstance. Le mot de l'autre enferme la narratrice dans une définition qu'elle ne peut accepter, à tel point que, quand elle rapporte cette conversation à son nouvel amant, on peut supposer que ce sont ces mots qu'elle préfère passer sous silence:

> Je lui contai ensuite ce que j'avais entendu, en déguisant un peu les circonstances, et me taisant sur la façon dont j'avais été accommodée; il était trop humiliant à moi de m'en plaindre[98].

Le rapport circonstancié de la narratrice (conter/déguiser/se taire) fait ressortir la double destination des mémoires: aux yeux du personnage qui lui fait face, elle essaie de maintenir son image, à ceux du lecteur, elle révèle une image d'elle-même moins complaisante et avoue volontiers sa coquetterie passée. Le terme de *grisette* est plus problématique et il vient hanter la suite du texte:

> Les termes odieux de coquette et de grisette, grisette surtout, me revenaient sans cesse dans l'imagination; je ne pouvais sans être indignée, me ressouvenir de la scène dont j'avais été témoin[99].
> Adieu, Milord, souvenez-vous qu'une petite grisette, jeune et jolie, peut-être spirituelle, vaut bien toutes vos guenons d'une naissance distinguée auxquelles je vous résigne sans aucun regret. Elles sont dignes de vous et vous êtes fait pour elles[100].

Les retrouvailles avec la rivale en question font ressurgir plus tard le désir de se venger de l'«épithète de grisette» (p. 107). Le mot de l'autre la rattache à un groupe connu, à une catégorie de personnes, c'est-à-dire qu'il l'enferme dans une définition et lui attribue une place dans la société. Comme dans le cas de Marianne, la fausseté ou l'adéquation des mots des autres n'est pas en question ici: la narratrice est effectivement

---

[97] C. Villaret, *Anti-Paméla ou Mémoires de M. D***, traduit de l'anglais*, Londres, 1742, p. 48.
[98] *Ibid.*, p. 67.
[99] *Ibid.*, p. 68.
[100] *Ibid.*, p. 70.

une coquette et elle correspond probablement aussi à la définition de grisette, mais elle refuse de l'entendre dire. Le terme a des échos, non voulus par les énonciateurs, qui contraignent la narratrice à modifier sa posture et à se composer un nouveau visage car ils mettent en péril son
individualité et, plus encore, son *ethos* romanesque. La lecture faite par
l'autre, qui fige un individu dans une mine, dans des actes et dans une
place, ne correspond pas toujours à celle que tend à imposer le narrateur
qui se situe, lui, dans une histoire intérieure dont la temporalité est différente.

CONCLUSION DE LA DEUXIÈME PARTIE

La perspective narratoriale tend à opposer des paroles présentées comme fonctionnelles et lourdes de sens et d'autres que le narrateur marque comme indifférentes et inutiles. Nous avons essayé, au cours de ce chapitre, de montrer en quoi une telle dichotomie était un leurre pour le lecteur. Un dernier exemple, emprunté à Marivaux, nous permettra de conclure sur la nécessité d'une contre-évaluation des paroles des autres par le lecteur. Il s'agit de la déclaration du paysan Villot à la fin de la neuvième partie de *La Vie de Marianne*. M. Villot est le fermier qui a recueilli la petite Tervire quand tout le monde s'en détournait. Tervire cite la réponse faite par celui-ci à madame Dursan, la tante de Tervire, qui veut prendre la jeune fille auprès d'elle. La narratrice ne s'arrête guère sur cette parole apparemment neutre. A Madame Dursan qui lui demande ce qu'il faut lui payer afin de le rembourser du soin qu'il a pris de Tervire, le fermier répond ceci:

> Eh! Mon Dieu! madame, cette affaire-là ne presse pas, reprit M. Villot. Pour ce qui est de notre jeune maîtresse, il est juste que vous l'ayez puisque vous la voulez, je ne saurais dire non, et dans le fond, j'en suis bien aise à cause d'elle qui sera avec sa bonne tante; mais cela n'empêchera pas que je m'en retourne triste; et nous allons être bien étonnés, Mme Villot et moi, de ne la plus voir dans la maison, car sauf votre respect, nous l'aimions comme notre enfant, et nous l'aimerons toujours de même, ajouta-t-il presque la larme à l'œil[1].

Cette parole n'a aucune incidence sur l'intrigue ou sur la façon de penser de Tervire: elle répond «et votre enfant vous le rend bien» et prend gaiement congé de Monsieur Villot. La valeur illocutoire de cette parole est donc de faible importance pour la suite du texte et son effet perlocutoire est inexistant.

Les paroles apparemment transparentes du paysan sont les seules paroles sensibles prononcées dans l'histoire de Tervire. La simple déclaration du fermier est le seul contrepoids sensible face aux discours calculateurs ou hostiles des autres personnages. La citation au style direct n'est jamais totalement neutre, du moins chez Marivaux, quand bien même elle ne fait l'objet d'aucune mise en relief particulière. On peut

---

[1] Marivaux, *La Vie de Marianne*, IX, p. 488.

imaginer l'effet qu'aurait pu avoir une telle parole sur l'histoire de Tervire, si elle avait su l'entendre. L'absence de commentaire sur cette parole
exprime peut-être une certaine surdité de Tervire aux paroles des autres
ou du moins son incapacité à les exploiter de façon efficace et positive.

Parmi les paroles indifférentes au narrateur, celles qu'il feint de ne pas
entendre et qu'il retranscrit néanmoins, révèlent une divergence entre sa
logique et celle du romancier: le premier ne les juge pas importantes, le
second les fait rapporter par le narrateur. Les paroles de l'autre peuvent
se trouver au carrefour de deux logiques: celle de l'illocutoire (le narrateur comprend et réagit adéquatement à un acte verbal) et celle du perlocutoire qui opère une prise en compte implicite d'une parole pouvant
avoir un effet autre que celui décrit et commenté par le narrateur. C'est
la raison pour laquelle le babillage, en tant que parole parasite, excessive
et ambivalente, est un lieu privilégié de l'affrontement de deux logiques
de mise en relief, de deux modes de lisibilité du texte.

Dans une étude de l'évolution de la parole populaire au cours du dix-
huitième siècle, Arlette Farge démontre que celle-ci, toute disqualifiée et
dévaluée soit-elle, n'en devient pas moins un instrument politique:

> Officiellement maintenus hors du champ politique, les 'avis sur'
> deviennent une des hantises politiques du gouvernement monar-
> chique, un des points sur lesquels il lui arrive de fonder des atti-
> tudes. [...] Sans existence ni statut, la parole populaire est un non-
> lieu politique en même temps qu'un lieu commun de la pratique
> sociale. Pourchassée par le pouvoir politique, elle prend forme et
> existence et s'élabore au cœur de ce système qui, contradictoire-
> ment, la nie et la prend en compte, donc, dans une certaine mesure,
> la crée[2].

Il est en effet contradictoire de nier la pertinence politique d'une parole
et de l'enregistrer scrupuleusement grâce à un système étendu et complexe d'espions et de mouchards qui la rapportent au pouvoir. L'historienne situe ce processus dans les années 1728-1730, nous incitant à établir un parallèle entre l'utilisation de la parole populaire par le pouvoir
politique et la double perspective du roman-mémoires: Marianne retranscrit mais rejette une parole dont le romancier suggère qu'elle la marque
plus profondément qu'elle ne le dit.

Le point de départ de notre démarche a été la polarité et la théâtralisation des représentations de la parole de l'autre repérables dans le

---

[2] A. Farge, *Dire et mal dire. L'opinion publique au XVIIIème siècle,* Paris, Seuil, 1992,
p. 16.

discours des narrateurs. Ce ne sont cependant pas des indices fiables de l'efficacité et de la portée d'une parole sur l'action et sur la conscience du personnage central. Au contraire, nous avons pu remarquer que la violence des images employées par le narrateur pour décrire la parole de l'autre, était souvent inversement proportionnelle à l'impression profonde qu'elle créait.

Loin de renforcer la vision manichéenne opposant les paroles méprisées aux paroles sacralisées que tend à imposer le discours narratorial, certains romans suggèrent qu'au contraire la parole de l'autre, même et surtout lorsqu'elle est disqualifiée, remplit la fonction dissimulée de développer et de pousser à leur terme des thèses et des prises de position qui ne sont que suggérées par le discours central. Sous couvert d'accentuer la polarisation idéologique, la parole de l'autre contribue à ébranler les frontières rassurantes censées séparer les bonnes des mauvaises paroles. Au rebours de la hiérarchisation axiologique que l'instance narratoriale s'efforce d'imposer au lecteur, la parole de l'autre met en œuvre un brouillage axiologique et suggère une autre lecture possible et une autre évaluation de la parole. En dépit du discours explicite du narrateur, le texte, dans son ensemble, tend à confirmer une certaine pertinence de la version de l'autre.

La représentation de la parole de l'autre est dramatisée et schématisée dans la perspective du narrateur qui accentue la dimension illocutoire de certaines paroles. L'univocité perceptible dans certains romans-mémoires tient à ce qu'ils superposent exactement la hiérarchisation des paroles explicitée par le narrateur et celle suggérée par l'ensemble du texte: dans de tels romans, les paroles sont disqualifiées ou qualifiées, sans jeu possible. Le sujet *se prononce* littéralement pour ou contre telle ou telle parole, dans un processus passablement figé. Dans d'autres romans, le romancier parvient à suggérer au contraire une fonctionnalité souterraine de la parole disqualifiée, en rendant visible le processus de construction d'une identité. Le romancier rend sensible la dimension perlocutoire de la parole de l'autre: ses effets, non voulus, non délibérés, indépendants de la qualification ou de la disqualification de l'énonciateur, n'en sont pas moins décisifs dans la construction de l'identité du narrateur. Les romans distinguent ainsi, dans les effets provoqués par la parole de l'autre, une fonctionnalité donnée et conventionnelle d'une fonctionnalité cachée et imprévue. Le cheminement sourd de la parole de l'autre informe et façonne le sujet. Les romans-mémoires, en jouant sur deux types de mise en relief de la parole, traduisent ce double cheminement, à la fois bruyant et sourd, et son rôle dans la constitution d'un sujet qui s'amalgame et s'approprie les mots des autres, afin de fixer ses propres traits et d'observer, avec curiosité, son propre visage.

TROISIÈME PARTIE

LA PAROLE DE L'AUTRE COMME OBJET D'ÉCHANGE: VALEUR UTILE ET VALEUR MARCHANDE

En tant que représentation de la parole vivante, la parole de l'autre a une forme et une valeur mimétique, en tant que représentation d'un message, elle a un effet et revêt une valeur idéologique, nous nous proposons d'examiner à présent sa valeur d'échange. Car en tant qu'objet de transaction, la parole de l'autre révèle l'empreinte, sur les représentations romanesques, d'un mode de pensée économique.

L'objectif de cette troisième partie est de montrer que les différents *je* des romans-mémoires – *je* cités des locuteurs, des narrateurs secondaires et du narrateur primaire, *je* citant du narrateur primaire – ne sont pas interchangeables et que les paroles qui circulent dans le roman-mémoires s'inscrivent dans des réseaux de transaction.

De projet et de dimensions plus limités que les mémoires qui les incluent, incarnés et vivants, les récits insérés sont pris dans un réseau de relations qui pèsent sur la nature de l'énonciation secondaire, dans un ensemble d'échanges dictés par des rapports de pouvoir, des contraintes économiques et des mécanismes commerciaux. Même si toutes les histoires racontées procèdent de la même matière narrative, mise en forme par l'auteur-conteur, tous les niveaux d'histoire n'ont pas pour autant la même fonction ni toutes les histoires une efficacité identique sur le monde romanesque. Plutôt qu'une circulation fluide, les romans-mémoires évoquent une circulation entravée et chaotique des paroles. Ce sont les règles et les contraintes de cette circulation narrative qui retiendront notre attention dans les deux derniers chapitres de cette étude.

La rencontre avec un autre qui devient un narrateur secondaire est un procédé de composition et de développement romanesque traditionnel. Nous analyserons la façon dont les romans-mémoires réinvestissent la forme conventionnelle du récit inséré, pour l'intégrer à un système spécifique de mise en circulation de la parole de l'autre, qu'elle soit narrative ou non.

Nous considérerons la parole de l'autre comme une ressource à exploiter, à deux niveaux: elle peut faire l'objet d'une utilisation directe par les actants du roman et, plus particulièrement, par le personnage narrateur; elle participe aussi d'un certain nombre d'usages poétiques mis à la disposition du romancier. A une étude de l'utilisation selon le point de vue des personnages, en fonction des conditions de leur énonciation, succédera donc une analyse des usages de l'insertion de récit par rapport à l'économie d'ensemble du discours romanesque.

Chapitre 5

LES RÈGLES DE L'ÉCHANGE:
LA VALEUR MARCHANDE DE LA PAROLE DE L'AUTRE

> Je l'interrompis pour l'assurer que des sentiments si vifs et si sincères
> étaient déjà un retour égal à mes services. Et ne pensant qu'à détour-
> ner des transports que je voyais prêts à se renouveler, je lui demandai
> pour unique faveur de m'apprendre depuis quel temps et par quelle
> infortune elle avait perdu sa liberté.
> Prévost, *Histoire d'une Grecque moderne.*

Afin de mesurer l'originalité de la circulation des paroles dans les romans-
mémoires, il n'est pas inutile de revenir brièvement aux pratiques antérieures
des romanciers. Henri Coulet souligne le caractère conventionnel des insertions de récits dans les romans baroques et particulièrement dans le roman
pastoral d'Honoré d'Urfé, *L'Astrée*. Une simple rencontre de bergers, qui se
proposent de passer le temps et de sceller leur amitié, donne lieu à un échange
de paroles et de récits. On retrouve là le principe de composition des recueils
de nouvelles du siècle précédent qui mettaient en présence un groupe de personnages retenus dans un lieu et se racontant des histoires pour se divertir,
comme c'était le cas dans *L'Heptaméron* (1549) de Marguerite de Navarre.

Dans les romans baroques, la circulation des récits de vie, l'échange
des récits et des informations fonctionnent comme des principes de cohésion du groupe. À propos de *L'Astrée*, Thomas Pavel parle de «munifi-
cence épistémique» parce que, à partir de la superposition et de l'articulation des récits, l'impression qui prévaut est celle d'une remarquable
homogénéité: la matière narrée, relatant la vie des personnages, a valeur
quasi universelle. Les prières, résistances et réticences ne sont certes pas
absentes des échanges d'histoires dans *L'Astrée,* mais ces mouvements de
rétention et de retardement de la parole narrative s'inscrivent dans un
contexte ludique, et n'impliquent pas une forte hiérarchisation des différents récits. Le cadre pastoral utopique facilite la circulation non entravée des histoires et des confidences, mais si *L'Astrée* n'est certes pas une
œuvre réaliste, elle n'en reflète pas moins un état d'une culture orale fondée sur des communautés relativement restreintes, tels que les villages,
les petites villes, les cours nobiliaires ou royales. Thomas Pavel décrit
ainsi le processus de circulation des informations dans les romans
baroques:

> Dans ces milieux, se tenir au courant de la vie des autres est à la fois
> un devoir de reconnaissance (aux deux sens du terme) envers le pro-
> chain et un plaisir social, celui de jouir d'une possession commune et
> légitime, un peu comme regarder les sculptures et les vitraux à sujets
> sacrés dans l'église cathédrale ou se promener dans un jardin public
> bien entretenu[1].

La transparence épistémologique du roman pastoral et la fluidité des
informations qui en est la conséquence offrent une image inversée du
mode de circulation de l'information et des histoires dans les romans-
mémoires. Cette circulation dans *L'Astrée* présente trois caractéristiques.
Premièrement, les récits de vie insérés dans les grands romans baroques
circulent de façon fluide, chacun livre son récit au groupe et chaque secret
est bientôt connu de tous. Deuxièmement, les récits insérés homodiégé-
tiques y dominent largement sur les récits autodiégétiques[2]: l'un fait le
récit de la vie de l'autre qui lui rend la pareille, et cela se traduit par la
fréquence des histoires doubles, histoires de couples racontées par un
tiers, par l'un des amants ou encore histoires croisées racontées par l'un,
puis l'autre, des deux amants[3]. Troisièmement, les récits insérés, tels que
les romans baroques les mettent en œuvre, relatent pour la plupart des histoires achevées, dénouées[4].

Ces trois caractéristiques sont liées: la circulation des récits est fluide
parce qu'ils n'ont souvent plus de ramifications dans le présent ou de
développement possible et, dès lors qu'il s'agit d'une histoire figée, il
est vraisemblable qu'un témoin extérieur, un comparse, doive en faire
le récit.

La première partie de *L'Astrée* ne compte pas moins de dix-huit de ces
histoires insérées, qui se répartissent sur douze livres et racontent en majorité l'histoire de personnes proches des narrateurs secondaires. Ces récits

---

[1] T. Pavel, *L'Art de l'éloignement, essai sur l'imagination classique*, Paris, Gallimard,
Folio-essais, 1996, «La vie des autres», p. 254.

[2] Voir G. Genette, *Discours du récit, Figures III*, Paris, Seuil, 1972, p. 225-269, chapitre V.

[3] L'une des exceptions de la première partie de l'*Astrée* est l'*Histoire de Silvandre*,
p. 276. Il est révélateur que l'un des rares personnages qui raconte sa vie soit un enfant
trouvé: celui qui tente de se raconter est précisément celui qui ne sait pas qui il est.

[4] Ce que confirme P. Chambefort à propos d'*Artamène ou le Grand Cyrus* (1649-1653)
de Madeleine de Scudéry. Il y dénombre vingt-neuf récits insérés sur lesquels: «Seuls six
récits sont autobiographiques et lors de la conclusion du roman aucune des aventures rapportées ne reste en suspens. Toutes les histoires sont closes et présentent une série de faits
qui trouvent leur fin dans l'histoire matrice ou à l'intérieur de leurs propres limites.», «Les
histoires insérées dans les romans de Madeleine de Scudéry», in *Les Genres insérés dans
le roman*, Lyon, Cedic, éd. C. Lachet, p. 285-294.

se présentent comme l'histoire d'un seul individu[5] ou d'un couple[6]. Hormis l'histoire matricielle ouverte d'Astrée et Céladon, les histoires insérées sont des unités fermées qui s'achèvent sur la mort ou une trahison sans retour possible. Les récits secondaires sont nettement isolés typographiquement et ils surgissent dans le cadre d'un cérémonial aux codes immuables[7]:

> Ainsi de l'une et de l'autre, par leur bouche même, Celadon apprenait leur vie plus particulière, et afin qu'en se promenant il les peust mieux ouïr, elles le mirent entre elles, et marchant au petit pas, Léonide commença de cette sorte.
> Histoire de Silvie[8].

Ces incipit illustrent la symétrie des récits – les personnages s'assoient «en rond» ou forment une figure fermée qui vient encadrer le destinataire des histoires – mais aussi le rôle dominant du narrateur inséré qui orchestre leur production et leur réception: même si la curiosité de l'auditeur est à l'origine de la narration, celui-ci est remarquablement passif: placé au centre géométrique d'un groupe en conversation, l'auditeur n'est pas le commanditaire de récits qui procèdent de la seule volonté des conteurs de lui témoigner leur amitié et de l'inclure dans leur communauté.

Le récit secondaire est présenté comme un hommage librement consenti que les personnages rendent à leur hôte ou se rendent les uns aux autres. Lorsque, par exemple, Céladon reçoit de Léonide l'histoire de Silvie, et de Silvie celle de Léonide, le chiasme de la situation d'énonciation traduit la relative transparence des êtres les uns aux autres, dans un univers romanesque où chacun peut raconter l'histoire de son ami aussi bien que lui-même. Il en va autrement dans les romans-mémoires où la parole de l'autre, et plus encore son récit autobiographique, est échangée contre des biens matériels ou des services et donc entre dans un système de transactions. Dans notre analyse des règles de ces échanges, nous distinguerons les situations d'insertion fondées sur une distance, ou une différence importante entre le narrateur et son narrataire, et celles qui naissent d'une relative proximité ou ressemblance entre deux interlocuteurs.

---

[5] Cf. H d'Urfé, *L'Astrée*, [1622-1647] édition de Hugues Vaganay, Lyon, P. Masson, 1925-1928, Histoire de Diane, p. 196, Histoire d'Alcippe, p. 49, Histoire de Silvie, p. 75.

[6] Astrée et Phillis, *Ibid.*, p. 111, Histoire de Tircis et de Laonice, *Ibid.*, p. 134.

[7] Le cérémonial est annoncé par des formules rappelant les cadres de la narration orale: «Et s'estant toutes trois assises en rond, elle reprit la parole de cette sorte. / Histoire d'Astrée et Phillis.» *Ibid.*, p. 111.

[8] *Ibid.*, p. 75, voir aussi p. 457.

I. LES INSERTIONS HÉTÉROGÈNES:
LA PAROLE DE L'AUTRE COMME BIEN DE CONSOMMATION

1. Des récits sous dépendance: contraintes matérielles et transactions

Nous parlons d'insertion hétérogène lorsque la situation d'énonciation et de transmission du récit secondaire est fondée sur une dénivellation entre le producteur et le destinataire du récit, c'est-à-dire principalement sur une différence sexuelle ou sociale.

L'inégalité entre le narrateur secondaire et son destinataire ne saurait être négligée dans l'étude des récits insérés. La façon dont un récit fonctionne dépend en effet du dialogue établi entre ces deux instances et de la distance qui les sépare[9]. Celle qui sépare le narrateur secondaire et son destinataire informe, selon nous, le type d'insertion. Le premier effet de cette distance est de dépouiller l'insertion de toute justification de type moral ou affectif: la parole de l'autre est réclamée par curiosité, elle intervient souvent directement après qu'un bien matériel a été donné ou qu'un service a été rendu.

A. La parole de l'autre comme monnaie

Lorsque le récit inséré intervient entre deux personnages présentant une forte inégalité de condition ou de situation, il devient un moyen de paiement, dans une transaction que le narrateur secondaire n'est pas libre de ne pas accepter. Subordination socio-économique et subordination narrative sont plus ou moins explicitement liées. Cette valeur du récit inséré est particulièrement mise en évidence dans les récits insérés de scélérats et de femmes déchues.

Rappelons que les narrateurs primaires insistent sur la gratuité de leur œuvre d'écrivant en déclarant, au seuil de leurs mémoires, n'écrire ni par nécessité, ni pour la gloire. Renoncour, le narrateur des *Mémoires et aventures*, rappelle son indépendance à l'égard de ceux qui vont le lire:

> Je n'ai aucun intérêt à prévenir le lecteur sur le récit que je vais faire des principaux événements de ma vie. On lira cette histoire si l'on trouve qu'elle mérite d'être lue. Je n'écris mes malheurs que pour ma propre satisfaction: ainsi je serai content si je retire, pour fruit de mon

---

[9] Voir G. Prince, «Introduction à l'étude du narrataire», *Poétique* n°14, 1973, p. 178-195.

ouvrage, un peu de tranquillité dans les moments que j'ai dessein d'y employer[10].

La valeur marchande du récit est au contraire fortement mise en évidence dans les récits insérés dépendants. Il est possible de mettre en rapport ce mode de représentation des échanges narratifs avec le développement de la pensée économique au XVIIIe siècle. Le siècle produit en effet un grand nombre de réflexions théoriques sur les notions de valeur et d'utilité, en rapport avec l'essor du capitalisme moderne et le développement sans précédent des échanges commerciaux. La vitalité des réflexions de type économique sur le commerce entre les Etats, l'émergence d'une économie politique, témoignent du fait que l'économie occupe une place de plus en plus grande dans le champ du savoir[11].

L'idée d'une analogie entre la production de biens – ainsi que toutes les autres activités qui en découlent: circulation, échange, consommation de biens marchands – et la production de discours se retrouve chez de nombreux auteurs[12]. Dans *L'Ordre des échanges*, Francine Markovits étaye la thèse d'une interpénétration des théories du discours et de l'économie politique au XVIIIe siècle: «Le discours est en effet traité comme une production et comme une dépense. La science de l'économie est traitée comme une langue, la valeur comme une traduction[13].»

Les contacts entre l'ordre du discours et l'ordre économique peuvent éclairer la représentation romanesque des échanges langagiers. La façon d'envisager l'échange des paroles et des récits est en effet profondément influencée par la diffusion du schéma économique dans le champ du savoir[14]. En tant qu'elle est une méthode d'harmonisation des dépenses

---

[10] Prévost, *Mémoires et aventures*, p. 13. La gratuité de la narration de l'homme de qualité est encore évoquée pour justifier l'authenticité des faits rapportés: «Je ne sais si je dois raconter ce qui m'arriva la nuit, parce que nous sommes dans un siècle délicat, où l'on ne croit pas les choses extraordinaires; mais comme j'écris sans intérêt, je me satisferai du moins moi-même, en rapportant fidèlement la vérité.», *Ibid.*, p. 133.

[11] Voir les articles *échanges* et *utile* de F. Markovits dans le *Dictionnaire européen des Lumières*, M. Delon (ed.), Paris, P.U.F, 1997. Ces réflexions sur la valeur sont synthétisées, vers la fin du siècle, par l'Écossais Adam Smith, inspiré par les physiocrates français de la première moitié du siècle, et prolongées par la théorie utilitariste de Jeremy Bentham.

[12] F. Markovits, article *échanges* du *Dictionnaire européen des Lumières*, p. 359.

[13] F. Markovits. *L'Ordre des échanges, philosophie de l'économie et économie du discours au XVIIIème siècle en France*, Paris, PUF, 1986, p. 5.

[14] «Ainsi, à travers la diversité des domaines auxquels elle peut s'appliquer, l'économie signifie-t-elle l'art de bien conduire un ensemble, d'engager les dépenses, de calculer le rapport des moyens aux fins, de bien ménager les effets. [...] Art de ménager les moyens pour diversifier et multiplier les effets, l'économie ne désigne pas un modèle mais une méthode.», F. Markovits, *op. cit.,* p. 16.

et de maximisation du profit, l'économie diffuse une conception utilitaire et marchande des rapports de pouvoir mais aussi des échanges verbaux. On considérera que l'échange relève d'un système marchand lorsque ce qui est donné doit être immédiatement rendu, dans l'idée d'apurer les comptes dans un temps donné.

Marcel Mauss théorise le premier, au lendemain de la première guerre mondiale, la différence entre le système marchand et le système de dons et en fait une lecture historique. Selon lui, le système de dons se situerait avant le système marchand (ou en dehors de celui-ci) – ce qui n'exclut pas, bien sûr, de multiples survivances du système ancien dans le nouveau – et il n'engagerait pas seulement une marchandise, séparée des personnes, mais l'individu tout entier. A la suite de Mauss, on a pu considérer que le système hiérarchisé de type féodal, fondé sur des relations de service, se rapprochait plus ou moins d'une économie du don, antérieure à un système capitaliste des échanges. La principale différence entre les deux systèmes réside dans leur rapport à la temporalité et à la mesure: la relation marchande est limitée dans le temps et mesurée arithmétiquement, la relation de don est au contraire illimitée dans le temps et échappe à une mesure précise[15]. Cette distinction nous servira de fil directeur au cours de notre analyse des échanges narratifs dans les romans-mémoires.

Le dispositif des mémoires se caractérise par l'unification des paroles entendues dans le passé par un narrateur central qui organise et rationalise leur multiplicité. En ce sens, le mémorialiste dirige l'économie des voix en tant que narrateur, mais aussi, dans le cas des insertions hétérogènes, en tant qu'actant: il orchestre la convocation des divers narrateurs secondaires, dont les récits sont présentés comme des produits de consommation littéraire.

La rencontre avec le valet Brissant, dans les *Mémoires et aventures* de Prévost, offre un exemple de mise en équivalence entre un récit et un bien matériel. Les deux protagonistes recueillent dans la rue un ancien valet du marquis, lui procurent de la nourriture et des vêtements. Le texte insiste à plusieurs reprises sur le dénuement d'un personnage dont la parole est d'emblée présentée comme un tribut à payer en échange du secours qui vient de lui être offert et de l'emploi qu'on se propose de lui donner:

> Brissant, lui dit le marquis, je vous constitue mon valet de chambre jusqu'au retour de Le Brun; mais je veux savoir auparavant par quelle

---

[15] Marcel Mauss, *Essai sur le don. Forme et raison de l'échange dans les sociétés archaïques* [1925] in *Sociologie et anthropologie*, Paris, PUF, 1950.

aventure je vous ai trouvé si mal équipé dans ce pays-ci. Il nous raconta ainsi son histoire[16].

Il s'agit tout autant d'interroger le valet sur sa moralité avant de le prendre à son service, que d'obtenir de lui quelque chose en échange de ce qu'on lui donne. La parole hors-la-loi ou vagabonde n'est pas gratuite ni libre, mais contrainte à une transaction inégale puisque Brissant ne peut refuser de parler, sous peine de rester sans emploi et sans abri. Le marquis et Renoncour évoluent dans la sphère de la culture tandis que Brissant, du fait de ses infortunes, est ramené au niveau de la simple survie : «manger comme un homme affamé» s'oppose à «souper». Cette inégalité des termes et des conditions ne laisse guère de doute sur le caractère contraignant du marché proposé à Brissant.

La Fille errante (1741) met particulièrement en scène la valeur d'échange de la parole. La narratrice raconte ses pérégrinations sur les routes de France, dans une chaise à un cheval : travestie en homme, elle fait profession de voyageur de commerce, puis de page et de messager, recueillant toutes sortes de confidences et de récits. La structure d'errance, inscrite dans le titre, fait en effet se succéder les rencontres et les récits secondaires, et elle illustre, à plusieurs reprises et de façon brutalement explicite, la valeur marchande de la parole. Dans la cinquième partie de ce roman, on trouve un exemple du statut de monnaie revêtu par le récit de vie. Un énonciateur secondaire, Monsieur d'Açores, raconte sa rencontre avec un homme d'apparence misérable. Le portrait de l'homme rappelle les portraits picaresques, sa misère, sa maigreur extrêmes donnant lieu à un tableau grotesque. L'homme est affamé et il parle de quatre millions à recouvrir de la part du roi de Goa. L'équivalence entre les biens nécessaires à la survie et le plaisir d'entendre le récit d'un fou est explicitée :

> Je vous dirai, Monsieur, mes raisons, vous jugerez si l'on peut me disputer la somme sur laquelle je fonde mes espérances, et je vous avoue que c'est là mon unique ressource. Eh bien, monsieur, lui répartis-je, faites-moi la grâce de venir souper dans l'auberge, où je vais descendre, et ce sera avec bien du plaisir, que j'entendrais le récit de vos merveilleuses aventures.
> De bon cœur, Monsieur, je profiterai de l'honneur que vous voulez me faire, et nous gagnerons l'un et l'autre au marché que vous me proposez, je n'y perdrai point d'abord, car je vous avouerai bonnement que depuis trois jours la nourriture que j'ai prise n'est point assurément capable de me causer d'indigestion, et pour vous monsieur, vous ne

---

[16] *Mémoires et aventures*, p.155.

regretterez pas ce qu'il vous en coûtera pour mon écot, par le plaisir que vous aurez d'apprendre l'admirable histoire de ma vie.

Peut-être en eût-il dès lors entamé le récit, mais dans la crainte que j'avais que cette longue abstinence, dont il se plaignait, n'eût un peu dérangé son cerveau, je remis à contenter ma curiosité après le repas[17].

L'échange entre le plaisir du récit et le besoin de manger est on ne peut plus clairement mis en équivalence, et si le commanditaire du récit patiente jusqu'à la fin du repas, le texte rend difficile de décider si c'est par souci d'humanité ou parce que le riche doute de la capacité d'un homme tourmenté par la faim de faire un récit cohérent. Le récit est, de fait, celui d'un mégalomane qui s'imagine descendre des rois de Jérusalem et raconte sa conquête des Indes, ses prises de place-fortes et ses abordages héroïques. Séduit par la «burlesque histoire» du Seigneur de La Fortune, M. d'Açores songe à l'emmener avec lui pour se distraire[18], mais l'intéressé refuse cet emploi de bouffon à plein temps. L'épisode illustre le fait que la parole qui marque une échappée spectaculaire hors des cadres a une valeur marchande appréciable et reconnue dans l'univers romanesque des mémoires.

Le roman de *La Fille errante* illustre ailleurs cette valeur en creusant l'inégalité de l'échange. La narratrice voyage en carrosse avec M. de Roquelaure et son secrétaire. Le voyage met en abyme le statut de monnaie de la parole, non pas tant sous la forme du récit de vie que sous celle de bons mots et autres anecdotes. L'espace du carrosse est un espace de sociabilité propice au déploiement du bel esprit et la conversation se porte sur la question de l'utilité des bons mots. La situation d'énonciation enchâsse différents niveaux de parole mais aussi divers types d'échanges verbaux: dans le carrosse, les passagers échangent des productions verbales qui ressortissent à une sociabilité entre égaux[19]. La différence apparaît d'autant plus flagrante avec les situations inégales et violentes que décrivent les histoires racontées ensuite par le spirituel M. de Roquelaure.

---

[17] *La Fille errante ou Mémoires de Mademoiselle de Paisigni,* Liège, Everard Kints, 1737-1742, V, p. 60.

[18] La parole folle est une composante de notre corpus de paroles autres. On songe par exemple au narrateur des *Mémoires de M. de P.* d'A. Emery qui raconte, de l'intérieur, une expérience de folie, elle aussi instrumentalisée par les autres puisqu'il est utilisé comme attraction de foire, en un épisode qui reflète une pratique réelle d'exploitation des fous et des simples d'esprit. La parole du fou, burlesque par excellence, illustrerait de façon particulièrement brutale l'exploitation de la parole de l'autre.

[19] Encore que la façon dont le secrétaire essuie les attaques ironiques de M. de Roquelaure ne relève pas vraiment de l'échange entre égaux. Le texte évoque l'image du «croc en jambe», qui confirme l'indéniable violence, unilatérale, du dialogue.

La première, celle du condamné à mort qui obtient sa grâce par un bon mot, le met en scène personnellement:

> L'autre jour que je passais avec mon carrosse sur la place de Grève à Paris, il y avait une potence dressée et un patient qui y était déjà monté, et que le bourreau allait faire danser en l'air. Ce pauvre diable voyant que c'était moi dit qu'il voulait me parler. C'est un usage qu'on accorde toujours aux patients ce qu'ils demandent dans ces occasions. Je n'en sais pas l'origine ni la raison. On le fit descendre et approcher de mon carrosse. Je lui dis, qu'est-ce que c'est mon ami, que me veux-tu? Ah! dit-il, Monseigneur, je voudrais bien vous prier d'une chose c'est de dire au roi: quoi, dis-je, hé! Monseigneur, que si vous avez jamais vu un homme bien embarrassé, c'est moi. Ma foi, mon ami, dis-je, tu as sujet de l'être. Qu'as-tu fait? Sans en savoir davantage je dis à l'exempt qui présidait à l'exécution de la surseoir jusqu'au soir. Je fis partir un courrier pour Versailles, qui rapporta la grâce de ce malheureux, et qui la publia sur le point que l'exécution allait se faire.
> Cette œuvre, disais-je, Monseigneur, est digne d'un galant homme comme vous. C'est un bon mot qui m'a plu, dit-il, qui lui a sauvé la vie, et je ne sais ce qu'entend M. Pascal quand il dit: diseur de bon mot, mauvais caractère. Je sais bien que si je n'avais pas dit quelque bon mot au roi, je ne serais pas aujourd'hui Duc de Roquelaure, et que, si ce misérable-là n'avait trouvé celui qu'il m'a dit, il aurait été gardé les fourches de Mont-Faucon[20].

Le commentaire de M. de Roquelaure donne le vertige parce qu'il fonde l'édifice social tout entier sur un commerce de paroles et de mots, chacun payant son subalterne pour les (bons) mots qu'il lui adresse. Le second mot cité par M. de Roquelaure vaut la vie à un soldat et à toute sa compagnie. Suite à une rébellion, tous les soldats sont condamnés à se jeter du troisième étage. Les deux premiers sautent et se tuent, le troisième parle et sauve sa vie:

> Le commandant voulait le faire jeter en bas. Attendez, monsieur, je m'en vais reprendre ma course. Il fit la seconde et la troisième fois de même que la première. Le commandant, qui commençait à se mettre en colère, lui dit, comment marraud, il faut t'y reprendre quatre fois pour faire un saut. Hé! dit le soldat, Monsieur, je vous le donne en trente et je parie que vous ne le faites pas.
> 'Ah! dis-je, celui-là était bon. Que dit le commandant à cela?' Le commandant, tout fâché qu'il était, et quoiqu'il n'eut pas le cœur trop tendre il le trouva si bon qu'il dit, va, mon ami, ce que tu dis là vaut bien le saut qu'ont fait tes deux camarades[21].

---

[20] *La Fille errante*, Liège, Everard Kints, 1737-1742, p. 79, II.
[21] *Ibid.*, p. 80-81.

Les histoires racontées par M. de Roquelaure illustrent la conception proprement économique de paroles qui fonctionnent en circuit: en accordant sa grâce au condamné, M. de Roquelaure le paie pour un bon mot, celui-ci vient à son tour enrichir la parole et la conversation du puissant qui peut briller en société en puisant dans sa réserve d'anecdotes. L'impression de vertige est accentuée par le dispositif de mise en abyme de la situation de parole à l'intérieur du carrosse. La voiture est en effet le réceptacle de deux types de rapport à la parole de l'autre: le premier – le rapport entre la narratrice et M. de Roquelaure – considère l'autre comme un obligé de façon implicite et sans termes fixés dans le temps ni dans la nature du contre-don; le second – les échanges racontés dans les anecdotes – fait de la parole une monnaie d'échange, dans une transaction dont les termes sont explicites et fixes. Ces échanges hétérogènes entre une parole ou un récit et un secours matériel n'instaurent pas un rapport de service – qui resterait implicite ou s'inscrirait en tout cas dans une temporalité plus longue – mais un rapport de type marchand, dans la mesure où ils contraignent celui qui reçoit un secours à donner en échange, et sur-le-champ, la seule chose dont il dispose, sa parole ou son histoire.

B. *Autoportraits des romanciers en marchands*

La logique marchande est encore plus visible lorsqu'elle se manifeste par l'insertion de récits secondaires non autobiographiques souvent désignés par les textes comme des *contes*. Quand le narrateur primaire est placé dans une position de dépendance, il se met lui-même en scène en train de raconter des histoires et dévoile ainsi la logique marchande qui sous-tend la circulation des productions verbales.

Le héros de *La Mouche ou les aventures de M. Bigand* de Mouhy produit des histoires secondaires qu'il monnaie en échange de sa survie. La faiblesse du personnage principal qui est pauvre, jeune et chétif, en fait la proie de toutes sortes d'échanges plus ou moins inégaux qui nourrissent les mémoires et constituent le roman. Mouhy tire cependant les situations d'exploitation vers le comique, en faisant une force de la capacité du héros de fabriquer, de manipuler et de colporter des histoires et surtout en accentuant leur caractère fictionnel: certes Bigand raconte parfois sa propre histoire mais plus fréquemment, il fait appel à son imagination. La force des plus faibles, en une sorte de projection fantasmatique de la condition d'écrivain, serait de pouvoir fabriquer des histoires afin d'obtenir de l'argent, de la nourriture et les moyens de survivre. L'échange de secours contre des récits est inscrit à plusieurs endroits dans *La Mouche*[22], mais il est sensiblement infléchi par le fait que le narrateur trafique plutôt avec les récits des autres ou des histoires imaginaires. Dès le chapitre IV, il forge une histoire de fantômes et, déjà, les cadres de la réception de cette histoire sont marqués par un vocabulaire de l'intérêt et de la valeur[23].

C'est surtout dans le chapitre VIII que les structures économiques et les rapports de pouvoir sous-jacents à la production et à la circulation des récits secondaires sont soulignés[24]. Bigand est le témoin d'un don d'argent fait à son ancien complice qui a pris le pas sur lui et qui le traite, non plus en égal, mais en domestique. Le moyen d'obtenir cet argent est d'user de ses talents de conteur:

> Le jour suivant celui qu'on lui avait apporté cette gratification, il vint se coucher fort tard [...]; j'avais coutume de me trouver tous les soirs à son coucher; il aimait les contes et se servait de moi pour lui en faire; je ne voulus pas attendre plus longtemps, les moments étaient précieux, un jour de retard je ne tenais plus rien: je fus l'attendre dans sa chambre, dès qu'il fut au lit il me demanda un conte à l'ordinaire pour l'endormir, j'y avais trop d'intérêt pour n'y pas contribuer, je ne me le fis pas dire deux fois, et je lui contai celui-ci[25].

Les enjeux de la situation narrative sont complexes. Le petit Bigand est exploité et sa capacité créatrice mise à profit. Le lecteur est donc placé dans une position analogue à celle du consommateur de contes, d'Osilly: lui aussi aime les contes et, pour cette raison, il achète les romans de Mouhy. Le romancier se représente ainsi de façon figurée comme un forgeur de contes: comme Bigand qui endort d'Osilly pour lui dérober son argent, Mouhy produit des romans à des fins lucratives. La mise en abîme critique de l'aspect économique de la narration révèle le statut marchand des récits secondaires mais, plus largement, de toute production d'imagination, littérature comprise, ce qui va à rebours des déclarations de désintéressement du mémorialiste sérieux.

---

[22] Comme, par exemple, dans le chapitre 3 de la première partie, avec l'histoire d'un esprit ou le chapitre 9, de la première partie, avec l'histoire des serins.

[23] «Pardonnez-moi, pardonnez-moi, interrompit le Prieur, ces choses valent bien la peine qu'on y fasse attention: cet enfant ne les a pu imaginer, *on en pourra peut-être tirer de l'utilité*», Mouhy, *La Mouche*, Paris, L. Dupuis, 1736, p. 54, nos italiques.

[24] Le titre du chapitre VIII, «Bigand prend la résolution de voler d'Osilly. Mariage occasionné par un serin», met sur le même plan deux histoires de niveaux différents: celle qu'il vit, celle qu'il invente pour vivre.

[25] *La Mouche*, édition citée, première partie, p. 187.

Dans *Pinolet ou l'aveugle parvenu*, Jean-Antoine Guer reprend l'idée d'une valeur marchande de la capacité de faire des histoires et là encore le fabricant de ces contes dans le roman est le narrateur primaire[26]. Le narrateur, Pinolet, est un aveugle recueilli dans la maison des paysans Jérôme et Jeanne Bochot et il les dédommage par le récit de sa vie, dont la paysanne est friande :

> Un jour elle me menait dans le jardin, un autre jour dans la grange, quelquefois au grenier, selon qu'elle avait à faire à l'un ou l'autre de ces différents endroits, et tout ce qu'elle exigeait de moi se bornait à lui faire le détail de quelque circonstance de mon histoire. C'était pour elle un plaisir qu'elle préférait à tout[27].

Pinolet est ainsi transformé en meuble à conter. La contrepartie n'est d'ailleurs pas uniquement narrative puisque Jeanne fait observer à son mari que des retombées économiques sont à espérer d'un tel acte de charité : selon elle, les veaux naissent plus nombreux et les poules pondent davantage depuis que l'aveugle vit sous leur toit, le ciel pourvoyant en quelque sorte au contre-don.

Si le motif de l'exploitation mercantile du récit est plus sombre, chez Jean-Antoine Guer, que chez Mouhy ou La Barre de Beaumarchais, c'est que la capacité d'imagination créatrice du narrateur y est presque nulle :

> Le récit de ma vie n'était pas intarissable, je me vis enfin réduit à ne savoir que dire pour amuser ma bienfaitrice. Elle-même commença à s'ennuyer d'entendre toujours la même chose, ce qui me détermina à gagner du temps sous prétexte de prendre l'air dans le village, tantôt j'allais d'un côté, tantôt d'un autre[28].

Le jeune aveugle puise exclusivement dans le fonds de son expérience vécue et le capital de ce conteur autobiographique est trop limité pour lui assurer une subsistance durable, la charité de Jeanne Bochot étant dispensée dans l'attente d'une contrepartie de nature narrative.

Chez Mouhy, comme chez Guer, le mémorialiste est aussi le producteur des récits secondaires. Le registre picaresque de ces romans

---

[26] Un autre roman comique présente une situation où le récit vaut pour monnaie d'échange : dans les *Aventures de Don Antonio de Buffalis* de La Barre de Beaumarchais (1722), Antonio et Fabricio paient le gîte et le couvert qu'on leur offre en régalant leurs hôtes paysans d'histoires, de contes et de feintes autobiographies.

[27] J-A. Guer, *Pinolet ou l'aveugle parvenu, Histoire véritable composée sur les faits fournis par Pinolet lui-même, actuellement existant dans Paris*, [Londres, 1740], Amsterdam, M.M Rey, 1755, p. 172.

[28] *Ibid.*, p. 178.

confirme l'opposition entre des narrateurs sérieux qui se piquent de gratuité noble et d'autres, en général dans un contexte comique, qui affichent, de façon provocatrice, le statut de marchandise de leur narration. Dans le dernier exemple cité, le rapport entre le commanditaire des récits et Pinolet revêt une dimension évidemment libidinale, le plaisir procuré par le récit secondaire servant fréquemment de substitut au plaisir sexuel. Cette collusion entre les plans narratifs et érotiques est un effet de sens extrêmement fréquent dans les récits insérés féminins.

C. Transaction et parole féminine: le récit tribut

Il ne s'agit pas pour nous de caractériser la voix féminine telle que la traduit la poétique de tel ou tel auteur, mais plutôt de préciser les fonctions de la représentation de l'énonciation féminine dans les romans-mémoires, ainsi que les conditions de son insertion dans un récit masculin, c'est-à-dire la façon dont le romancier s'approprie l'image de cette énonciation encadrée et l'utilise.

Les romans-mémoires de Prévost sont des récits masculins dans lesquels il ne s'efforce pas de donner aux voix de femmes une *tessiture* spécifique. L'usage qu'il fait de l'énonciation féminine offre en revanche un vaste champ d'étude et correspond au recours éminemment stratégique à une énonciation représentée comme dépendante[29]. L'héroïne de *l'Histoire d'une Grecque moderne*, Théophé, illustre un traitement particulièrement retors de la parole féminine. Elle fait figure d'exception dans la mesure où elle est l'une des rares héroïnes prévostiennes à raconter elle-même toute son histoire, au discours direct, en un long récit secondaire[30].

L'histoire de Théophé retrace le cheminement de sa parole, depuis sa confiscation par les hommes jusqu'à une forme de reconquête qui trouve un apparent aboutissement dans un récit autobiographique[31]. La jeune esclave se présente d'abord comme un être privé de parole et rarement

---

[29] Pour une analyse de la confiscation de la parole de Manon dans la narration de Des Grieux, voir Bernadette Fort «Manon's suppressed voice: the uses of reported speech», *Romanic Review* n° 76, 1985, p. 172-191, et René Démoris, *Le Silence de Manon*, Paris, PUF, 1985.

[30] Voir Prévost, *Histoire d'une Grecque moderne*, Paris, Garnier Flammarion, A. Singerman (ed.), 1990, p. 73-93. Plus tard, elle se fait même à nouveau narratrice et biographe, pour le compte cette fois de Maria Rezati, p. 188-192.

[31] Même si, on l'a vu, cette reconquête est entravée par le contrôle exercé sur ce récit par le narrateur primaire, notamment à travers une contextualisation disqualifiante.

destinataire de celle des autres qu'elle se borne le plus souvent à surprendre. Son récit bruit ainsi de paroles rapportées plus ou moins anonymes, des rumeurs de la foule des marchés et des places publiques, tandis que sa propre parole n'est pas retranscrite.

La disparition des figures masculines qui entourent Théophé l'autorise
à parler en son propre nom: à la mort du gouverneur, elle témoigne devant
les juges; lorsque son père est exécuté, elle interroge la foule. La scène
du marché marque une véritable rupture dans son rapport à la parole
puisque, privée de mentor, elle doit se vendre elle-même au plus offrant:

> Personne ne pouvant satisfaire à cette question on prit le parti de
> s'adresser à moi. Mais en convenant que j'étais à vendre, je commen-
> çai par demander qui étaient ceux qui pensaient à m'acheter[32].

Théophé opère la transaction de son propre corps comme, plus tard, elle
procèdera à celle de son récit. Le cheminement de sa parole dans son histoire se double d'un processus parallèle de libération dans les mémoires:
dans le sérail de Chériber, où le narrateur la rencontre, il ne cite pas textuellement la parole de la jeune Grecque[33]. Celle-ci est plus nettement
retranscrite lorsque Théophé sort du sérail:

> C'étaient des remerciements affectueux du service que je lui avais
> rendu, des marques d'admiration pour ma bonté, des prières ardentes
> au ciel de me rendre avec une profusion de faveurs ce que toutes ses
> forces et tout son sang ne pouvaient jamais la mettre en état de payer.
> Elle s'était fait une mortelle violence pour retenir ses transports aux
> yeux du Sélictar. Elle n'avait pas moins souffert du délai de ma visite,
> et si je n'étais pas persuadé qu'elle ne voulait vivre et respirer que pour
> se rendre digne de mes bienfaits, j'allais la rendre plus malheureuse
> qu'elle ne l'avait jamais été dans l'esclavage[34].

Le narrateur passe du sommaire d'une démonstration inarticulée au
discours indirect, puis indirect libre, avant d'inciter Théophé à faire un
récit de vie, qu'il rapporte:

> Je l'interrompis pour l'assurer que des sentiments si vifs et si sincères
> étaient déjà un retour égal à mes services. Et ne pensant qu'à détour-
> ner des transports que je voyais prêts à se renouveler, je lui demandai
> pour unique faveur de m'apprendre depuis quel temps et par quelle
> infortune elle avait perdu sa liberté[35].

---

[32] Prévost, *op.cit.*, p. 83.
[33] «Cette conversation, où j'avoue que le mouvement de pitié qui m'emportait me fit
laisser à la jeune Grecque peu de liberté pour me répondre», *Ibid.*, p. 61.
[34] *Ibid.*, p. 72.
[35] *Ibid.*, p. 72.

La demande de récit est présentée comme un prétexte destiné à détourner l'attention de la jeune esclave et à l'empêcher de se livrer à des effusions de gratitude jugées embarrassantes. A ce moment-là, le narrateur nie éprouver le moindre désir. Parole de substitution – avant de devenir instrument de sublimation, quand le narrateur tentera de se convaincre que parler philosophie à son élève peut être une compensation –, la parole est placée dans un réseau de transactions: le narrateur a acheté Théophé, et, en contrepartie, il ne lui demande que de lui raconter son histoire.

La minimisation de la valeur de ce récit par le narrateur primaire ne doit pas dissimuler le marché de dupes que celui-ci impose à son obligée car, sous prétexte d'annuler sa dette, il la souligne, et tout en prétendant limiter ses démonstrations de gratitude, il entérine l'idée d'un prix à payer. Un récit de vie est, dans la hiérarchie des paroles, plus précieux que des formules de gratitude stéréotypées, parce qu'il révèle davantage l'intimité de l'énonciateur. Le narrateur primaire présente comme moins précieux, un récit autobiographique qui vaut plus, en termes d'ouverture à l'autre, que des formules de gratitude. Il n'écoute pas la demande d'échange – donner *de* l'amitié et *de* la gratitude contre un service rendu – que lui adresse implicitement Théophé. Il refuse de recevoir les marques spontanées de gratitude qui lui sont offertes pour exiger un récit-rétribution. En fixant un prix à la dette morale contractée par Théophé, il transforme en relation marchande ce qui était initialement présenté comme une relation de service, comme le formulait la jeune femme en déclarant d'emblée que sa dette envers son sauveur ne saurait, de toutes façons, jamais être remboursée[36].

Un retournement s'opère cependant, car ce récit autobiographique, demandé comme quelque chose de peu de valeur, ne fait que sceller la frustration sexuelle du narrateur: par un mécanisme psychologique et rhétorique, le don contraint devient don contraignant, puisqu'il interdit par la suite au narrateur tout autre commerce entre lui et Théophé, qui se refuse constamment à lui *précisément* parce qu'il n'ignore rien de son passé infâme. Le narrateur primaire, qui a demandé ce récit, en dépit de ses

---

[36] On décèle, dans les propos initiaux de Théophé, une perspective de service de type «agonistique», encore plus explicitement posée dans cette déclaration, transmise au style indirect et située après le récit autobiographique: «et retombant sur sa reconnaissance, elle ajouta que mes bienfaits étant sans bornes, elle ne s'arrêtait plus à chercher quel en serait le prix, puisqu'en obligeant une infortunée qui n'était capable de rien pour mon service, je ne me proposais sans doute que de satisfaire ma générosité.», *Histoire d'une Grecque moderne*, P.U.G., p. 43.

dénégations, pour son plaisir, en sera frustré de tout autre avec Théophé. Elle n'est donc, en fin de compte, pas la véritable dupe de ce marché.

Si l'analyse de la parole de Théophé ouvre notre étude de la parole féminine c'est que ce texte forge l'image d'une énonciation féminine ayant, avant tout, valeur de dédommagement, avec un rappel intéressant: la parole de l'héroïne dans son récit est semblable à celle qu'elle profère sur le marché de Constantinople, elle permet de se dévoiler et de se vendre. A la différence près que cette parole est désormais plus retorse, parce que consciente de sa valeur marchande.

Tandis que les mémorialistes se réclament d'une qualité qui se traduit notamment par la gratuité de leur activité d'écrivant, les énonciatrices secondaires ne sont en général pas libres de ne pas faire le récit de leur vie, car le fossé moral et idéologique qui les sépare du monde du narrateur primaire s'accompagne d'une situation de dépendance matérielle.

Les Mémoires du comte de Comminville (1735) de Jean du Castre d'Auvigny superposent trois niveaux de récits: celui du mémorialiste, dans lequel s'insère celui du Maure Mahamet, où vient s'insérer à son tour le récit de Carina, maîtresse défunte de Mahamet. Le triple dispositif d'enchâssement rend particulièrement visible le fonctionnement différentiel des transactions entre les niveaux de récits. Contrairement aux récits insérés dans les romans baroques, qui sont clos sur eux-mêmes et se réfèrent à des événements qui n'ont plus de lien avec le présent, le récit dépendant est placé dans une situation de crise et d'urgence et il tient encore au présent par de nombreux fils.

Le roman de d'Auvigny reprend des éléments des *Mémoires et aventures d'un homme de qualité*. Comminville raconte d'abord des aventures parisiennes, puis sa détention chez un renégat qui raconte longuement sa propre histoire. A l'intérieur du récit de la passion italienne de Mahamet pour Carina, est insérée la confession de cette dernière. Mahamet prend ombrage des visites régulières que lui rend un magistrat et il demande à sa maîtresse de cesser de le voir. Elle refuse et justifie son refus par le récit de sa vie.

Une mise en perspective des incipit de ces trois récits permet de mesurer la diversité des logiques qui gouvernent les insertions narratives. Comminville entame ainsi la matière de ses mémoires:

> Après m'être amusé pendant dix années à repasser les différentes aventures de ma vie, je me suis mis en tête de les écrire. Les moments que je consacrerai à cette occupation, seront autant de moments dérobés à l'ennui. Ma philosophie me sauve de l'ambition, mon âge m'éloigne de l'amour; ainsi, ne pouvant rien faire de mon cœur, je cherche à occuper ma mémoire et mon esprit. Je vais donc encore une fois me

transporter dans ces temps heureux de ma jeunesse, et en me rappelant mes peines passées je vais me procurer de nouveaux plaisirs[37].

Le récit de Mahamet à son esclave, et confident, commence de la sorte:

Vous ignorez, me répondit Mahamet, les raisons qui m'obligent à craindre l'amour, je veux vous en instruire. [...] et pour cimenter notre amitié, je veux vous faire part des principaux événements de ma vie. [...] Ajoutez à cela que je suis bien aise de répondre à la demande que vous m'avez faite tantôt[38].

Et Carina débute sa confession par ces mots:

Je la pressai un jour de me dire les raisons qui l'obligeaient à ménager un homme dont la présence m'alarmait; elle balança longtemps à me donner cette satisfaction; mais enfin elle se résolut à me confier son secret; et ce ne fut cependant qu'après bien des combats dont heureusement je sortis vainqueur. La confidence que je vais vous faire, me dit-elle alors, vous prouvera combien peu je suis capable de vous cacher ce qui se passe dans mon cœur. Ecoutez-moi avec attention; je vais vous rendre compte de ma conduite passée, je dois ce compte à votre sincérité et à la mienne; j'espère que dégagé comme vous êtes des préjugés vulgaires, vous ne me condamnerez point sans examiner les motifs de mes actions. A la violence que Carina se faisait pour commencer son récit, je vis bien que cette narration lui coûtait beaucoup. Je tâchai de la rassurer par mille protestations, et elle se résolut enfin à achever. On se lasse rarement de raconter ses malheurs, me dit-elle, mais les miens sont de nature à n'être jamais révélés; et je cours risque en me découvrant de perdre l'estime de ceux dont je voudrais mériter la compassion[39].

Alors que Comminville raconte les «différentes aventures de [sa] vie» et Mahamet les «principaux événements de [sa] vie», Carina revient, elle, sur «sa conduite passée». Entre le premier et le troisième niveau, s'opère donc une concentration sur l'essentiel, mais aussi un recentrage sur l'individu, plus seulement sur les événements qui surviennent mais sur ce dont l'énonciateur s'avoue responsable: cela illustre l'existence d'un lien entre l'amplitude des projets narratifs et le degré d'enchâssement du récit.

Le triple niveau d'enchâssement permet de voir également comment le lien de dépendance entre le narrateur secondaire et son narrataire informe

[37] Jean d'Auvigny, *Mémoires du comte de Comminville*, p. 4. Notons l'originalité du projet autobiographique: il ne s'agit pas d'écrire sa vie pour ses descendants, pour être utile aux autres ou pour porter témoignage, mais de se faire plaisir en se remémorant son passé.

[38] *Ibid.*, p. 130.

[39] *Ibid.*, p. 151.

les modalités de l'insertion. On constate une nette gradation de Comminville à Carina en termes de fonctionnalité de l'histoire. Le niveau primaire, celui des mémoires de Comminville, est ici faiblement motivé. Ce n'est pas toujours le cas du premier niveau de récit, comme par exemple lorsque le narrateur se voit contraint de raconter sa vie pour faire la lumière sur des zones d'ombre et restaurer son honneur[40], ou encore qu'il déclare éprouver le besoin de se raconter pour exorciser des souvenirs qui le hantent. Comminville, quant à lui, insiste longuement sur l'absolue gratuité d'un acte narratif dont il n'attend nulle rétribution matérielle ou symbolique[41]. Il présente l'écriture de sa vie comme un moyen de se distraire, un passe-temps de vieillard oisif. L'écriture des mémoires convertit les peines du passé en plaisir, même si ce plaisir est toujours teinté d'amertume ou de mélancolie. En parlant de plaisir, là où l'homme de qualité de Prévost n'envisageait qu'une forme de soulagement à ses douleurs, Comminville surenchérit.

Mais, dans ce roman, la véritable ligne de fracture est celle qui sépare les récits homogènes du récit hétérogène, c'est-à-dire les deux narrateurs de la narratrice. En effet, même si Mahamet n'est pas un mémorialiste, son récit est lui aussi essentiellement motivé par le plaisir de se raconter pour alléger son cœur[42]. Le récit procède de la volonté commune du narrateur et de son narrataire et la réciprocité de l'échange, sinon effective, est du moins fortement revendiquée.

Il n'en va pas de même du récit enchâssé de Carina que son amant jaloux lui arrache et qui répond à une exigence d'information. Elle ne parle pas pour son plaisir ou pour celui de son interlocuteur, mais parce qu'elle doit rendre des comptes. Elle n'évoque pas ses *aventures*, terme connoté positivement en Romancie, mais sa *conduite*, ce qui fait implicitement de Mahamet un juge de ses actions passées[43].

---

[40] Comme la narratrice des *Mémoires d'Anne-Marie de Moras* de Mouhy ou celle de *La Religieuse* de Diderot.

[41] Voir ici les analyses de R. Démoris dans *Le Roman à la première personne du Classicisme aux Lumières*, p. 414-415.

[42] «Je suis bien aise de répondre à la demande que vous m'avez fait tantôt.», d'Auvigny, *Mémoires du comte de Comminville*, édition citée, p. 130.

[43] L'amant en titre de Carina est d'ailleurs lui-même un magistrat qui participait au procès qui l'a précipitée dans la misère. Claudine Hunting a étudié la posture d'accusées des narratrices primaires plaidant pour leur cause en écrivant leurs mémoires. Cf. C. Hunting, *La Femme devant le tribunal des Lumières*. E. Zawisza remarque que, dans les romans-mémoires de la première moitié du siècle, la préface fait fréquemment appel à une rhétorique judiciaire pour justifier le roman. Cf. E. Zawisza, «La préface dans les romans des Lumières», *Romanic Review* vol. 83, n°1, Janvier 1992, p. 281-297.

Les termes économiques saturent la déclaration préliminaire de Carina – «je vais vous rendre compte», «je dois ce compte», «cette narration lui coûtait beaucoup», «je cours risque en me découvrant de perdre» – et placent son récit dans le cadre d'un contrat, la notion de risque faisant apparaître une logique économique qui vise en premier lieu à équilibrer les dépenses et les gains[44]. Après les récits masculins qui se placent dans le cadre d'une éthique aristocratique – le don est fait sans contrepartie et engage indéfiniment celui qui le reçoit – le récit de Carina attire l'attention sur les risques de pertes impliqués par le récit autobiographique.

Le narrateur primaire écrit après s'être retiré du monde. Les événements qu'il raconte n'ont donc plus d'incidence autre que psychologique sur son présent. Au contraire, le narrateur secondaire dépendant est concrètement immergé dans des événements auxquels son sort est toujours suspendu. C'est dire que l'autre risque quelque chose à parler et à raconter. Cela se traduit par une gradation dans le roman: Comminville est vieux et retiré du monde, Mahamet est encore jeune mais son récit est de type élégiaque, Carina, quant à elle, court le risque, en confessant sa chute à son amant, de le perdre et de se perdre de réputation. Suite à ces révélations, Mahamet souffrira d'une jalousie pathologique qui entraînera les amants dans une série d'aventures où Carina trouvera la mort.

Autrement dit, le récit inséré dépendant se caractérise par son immersion dans une action dont l'issue n'est pas encore scellée. L'opposition entre immersion et détachement, qui pourrait décrire les postures différentes des narrateurs primaire et secondaire, fait songer au dispositif théâtral et romanesque du double registre théorisé par Jean Rousset, à propos du théâtre et des romans de Marivaux[45]. La posture de surplomb s'observe non seulement chez le narrateur primaire, par rapport à son passé, mais encore elle est celle du héros personnage, dans le passé, par rapport aux autres personnages rencontrés. Cette variante intradiégétique du double registre pourrait constituer l'un des traits d'une poétique du roman-mémoires.

Prévost joue aussi sur l'actualité du récit secondaire et l'urgence du récit féminin. Dans *Les Mémoires et aventures*, le récit de la picara de la forêt de Senlis est exemplairement ancré dans le contexte dramatique. Le coup de théâtre qui le clôt révèle sa portée illocutoire, c'est-à-dire le fait

---

[44] N. Elias, *La Société de cour* [*Die Höfische Gesellschaft*, Berlin, Hermann Luchterhand Verlag, 1964.], Paris, Calmann-lévy, 1974.

[45] J. Rousset, «Marivaux et la structure du double registre» in *Forme et signification, Essai sur les structures littéraires de Corneille à Claudel*, Paris, Corti, 1962.

que la narration, l'*acte* de narrer, peut être décisif pour la vie du narrateur secondaire:

> C'est un bonheur pour moi d'être tombée dans vos mains puisque vous m'avez promis de mettre ma vie en sûreté; et la plus grande marque que je puisse vous donner de ma reconnaissance, nous dit cette effrontée en finissant, c'est de vous remettre mes armes. Elle tira en même temps de ses poches deux petits pistolets, et un large poignard des plis de sa jupe. Je frémis en les voyant de l'imprudence que j'avais eue de ne pas les lui ôter avant qu'elle eût commencé son récit; car il lui aurait été facile assurément d'en user contre nous pendant que nous lui prêtions notre attention[46].

En présentant son récit comme une diversion susceptible de peser sur le cours de l'action, la voleuse se comporte comme le héros de *La Mouch*e qui se sert de ses contes pour agir sur les choses et se sauver de situations délicates: l'histoire du fantôme permet à Bigand de se sauver du monastère, celle des serins de dépouiller d'Osilly pendant son sommeil. Les récits dépendants de type picaresque ne font en quelque sorte qu'expliciter une logique d'efficacité qui est souterraine dans le cas des récits insérés autobiographiques féminins.

Le récit de Théophé au narrateur de *l'Histoire d'une Grecque moderne* peut, en convainquant ou non son narrataire de sa sincérité, modifier le cours de sa vie en faisant d'elle la maîtresse de l'ambassadeur ou son disciple en philosophie. De même, dans *Le Fortuné Florentin* de Boyer d'Argens, Seraphina raconte au narrateur la trahison de son amant. Son enfermement la rend incapable de vérifier ses informations: de ce point de vue, elle dépend totalement de l'interprétation de son narrataire. Celui-ci décèle le malentendu, le résout et restaure le bonheur de la narratrice secondaire[47]. L'histoire que raconte le narrateur secondaire dépendant est en train de se faire, son issue n'est ni fermée, ni connue et le narrataire peut exercer une action positive ou négative sur le cours de l'intrigue secondaire et en modifier l'issue. De nombreux récits dépendants correspondent ainsi à des situations en train de se dénouer, à des drames encore à déchiffrer.

---

[46] *Mémoires et aventures*, éd. citée, livre quatorzième, p. 346.
[47] Bonheur qui consiste à rester enfermée dans le couvent en brûlant d'un amour toujours chaste… On songe aussi au récit de Marianne déguisée en paysanne, dans *Le Philosophe amoureux* de Boyer d'Argens, qui connaît encore d'autres aventures après son récit et retrouve son rang après avoir été lingère, ou le récit de Silveria, qui se fracasse le crâne en tombant de la tour de laquelle elle venait de raconter son histoire, dans les *Mémoires et aventures de M. de **** de Granvoinet de Verrière, (1735).

A cette urgence temporelle particulière du récit secondaire, s'ajoute parfois un certain resserrement de l'échange verbal dans l'espace. Le cas particulier des narratrices incarcérées, ou du moins limitées dans leurs mouvements, traduit concrètement le contrôle exercé sur leur récit[48]. La femme de la forêt de Senlis, rencontrée par Renoncour au livre six de ses mémoires et montée à bord de son carrosse, s'avère être une meurtrière. Renoncour dissuade cependant son gendre de livrer tout de suite leur passagère à l'archer, afin de pouvoir tirer profit de cette effrayante rencontre:

> Je prévins le marquis qui paraissait prêt à parler. Je lui serrai la main; et me tournant vers l'archer, je lui dis qu'il nous ferait plaisir de suivre notre carrosse avec son escouade jusqu'à la sortie de la forêt, pour nous servir d'escorte. Il le fit volontiers. Lorsqu'il se fut écarté de la portière, je mis la main sur l'épaule de ma voisine qui était avec moi dans le fond; et je la priai honnêtement de me confesser la vérité si elle ne voulait pas être livrée à la maréchaussée[49].

La confession qui suit, sous la forme d'un récit autobiographique, explique et justifie les crimes dont on accuse la voleuse de la forêt de Senlis. Son enfermement dans un carrosse cerné par la maréchaussée traduit, sur un plan spatial, l'ensemble des contraintes qui pèsent sur le récit exigé par Renoncour et qu'elle n'est pas libre de ne pas faire. Le geste de poser sa main sur l'épaule de la picara accentue encore l'idée de l'empire du narrateur sur cette énonciatrice. A la prière honnête, Renoncour ajoute le geste plus impérieux de se saisir de l'autre, geste qui signale la transaction inégale.

Dans les *Mémoires et aventures d'une dame de qualité* de l'abbé Lambert, (1757), une jeune femme fait le récit de sa vie. Repêchée dans la mer où elle se noyait, Clarice est hissée sur le navire. Ranimée, elle est pressée de raconter son histoire à huis clos. Ici aussi le récit féminin inséré procède d'une narratrice confinée dans l'espace resserré de la cabine du navire. Le trait est moins appuyé dans les récits dépendants masculins, le sème de l'enfermement n'y a en tous cas pas la fréquence qu'on lui trouve dans le cas des récits insérés féminins. L'incarcération de la narration est liée à un besoin de secret et d'intimité de narratrices qui doivent faire face à un autre type de contrôle qui leur est plus particulièrement destiné: celui des bienséances. Les limites spatiales de la situation de leur récit miment et figurent les limites des bienséances.

---

[48] Le cas des récits féminins échangés dans l'univers carcéral du couvent relève en général des insertions homogènes, traitées plus loin dans ce chapitre.

[49] Prévost, *Mémoires et aventures*, p. 343.

L'énonciation féminine pourrait ainsi servir d'emblème à une énonciation dépendante, suspendue à la réaction de son destinataire. Encadrées par une situation d'énonciation qui peut être décisive, les narrations féminines, et la narration dépendante en général, sont donc forcément des récits orientés vers une fin et intéressés.

Il est une autre caractéristique importante du récit inséré féminin: la séquence narrative du don d'argent est fréquemment inscrite dans le récit ou dans son contexte immédiat, ce qui a pour effet de suggérer un lien entre le don du récit et le don numéraire. Ce retour du motif invite en tout cas à observer comment s'articulent, dans les textes, la scène de don d'argent et le récit de vie féminin.

Dans les *Mémoires et aventures*, l'épisode de la demoiselle suicidée dans l'histoire de Rosambert est inséré dans une amorce d'intrigue amoureuse avec une riche demoiselle dont la seule aventure mentionnée est d'avoir souffert de coliques. Intercalé dans cette histoire qui ne cite pratiquement pas les voix des deux femmes[50], un épisode fait intervenir une seconde demoiselle dotée d'une parole et en charge d'un récit. Nous voudrions revenir à cet épisode déjà étudié pour ses ruptures de ton, au chapitre 2, parce que les discours et le récit de la demoiselle sont explicitement pris dans un système de dette et de rétribution:

> Je fis préparer un lit qui était dans le cabinet afin qu'elle pût passer tranquillement le reste de la nuit, et je la pressai d'aller prendre le repos dont elle avait besoin. *Il n'est pas juste, me dit-elle, que je vous laisse ignorer plus longtemps l'obligation que je vous ai*; vous me sauvez la vie, et vous la sauvez en même temps à un innocent qui aurait été la malheureuse victime d'une barbare colère. Permettez-moi de vous cacher mon nom pour aujourd'hui. Je suis d'une des meilleures familles de Paris. J'ai un amant qui mérite mille morts s'il m'est infidèle, mais qui ne saurait être assez plaint si, me conservant la tendresse qu'il me doit, il ignore mes malheurs et les siens. Ma faiblesse m'a fait consentir à ses désirs. Je porte dans mon sein le fruit de nos amours. Mes deux frères sous la puissance desquels je suis restée après avoir perdu mon père et ma mère, ont découvert ce que j'ai tâché inutilement de leur déguiser; ils y ont cru leur honneur intéressé, et cette imagination leur a fait former le dessein d'une cruelle vengeance. Voilà le père, continua-t-elle en montrant le cordelier, qui vous apprendra tout le reste; pour moi je vais user à présent de la liberté que vous m'accordez de me retirer. Après m'avoir salué avec beaucoup de grâce, elle

---

[50] La seule parole retranscrite de mademoiselle de Colman est sans ornements ni effets: «Monsieur, me dit-elle en finissant notre entretien, je souhaite que tout ce vous me dîtes soit sincère», *Ibid.*, p. 39.

passa dans le cabinet, et se fit suivre de l'autre personne, qui était sa femme de chambre[51].

Cette déclaration est un sommaire qui porte la trace d'une perspective marchande, puisqu'on y lit l'obligation de rendre avec exactitude l'équivalent de ce qu'on a reçu et de s'acquitter de sa dette dans un temps limité. Le texte accorde une large place au champ sémantique de la dette et la succession des offres de biens matériels, de la mention de l'état de besoin extrême de la demoiselle et des mises au point sur les événements de sa vie, suggère une transaction dont les bienfaits reçus et l'histoire donnée seraient les termes. La rapidité du récit le fait apparaître comme un tribut hâtivement payé à son hôte. La réticence à assumer ce statut de narratrice contrainte est confirmée par le fait que la jeune femme délègue dès que possible à quelqu'un d'autre, la tâche de poursuivre un récit qui, sous quelque forme que ce soit, reste dû.

Le schéma de l'échange inégal (un récit contre un service) est infléchi par le rang de la demoiselle[52]. Car si Rosambert n'obtient d'elle qu'un résumé, c'est peut-être que sa qualité lui permet de déléguer à d'autres les détails désagréables de son récit. La demoiselle intervient à nouveau au cours d'un repas pris avec Rosambert, pour exposer sa conception de la passion amoureuse avant de raconter son histoire d'amour. Le passage de la réflexion à la narration est marqué par le glissement du *nous* d'une réflexion générale sur les femmes au *je* d'une expérience personnelle. Or ce repas a lieu après un don d'argent du narrateur:

> Je retournai près d'elle pour lui offrir ma bourse: elle fit quelque difficulté d'accepter mes offres, quoiqu'elle manquât de tout. Elle me dit qu'espérant de voir bientôt son amant, elle comptait de se trouver dans l'abondance à son arrivée. Je ne la pressai point; mais en sortant je mis sur la table une bourse de cent louis d'or, qui faisaient environ deux mille francs, et j'ordonnai en particulier à sa femme de chambre d'acheter promptement tout ce qui lui était nécessaire[53].

Le geste de donner de l'argent n'est pas ici mis explicitement en relation avec le récit de vie qui le suit. Là encore, le statut social élevé de la narratrice atténue ce rapport en interposant un personnage de domestique qui reçoit l'argent à la place de la jeune fille noble. A être rapprochée d'autres occurrences du même scénario dans d'autres textes, la scène résonne cependant de significations singulières.

---

[51] *Ibid.*, p. 37.
[52] «Je suis d'une des meilleures familles de Paris.», *Ibid.*, p. 37.
[53] *Ibid.*, p. 39.

Les *Mémoires du comte de Comminville* font en effet appel à deux reprises au motif du don d'argent, dans des récits insérés de narratrices menacées de chute ou déchues. La première version du motif met en scène l'héroïne du récit principal, Julie. Livrée par sa mère cupide à un financier qui tente de profiter de son investissement, la jeune fille se réfugie chez le narrateur à qui elle fait ce récit sans détour :

> Et me trouvant la tête appuyée sur une table, il la souleva avec une de ses mains, et voulut m'embrasser, mais je le repoussai rudement ; il se prit à rire et me dit de ne pas me fâcher, qu'il venait me tenir compagnie et souper avec moi. Je ne lui répondis que par un soupir qui fut accompagné de larmes ; il crut me consoler en posant sur la table une montre d'or, une tabatière et une fort belle bague qu'il me pria d'accepter. En même temps il envoya le laquais de ma mère en commission ; ce domestique qui n'avait pas voulu m'obéir, lui obéit, et nous restâmes seuls[54].

A cette scène répond en écho, un passage de l'histoire de Carina, adressée à Mahamet et répétée à Comminville :

> Il m'avait laissé avant de sortir sa tabatière sur ma cheminée, je ne m'en aperçus que tard. Je l'ouvris, elle était pleine d'or. Il y avait aussi un petit billet, par lequel le magistrat me priait de me servir de cet or sans répugnance. Je laissai quelques jours la tabatière sans y toucher. Je la regardai comme un présent qui devait m'être funeste. La fatale tabatière était toujours sur la cheminée[55].

La seconde occurrence de la séquence dans le roman – en sortant, un homme laisse, sur une table ou entre les mains d'un domestique, de l'argent destiné à une jeune femme dans le besoin – reprend le geste du don d'argent (ou d'or), mais sur un mode plus dramatisé et plus développé. La différence d'élaboration entre les deux récits tient à la différence de distance par rapport aux événements narrés. Le récit de Julie, qui fait du don d'objets un détail, est très proche des événements, celui de Carina est une reconstruction plus distanciée et plus lucide.

En dépit de ces différences notables, le redoublement de la scène met en évidence l'association d'un motif et d'une forme, celle du récit inséré. La scène du don d'argent entraîne en effet la présence, dans le contexte immédiat, d'un récit inséré, même si d'Auvigny brouille la lisibilité du motif en répartissant sur deux personnages masculins et deux niveaux de

---

[54] D'Auvigny, Jean du Castre de, *Mémoires du comte de Comminville*, Paris, J.F. Fosse, 1735, p. 96.
[55] *Ibid.*, p. 177.

récit, le commanditaire du récit et le dispensateur du service. Le don narratif est ainsi dans la proximité textuelle d'un don numéraire et le contenu
du récit explicite presque toujours une forme de déchéance de la narratrice secondaire[56].

Le motif du récit comme rétribution d'un service s'inscrit plus directement et plus violemment dans deux autres épisodes des *Mémoires et
aventures* de Prévost, qui mettent en scène des transactions inégales. Plus
le récit secondaire est dissonant ou promet de l'être, c'est-à-dire plus la
situation de la narratrice secondaire est critique, et moins le statut de tribut à payer est dissimulé. Dans l'épisode de la demoiselle de Rosambert,
la qualité de la protagoniste atténuait l'expression du rapport de force et
la transaction usait à deux reprises d'intermédiaires: pour le récit (le cordelier) et pour le don d'argent (la femme de chambre). L'inscription du
récit féminin dans une double logique de profit et de désir est au contraire
particulièrement abrupte dans l'épisode de la captive d'Andredi situé au
neuvième livre du même roman.

Renoncour et des gentilshommes de la compagnie du prince
Dom M … rencontrent des femmes enlevées sur différentes côtes par les
pirates qui viennent d'être capturés. Le passé de ces femmes,
particulièrement celui de la plus belle et la plus affligée de toutes, excite
la curiosité de Renoncour et de ses nobles amis, qui lui adressent des
demandes réitérées de récit. Le discours central, celui de l'homme de
qualité, ne se départit jamais d'une honnêteté qui fait d'autant mieux
ressortir la dissonance de tonalité introduite par un récit de rapt et d'esclavage sexuel:

> Le marquis de Tordas s'empressa de la faire asseoir avec ses com-
> pagnes et leur offrit toutes sortes de secours et de rafraîchissements. Il
> était trop tard pour conduire les prisonniers à la ville: ils furent gardés
> dans la cour jusqu'au lendemain. Nous engageâmes l'officier à prendre
> un couvert avec nous, et nous ne quittâmes point la table pendant le
> reste de la nuit. La belle affligée ne toucha presqu'à rien; mais lorsque
> nous eûmes lié conversation, nous la fîmes consentir à nous raconter

---

[56] Les romanciers jouent d'ailleurs sur cette attente du stéréotype comme Boyer
d'Argens dans *Le Fortuné Florentin ou les Mémoires du comte delle Vallé*, La Haye, Jean
Gallois, 1737. Le récit inséré de Séraphina à son maître de musique, le fortuné Florentin,
déjoue les attentes du lecteur: religieuse enfermée dans un couvent elle entame son histoire comme toutes les incarcérées en évoquant «les souvenirs cruels» que lui rappelle son
«infortunée histoire» (p. 147): en réalité, son récit nous apprend qu'elle est restée
vertueuse, n'a désobéi à personne et s'est enfermée de son plein gré dans ce couvent pour
ne pas avoir à contrarier son père. Le récit inséré est ici, exceptionnellement, un récit
vertueux. Dans *La Force de l'exemple* (1748), Bibiena joue aussi du topos en faisant de
la narratrice secondaire une vierge inattendue.

son malheur. Voici ce qu'elle nous dit, en versant plus de larmes qu'elle ne prononça de paroles[57].

Le statut de ces femmes n'est pas dénué d'ambiguïté puisqu'on les prend d'abord pour les compagnes consentantes des pirates[58]. Ce n'est pas immédiatement, mais par l'intermédiaire d'un premier récit de l'officier chargé de les convoyer que le narrateur et ses compagnons tournent leur attention vers ces femmes considérées, dans un premier temps, comme une partie du butin saisi. Le détail est certes ténu, mais tandis qu'à l'officier le groupe du narrateur offre un couvert à leurs côtés, ils ne proposent à ces femmes que secours et rafraîchissements, accentuant la dissymétrie de l'échange: les hommes se rassemblent et partagent leur repas *en* conversant, tandis que les narratrices potentielles sont retenues autour de la table *pour* livrer leur récit.

Dans une position d'inconfort, à deux pas de son bourreau désormais prisonnier, la plus belle des captives se voit contrainte de raconter à une assemblée d'inconnus comment elle a servi, trois mois durant, aux plaisirs du pirate. La mise en scène de ce récit évoque un second viol de la narratrice, symbolique celui-là, comme en témoignent ses propres réticences:

> Quels furent mes cris lorsqu'étant revenue à moi une heure après, je me trouvai entre les bras de l'exécrable Andredi! Cet infâme n'avait même pas attendu que j'eusse repris la connaissance pour satisfaire sa brutalité. Epargnez-moi un souvenir qui me comble de honte et de désespoir[59]!

Le texte est saturé de termes économiques qui révèlent le statut de débitrice de la narratrice et la contrainte qui pèse sur son énonciation. Ses supplications, ainsi que tout un champ lexical la plaçant au sein d'un réseau de dettes et de liens plus ou moins durables («je dois cette considération à ma noble famille»), traduisent sa position d'infériorité envers son auditoire. Enfin, le déséquilibre entre ce que la narratrice reçoit et ce qu'elle donne est finalement rééquilibré par le succès remporté par son récit:

> Cette histoire nous attendrit beaucoup. Nous consolâmes cette belle personne par nos civilités. Le marquis de Tordas et les autres seigneurs portugais lui promirent d'employer leur crédit pour lui procurer une place dans quelque communauté religieuse où elle pourrait mener une vie douce et oublier son infortune[60].

---

[57] *Mémoires et aventures*, p. 192.
[58] «Pour les douze femmes, il les avait prises d'abord pour d'infâmes créatures qui s'entendaient avec les corsaires, et qui vivaient dans le désordre avec eux.», *Mémoires et aventures*, p. 192.
[59] *Ibid.*, p. 192-193.
[60] *Ibid.*, p. 192.

Le récit est efficace puisqu'il provoque en effet retour une rétribution supplémentaire: après avoir payé de sa personne et de son récit, la narratrice reçoit la promesse d'une rétribution sous la forme d'un établissement confortable, confirmée par la fin de l'épisode[61]. Si bien que le récit de vie mortifiant rapporte plus qu'il ne coûte.

Les histoires de femmes sont donc achetées, échangées, troquées, et les conditions de leur production et de leur réception mettent en lumière l'inscription dans un système marchand de la circulation des récits enchâssés. Leur sujétion économique, morale et sociale fait des femmes des autobiographes souvent dépendantes de la réaction que le récit va susciter chez leur auditeur. Par-là même, leurs récits, faits dans l'urgence, dans l'attente et en échange d'autre chose, sont les emblèmes de toute énonciation dépendante qui fait de la narration un bien marchand. Les récits féminins dépendants illustrent la portée illocutoire, parfois masquée ou camouflée, des récits secondaires, et le fait que dans le dispositif des mémoires, le récit de sa vie ou de ses infortunes, le conte lui-même, l'histoire inventée, ne sont pas gratuits mais dotés au contraire d'une valeur marchande qui pèse sur le destin des narrateurs secondaires.

En guise de conclusion, nous voudrions esquisser un portrait des énonciatrices et des narratrices dissonantes, en prêtant une attention particulière à l'univers romanesque de Prévost, parce qu'il en fait un usage systématique. Dans les romans de Prévost, comme dans la plupart des romans, l'intérêt romanesque féminin est lié à une transgression des règles sociales et morales normalement imposées à la condition féminine. Courtisanes, aventurières, hors-la-loi, filles de qualité ayant déchu de diverses manières ou encore professionnelles du plaisir comme Théophé, les narratrices occasionnelles chez Prévost sont souvent en rupture de ban par rapport à la société des honnêtes gens. Les récits autobiographiques féminins ne suscitant aucun soupçon sont rares: le potentiel de développement romanesque d'une femme dont l'honnêteté serait au-dessus de tout soupçon semble en effet plus limité et les romanciers jouent au moins sur l'ambiguïté[62].

---

[61] «Le roi de Portugal offrit aux douze femmes d'employer une partie du butin à construire une espèce de couvent pour leur servir de retraite. Elles tinrent conseil en commun sur cette proposition. Mais elles résolurent de quitter le Portugal et de se retirer, chacune de son côté, dans des pays où leur honte ne serait pas connue. Le roi y consentit, et leur fit donner libéralement de quoi se conduire.», *Ibid.*, p. 193.

[62] C'est le pari d'Antoine Chevrier dans *Les Mémoires d'une honnête femme*: la narratrice est tentée à plusieurs reprises d'être infidèle, ce qui génère des intrigues, mais elle ne cède jamais à son désir illicite. En revanche, plusieurs malentendus la conduisent en prison ou lui font subir le sort des femmes adultères, ce qui permet au roman de se nourrir

Dans les *Mémoires et aventures d'un homme de qualité*, on compte au moins trois narratrices secondaires importantes, la jeune fille enceinte de l'histoire de Rosambert, la picara, qui confesse son libertinage, sa prostitution, ses vols puis ses meurtres sanglants, et la plus belle captive d'Andredi qui raconte sa vie de fiancée du pirate. L'origine de chacun de ces récits, dont nous avons analysé les caractéristiques, est une erreur de jugement qui peut être lue comme une transgression des lois morales: la captive se promenait avec son fiancé, à la nuit tombée, quand le pirate l'a enlevée; la voleuse et la demoiselle ont imprudemment cédé à leur amant qui les a ensuite abandonnées en fâcheuse posture.

Hormis ces narratrices effectives, Le roman compte un grand nombre de narratrices potentielles dont le récit se présente sous une forme indirecte ou abrégée. Or, là encore, autour de ces femmes qui auraient pu raconter ou racontent partiellement leur histoire, flotte un doute quant à leur part de responsabilité. Mademoiselle Perry, qui prend la parole en relayant le récit que le baron de Spalding fait de leurs amours, a été recueillie avec sa mère par un corsaire, après qu'elles ont été abandonnées par son père («J'ai été malheureuse, avant que de pouvoir connaître ce que c'est que de devenir criminelle; j'ai perdu mon père et ma mère, mes biens et ma liberté. J'ai vu mon honneur et ma vie en péril, dans une région étrangère, au pouvoir d'un corsaire», p. 258.); quant à Rosette, dont l'histoire est racontée aux style indirect et indirect libre, elle est travestie en homme:

> Elle voulait me raconter son histoire en peu de mots. Elle était d'une ancienne maison, mais née sans biens, et demeurée orpheline dans l'enfance. Le monstre qui violait tous les droits pour la trahir, était fils d'un riche financier dont la femme avait pris pour elle tous les sentiments d'une mère, et l'avait fait élever fort soigneusement[63].

Elle s'est laissée entraîner dans une sombre histoire de mariage clandestin. Le discours d'enchaînement tragique se mêle à la mention du crime. Les énonciatrices se déclarent toujours à la fois innocentes et coupables et soulignent le paradoxe de leur situation[64]. Desfontaines a été sensible à cet aspect du roman et il s'indigne devant l'accumulation de portraits de femmes immorales:

> Les Dames en particulier lui paraissent aimables; rien n'est si divin ni si enchanteur: ce sont les expressions de notre homme de soixante ans.

---

et de progresser. Il reste qu'elle est sans cesse soupçonnée et traitée exactement comme si elle n'était pas une honnête femme.

[63] Prévost, *Mémoires et aventures*, p. 354.

[64] Voir aussi Clarice, narratrice insérée des *Mémoires d'une dame de qualité*, de l'abbé Lambert, t. 3, p. 37 *et sq.*

Après tous ces éloges, vous vous attendez sans doute à ne voir dans ces Mémoires que des Anglaises, qui méritent l'estime d'un honnête homme. Cela devait être ainsi surtout puisque M. de Renoncour a la liberté d'arranger ses aventures comme il veut. C'est par là qu'il eût solidement loué les dames anglaises; mais au lieu de leur faire la cour avec dignité, il met sur la scène une Miss Sally, célèbre par ses débauches, une Mademoiselle Perry, qui s'embarque avec le premier venu, une Milady R.... digne des petites maisons[65].

Cette tendance n'est pas propre à Prévost, tous les romanciers ont largement recours à la figure de la femme déchue: Mademoiselle Duclos, dans *Les Aventures de Monsieur Robert Chevalier, dit de Beauchêne* (1732) de Lesage est aussi une aventurière. Issue de la noblesse, elle est soupçonnée d'avoir tenté d'empoisonner ses parents et son frère par jalousie. Exilée au Canada après cette affaire, elle est accueillie par une tribu de Hurons qui font d'elle leur souveraine. Son départ pour le nouveau monde, les multiples identités qu'elle endosse et les activités viriles auxquelles elle se livre, confèrent à sa sortie des normes une dimension spectaculaire. Lusinette, dans *La Mouche* (1736) de Mouhy[66], raconte sa vie d'Italienne exilée en France: la fragilité de son statut social et de son sort est présentée comme la conséquence de la tache initiale d'une naissance incestueuse. *Les Mémoires de la comtesse de Montglas*[67] convoquent une narratrice à un second niveau d'enchâssement: Madame de Saint Val a cédé au désir incestueux de son frère afin qu'il l'aide à se venger de sa propre fille. On peut songer également à l'exemple de Carina des *Mémoires du comte de Comminville*. Orpheline, elle est compromise dans un mariage clandestin et réduite à la situation de fille entretenue[68]. Ces quelques exemples témoignent du fait que le récit inséré féminin est fréquemment fondé sur une perversion des autorités masculines censées les protéger: orphelines, compromises, reniées par leur famille ou en fuite, elles sont livrées à elles-mêmes, ce qui en fait alors les protagonistes idéales d'aventures *romanesques*.

Ces narratrices sont toutes, peu ou prou, caractérisées par le fait qu'elles se sont, à un moment de leur vie, écartées du droit chemin. Du fait de cet écart, elles n'appartiennent plus de plein droit à la sphère des honnêtes gens. Dans *Le Roman à la première personne*, René Démoris

---

[65] Desfontaines, *Le Nouvelliste du Parnasse*, Lettre XXXIII, tome II, p. 126.

[66] Mouhy, *La Mouche*, Paris, Louis Dupuis, 1736, chapitre 26, «Histoire de Lucani».

[67] Carné, *Mémoires de Madame la comtesse de Montglas ou consolation pour les religieuses qui le sont malgré elles*, Amsterdam, Hochereau, 1756, p. 154 *et sq.*

[68] J. Du Castre d'Auvigny, *Mémoires du comte de Comminville*, J-F. Josse. Paris, 1735, p. 131-161.

rend compte du caractère trouble de la narration de certains mémorialistes par leur situation dans une zone intermédiaire de la société et leur
relative extériorité par rapport à un milieu et à un groupe socioculturel
desquels ils ne cessent pourtant de se réclamer[69]. D'une certaine façon,
cette position d'extériorité ou d'entre-deux des narrateurs de Prévost, est
encore plus nette chez ses narratrices secondaires. Les narratrices secondaires de mémoires masculins, dans la période 1725-1770, marquent de
fait un retour à une image conventionnelle de la femme martyre, et réintègrent une position de victime que les mémorialistes féminines de la
période précédente avaient tendance à remplacer par un rejet positif et
subversif de la morale conventionnelle[70]. La transgression des interdits
équivalait, dans ces mémoires féminins, à une politique de dépense, ainsi
que l'analyse René Démoris à propos des *Mémoires de madame la comtesse de M**** (1697) de Madame Murat:

> Il est vrai qu'elle ménage peu sa réputation: mais ce souci de la répu-
> tation est-il si différent en nature de celui de l'intérêt financier? Sou-
> mettant à l'analyse la notion de gloire, la narratrice discerne le contenu
> bourgeois que, dans le cas de la femme, recouvre ce terme prestigieux.
> La gloire féminine résulte d'une politique d'*économie*, qui sacrifie les
> *personnes* à l'accroissement d'un capital moral[71].

On mesure la distance qui sépare une telle revendication positive de la
dépense avec la posture des énonciatrices secondaires des romans-
mémoires. Le statut de ces récits, la saturation du discours des narratrices
par des termes économiques, leur obsession des comptes, de la dette et
de la dépense semblent indiquer que les romanciers dépeignent une
déchéance intériorisée et comptabilisée comme une perte d'honneur, qui
n'est pas compensée par un bonheur ou un plaisir même éphémères. Les
romans-mémoires mettent ainsi en scène une subordination des narratrices secondaires liée à une dépendance de nature économique.

2. Inégalité de l'échange et mécanisme du désir

A. *Le récit secondaire autobiographique: un objet de désir*

Le gentilhomme gascon Calemane est le seul personnage dissonant de
l'*Histoire de la comtesse de Gondez* de Marguerite de Lussan. Nous

---

[69] Cf. R. Démoris, *Le Roman à la première personne du Classicisme aux Lumières*,
Paris, Colin, 1975, p. 414 *et sq.*
[70] *Ibid.*, p. 263-296. Voir surtout les analyses des romans de Mesdames d'Aulnoy et
de Murat, p. 280-286.
[71] *Ibid.*, p. 184.

l'avons évoqué au chapitre 1 à propos du caractère pittoresque de sa parole, qui donne lieu à de nombreux commentaires de la part de la mémorialiste. Ce que ne commente pas en revanche la comtesse de Gondez, c'est le fond du récit de Calemane et, plus particulièrement, la perspective sensuelle qu'il adopte.

La généalogie de Calemane lui fournit d'emblée matière à allusions grivoises: il est le fruit des amours tardives d'un vieux gentilhomme avec une jeune femme. Et Calemane d'abonder en sous-entendus sur les plaisirs et les fatigues de l'amour qui peuvent être fatals à un vieil homme soucieux d'honorer sa jeune épouse[72]. Or, le thème rejoint précisément un point délicat de l'histoire de la comtesse de Gondez, qui vient d'épouser un homme de l'âge de son père. Le récit secondaire dit une vérité possible sur cette histoire, en en donnant pour ainsi dire une version sexualisée, alors que la narratrice atténue cet aspect. Calemane évoque sans détour la beauté ou la laideur des êtres, y compris la sienne:

> [...] quand j'eus atteint l'âge ou la figure des hommes est déterminée, on trouvait que je ressemblais à mon père & à ma mère, j'avais de leurs traits, & ce mélange quoique bizarre, soutenu d'une assez belle taille, me rendait un Cavalier qui pouvait se présenter avec quelque confiance; mais cinquante ans, & des plaisirs variés avec peu de ménagement m'ont rendu tel que vous me voyez[73].

Ce rappel à la situation présente, fréquent dans les romans-mémoires, prend une signification particulière dans les récits insérés puisque l'énonciateur est physiquement proche de ses auditeurs. Au tome 3 des *Mémoires et aventures d'une dame de qualité* de L'abbé Lambert, Gertrude, la narratrice, raconte sa rencontre avec une jeune aventurière d'une extraordinaire beauté dont le travestissement pique sa curiosité. Le rapport entre Gertrude et Clarisse n'est pas sexualisé, mais le texte n'en laisse pas moins entrevoir un rapport désirant et la mémorialiste évoque les grâces et le charme de sa narratrice secondaire, ce que son apparence physique laisse deviner de sa personnalité et fait espérer de son récit[74].

Le récit secondaire permet d'inscrire dans le texte la présence physique du conteur et de reproduire les conditions d'une énonciation vivante

---

[72] M. de Lussan, *Histoire de la comtesse de Gondez*, Paris, Nicolas Pepie, 1725, p. 181.

[73] *Ibid.*, p. 182.

[74] C-F. Lambert, *Mémoires et aventures d'une dame de qualité qui s'est retirée du monde*, tome III, p. 42.

que les mémoires s'efforcent eux-aussi de mimer: il se réduit rarement à un *texte*, à une histoire collectée par le mémorialiste car il est incarné dans un corps et un visage[75].

La narratrice des marges des mémoires masculins est souvent caractérisée par la perte (consentie ou non) de sa virginité et par une réputation quelque peu ternie. De nombreuses narratrices secondaires font ainsi le récit d'un viol ou d'une tentative de viol. La récurrence du motif traduit la dimension fantasmatique du contenu des récits secondaires, et spécialement des récits secondaires féminins, qu'ils soient insérés dans des mémoires masculins ou féminins, comme celui de Dona Mendoza dans les *Mémoires du chevalier de**** de Boyer d'Argens (1745) ou de Sophie dans les *Mémoires d'une honnête femme* (1753) de Chevrier. Les récits insérés féminins mettent doublement en relief le corps des narratrices: il joue un rôle sur le plan diégétique puisqu'il est au centre de leur histoire – c'est parce qu'elles sont belles qu'elles ont une histoire – et sur le plan de l'énonciation, puisque leur apparence influe aussi sur la façon dont leur parole et leur récit sont perçus. Leur beauté est toujours soulignée, elle remplit la fonction rhétorique de *captatio benevolentiae* et dispose l'auditeur, et le lecteur, à être attentif au récit qui va suivre. A la mention du bon air, qui renseigne sur le milieu social d'origine du personnage féminin, s'ajoute presque toujours une appréciation du physique lui-même, d'où le désir du narrataire est rarement absent.

Le chapitre 26 de *La Mouche* contient le récit de Lusinette, la jeune fille dont Bigand est amoureux et qu'il vient d'arracher des mains d'une entremetteuse. Là aussi, on constate l'enregistrement des effets sur le destinataire d'un récit prononcé par une énonciatrice désirée. L'interruption du récit par le narrateur primaire permet de souligner la beauté de la conteuse et les conditions d'énonciation empreintes de sensualité et de séduction:

> Il semble jusqu'ici, continua la belle Lusinette, en me regardant avec les plus beaux yeux du monde, que je n'aie aucune part à tout ce que je viens de vous raconter [...]. Les yeux de Lusinette se remplirent de larmes à ce sentiment; je lui fis connaître combien je partageais ses

---

[75] C'est la désincarnation de la mémorialiste que tente de conjurer Marivaux en faisant des «mémoires» de Marianne des lettres à une amie qui la connaît et qui l'aime: cela permet à Marianne d'évoquer son corps présent de mémorialiste et ses cheveux qui, à son âge, sont restés du plus beau châtain. Diderot dans *La Religieuse* trouvera un autre biais pour réintroduire cette présence du conteur dans les mémoires: le choix d'un narrataire individualisé et connu, le charmant marquis.

malheurs: un soupir termina ses réflexions, et elle reprit ainsi le fil de son discours[76].

Certes les femmes évoquées en Romancie sont généralement belles et touchantes, dotées d'une physionomie *intéressante*[77], mais la corrélation dans le texte entre le désir pour la narratrice et le désir du récit ne fait pas moins l'objet d'une insistance particulière. *La Force de l'exemple* (1748) de Bibiena place au centre de son propos cette érotisation du rapport au conteur que permet de figurer le récit inséré autobiographique. Le narrateur primaire recueille la confession de sa jeune épouse, qui commence au soir de la nuit de noces et se prolonge au cours de plusieurs conversations. Comme dans les dialogues libertins, le vocabulaire de la conversation sert constamment de métaphore à celui de la séduction et de la relation sexuelle. Le narrateur est sans cesse tenté d'interrompre la belle conteuse pour entamer avec elle un autre genre de conversation et Bibiena joue sans réserve sur le double rôle de la femme, à la fois conteuse et amante:

> Au moindre intervalle, mon épouse voulait en venir à son récit. Je ne manquais point de lui faire expirer la parole sur les lèvres par le baiser le plus enflammé[78].
> Mais, comte, ajouta-t-elle en me repoussant doucement, pour raconter il faut avoir une respiration libre, votre bouche est trop près de la mienne[79].

Le romancier met en relation les réactions physiques visibles sur le corps de la conteuse et les réactions psychologiques que suscite son récit:

> Ecoutez et donnez-moi toute votre attention, je la lui promis. Dans l'attitude où nous étions, je voyais les mouvements de sa respiration. Ce n'était point me distraire que de les contempler. J'allais observer

---

[76] Mouhy, *La Mouche*, Chapitre 26, p. 319.

[77] Le père Bougeant ne manque pas de se moquer de cette inaltérable perfection: «Mais ce qui achève de faire des habitants de la romancie les plus belles personnes qu'on puisse voir, c'est qu'avec tous ces traits de beauté ils ont tous un air fin, une physionomie noble, quelque chose de majestueux et de gracieux tout ensemble, de fier et doux, d'ouvert et de réservé, quelque chose de charmant [...]» p. 58. *Voyage merveilleux du Prince Fan-Férédin dans la Romancie, Saint-Etienne,* Publications de l'université de Saint Etienne, 1992. Comme le soulignent les éditeurs modernes du texte, J. Sgard et G. Sheridan, le père Bougeant associe dans la même satire les procédés précieux des portraits des romans baroques aux portraits stylisés et impressionnistes des romans du XVIIIe siècle à la Prévost qui évoquent plutôt le charme indéfinissable du *je ne sais quoi*.

[78] J. Galli de Bibiena, *La Force de l'exemple, La Haye*, Pierre Paupie, 1748, I, p. 49-50.

[79] *Ibid.,* I, p. 53.

> par-là les différentes impressions que lui ferait le souvenir des diffé-
> rents saisissements que son cœur avait éprouvés[80].

Ainsi, s'établit une double lecture qui déchiffre aussi bien les mots du
récit que les signes lus sur le corps de la conteuse. Encore une fois,
comme dans *Les Mille et une nuits*, le désir du récit et le désir de l'autre
sont explicitement mis en rapport.

B. *Redéfinitions et reclassement de l'objet du désir*

Le récit secondaire entretient un autre rapport d'analogie avec le mécanisme du désir: le récit de l'autre et l'objet du désir ont en commun d'être
en perpétuelle fuite, ce qui se traduit, entre autres, par le refus du narrateur
secondaire de donner son nom. Le retranchement du nom ne caractérise pas
l'*ensemble* des récits féminins insérés sur la période étudiée et nombre de
narratrices secondaires sont parfaitement identifiées. Nombreuses néanmoins sont celles dont l'attitude est au moins ambiguë par rapport à la question de leur patronyme: tout en revendiquant une origine sociale qui les pla-
cerait du côté des gens de bien et en utilisant un langage conforme à cette
sphère, elles ne font déjà plus partie du monde de ceux qui les écoutent.

Cette situation intermédiaire se reflète dans le traitement textuel de
leur nom. L'infamie qui entache la réputation de la plupart des narratrices provoque en effet l'effacement de leur nom, soit qu'elles refusent
catégoriquement de le révéler à leur interlocuteur, soit qu'elles l'ignorent
ou prétendent l'ignorer. Le processus qui les rend anonymes pourrait être
comparé avec ce qu'il advient de celui du narrateur primaire dans le texte
et dans le titre. On distingue trois usages dans les romans-mémoires: soit
le nom véritable du mémorialiste est donné sans détour et il cautionne de
bout en bout la narration; soit le nom se cache derrière une périphrase,
telle que *une dame de qualité* ou *un homme de bien*, parce que le nom du
narrateur fait problème, du fait d'une ascension sociale plus ou moins
respectable ou d'une naissance illégitime ou inconnue[81]; soit le roman se
couvre d'un prénom, accompagné d'initiales et d'un blanc, en se récla-
mant éventuellement d'un intertexte supposé connu des lecteurs[82]. Dans

---

[80] *Ibid.*, p. 171.

[81] Ce type de mémorialiste peut n'être connu que par son prénom comme la très infortunée mémorialiste des *Mémoires d'Adélaïde* (1764) ou la narratrice orpheline des
Mémoires de Cécile (1751) de La Place.

[82] Par exemple *La Vie de Marianne ou les aventures de Madame la comtesse de ****
de Marivaux et, dans son sillage, *La Nouvelle Marianne ou les mémoires de la baronne
de **** (1740) de C-F. Lambert.

le cas des mémoires de prostituées ou de tout autre personnage dont l'origine est trop basse ou les aventures trop compromettantes pour véritablement parvenir, le seul prénom, voire un surnom, parfois accompagné d'une fonction sociale, apparaît dans le titre[83].

Dans les récits secondaires des *Mémoires et aventures d'un homme de qualité*, l'inégalité du traitement du nom du narrateur secondaire est particulièrement remarquable. Les narrateurs masculins de récits intercalés, même si le rapport au nom de leur père est souvent problématique, ne placent pas moins leur récit sous l'égide d'un nom[84], tout comme les narrateurs primaires. Quand ce nom est effacé ou illisible, le texte en porte une trace et le processus d'effacement est d'ordre éditorial, il n'est pas le fait des actants.

Il en va autrement de la plupart des narratrices secondaires dépendantes: la perte de leur nom intervient en amont du processus éditorial. L'effacement ostensible de leur nom est présenté comme la condition de leur récit:

> Permettez-moi de vous cacher mon nom pour aujourd'hui. Je suis d'une des meilleures familles de Paris[85].
> Permettez-moi de vous cacher mon nom: je dois cette considération à ma triste famille. Je suis française et née à Ant... d'un père très noble et très riche[86].

Et lorsqu'un nom vient se substituer au patronyme manquant, le texte commente la substitution. C'est le cas par exemple de mademoiselle Duclos qui refuse énergiquement de donner son vrai nom de famille dans *Les Aventures de M. Robert Chevalier dit de Beauchêne* (1732) de Lesage:

> Ah! mademoiselle, lui dis-je dans mon enthousiasme, quelle famille a eu le malheur de vous perdre après avoir été assez heureuse pour produire une héroïne dont le nom doit devenir aussi fameux que celui des plus grands conquérants? – C'est justement ce nom, s'écria-t-elle, c'est ce nom seul que je veux ménager par mon silence, pour ne pas révéler l'opprobre dont mes parents se sont couverts en me proscrivant avec tant d'injustice[87].

---

[83] *Histoire de Gogo* (1739), *Histoire de Guillaume, cocher* (1737), *Margot la ravaudeuse* (1750).

[84] Qu'ils soient désignés par un faux nom, comme Rosambert: *Mémoires et aventures*, (p. 30) ou comme le chevalier d'Arcis des *Mémoires du chevalier de Ravanne* (1740), par une clé transparente comme le prince de Portugal «Dom M...», ou par un nom roturier ne requérant pas de détour particulier, comme celui de Brissant, *Mémoires et aventures*, p. 156.

[85] *Mémoires et aventures*, p. 37

[86] *Ibid.*, p. 192.

[87] R-A. Lesage, *Les Aventures de M. Robert Chevalier dit de Beauchêne, capitaine de flibustiers dans la nouvelle France*, Paris, E. Ganeau, 1732, p. 201.

Dans les *Mémoires et aventures d'une dame de qualité* de l'abbé Lambert, une narratrice secondaire est toujours désignée dans le texte primaire sous le nom de Cécile, mais porte sans explication celui d'Euphémie dans son récit, l'absence de commentaire faisant du changement de nom une énigme intéressante pour le lecteur. Ainsi, la pratique conventuelle qui consiste à rebaptiser les religieuses épaissit encore le brouillard qui entoure le nom propre des énonciatrices et narratrices secondaires, c'est-à-dire celui qui fait le lien entre elle et leur histoire passée.

Comment interpréter ce refus, caractéristique des narratrices secondaires, d'amarrer leur récit à un nom? Commentant le statut du texte anonyme dans la littérature arabe, un critique analyse plus généralement la signification fantasmatique de la signature ou de l'anonymat d'un texte:

> D'une manière générale, un énoncé, à quelque genre qu'il appartienne est le lieu d'un ébranlement, d'une attente angoissante, d'une disponibilité aléatoire et sauvage; seule l'imposition d'un nom peut arrêter l'interrogation et affirmer la signification fuyante. Tout se passe comme si un énoncé privé du nom de son auteur était source de périls, terre étrangère où les pas ne savent quelle direction prendre, où les orientations se confondent, faute d'un point de repère sûr[88].

Le récit féminin privé de nom est une terre inconnue dans laquelle le lecteur espère s'égarer. Dans les récits intercalés féminins, l'inquiétude générée par le récit anonyme ne fait l'objet d'aucune atténuation. Bien au contraire, les narratrices se privent même radicalement de tout autre nom qui y suppléerait.

Ce retranchement n'est pas sans conséquence sur l'effet de lecture: il n'est possible de se référer à ces énonciatrices qu'en passant par le nom propre masculin du narrateur qui les cite, en recourant, comme nous le faisons ici, à des périphrases – «la demoiselle de l'histoire de Rosambert» ou «la captive d'Andredi» – si bien qu'elles sont indissociables du nom de l'énonciateur placé immédiatement au-dessus d'elles dans la hiérarchie des niveaux de récits.

La seconde conséquence porte sur les conditions de l'échange des paroles et des récits, qui se voient encore déséquilibrées par l'effacement du nom. Celui-ci est un bien symbolique que la narratrice refuse d'échanger avec ses interlocuteurs. L'inégalité de l'échange se vérifie dans ses

---

[88] A. Kilito, *L'auteur et ses doubles, essai sur la culture arabe classique*, Paris, Seuil, 1985, p. 68.

termes: contre des paroles de civilités (non autobiographiques et non narratives), les narratrices secondaires doivent payer de retour en paroles réflexives et narratives qui les dévoilent.

L'effacement onomastique peut être interprété tout aussi bien comme une marque de dépendance que comme une marque de défiance envers l'interlocuteur. Dans les deux cas, si l'on admet que tout énoncé est une mise en danger et réclame d'être fondé et couvert par un nom (et peu importe ici qu'il soit véritable ou faux, complet ou masqué), le nom en blanc accentue encore le déséquilibre de la situation d'énonciation d'une histoire rattachée à un *je* encore plus fuyant que tous les autres, parce que non ancré. Si le *je* situé au centre des mémoires présente, lui aussi, des failles et joue sur l'opacité des origines, celui des narratrices féminines secondaires pose, d'une façon plus radicale, la question de l'ancrage de la parole et surtout il a plus explicitement recours à la séduction du récit sans nom.

Il existe une autre parole sans cesse dérobée au lecteur, celle des brigands et voleurs de grand chemin. Dans le dispositif d'enchâssement des romans sérieux, la parole scélérate parvient souvent sous forme de bribes ou d'échos. Dans les *Mémoires et aventures*, la mise en scène de la parole de Brissant contribue à créer une forte attente: le lecteur est curieux de connaître l'histoire de ce personnage. L'attrait du sensationnel n'est nullement dissimulé, par le héros qui se réjouit du plaisir que lui procurera une biographie criminelle, et par le narrateur qui se félicite de la donner au public. Ici, les protagonistes ne savent pas encore de quel type d'histoire ils vont être gratifiés mais les indices sont assez nombreux pour en faire espérer une qui s'écarte des bornes de l'honnêteté.

Nous avons déjà observé, dans la première partie, que le statut et la personnalité de Brissant étaient présentés de façon ambivalente de façon à pouvoir glisser vers n'importe quelle histoire. La figure d'Andredi est moins ambiguë puisque, de picaro, il devient pirate, et n'hésite pas à massacrer tout un équipage pour venger la mort de deux de ses hommes. Dès la mention du personnage d'Andredi par Brissant, le récit le plus scélérat du texte, et donc le plus précieux, le plus convoité, est celui d'Andredi, incarnation du mal et modèle de pirate: il inscrit dans le texte la trajectoire d'un individu s'enfonçant de plus en plus avant dans le crime, sans espoir de retour ni de conversion. Au contraire, le destin de Brissant dessine une chute suivie d'un repentir et d'un retour à l'honnêteté, lui-même ne se présentant que comme un disciple ou un lieutenant d'Andredi. Ainsi, la parole de Brissant tire sa valeur de ce qu'elle se fait l'écho des paroles et actions d'un autre, qui est le véritable meneur de jeu. Après un début de récit qui rattache l'histoire de Brissant au registre picaresque (il s'enfuit de la maison de son père en le volant), la rencontre avec Andredi la réoriente vers le récit d'une action scélérate désormais racontée comme subie, vécue collectivement ou de l'extérieur. Le point de vue de Brissant se modifie: d'acteur, il se transforme en témoin, faisant d'Andredi le véritable protagoniste. Brissant devient l'honnête homme d'Andredi ou Andredi le pirate de Brissant[89].

Dans son récit, le valet-pirate se donne des airs d'honnêteté, («Je lui représentai qu'étant sans argent, je n'aurais pas l'effronterie de me mêler avec des personnes de qualité, qui s'apercevraient bientôt de notre dessein.», p. 156.) et réagit de façon assez passive aux mystifications de l'escroc Andredi. Brissant se donne désormais un statut de personnage-réflecteur comme lorsque les deux compagnons doivent s'enfuir de Malte:

> Un jour qu'Andredi rentrait au soir dans l'endroit où nous étions logés, je lui trouvai un air de frayeur qui m'épouvanta. Nous sommes perdus me dit-il; il faut quitter Malte sans nous arrêter un moment. Je viens d'apercevoir un chevalier que j'ai servi autrefois en qualité de valet de chambre, et à qui je volai sa montre et tout son argent. C'est fait de moi s'il me reconnaît. Son discours me fit pâlir[90].

Tout se passe comme si Brissant vivait toute son histoire à contretemps et par contrecoup. Il ne réagit pas tant aux événements eux-mêmes qu'à leur reflet sur le visage d'Andredi et au rapport qu'il lui en fait. De même que le narrateur capte les émotions sur le visage de l'autre, son récit retransmet les paroles de l'autre. L'enjeu illocutoire de la mise en place d'une telle hiérarchie n'est guère difficile à démêler: le récit-confession de Brissant vise à donner de lui l'image d'un repenti, pirate par accident, Andredi seul ayant le mal chevillé au corps. Ainsi, Brissant utilise la figure de l'autre pour se placer du côté des gens de bien, ses interlocuteurs. La palinodie est complète et la condamnation du passé, radicale[91]. La conversion de Brissant est achevée lorsque celui-ci raconte sa tentative de sauver une innocente persécutée. Ce renoncement à la dissonance dévalue du même coup la parole de Brissant, figure du mal décidément

---

[89] Ce fonctionnement scalaire de la scélératesse picaresque a déjà été mis en place par Lesage dans *Gil Blas*: dans ce roman, le vrai picaro n'est pas Gil Blas, mais Don Raphaël qui occupe par son récit presque toute une partie: différence peut-être avec les romans ultérieurs qui ne donneront plus aussi largement la parole à un picaro, mais Don Raphaël quand il fait son récit, est requalifié à son tour et son identité de picaro se brouille.

[90] Prévost, *Mémoires et aventures*, p. 156.

[91] «Je vous avoue, continua Brissant, que cette aventure me fit horreur. Je commençai à ouvrir les yeux sur le genre de vie où j'étais engagé. Andredi me parut un homme exécrable, et tous nos camarades autant de démons, qui ne pouvaient être punis par des supplices assez cruels.», *Ibid.*, p. 158.

affadie. Son récit ne vaut plus désormais que pour autre chose, les quelques bribes qu'il contient de la parole d'un vrai pirate.

Les *Mémoires du chevalier de**** de Boyer d'Argens présentent une semblable requalification d'un scélérat qui perd singulièrement en scélératesse, dès lors qu'il se livre à un récit. Le narrateur retrouve une ancienne maîtresse, Dona Mendoza, qui lui raconte qu'elle a été attaquée par des brigands. L'un des brigands s'est montré moins inhumain que les trois autres et il est le seul survivant d'une expédition dont il rend compte à Dona Mendoza retenue dans le repaire des voleurs: il la délivre et se lance dans un récit partiellement retranscrit, tandis que les autres voleurs ne s'étaient auparavant exprimés, dans le récit de Dona Mendoza, que sous la forme d'un discours narrativisé.

Dans *Le Soldat parvenu* (1753) de Mauvillon, la gradation dans le mal est transposée sur un plan narratif par la structure d'enchâssement: lorsque le comte d'Uffai intervient pour raconter sa vie au narrateur primaire, il représente d'abord la parole mauvaise, et ses accents rappellent l'étrange et brusque voix narrative primaire des *Aventures de M. Robert Chevalier dit de Beauchêne* (1732) de Lesage. Dans le roman de Mauvillon, le narrateur raconte aussi ses méfaits et le meurtre de son précepteur, sans détour ni délicatesse particulière. Au cours de ses errances, il rencontre un ermite qui n'est autre qu'un brigand déguisé et le frère du capitaine Granier, célèbre brigand, contrebandier et «honnête voleur» (p. 38). L'ermite expose alors les règles et les lois mises en place et appliquées par son frère:

> Nous avons quelques lois générales dont on vous instruira. Le capitaine les fait observer à la rigueur, et l'on n'est tenu de lui obéir que dans les cas portés par ces lois: hors de là nul de la troupe n'a à répondre de ses actions qu'à soi-même. [...] Nous avons des femmes, jamais plus de vingt, jamais moins de douze. Nous leur coupons la langue à toutes sans distinction: non seulement pour les empêcher de raconter ce qui se passe parmi nous au cas que quelqu'une vînt à s'échapper, ce qui est très difficile: mais aussi pour prévenir tout débat entre elles, et toute altercation parmi nous; car la langue des femmes est souvent la source de la haine des hommes[92].

Si brutale que soit la parole de l'ermite, elle n'est jamais qu'un écho de celle du voleur, le capitaine Granier. Le plaidoyer pour les voleurs est lui aussi fait à quelque distance puisqu'il est pris en charge par son frère:

> Le nom de voleur, poursuivit-il, ne doit pas non plus vous arrêter. Il n'a rien en soi que d'illustre. J'avoue que le mot a quelque chose de

---

[92] E. de Mauvillon, *Le Soldat parvenu ou Mémoires et aventures de M. de Verval, dit Belle-Rose, par M. de M****, Dresde, Walther, 1753, p. 41.

choquant; mais la chose est d'une pratique générale parmi ceux que l'opinion révère le plus. Qu'était-ce que ces conquérants dont on parle avec tant d'admiration? Des voleurs. Et si mon frère prenait le bien d'autrui avec cent mille hommes, il serait un conquérant: mais parce qu'il n'a qu'une soixantaine d'hommes, c'est un voleur[93].

En d'autres termes, le voleur c'est toujours l'autre, celui qui se tait, celui aussi dont la parole est la plus désirable. Quand il prend la parole, le comte d'Uffai fait entendre la voix du mal, il raconte le meurtre qu'il a commis mais, à mesure que son récit progresse et intègre d'autres paroles, la sienne semble de moins en moins dissonante et il est à la fin dans la position de l'honnête homme parmi les brigands, considérant son narrataire, Verval, comme un pair, par rapport à l'ermite, lui-même plus honnête que son frère, le terrible capitaine Granier.

Le narrateur des *Mémoires de M. de P.* d'Emery est né homme de qualité, mais, ruiné et chassé de chez lui par un abbé suborneur, il éprouve la faim et le froid, devient fou, est exhibé au cirque comme une attraction. L'un des épisodes de ses mémoires retrace son séjour dans le monde des mendiants et des voleurs. Le groupe des mendiants rencontré par le narrateur se structure selon une hiérarchie dans le mal liée au degré d'intégrité physique de chacun: qui est bossu, qui n'a pas de bras, qui n'a plus de nez[94], qui n'a que la moitié du visage. Rubanne, celui à qui il manque la moitié du visage, le plus mutilé de tous, fait entendre une parole autobiographique radicalement autre, puisqu'il raconte, à la première personne, les vols et les viols dont il s'est rendu coupable.

Or ce récit est atténué de deux manières: d'abord, par la série de médiations et de filtres qui s'interposent entre sa parole et le narrateur primaire qui la retransmet au lecteur: Rubanne mourant des tortures qu'il a endurées, fait à Cordin, l'un des petits bossus qui le secourt, le récit de sa vie. Cordin rapporte à son tour ce récit à celui qui a le nez coupé, qui le transmet à son frère, le narrateur. Ce dernier retransmet au lecteur et la série des médiations est récapitulée à la fin du récit de Rubanne, par le frère de M. de P. qui rappelle à quel niveau du récit on se situe: «Telle fut l'histoire que me conta l'un des bossus, ce qui me fit rendre mille actions de grâces au seigneur de m'avoir retiré de la compagnie de ces infortunés[95].»

[93] *Ibid.*, p. 44.
[94] L'amputation du nez était un châtiment destiné à punir les voleurs. Outre sa valeur symbolique, cette amputation rend impossible la vie sociale.
[95] A. Emery, *Mémoires de M. de P. écrits par lui même et mis au jour par M. E...*, Paris, Grégoire-Antoine Dupuis, 1736, p. 180.

Autrement dit, l'homme sans visage raconte son histoire au bossu, qui la rapporte à l'homme sans nez, qui la répète à M. de P. La mort édifiante de Rubanne est racontée avant que ne soit donné le récit de sa vie. La parole de l'autre est donc ici aussi considérablement filtrée. Le texte d'Emery propose une expérimentation intéressante sur le récit scélérat en *je*, en précisant son cheminement de médiation en médiation. Cette représentation du récit *radicalement autre* permet d'observer un phénomène de normalisation du scélérat:

> Car un soir sur les dix heures passant par une rue du Faubourg Saint-Marceau, je rencontrai une demoiselle d'une grande beauté et très bien mise. Selon mon infâme coutume, je me jetai sur elle, et j'allais consommer mon crime quand les cris qu'elle poussa [...] [vengeance des frères]. Mon repentir et mes larmes ne les ont point touchés. J'ai été attaché sans pitié à cet arbre, où ils m'ont déchiré comme vous le voyez avec la pointe de leurs couteaux, ils m'avaient mis un mouchoir dans la bouche, pour m'empêcher de crier, mais ils me l'ont ôté, me croyant mort. Ce misérable, que ce long discours venait d'épuiser, n'en put dire davantage. Cordin vit son visage se couvrir des ombres de la mort, et il expira devant lui, pénétré d'un véritable repentir[96].

Rubanne décrit son calvaire à partir de sa position finale de repentir, en adoptant le langage de l'honnêteté et sa mort édifiante édulcore l'image de l'altérité qu'il est censé représenter. Faire parler de la sorte le plus scélérat de la bande – et le plus éloigné de la norme sociale: il n'a pas même un *visage* à tendre à l'autre – contribue certes à brouiller l'image du personnage et à rapprocher sa parole de l'humanité, et c'est sans doute le but recherché par un texte qui prêche dans l'ensemble une compassion et une pitié condescendantes envers les infortunés. A être représentée, la fondamentale altérité du récit scélérat s'édulcore[97].

C. Le silence du pirate ou la parole impossible

Si les romanciers, au lieu de l'atténuer, esquivent la représentation d'une parole narrative frontalement dissonante, son pouvoir de fascination s'en trouve d'autant accru. Prévost obtient ainsi de puissants effets de l'escamotage de la parole la plus dissonante. La parole d'Andredi, que

---

[96] *Ibid.*, p. 180.
[97] Il pourrait être intéressant de comparer une telle édulcoration avec la façon dont Sade fera plus tard parler les scélérats et les brigands. Cf. le bandit Franlo dans *Faxelange* in *Les Crimes de l'amour*, Paris, Gallimard, M. Delon (ed.), 1987.

les *Mémoires et aventures* désignent sans cesse comme véritablement
désirable et précieuse, ne nous parvient que par bribes et n'est jamais
narrative. Elle est présentée, dans tous les cas, comme un bien avidement
désiré par les protagonistes honnêtes que sont Renoncour et les gentilshommes de son entourage, au point que ce dernier est prêt à négocier
avec le criminel pour l'entendre. L'échange ne relève pas tant ici de la
logique judiciaire qui veut que l'on remette une partie de la peine dans
le cas d'aveux volontaires, que d'une logique de consommation: ce qu'on
paie au prisonnier, c'est, sans guère de doute possible, le plaisir d'entendre la voix dissonante. Cependant le circuit des transactions s'enraye,
pour ainsi dire, et bute sur la résistance inattendue de celui dont le récit
est précisément le plus désiré:

> Cependant si vous voulez nous en faire un récit fidèle, je vous promets
> que ces messieurs voudront bien s'employer pour faire diminuer la
> rigueur des peines que vous méritez. Le marquis de Tordas et tous ses
> amis l'assurèrent qu'ils tiendraient ma promesse; mais ce fut inutile-
> ment: nous ne tirâmes plus de lui un seul mot. Le voyant obstiné à se
> taire, j'ordonnai à Brissant de raconter tout ce qui lui était arrivé avec
> lui. Sa relation fut longue: il y ajouta même des circonstances qui lui
> étaient échappées à Madrid[98].

Après avoir patiemment construit cet objet de désir, Prévost le dérobe
à son lecteur qui devra se contenter de piètres substituts. Le peu de valeur
de la parole de Brissant est ici patent: parole mécanique, vénale, servile,
elle sert de relais et supplée imparfaitement à l'absence de la parole véritablement dissonante, elle surenchérit pour s'adapter au désir de son auditoire, sa dissonance est de commande, frappée de facticité. De plus, Prévost accentue encore le sentiment de frustration du lecteur car non
seulement celui-ci, comme Renoncour, n'entendra pas le récit d'Andredi,
mais encore, il ne connaîtra pas la version plus détaillée du récit de Brissant dont il gratifie Renoncour et les seigneurs portugais. Renoncour se
sent redevable auprès de ses amis d'un récit horrible, il fait appel à Brissant qui lui est lui-même redevable. Andredi, en se taisant, se place résolument à l'extérieur du système des transactions et interrompt la chaîne
des obligations et des services. Ne se contentant pas du succédané du
récit de Brissant, et jamais à court d'idées, après le récit du complice du
pirate, Renoncour parvient à obtenir le récit de sa captive. La parole
d'Andredi, authentiquement scélérate et désirable, n'est jamais donnée
dans un récit pleinement autodiégétique.

[98] Prévost, *Mémoires et aventures*, p.192.

Dans de nombreux romans-mémoires pratiquant l'enchâssement de récits, le mécanisme de reclassement, la remise à niveau de la hiérarchie font que celui qui prend en charge un récit ne peut faire entendre une parole proprement scélérate. Prendre la parole, c'est ne plus être radicalement un scélérat, car la narration opère une transformation de la parole mauvaise. Le fait de dire *je* à l'autre modifie inévitablement la modalité de l'altérité en la rapprochant du lecteur. Ce n'est pas vrai uniquement de la parole scélérate: le mutisme d'Helena dans les *Mémoires pour servir à l'histoire de Malte* (1741) fait d'elle, pendant presque tout le roman, une silhouette vidée de substance mais figurant de façon troublante le pur objet d'un désir sensuel. La parole de la jeune femme est citée après qu'elle a été défigurée par la maladie, comme si son reclassement – ayant perdu sa beauté, elle n'est plus un objet de désir valide pour le héros – permettait de faire entendre sa voix. Prévost semble établir une disjonction entre la prise de parole narrative et le statut d'objet d'amour pour le narrateur primaire. Les voix extérieures au monde du narrateur primaire, peuvent seules supporter *à la fois* le poids de la parole et du désir. La tentative humoristique et heuristique de Jacques Rustin qui réécrit partiellement le roman du commandeur par la voix d'Helena, est également révélatrice de la fascination des lecteurs pour les muettes des romans: celles qui ne parlent pas sont bien sûr celles qu'on désire le plus entendre[99].

Dans des romans accueillant des récits hétérogènes et disparates, la parole est de fait rarement radicalement autre. Voleurs et violeurs repentis ou innocentes victimes, tous ont jadis côtoyé ou pratiqué le mal mais ils sont revenus, depuis, dans le droit chemin, parlent le langage de la politesse et revendiquent l'adhésion aux règles de l'honnêteté. Dans les romans qui prennent le parti contraire de faire parler dans un récit en *je* l'énonciateur dissonant, le résultat est parfois étrange: le roman semble hésiter à se situer, d'un point de vue axiologique, par rapport à ces paroles.

Le récit véritablement scélérat, radicalement autre, tout en étant sans cesse évoqué et construit comme objet de désir et d'échange, est aussi constamment dérobé et refoulé par le texte. L'autre absolu n'a, de fait, pas le droit de prendre en charge un récit dont il serait seul responsable. La multiplicité des autres relatifs fait entendre des récits sous dépendance et sous surveillance. Deux solutions demeurent pour insérer le récit de l'autre: l'édulcorer en le rapprochant de la norme ou bien l'étouffer et le filtrer.

---

[99] J. Rustin, «Histoire d'Helena L***», *Cahiers Prévost d'Exiles*, II, 1985, p. 7-19.

La parole de l'autre est prise dans un système de transactions inégales dont le caractère marchand est en général commenté par les participants et plus ou moins explicité par le narrateur. Le récit de l'autre est plus nettement intégré à ce réseau de transactions que sa parole: la forme narrative est plus travaillée, plus autonome et, de ce fait, sa valeur marchande plus visible et *monnayable* que celle des paroles non-narratives.

L'insertion de la parole narrative de l'autre, dans des transactions hétérogènes, a partie liée à des rapports de pouvoir: obtenir de l'autre son récit, c'est prendre avantage sur lui et amorcer une circulation des services dont il n'a pas la maîtrise. La dimension prédatrice de l'écoute est nettement mise en scène dans le cas des récits féminins insérés, davantage encore quand ils sont autobiographiques. Raconter sa vie n'est pas toujours un privilège ou un plaisir, ce peut être une contrainte, parfois violente. Le récit féminin ne fait en cela qu'illustrer, de façon exemplaire, les conséquences extrêmes de la dépendance du récit.

Le désir vient cependant rééquilibrer quelque peu le rapport de pouvoir entre l'auditeur et le conteur parce que l'inégalité de la transaction est pour ainsi dire inversée et compensée par le désir d'entendre l'histoire de l'autre. Si le récit du plus radicalement autre est un point aveugle du dispositif, de même que la parole dissonante est un point aveugle de la représentation, c'est aussi du fait de ce mécanisme qui construit un désir pour une parole absente. Si la valeur dissonante des récits insérés est volontiers promise par le narrateur, ceux-ci ne font souvent entendre, de fait, que des palinodies ou les échos des paroles des autres, parce que le lecteur et l'auditeur, pour continuer de la désirer, doivent continuer d'imaginer, enchâssée au prochain niveau, la parole de l'autre.

II. LES INSERTIONS HOMOGÈNES OU COMMENT EXPLOITER LA PAROLE D'UN ALTER EGO

Afin de désigner une relation d'identité ou de ressemblance – sexuelle ou sociale – entre le narrateur primaire et secondaire nous parlerons d'insertion homogène. Ce type d'échange pose le problème de l'utilisation par le narrateur primaire de la parole et du récit d'un autre qui lui ressemble. Nous abordons ici une forme faible d'altérité qui n'a pas été jusqu'ici privilégiée dans nos analyses, mais, précisément, à travers cette étude de la valeur d'échange de la parole, et surtout de la parole narrative, nous voudrions démontrer que la frontière entre altérité forte et faible, entre le même et l'autre, fait l'objet de redéfinitions incessantes dans les romans-mémoires et que cette instabilité est à l'origine de flottements entre différents modes d'exploitation de la parole de l'autre. A ce titre, les transactions homogènes constitueront le second volet de notre étude de la valeur marchande de la parole.

Seront étudiées, dans un premier temps, les règles d'échange des récits dans les romans comiques. Les interlocuteurs semblent assumer et reconnaître le cadre marchand d'un échange qui se caractérise en général par l'absence de justification psychologique et la réciprocité. Nous verrons ensuite ce qu'il en est des règles d'échange dans les transactions homogènes des romans ne relevant pas de la veine comique. Celles-ci s'enveloppent, au contraire, d'une grande opacité et multiplient les discours de justification. En effet, dans une interlocution mettant en présence deux individus proches ou égaux, la parole de l'autre ne saurait être présentée comme simple source de plaisir littéraire ou pur divertissement. Les interlocuteurs multiplient donc les discours de justification et la parole de l'autre est investie de vertus curatives, exemplaires ou explicatives. L'échange de récits entre égaux se bâtit en effet sur un réseau d'intentions et de visées contradictoires qui articulent les intérêts du récepteur à ceux de l'énonciateur et du lecteur. Ces tensions transparaissent à travers des évaluations superposant des logiques et des rhétoriques incompatibles, révélatrices d'un moment de transition dans l'utilisation de la parole de l'autre dans les romans.

1. Les règles de l'échange dans les romans comiques: système marchand et transparence

En ce qui concerne les insertions homogènes, la spécificité du contexte comique s'impose également: les règles d'échange entre égaux varient en effet sensiblement en fonction de la posture romanesque dominante. Les insertions de récits en contexte comique se caractérisent par la reconnaissance explicite de la dimension marchande d'un échange qui satisfait en général les deux parties. De sorte que le récit inséré homogène ne présente pas de tension particulière entre le discours de justification et l'utilisation effective des récits.

A. *Homogénéité des biens échangés et réciprocité*

Les insertions de récits secondaires dans les romans comiques renvoient à des échanges homogènes dans la mesure où tous les biens en circulation sont de nature narrative. Nous avons déjà parlé de l'*Histoire de*

Gogo, (1739) à propos du recadrage de la narration principale opéré par un personnage secondaire, la baronne de Varsebourg. Nous voudrions évoquer à nouveau les retrouvailles entre Gogo et la baronne à propos des modalités des transactions narratives.

Dans la seconde partie du roman, la narratrice raconte ses retrouvailles avec la baronne de Varsebourg qui avait essayé de la prendre dans ses filets. Cette seconde rencontre a donc pour toile de fond la dette morale que la baronne a contractée en trahissant jadis la confiance de Gogo, comme celle-ci le lui rappelle:

> L'impatience dans laquelle vous êtes d'apprendre ce qui m'est arrivé ne peut être comparée avec celle où je suis de savoir votre histoire: outre quelques années que vous avez sur moi, qui doivent avoir accumulé des faits curieux, les différents rôles où vraisemblablement vous avez représenté, celui où je vous retrouve, ont tellement piqué ma curiosité, que rien ne peut vous dispenser de la satisfaire. […] Hé bien, Madame c'était tantôt pour me satisfaire que je vous demandais le récit fidèle de vos aventures; c'est maintenant pour vos intérêts, puisque lui seul peut détruire mes soupçons. Mais… mais, celui-là est cruel, reprit-elle, cette petite fille veut faire la loi! Oui, Madame, repris-je, j'exige ce sacrifice en expiation du tour que vous m'avez fait; vous en êtes quitte à bon marché. Hé bien, repartit-elle, pour faire la paix, je le veux bien; mais faisons un accommodement qui satisfasse notre impatience: je vais vous conter sommairement ce qui m'est arrivé; vous en ferez de même, puis nous reviendrons au détail[100].

Le passage est saturé par la mention d'une dette parfaitement assumée et reconnue comme telle, parce que chacune des deux femmes désire, au même degré, obtenir une information que seule l'autre détient, sans qu'il y ait pour autant la moindre dépendance de l'une par rapport à l'autre: la baronne n'a plus besoin de Gogo, qui n'attend rien d'elle non plus. Il y a donc égalité de fait entre les deux interlocutrices dans la mesure où elles sont mues par le même désir d'entendre l'histoire de l'autre. L'insertion homogène n'est jamais cependant totalement dénuée d'une dimension agonistique: celui qui a le dessus est celui qui accepte le risque de ne pas voir sa curiosité satisfaite. Gogo résiste et fait triompher sa propre impatience sur celle de la baronne en menaçant de se taire:

> Non, non, non, madame, repris-je obstinément, c'est un récit détaillé, non un sommaire que je vous demande, ou attendez-vous de ma part à un silence éternel. Allons, repartit-elle, l'impatience dans laquelle je

---

[100] *Histoire de Gogo*, Benjamin Gilbert, La Haye, 1739, II, p. 125-127.

suis de vous le voir rompre, est trop violente pour me le laisser garder; et elle commença son Histoire en ces termes.
Histoire de la baronne de Varsebourg[101].

Cette dimension conflictuelle n'engage cependant qu'un enjeu de faible importance pour les deux interlocutrices: la curiosité. La victoire de Gogo ne lui assure en effet que le privilège d'entendre *la première* le récit de la baronne. Une fois celui-ci achevé, Gogo lui rend la pareille. Les comptes sont, pour ainsi dire, apurés et la dispute est de l'ordre du rituel de sociabilité.

Au contraire des insertions hétérogènes où s'échangent souvent des histoires contre des biens matériels (un sauvetage en mer, un emploi, de la nourriture, de l'argent, un abri, etc.), une même matière narrative circule ici, les seuls objets dus, remboursés, échangés, étant des récits de vie. La transaction est donc égale et réciproque. De plus, la transaction homogène est sans reste et limitée dans le temps. Autrement dit, strictement marchande, elle n'a pas de suites, elle n'engage les deux parties que dans les limites fixes de la transaction présente. La réciprocité est d'ailleurs confirmée par la disposition symétrique, dans l'espace, des corps des interlocutrices:

> Mais je crains d'entamer une matière qui ne veut point d'interruption, et nous ne sommes pas ici en lieu commode; dans un moment nous sommes dans mon hôtel, et vous verrez si je vous en quitte. [...] A peine y fûmes-nous qu'elle fit retirer ses gens; puis approchant elle-même *deux fauteuils vis-à-vis de l'autre*, et me faisant asseoir: satisfaites mon impatience, me dit-elle: qu'êtes-vous devenue? Qu'avez-vous fait? Que faites-vous? [102]

Toutes les conditions de la confidence réciproque sont rassemblées dans cette scène. L'isolement des deux narratrices et leur tête-à-tête préservent le secret et l'intimité. L'espace de l'échange des récits est toujours un espace délimité et plus ou moins isolé du monde extérieur. De même dans *Le Compère Mathieu* (1766), l'espace de l'auberge permet la constitution d'une petite communauté, en étant le théâtre d'une scène de retrouvailles suivie d'un échange de récits autobiographiques[103]. L'espace qui contient le récit et le type de partage et de circulation représenté se déterminent l'un par l'autre. L'installation autour d'une table commune et publique instaure ainsi une convivialité fondée sur un partage plus ou moins équitable des biens matériels.

---

[101] *Ibid.*, p. 129.
[102] *Histoire de Gogo*, p. 125, nous soulignons.
[103] Voir H. Lafon, *Espaces romanesques du XVIIIe siècle*, Paris, P.U.F., 1997, p. 13.

B. Indépendance des transactions matérielles et narratives:
la convivialité des gueux

Dans le chapitre IX du *Compère Mathieu*, on observe que le partage de la nourriture a lieu *avant* l'échange des récits, qui n'en est ni la cause ni la conséquence. L'intérêt mutuel que les personnages se manifestent motive à lui seul les divers récits[104]. Leur distribution est préparée par la commensalité et débute, de façon significative, sur la question du partage de la nourriture:

> Etant entrés dans la première auberge nous demandâmes à l'hôtesse, ce qu'elle avait à nous donner à souper. Elle répondit qu'elle n'avait qu'un gigot de mouton, une poularde et six côtelettes dont elle ne pouvait même disposer parce qu'il était arrivé un étranger quelques moments avant nous, qui avait retenu le tout pour lui seul. Le Compère Mathieu dit que cet étranger était fou; qu'il y avait de quoi manger pour six personnes, et qu'il prétendait en avoir sa part. [...] L'étranger fit d'abord quelques difficultés; mais ayant appris que le Compère était philosophe, il nous accorda le plus *galamment* du monde de souper avec lui, à condition que l'hôtesse chercherait de quoi augmenter le service de quelques plats[105].

Les deux types d'échange et de transaction sont donc distincts et opérés de façon successive: la répartition de la nourriture et l'intérêt manifesté envers l'histoire de l'autre ne sont pas mis en relation.

Nous avons déjà évoqué les *Mémoires et aventures de M. de P.* (1736) d'Emery à propos de l'insertion hétérogène du récit d'un mendiant scélérat. Le narrateur de ce roman oscille entre le monde honnête et celui des mendiants et entre deux façons d'envisager l'autre. Avant le récit de la mort de Rubanne, étudié plus haut, M. de P. rencontre les mendiants et raconte une scène d'échange de récits. Après une longue errance dans la campagne, il trouve refuge, à la nuit tombée, dans une misérable masure et reçoit l'hospitalité de ses occupants:

> Loin de me croire en sûreté dans cet asile, je me sentis au contraire saisi de trouble et de crainte, qui augmentèrent à la vue de quatre hommes à mines effroyables, assis autour d'une vieille table; l'un avait le nez coupé, l'autre n'avait point de bras, le troisième ressemblait au petit Esope, et au quatrième, il manquait la moitié du visage[106].

---

[104] H-J. Du Laurens, *Le Compère Mathieu ou les bigarrures de l'esprit humain,* Londres, aux dépens de la compagnie, 1766, Chapitre IX, «Arrivée du compère Mathieu à Senlis. Rencontre d'un homme extraordinaire, Histoire de cet homme», p. 128.

[105] Du Laurens, *Le Compère Mathieu,* p. 129.

[106] Emery, *Mémoires et aventures de M. de P., écrits par lui-même et mis au jour par M. de...* Paris, Grégoire-Antoine Dupuis, 1736, p. 127.

Malgré leurs difformités, ces hommes ne laissent pas d'être des hôtes des plus agréables. Le narrateur raconte une soirée passée à deviser gaiement en leur compagnie: la situation de conversation fait alors disparaître momentanément son dégoût. Dans ce contexte de sociabilité basse, mais heureuse, l'échange des récits de vie n'a rien de systématique:

> Nous passâmes la soirée à parler de différentes choses; l'un nous fit le récit des malheurs qui l'avaient réduit au misérable état où il était, l'autre nous conta les tours subtils qu'il employait quelquefois pour s'approprier sans frais ce qui ne lui appartenait pas, et l'on réserva mon histoire pour le lendemain[107].

Les histoires évoquées ne présentent pas d'unité: ce sont des anecdotes ou des récits partiels et, sur quatre personnages, seuls trois racontent une histoire, dont deux sont autobiographiques. Autrement dit la gratuité se traduit ici par une circulation libre et anarchique des paroles et des récits. De surcroît, celui qui a reçu le plus est aussi le seul à ne pas faire de récit: on réserve l'histoire de M. de P. pour le lendemain, sans le presser de la donner sur-le-champ. La reconnaissance et l'échange en règle des récits a donc bien lieu indépendamment du partage de nourriture et de l'offre d'hospitalité.

Le Soldat parvenu de Mauvillon offre l'exemple d'une transaction matérielle nettement séparée du récit. Le narrateur est un soldat qui cherche à enrôler de nouvelles recrues dans son régiment. Il mène à bien cette entreprise en jouant sur la situation de besoin de son interlocuteur, le comte d'Uffai:

> Puisque vous n'avez rien à faire, lui dis-je, venez-vous en souper avec moi; j'ai quelque chose à vous proposer. Très volontiers, repartit-il: mais je vous avertis que je n'ai guère dîné, et que j'ai grand appétit: et qu'ainsi chère de soldat n'est pas trop mon affaire. Venez, venez, repris-je, vous ne serez pas si à plaindre que vous pensez. Là-dessus je le menai chez un des meilleurs traiteurs de la ville, à qui j'ordonnai un bon souper pour deux personnes.[...] Mon Dauphinois s'en donnait à cœur joie. A voir l'air dont il brisait, on eût dit qu'il n'avait pas mangé de deux jours.[...] enfin de propos à propos je le menai à mon but, moyennant vingt pistoles que je lui comptai sur-le-champ. Il signa un engagement de trois ans conformément aux ordonnances du roi d'Espagne, qui n'en exigent pas de plus longs [...] Là je le priai de me conter ses aventures en attendant que le sommeil vînt nous mettre hors d'état, lui de parler et moi d'écouter. Je le veux bien, dit-il, si cela peut vous amuser. Je devine que vous vous attendez à entendre des choses fort extraordinaires: et vous ne vous trompez pas. Quoique je n'ai pas

---

[107] *Ibid.*, p. 328.

> encore vingt-cinq ans accomplis, je me suis trouvé dans des situations si singulières, j'ai joué tant de personnages différents, que je crois pouvoir dire que mon histoire est assez intéressante[108].

Ici encore, s'il y a bien transaction – vingt pistoles contre un engagement de trois ans – celle-ci n'est pas mise en rapport avec la prise de parole du narrateur secondaire[109].

L'accueil de l'autre est total dans des contextes bas où les personnages font circuler les mots et les mets avant d'échanger leur nom et le récit de leur vie, c'est-à-dire, entre autres choses, leur identité sociale[110]. L'hospitalité des gueux se passe de noms de famille qui ne viennent sceller qu'à la fin du repas une amitié déjà éprouvée par les convives, comme dans *Le Compère Mathieu*: «Enfin l'heure du souper arriva; chacun mangea de très bon appétit. Au dessert l'étranger demanda au Compère qui il était[111].» Au terme d'une scène de reconnaissance, apparemment dénuée de dimension parodique, le neveu retrouvé donne spontanément le récit de ses aventures sans formuler de demande de contrepartie:

> Ça dis-moi: d'où viens-tu? Que fais-tu? Où vas-tu? – Le Compère Mathieu sauta au cou de son oncle, l'embrassa plus de dix fois, et lui conta nos aventures jusqu'à ce jour, ainsi que celles de Diego. Alors l'oncle du Compère nous dit:- Mes enfants, puisque j'ai appris votre histoire, il est juste que je vous conte aussi la mienne[112].

La réciprocité est soulignée par la tournure syntaxique qui fait du premier récit reçu la cause du second récit donné. La reprise anaphorique de «votre histoire» par «la mienne» souligne encore l'homogénéité et la symétrie de l'échange.

---

[108] E. de Mauvillon, *Le Soldat parvenu ou Mémoires et aventures de M. de Verval, dit Belle-Rose, par M. de M***, Dresde*, Walther, 1753, p. 7-8.

[109] Dans *La Mouche* (1736) de Mouhy, la scène de partage de nourriture entre Bigand et l'intendant de l'ambassadeur, dans la deuxième partie, précède et favorise mais ne conditionne pas celui des histoires (chapitre 14).

[110] Dans *De l'Hospitalité*, J. Derrida réfléchit à la différence entre l'hospitalité contractuelle telle que la pratiquaient les Grecs et l'hospitalité absolue qui se passerait de tout contrat. Le xénos antique a des droits spécifiques régulés par une sorte de contrat qui est garanti par son nom propre. La loi de l'hospitalité absolue commanderait de rompre avec l'hospitalité de droit fondée sur le nom et le pacte. Derrida problématise ainsi le dilemme de l'hospitalité, et de la rencontre avec l'autre: «Est-il plus juste et plus aimant de questionner ou de ne pas questionner?» *De l'Hospitalité*, Paris, Calmann-Lévy, 1997, p. 31.

[111] Du Laurens, *Le Compère Mathieu*, p. 129-130.

[112] *Ibid.*, p. 131. Le récit du père Jean s'étend alors sur une cinquantaine de pages des chapitres IX à XI, p. 131-181.

Pinolet ou l'aveugle parvenu de Jean-Antoine Guer (1755), un autre roman de gueux, témoigne de la même imperméabilité des sphères économiques et narratives. On retrouve l'auberge, qui plante le décor picaresque[113]. Jean Valois est le mendiant-voleur qui a enlevé et réduit en esclavage le narrateur aveugle. Ce Valois rencontre dans une auberge un autre voleur à la place duquel il a failli être pendu et il exige alors un dédommagement pour le préjudice subi. Au terme d'une âpre négociation, les deux voleurs parviennent à un accord:

> Réflexions faites, le voleur crut qu'il lui convenait de subir la loi qu'on lui imposait; il tira subitement quatre écus de sa poche, et les remit mystérieusement à Jean Valois, qui exigea encore qu'il payât deux pintes de vin. Dame Gertrude les apporta, et s'en alla coucher, laissant ses deux hôtes très-bons amis.
> En buvant ces deux bouteilles, Jean Valois et l'homme de l'âne se contèrent réciproquement ce qu'ils voulurent extraire de leur vie. Mon maître dit en abrégé une partie de ce que le lecteur a vu jusqu'ici dans cet ouvrage et plusieurs autres particularités bonnes à supprimer. Quand il eut fini, le voleur commença ainsi sa narration.
> Histoire du voleur de l'âne[114].

Le narrateur n'est que le témoin de l'échange, il n'est le destinataire d'aucun récit. La transaction a lieu, ici aussi, avant le partage des histoires et ne semble pas y être subordonnée. Transaction financière et négociation sont présentées, comme dans *Le Compère Mathieu*, indépendamment de l'échange des récits de vie. Les termes employés par le narrateur, pour décrire la mise en place de l'échange, insistent sur la liberté de chacun des conteurs d'abréger, d'extraire et de sélectionner à leur gré la matière première de leur vie, sans que l'interlocuteur ait le moindre pouvoir sur le récit de l'autre. Les histoires de Jean Valois et du voleur ne sont pas échangées en vue d'obtenir autre chose puisque le compte entre les deux hommes a *déjà* été apuré. Pour ces deux interlocuteurs dégradés, les histoires ne sauraient tenir lieu de monnaie d'échange, contrairement à ce qui se passe fréquemment dans les transactions hétérogènes[115].

---

[113] Dans l'une des nombreuses préfaces et avertissements qui composent l'abondant paratexte polyphonique de ce roman, Pinolet déclare d'ailleurs que les romans picaresques comme *Guzman de Alfarache* ainsi que le *Quichotte* sont le genre d'histoires qu'il aime.

[114] J-A. Guer, *Pinolet ou l'aveugle parvenu, histoire véritable, composée sur les faits fournis par Pinolet lui-même, actuellement existant dans Paris* [Londres, 1740], Amsterdam, M.M. Rey, 1755, p. 38-39.

[115] En somme, l'échange verbal libre et «gratuit» fonctionnerait véritablement chez les gueux. Ce que Marivaux exprime à travers la figure de l'indigent philosophe. cf. *L'Indigent Philosophe* [Paris, Prault, 1728], in *Journaux et œuvres diverses*, F. Deloffre et M. Gilot (ed.), Paris, Bordas, 1988.

Pinolet est le roman de la mendicité et de la misère noire. Le burlesque y sombre par moments dans l'horrible et laisse percevoir la volonté de faire reculer le lecteur de dégoût devant les personnages rencontrés par le narrateur aveugle: enfants mutilés et battus, coups et violence qui laissent les corps meurtris ou estropiés. Dans un contexte dominé par une commune âpreté au gain, il est somme toute logique que la confidence entre égaux ne revête pas de valeur marchande ni ne fasse l'objet d'un troc. En deçà d'un certain seuil de survie, le récit de vie ne semble plus valoir un secours, il ne représente pas un substitut possible aux biens matériels. Les deux ordres d'échange, verbal et matériel, sont par conséquent nettement distingués par des contractants tous en situation de survie[116]. Cette indépendance des domaines narratif et marchand, rend compte d'une certaine netteté des transactions verbales et narratives dans les romans dits comiques.

Alors que les narrateurs nobles tendent à camoufler la nature marchande des transactions verbales, les narrateurs marginaux ou comiques l'exhibent, en la justifiant de façon paradoxale par une justice, plus proche en réalité de la justesse arithmétique. La visibilité de l'appareil métaphorique de l'échange marchand entérine l'adhésion à ce système et la collaboration des interlocuteurs en vue d'établir le commerce le plus équilibré possible, dans la perspective, typiquement marchande, d'une transaction quantifiée et limitée dans le temps.

2. Transactions homogènes nobles: interférences entre différents systèmes d'échange

Les insertions homogènes en contexte noble sont caractérisées par un ton et un rituel spécifiques: le ton sensible et la communion des larmes. Les narrateurs primaires inscrivent les insertions de récits des personnages qui leur ressemblent dans une perspective d'amitié et de gratuité. Cependant, si les narrateurs secondaires sont des alter ego, leurs histoires présentent souvent des différences profondes par rapport au récit-cadre. Dès lors, se pose la question de l'articulation et des interférences entre deux logiques et deux discours: la rhétorique de l'amitié et l'exploitation de la valeur marchande du récit.

---

[116] Voir J. Berchtold «De la thésaurisation à la mise en circulation: les usages du «trésor du brigand» dans la littérature narrative des XVIIème et XVIIIème siècles», in *Etre riche au siècle de Voltaire,* J. Berchtold et M. Porset (ed.), Droz, Genève, p. 316.

A. *Rhétorique de l'amitié*

L'étude des pratiques de sociabilité amicale au cours du XVIIIe siècle révèle une évolution majeure: d'une situation où les gestes et rites traditionnels entre individus sont avant tout une expression des réseaux politiques et familiaux, ce qu'on pourrait décrire schématiquement comme les vestiges d'un système féodal, on passe à une sociabilité transactionnelle, pour parvenir enfin à des représentations plus modernes et plus individuelles de l'amitié[117]. Au centre de la relation amicale des correspondances du XVIIIe siècle, est formulé l'idéal d'un dialogue avec un autre soi-même, d'une transitivité gratuite, d'une transparence de la relation où les sentiments circulent sans révéler la conscience ni l'exigence d'un échange. On voit ainsi émerger, dans la première moitié du XVIIIe siècle, un idéal d'amitié qui rejette les cadres aristocratiques ou marchands, différenciés principalement par le mode de rétribution, pour se rapprocher du don gratuit, lié à une relation intime. Anne Vincent-Buffault situe vers les années trente le passage du fonctionnement non masqué d'une logique de service à une rhétorique de l'effusion, qui s'embarrasse, au contraire, de toute mention de service donné ou rendu: il ne s'agit pas, bien sûr, de soutenir que toute idée d'échange et de service a disparu des relations amicales, mais que son expression devient indésirable et fait l'objet d'un soigneux camouflage. Dans le discours amical des correspondances réelles ou fictives, les individus s'efforcent de substituer la logique de la justice à celle de la dette. Les brouilles célèbres et passionnées de la période peuvent être envisagées comme des conséquences des demandes nouvelles adressées à la relation amicale:

> [Ces douloureux dérapages] sont à la hauteur des exigences nouvelles qui mettraient un terme aux liens traditionnels entre les personnes tout en régulant les effets de la libre circulation commerciale, réservant des espaces sans compte ni mesure où l'amitié désintéressée aurait sa place et qui serait promesse d'un monde d'amitié généralisée[118].

Les pratiques amicales cherchent donc un nouveau langage au début du XVIIIe siècle, en relation avec l'évolution de la conception de l'échange. Les scènes d'échange de confidences et de récits, qui abondent dans les romans-mémoires, témoignent d'un moment de transition entre différentes formes d'échange entre lesquelles les frontières sont mouvantes, du fait des interférences entre différents discours: celui de

---

[117] Voir à ce propos l'étude d'Anne Vincent-Buffault, *L'Exercice de l'amitié, pour une histoire des pratiques amicales aux XVIIIe et XIXe siècles*, Paris, éditions du Seuil, 1995.
[118] *Ibid.*, p. 50.

la dette – qui relève d'une logique qui peut être féodale aussi bien que capitaliste –, celui du don sans contrepartie, celui de l'échange entre égaux, non créateur de dette parce que compensé par un contre-don équivalent.

Narrateurs secondaires et primaires des romans sérieux revendiquent un partage harmonieux du plaisir et de la douleur de raconter et d'écouter. Plus encore que les insertions en contexte comique, les insertions homogènes de tonalité noble se caractérisent par une forte revendication de réciprocité et de symétrie, ce qui leur confère une indéniable monotonie :

> Persuadée de la sincérité de mes sentiments, Sophie épancha son cœur dans celui de son amie, et je payai sa confidence par l'aveu des mouvements qui troublaient ma raison, et agitaient mon âme[119].
>
> Me serait-il permis ajouta-t-il, de vous demander par quel hasard vous êtes tombé en la puissance de notre patron ? Je le satisfis par un récit exact de toute ma vie. Pour répondre à votre confiance, me répliqua-t-il, je vais vous apprendre un enchaînement d'aventures assez extraordinaire, et il commença de cette sorte[120].
>
> Confondons nos malheurs ensemble ; accordez-moi votre confiance, vous avez déjà la mienne, nous y trouverons des douceurs sans égales dans notre mutuelle affliction : le voulez-vous, ma belle Jeannette[121] ?
>
> Voulant le tirer de sa rêverie et ayant le dessein de l'engager à me conter ses aventures, bien persuadé que cela le soulagerait, et que cette confidence augmenterait l'inclination que je lui connaissais déjà pour moi ; je lui demandai de qui était ce portrait […]. Je vous dirai tout ce qui est arrivé. Vous êtes né tendre ; l'intérêt que vous prendrez à mes malheurs me soulagera. Profitez de ce que je vais vous dire, chevalier, pour fuir l'amour[122].

Les diverses formules d'échange insistent sur la dimension de contrat et sur la réciprocité de transactions censées profiter à tous les participants. On pourrait distinguer cependant deux types de transactions : celles qui ne prétendent pas dégager un produit supplémentaire (dans les *Mémoires d'une honnête femme* et les *Mémoires du comte de Claize*, la formulation suggère un échange de biens équivalents) ; et celles qui formulent une surenchère productrice de plaisirs (cette conception apparaît

---

[119] A. Chevrier, *Mémoires d'une honnête femme écrits par elle-même et publiés par M. de Chevrier*, Londres, 1753, p. 10, nos italiques.

[120] Catalde, *Mémoires de Monsieur le comte de Claize*, Amsterdam, aux dépens de la compagnie, 1738, p. 304.

[121] Mouhy, *La Paysanne parvenue*, IIIème partie, p. 198-199.

[122] *Mémoires du chevalier de T…*, La Haye, Pierre Gosse, 1738, p. 103-104. Le récit inséré du comte de La… occupe cent pages sur les deux cent cinquante que comporte le roman (p. 105 à 207).

par exemple dans *La Paysanne parvenue* ou dans les *Mémoires du chevalier de T****). Autrement dit, selon le cas de figure, personne n'y perd ou tout le monde y gagne.

Si la prétention à la réciprocité est commune aux insertions de récits homogènes, on constate un changement de perspective par rapport aux échanges des romans comiques car la transaction n'est pas envisagée ici comme une relation ponctuelle et limitée dans le temps mais, au contraire, comme le moyen de sceller une relation et de l'inscrire dans une durée non bornée. Cette inscription de l'échange dans un temps illimité le fait apparemment sortir de la logique marchande proprement dite[123]. Une fois l'échange amorcé, le circuit vertueux est censé ne plus cesser de fonctionner entre les deux interlocuteurs.

L'inscription des insertions homogènes dans une logique de don sans contrepartie attendue se traduit, dans le discours du narrateur, par des précautions et des détours destinés à épargner au personnage secondaire le traumatisme inhérent au récit de vie. L'échelle des délicatesses déployées par le narrateur primaire pour recevoir la confidence de l'autre reflète les divers rapports de hiérarchie possibles entre les deux interlocuteurs. L'échange entre égaux représente en effet une sorte d'idéal d'amitié vers lequel les amis doivent tendre. La question de la confidence entre amis cristallise ainsi une série de réflexions sur les inégalités sociales et l'injustice du sort.

Le narrateur des *Mémoires et aventures de M. de **** (1735) de Granvoinet de Verrière est un noble italien accompagné d'un domestique et d'un autre personnage qui est à son service, mais dont la qualité n'est pas en rapport avec la condition. Le traitement de la parole narrative et autobiographique de ce second compagnon, nommé Marco, est caractéristique du fonctionnement des insertions homogènes en contexte noble:

> Je découvrais tous les jours dans son esprit et dans son caractère de nouveaux charmes qui augmentaient mon amitié pour lui; la suite fera connaître combien il la méritait. Je rapporterai son histoire comme il me l'a racontée lui-même à l'occasion d'une aventure qui lui est arrivée à Florence étant encore à mon service.
> Mon père m'avait dit que Marco était d'une naissance distinguée; j'avais voulu plusieurs fois engager cet infortuné jeune homme à me faire le récit de ses aventures, mais les réponses qu'il m'avait faites avaient toujours été vagues et peu satisfaisantes. Pendant notre voyage de Rome à Naples, je lui demandai ouvertement ce qui l'avait jeté dans un si grand dérangement de fortune; comme je vis qu'il baissait les

---

[123] Voir Marcel Mauss, *op.cit.*, p. 202.

yeux, et qu'il rougissait, pour ne point l'affliger je détournai la conversation. Il n'y a point de plus beau coup d'œil que celui des dehors de la ville de Naples[124].

En dépit de son statut subalterne, Marco est proche de M. de *** par son origine sociale et il fait l'objet de procédures de ménagement particulières: il n'insiste pas, par exemple, pour obtenir le récit de son déclassement, au contraire de ce qui se passe pour les récits de femmes ou de subalternes populaires, plus ouvertement contraints. La délicatesse du narrateur se manifeste ici par son renoncement provisoire à entendre l'histoire de son ami, lorsqu'il perçoit la gêne de celui-ci. La conversation, comme la narration, se détournent brusquement de la question du récit autobiographique de Marco en enchaînant sur une description quasi touristique du site de Naples[125].

Les récits échangés par les femmes dans les couvents se réclament de la même gratuité et les narrataires font montre de la même patience à l'égard des narratrices secondaires. Les confidences de couvent permettent au roman-mémoires de partager l'intérêt sur deux narratrices et de dédoubler le récit de vie de façon vraisemblable, une confidence entraînant l'autre. La relation entre la narratrice et la religieuse Sophie des *Mémoires d'une honnête femme* de Chevrier (1753) illustre la disjonction entre les épanchements et le récit de vie en bonne et due forme, ceux-là précédant celui-ci. La scène d'épanchement[126] a lieu dans les toutes premières pages du roman tandis qu'il faudra attendre le livre IV pour que la religieuse raconte enfin sa vie. Dans un échange homogène, les divers types de parole – discours de savoir, parole épanchement, récit de vie – circulent et sont interchangeables, tout comme les places de l'émetteur et du récepteur. Même si l'honnête femme rappelle de temps en temps à la narratrice secondaire sa dette narrative, celle-ci choisit le temps et le lieu pour faire un récit qu'elle est libre de censurer et d'interrompre à son gré. Quand la religieuse tombe malade, l'héroïne refuse d'entendre son récit tant qu'elle n'aura pas totalement recouvré la santé. L'«image odieuse»,

---

[124] Granvoinet de Verrière, *Mémoires et aventures de M. de ***, traduits de l'italien par lui-même*, Paris, Prault, 1735, III, p. 13-14.

[125] Marco racontera tout de même son histoire, mais quand il aura retrouvé son père et sa place dans la société.

[126] L'épanchement est le premier type de scène dialoguée distingué par Marmontel dans l'*Encyclopédie*: «On peut distinguer par rapport au *dialogue* quatre formes de scènes dans la tragédie: dans la première, les interlocuteurs s'abandonnent aux mouvements de leur âme, sans autre motif que de l'épancher.», Marmontel, article *Dialogue*, *Encyclopédie*, p. 936-937.

la scène de viol que comporte son histoire sera, de fait, passée sous silence, contrairement à ce qui arrive à la captive d'Andredi à qui l'on n'épargne pas le récit de son calvaire.

L'encadrement du récit de vie par des épanchements réciproques ou un discours de savoir général sur les passions, le retardement systématique du récit, ses interruptions répétées, les soins pris de la santé de la narratrice secondaire sont autant d'indices témoignant d'un assouplissement apparent du schéma de la dette dans les récits de couvents et les conversations entre pairs.

Les amitiés romanesques qui déclenchent des récits secondaires présentent les mêmes caractéristiques d'instantanéité et d'exclusivité que le coup de foudre passionnel[127]. La reconnaissance se fait au premier regard: le sujet reconnaît en l'autre l'être unique dont l'âme s'ajustera parfaitement à la sienne. On trouve une telle scène dans les *Mémoires et aventures*, lorsque Renoncour raconte comment Rosambert l'a immédiatement élu et reconnu:

> Un jour que j'étais à l'académie je m'aperçus qu'un homme de bonne mine et fort bien mis, qui considérait nos exercices, attacha les yeux sur moi, comme si ma physionomie l'eût frappé, et qu'il m'examina longtemps avec beaucoup d'attention. [...] Il se fit conduire aussitôt à ma chambre, et me dit en s'approchant d'un air fort noble, qu'il venait me demander mon amitié et m'offrir la sienne. Je suis persuadé, monsieur, continua-t-il, que nous lierons facilement connaissance. Je me suis senti porté à le souhaiter dès le premier moment que j'ai eu l'honneur de vous voir au manège; et quoique je n'espère pas que vous puissiez prendre les mêmes sentiments pour moi sur ma physionomie, je me flatte que mon zèle et mes services pourront vous les inspirer[128].

Le narrateur s'attarde sur la mine et la mise de celui qui va devenir son ami. La première parole adressée par Rosambert au héros vient d'ailleurs renforcer le caractère passionnel de cette rencontre amicale, en décrivant ce qui est de l'ordre d'une séduction par l'apparence physique de l'autre. La proposition d'amitié de Rosambert est analogue à une déclaration d'amour, y compris par la fascination exprimée pour la beauté de l'autre et l'affirmation d'un déséquilibre entre son attachement, né instantanément, et celui de l'autre, qu'il se propose de cultiver patiemment. Dans les *Mémoires du chevalier de* Ravanne (1740) de Jacques Varenne, le chevalier d'Arcis décide de faire le véritable récit de sa vie au narrateur,

---

[127] Voir Jean Rousset, *Leurs yeux se rencontrèrent: la scène de première rencontre dans le roman*, Paris, Corti, 1981.
[128] Prévost, *Mémoires et aventures*, p. 29.

après en avoir multiplié les fausses versions plus ou moins burlesques. Le page insolent justifie son récit par le besoin de s'épancher:

> Tu es le seul à qui j'ai seulement osé jusqu'ici en ouvrir la bouche; mais je ne sais, je te regarde comme un autre moi-même, et c'est moins pour m'acquitter de ma promesse que je me confie envers toi, que par un penchant invincible qui m'y porte[129].

Avec moins de fougue, Mahamet, dans les *Mémoires du comte de Comminville* (1735), reconnaît aussi en Comminville un caractère qui convient à son cœur:

> Vous ignorez, me dit-il les raisons qui m'obligent à craindre l'amour, je veux vous en instruire. Depuis que je suis dans ce pays-ci, ajouta-t-il, je n'ai trouvé personne avec qui converser. Je m'accommode de peu de caractères, le vôtre me convient, et pour cimenter note amitié je veux vous faire part des événements de ma vie[130].

L'idéal de l'amitié fusionnelle adopte aisément le langage de la passion amoureuse. L'échange verbal homogène reprend les mots de l'amour et procure les plaisirs de la conformité et de la reconnaissance. Dans les *Mémoires et aventures*, Rosambert explique à Renoncour qu'il a été attiré par l'air de tristesse perceptible dans la physionomie de son ami, parce que ce sentiment est parfaitement conforme à son état d'esprit:

> Il me dit que quelque estime qu'il eût conçue pour moi sur ma seule figure, il l'aurait peut-être conservée sans me la témoigner; mais qu'ayant demandé quelque éclaircissement à un de mes domestiques sur ma naissance et sur la tristesse dont je lui avais paru possédé, il n'avait pu résisté à l'envie de me connaître; qu'étant malheureux comme moi, et peut-être encore plus solitaire il s'était imaginé que la communication de nos chagrins pourrait avoir quelque douceur pour l'un et pour l'autre; qu'il était rare de trouver parmi les personnes heureuses et contentes des amis qui prissent part à nos peines jusqu'à s'en affliger avec nous; au lieu que les personnes malheureuses trouvaient de la douceur à s'attendrir ensemble, et à se plaindre de la dureté de la fortune ou de l'injustice des hommes[131].

Le texte est saturé de commentaires sur la conformité sentimentale des deux hommes et la relation décrite renvoie la troublante image d'une mise en commun, sans transformation, de deux individus parfaitement semblables:

---

[129] J. de Varenne, *Mémoires du chevalier de Ravanne, page de son altesse le duc régent et mousquetaire*, Liège, 1740, p. 58.

[130] D'Auvigny, *Mémoires du comte de Comminville*, p. 130. Cependant Mahamet accumule toutes les justifications possibles pour son récit: explication, déploration, amitié, etc.

[131] *Mémoires et aventures*, p. 63.

Nos intérêts, nos occupations, nos chagrins, nos promenades, nos lectures, tout fut bientôt commun entre nous. Nous trouvâmes dans nos
caractères et dans nos inclinations des rapports qui servirent encore à
redoubler notre amitié[132].

De même, dans *Cleveland*, Prévost met en place une première rencontre parfaitement spéculaire entre Bridge et Cleveland. Le héros rencontre son demi-frère Bridge au début du troisième livre[133] et lui raconte
son histoire sans le regarder et donc sans percevoir ses réactions à son
récit, puis il fond en larmes. Ensuite, Bridge raconte à son tour son histoire à Cleveland et cette nouvelle confession est scellée par un flot de
larmes du conteur. Les larmes qui coulent à flots des yeux des personnages sensibles rendent visible la circulation des émotions. Mais Prévost
questionne, de façon troublante, les limites de la conformité comme
moteur des échanges: chacun a sur l'autre un effet déclencheur et met en
branle les souvenirs et les sentiments personnels de l'autre, mais chaque
interlocuteur parle et pleure pour ainsi dire indépendamment de l'autre.
La conformité n'est pas forcément lue comme la source d'un échange
véritable, elle marque simplement la synchronie de deux individualités.
Autrement dit, on pourrait se demander si chacun des personnages pleure
en l'occurrence sur autre chose que sur lui-même, la scène de communion
figurant alors le mouvement de deux monades parfaitement synchronisées.

La déclaration d'amitié de Sainte-Agnès à Jeannette, dans *La Paysanne
parvenue* (1735), ou de Jossing au comte de Claize dans les *Mémoires de
Monsieur le comte de Claize* (1738) revendiquent les douceurs de l'af-
fliction partagée:

> Confondons nos malheurs ensemble; accordez-moi votre confiance,
> vous avez déjà la mienne, nous y trouverons des douceurs sans égales
> dans notre mutuelle affliction [...] Que je vous sais bon gré, continua
> sainte-Agnès, de vos sentiments; votre aversion pour le cloître se
> trouve si conforme à la mienne, que vous méritez par ce seul endroit
> que je ne vous cachasse aucune de mes affaires[134].
> Un jour que je témoignais à Jossing combien je me sentais obligé des
> avantages qu'il me procurait; vous vous moquez, me dit-il, je vou-
> drais de tout mon cœur vous être utile, la conformité de notre fortune
> m'a inspiré cette inclination que l'on sent pour ceux qui partagent nos
> malheurs[135].

---

[132] *Ibid.*, p. 63.
[133] «Il y avait à la vérité, dans son visage et dans le son de sa voix quelque chose de
prévenant qui semblait m'exciter à la confiance.», p. 97.
[134] Mouhy, *La Paysanne parvenue*, 1735, p. 198.
[135] Cataldo, *Mémoires de Monsieur le comte de Claize*, Amsterdam, aux dépens de la
compagnie, 1738, p. 304.

On constate, dans ces déclarations, que l'épanchement ne se fonde que sur la reconnaissance en l'autre d'une exacte copie de soi-même et que les propositions d'amitié sont de l'ordre du partage arithmétique et calculé. La compassion est une forme de rétribution: on rend à l'autre le sentiment qu'il a eu le mérite d'inspirer. Les échanges verbaux et narratifs, articulant les récits de deux individus de rang identique ou proche, renvoient donc à un constat spéculaire caractérisé par sa fixité. D'une certaine façon, la conformité des sentiments ne peut alimenter longtemps le circuit verbal et il n'est d'autre issue que le récit autobiographique pour sortir d'une identité indéfiniment dupliquée et nourrir la mécanique des échanges et la dynamique romanesque.

B. Les leurres de la réciprocité

La réciprocité professée peut cependant être fictive. On songe par exemple au stratagème imaginé par Bigand dans *La Mouche* pour connaître l'histoire de Rametzi. Afin de l'engager à lui raconter son histoire, Bigand se lance dans un interminable monologue relatant une vie et des revers de fortune totalement fictifs[136]. Rametzi, croyant trouver en Bigand un frère d'infortune, un alter ego, justifie, lui aussi, sa confession par leur conformité de caractère et surtout l'emploi qu'il peut en faire:

> [...] je veux, à quelque prix que ce soit, retrouver Likinda, si elle existe encore ou me perdre: je ne puis seul suffire aux soins de cette recherche, j'avais résolu de trouver quelqu'un aussi malheureux que moi, en qui je trouvasse un second moi-même[137].

La conformité fictive est cependant aussi efficace qu'une conformité réelle: à partir d'un mensonge s'instaure un échange de récits qui satisfait à la fois Bigand le menteur et Rametzi le sincère. Dans *Cleveland*, Prévost décrit une situation semblable. Fanni fait à Cleveland, après leur réconciliation, le récit de sa vie pendant leur séparation et notamment celui de sa rencontre avec une Espagnole, sur l'île de Madère[138]. Celle-ci ressemble à Fanni et lui raconte une histoire qui lui rappelle étrangement la sienne. La conformité physique fonctionne comme un premier signe, avant l'échange des histoires mais, comme dans *La Mouche*, la

---

[136] Mouhy, *La Mouche*, chapitre XVI «Homme qui parle seul. Monologue. Portrait de cet inconnu. Ruse dont se sert Bigand pour faire connaissance avec lui.», p. 174. La ruse en question c'est de prétendre la conformité pour entrer en contact.

[137] *Ibid.*, p. 238. Chapitre XXI, «Réaction de Bigand à l'histoire de Rametzi et Likinda.»

[138] Prévost, *Cleveland*, p. 399-400.

symétrie est factice. L'Espagnole s'avère être en effet une comédienne, payée par Gelin pour parler de telle façon à Fanni et influencer ses décisions. A travers le personnage de la comédienne, on peut lire une critique implicite de la conformité: loin d'être le gage certain d'une communication transparente, elle peut n'être que fausse monnaie et ne donner accès qu'à une histoire fictive.

L'exemple du couple Comminville/Mahamet pose la question de l'égalité supposée entre les narrateurs primaire et secondaire. La reconnaissance de soi en l'autre masque souvent un rapport de force ou de service plus ou moins explicité par le texte. L'amitié entre Mahamet et Comminville est fondée sur une reconnaissance en l'autre d'un autre soi-même, mais elle repose sur un leurre et masque une dissymétrie fondamentale. Mahamet présente le récit de sa vie comme une marque d'amitié pour Comminville tandis que ce dernier met l'accent sur le rapport de force qui domine leur relation. Mahamet impose à l'autre le rôle de l'alter ego de façon autoritaire et le puissant s'identifie provisoirement au faible qui lui fait face pour justifier son épanchement narratif. La symétrie des récits est ainsi souvent postulée et forcée par le supérieur qui se contente parfois de s'épancher, sans écouter la confidence de son interlocuteur. Dans les *Mémoires et aventures*, le prince raconte l'histoire tragique de son amour pour Donna Clara, promettant ensuite d'accorder son attention aux confidences du marquis et de son précepteur:

> La nuit est longue, nous dit-il, et nous ne craignons point d'être troublés ici par des importuns. Je veux soulager mon cœur, en vous faisant le récit de mes peines; vous me ferez ensuite le récit des vôtres[139].

La seconde partie du contrat proposé par le prince n'est cependant pas remplie, celui-ci étant trop bouleversé, après avoir raconté sa propre histoire, pour pouvoir écouter celle des autres. Cette rupture de la symétrie de l'échange aboutit, dans certains cas, à une vassalisation de la parole du prétendu alter ego, qui est en réalité discrètement subalterne.

L'échange des récits dans le cadre d'insertions homogènes comporte également une dimension d'émulation. L'enjeu de la lutte entre les interlocuteurs n'est pas d'obtenir ou de ne pas obtenir le récit de l'autre, mais plutôt de le persuader du caractère indépassable de ses propres malheurs et surtout de faire valoir le sacrifice consenti au nom de l'amitié. Les récits homogènes relèvent principalement de deux justifications: la valeur exemplaire ou pathétique de l'histoire racontée. Les insertions homogènes pratiquent la surenchère, dans l'exemplarité ou le pathétique.

---

[139] Prévost, *Mémoires et aventures*, p. 199.

La revendication de l'histoire la plus pitoyable et du destin le plus misérable est un trait récurrent de la confidence de couvent[140]. Dans *La Vie de Marianne*, Tervire fait le récit des accidents de sa vie pour consoler Marianne du coup du sort qui l'accable et les deux femmes se disputent le titre de la plus infortunée:

> Vous croyez, ma chère Marianne, être née la personne du monde la plus malheureuse, et je voudrais bien vous ôter cette pensée, qui est un autre malheur qu'on se fait à soi-même; non pas que vos infortunes n'aient été très grandes assurément; mais il y en a de tant de sortes que vous ne connaissez pas, ma fille[141]!

On retrouve la même revendication dans un grand nombre de confidences de couvent: au seuil du récit de Sainte-Cécile à Madame de Villenemours dans les *Mémoires de la marquise de Villenemours* de Mouhy, de celui de Sophie dans *Les Mémoires de Madame la comtesse de Montglas*. *La Paysanne parvenue* de Mouhy et les *Mémoires d'une honnête femme* de Chevrier offrent des exemples de ce type de surenchère dans le malheur:

> Quand vous apprendrez mes malheurs dans l'histoire de ma vie, que je vous raconterai en un temps plus favorable, vous verrez que plus agitée et moins heureuse que vous, je suis forcée de dévorer ici mes chagrins, tandis que le monde va dissiper les vôtres[142].
>
> Oui, continuai-je en levant les yeux au ciel, jamais personne ne s'est vue accablée de tant d'infortunes. S'il était vrai, reprit sainte-Agnès en me serrant entre ses bras et en soupirant, que la consolation de celles qui souffrent dépendît de trouver des compagnes plus à plaindre qu'elles, vous seriez bien-tôt soulagée. Voyez, ma chère fille, voyez en moi la personne la plus malheureuse; quand même vos maux seraient encore plus grands qu'ils ne sont, ils ne pourraient se comparer aux miens: du moins vous êtes libre, et moi je suis engagée doublement: sous ce voile je porte un cœur sensible et percé de mille traits[143].

La parole de l'autre revendique souvent une valeur exemplaire indépassable, ce qui rend compte de sa tendance sacrificielle: dans la plupart des cas, l'énonciatrice secondaire est morte au monde et elle fait le sacrifice de son récit, c'est-à-dire qu'elle renonce à sa pudeur et à son amour-propre pour le seul bien de sa narrataire. Ce discours du sacrifice déséquilibre irrémédiablement l'échange en rendant caduque la réciprocité initialement posée.

---

[140] H. Coulet compare le récit inséré de Tervire aux récits de couvent d'autres romans: il souligne que les romans baroques pratiquaient déjà ce type de compétition pour déterminer le plus malheureux mais en passant par une conversation entre les confidents des héros, *Marivaux romancier*, p. 405.

[141] Marivaux, *La Vie de Marianne*, IX, p. 430.

[142] A. Chevrier, *Mémoires d'une honnête femme*, p. 11.

[143] Mouhy, *La Paysanne parvenue*, p. 197-198.

C. *Une logique éditoriale et consommatrice*

Les insertions homogènes superposent deux types d'intérêts qui ne sont pas du même ordre et peuvent entrer en contradiction, comme si les romanciers formulaient confusément un doute quant à la possibilité d'une harmonisation générale de tous les intérêts. Nous distinguerons l'intérêt immédiat que le narrataire peut espérer retirer du récit de l'autre et un intérêt de type éditorial qui place le narrataire dans la position d'un lecteur avide d'histoires sensationnelles.

L'amitié et la situation d'écoute imposent des marques de délicatesse et certains ménagements entre les interlocutrices, mais les romanciers n'en renoncent pas pour autant à mettre en scène l'exploitation d'une histoire plus intense et plus haute en couleurs. Le texte laisse donc percevoir des tensions entre la logique amicale, censée être celle de la mémorialiste, et une logique romanesque, qui pousse le romancier à orienter le récit secondaire vers d'autres territoires imaginaires.

Dans l'histoire de Cécile des *Mémoires et aventures d'une dame de qualité*, l'abbé Lambert entreprend de combiner la délicatesse de l'amitié et l'intérêt romanesque représenté par une histoire horrible. La narratrice secondaire est consciente du schéma de dette qui sous-tend la situation («Il va m'en coûter quelques larmes et l'aveu humiliant de bien des faiblesses[144].»). Cécile se lance donc dans le récit dramatique de sa vie: elle a accepté de recevoir, dans sa chambre, une visite clandestine de son amant, mais son frère les surprend et les deux hommes s'entretuent. Le père arrive et, voyant son fils mourant, il force Cécile à achever son amant de sa propre main. Devant la souffrance que cause un tel récit à Cécile, la narratrice primaire éprouve quelques scrupules:

> C'est ici où je compris que j'avais eu tort d'exiger de la complaisance de l'infortunée Cécile le récit d'une histoire, dont le souvenir ne pouvait que l'accabler de la plus mortelle douleur. Les tristes soupirs qu'elle poussait ne lui permettaient pas de continuer son récit. […] son accablement devint tel que nous craignîmes, Christine et moi, qu'elle ne tombât dans une faiblesse dont nous aurions peine à la retirer[145].

Le récit secondaire s'interrompt sous le coup de la douleur de Cécile qui bientôt perd connaissance. Les deux logiques, celle de la situation de parole et celle de l'agrément du narrataire et du lecteur, se combinent en un compromis: la mémorialiste exprime ses regrets d'avoir insisté pour

---

[144] C-F. Lambert, *Mémoires et aventures d'une dame de qualité qui s'est retirée du monde*, II, p. 241.
[145] *Ibid.*, p. 315

obtenir ce récit, mais, après avoir ranimé son amie, elle sollicite la poursuite de l'histoire, en alléguant la raison suivante:

> Comme je voyais que ce qui lui restait à nous raconter n'avait plus rien qui put renouveler sa douleur, dès que je la vis un peu calmée, et qu'elle fut en état de parler, je la priai de continuer son récit[146].

La justification de la reprise du récit est absurde – comment prévoir que la suite de l'histoire n'aura rien de traumatique; qui plus est, l'effet tient-il seulement à l'événement précisément raconté ou au mouvement de se retourner vers son passé? – et son absurdité-même révèle qu'elle dissimule une autre logique sous-jacente, celle du plaisir du narrataire, qui figure celui du lecteur. Les insertions homogènes brouillent la perspective de consommation qui est au contraire ouvertement affichée, on l'a vu, dans les insertions hétérogènes, où la curiosité et le désir motivent la demande de récit et où le plaisir du récepteur est franchement unilatéral. Il reste que les insertions homogènes fonctionnent sur le même modèle mais en tenant deux fils contradictoires: le plaisir des amis et celui du consommateur-lecteur.

On peut ainsi opérer une relecture des délais, d'abord interprétés comme des marques de délicatesse vis-à-vis du locuteur. Cet allongement du temps des échanges narratifs sert aussi une stratégie éditoriale du romancier. En retardant un récit secondaire forcément très attendu par le lecteur, le romancier joue sur le désir qu'il a créé. Dans la première partie des *Mémoires d'une honnête femme*, le récit de la religieuse Sophie est ajourné sans justification. Par un effet de retardement, si appuyé qu'il fait inévitablement songer à un jeu sur le cliché, l'annonce du récit anticipe de plusieurs centaines de pages le récit proprement dit. Au début de la deuxième partie, la narratrice est jetée dans un cachot où elle retrouve Sophie, elle aussi enfermée au *Bon Pasteur*, une sorte de maison de correction. La narratrice lui rappelle alors la dette narrative qu'elle a contractée. Le récit est ensuite interrompu à un moment crucial et, par la suite, encore ajourné plusieurs fois, en fonction de l'état psychologique de la narratrice secondaire, trop éprouvée pour pouvoir évoquer d'une seule traite son passé tragique. Lorsque la narratrice se retire à la campagne, elle sollicite à nouveau son amie, qui reprend alors son récit interrompu:

> Vous vous rappelez sans doute que le perfide d'Argis, et les infâmes auteurs du complot qu'il avait formé décidèrent que je ne pouvais sau-

---

[146] *Ibid.*, p. 316.

ver les jours de mon père qu'en me livrant... devinez le reste, madame, et épargnez-moi une image odieuse; quelle cruelle alternative? [147]

Chevrier cultive sans retenue l'impatience du lecteur, en recourant à une esthétique sensationnaliste qui prépare celle du feuilleton. De même, Marivaux joue sur les effets d'annonce dans *La Vie de Marianne*: Marianne affligée rencontre dans son couvent une religieuse qui tente de la consoler en lui faisant un «petit récit des accidents de [sa] vie» [148]. Dès la fin de la quatrième partie, Marianne annonce le récit de cette religieuse anonyme qui est ensuite promis régulièrement dans les parties cinq, six et sept. Le récit de Tervire occupera finalement les parties neuf, dix et onze du roman[149]. De même, les *Mémoires de la comtesse de Montglas* (1756) de Carné jouent sur un effet d'annonce qui est, lui, bel et bien déçu. Le roman a pour cadre un échange de confidences entre une jeune religieuse, prénommée Sophie, et la comtesse de Montglas. Leur conversation, dans le parloir, est surprise par une dame anonyme. Carné revisite le topos en déjouant l'attente du récit de couvent puisque, si le roman débute bien sur une confidence de Sophie qui s'apprête à raconter ses malheurs:

> Hélas, répondit la religieuse, il y a longtemps que je balance à m'ouvrir à vous; comme on a attaché une sorte de honte à l'aveu que je voulais vous faire, la crainte de perdre votre estime, me fermait la bouche au moment que j'allais vous révéler mon fatal secret[150].

Cette annonce ne correspond cependant pas au programme du titre et le secret de Sophie ne sera jamais révélé, car elle ne racontera pas son histoire. Au lieu de cela, la comtesse de Montglas, qui n'est pas encore cloîtrée, raconte une vie tumultueuse dans le monde. La modification la plus importante, par rapport au schéma courant, est de ne pas donner le récit de vie secondaire pourtant annoncé dès les premières pages du roman.

Les récits insérés dans les romans-mémoires des années 30 et 40 sont majoritairement autodiégétiques: un personnage rencontré par le narrateur principal fait le récit de sa propre vie. Récit principal et récit inséré sont donc apparemment équivalents. Ils correspondent en réalité à deux attitudes narratives différentes. En règle générale, et en exceptant le cas des

---

[147] A. Chevrier, *Mémoires d'une honnête femme écrits par elle-même et publiés par M. de Chevrier*, Londres, 1753, p. 77.

[148] Marivaux, *La Vie de Marianne*, fin de la huitième partie, p. 425.

[149] Cf. B. Didier, *La Voix de Marianne*. Paris, Corti, 1987, pour une analyse de ces effets de retardement.

[150] Carné, *Mémoires de Madame la comtesse de Montglas ou consolation pour les religieuses qui le sont malgré elles*, Amsterdam, Hochereau, 1756, p. 4.

récits insérés homogènes comiques, caractérisés par une certaine simplicité de l'échange[151], le récit inséré est généralement pris dans un système
d'échange inégal et d'exploitation dans les romans-mémoires. La pratique du récit inséré est ainsi fort éloignée d'une circulation fluide des histoires qui supposerait que chacune soit autonome et racontée par un personnage qui n'ait pas à adapter son récit en fonction du cadre et de la
situation d'énonciation.

Outre cette opacité des échanges, nous avons observé, à cette étape de
notre enquête, que le récit de l'autre se dérobait ou était étouffé à mesure
que le lecteur s'en approchait. Le dispositif des récits insérés, incite ainsi
le lecteur à s'approcher un centre d'intérêt qui toujours se dérobe. Tout
se passe comme si l'ultime récit, celui qui comblerait le désir et la curiosité du lecteur, était sans cesse renvoyé dans un au-delà du texte. En ce
sens, l'ordonnancement des récits est source de frustration parce qu'il
repose sur un récit éminemment désiré, sans cesse promis et sans cesse
ajourné. Par le jeu des mises en rapport et des renvois en chaîne, la parole
narrative du locuteur radicalement dissonant, désirée plus que toute autre,
n'est jamais donnée. Ce faisant, le dispositif d'encadrement et de hiérarchisation des récits fait de tel ou tel récit un objet de désir et renouvelle
l'intérêt. L'altérité n'est pas représentée comme une norme définissable
mais comme une notion en constant déplacement, si bien que le récit radicalement autre sert d'horizon de lecture. L'*autre* en tant que tel ne peut
pas faire entendre sa voix, parce que dès qu'il raconte, il se rapproche de
son narrataire et, par le jeu des enchâssements, projette à son tour l'image
d'une altérité plus séduisante, parce que plus radicale.

Apparemment, les échanges de récits entre égaux ne répondent pas à cette
logique du désir et se justifient par une rhétorique de l'amitié, en présentant
l'insertion narrative comme un don sans contrepartie. Cependant, les insertions de récits révèlent, de fait, une tension entre le discours de l'ami com-
préhensif et celui du consommateur d'histoires, figure du lecteur dans le
texte, qui, lui, est exigeant et avide du récit de l'autre. Si bien que le texte
est tiraillé entre des protestations de réciprocité, de circulation libre des histoires et le désir de s'approprier l'histoire d'un autre, d'entendre le récit horrible ou romanesque que sa physionomie et sa situation laissent espérer[152].

---

[151] C'est-à-dire que l'échange ne laisse pas de traces, ne crée pas de lien durable.
L'échange égal et réciproque n'engage pas les contractants au-delà de la transaction.

[152] On peut lire, en fonction de cette logique d'appropriation, l'acharnement des narrateurs primaires à copier, faire copier ou surprendre les histoires qu'ils entendent: ce sont
autant de biens à thésauriser.

Si les récits insérés amicaux étudiés présentent une homogénéité de la situation d'énonciation (égalité approximative ou du moins reconnaissance relative entre les deux interlocuteurs), ils peuvent en revanche provoquer une rupture et un changement de registre romanesque, en ce qui concerne le contenu des aventures. Ainsi, le narrateur primaire dit à la fois se reconnaître dans un être semblable à lui et désirer consommer une histoire romanesque radicalement autre. Ce double statut de l'autre ne pose guère de difficultés dans le cas des récits hétérogènes où la dépendance du narrateur secondaire et les contraintes d'ordre marchand réduisent d'emblée l'interlocuteur au rôle de pourvoyeur d'histoires. Au contraire, le récit inséré homogène fait éclater les contradictions de l'utilisation de la parole secondaire: l'énonciateur secondaire est certes un alter ego, mais il est aussi un narrateur en puissance, le producteur potentiel d'un récit qu'on souhaite intéressant. Au prix de quelques contradictions, les romans des années 1730 et 1740 parviennent à combiner le goût d'un romanesque radicalement autre et celui d'une rhétorique de la reconnaissance du même, en empruntant à la nouvelle conception de l'amitié ses tournures et ses rituels, tout en ancrant les insertions de récits dans des exigences de rentabilité éditoriale et littéraire.

CHAPITRE 6

RENTABILITÉ NARRATIVE ET ECONOMIE FAMILIALE: LA CONCENTRATION DES CIRCUITS DE L'ECHANGE

> On ne chicane point l'auteur sur la beauté des sources où il a pris un événement brillant; tout cela est vrai. Mais à quel prix a-t-il cette liberté? On veut en récompense qu'il dédommage son lecteur par une invention qui n'ait rien de trivial, ni rien de forcé.
> Boyer d'Argens, *Discours sur les nouvelles*.

L'analyse des règles d'échange des paroles, du point de vue du narrateur, organisateur des voix, et des autres actants des romans, doit nécessairement être complétée par celle des modes d'exploitation de la parole sur le plan de l'économie romanesque. Le modèle économique s'impose ici encore au critique, tant les paroles des autres, sous la forme des récits insérés, apparaissent comme une ressource à exploiter en vue de l'achèvement ou du perfectionnement du récit central. Le lecteur et le critique sont témoins d'une dynamique des formes dont les textes ou les auteurs ne rendent pas un compte explicite mais qui s'impose à tout lecteur attentif. Les effets de contraste, de concurrence ou de convergence entre récit primaire et récits insérés, entre *je* cadre et *je* cité, s'éclairent à être mis en rapport avec un au-delà du roman et avec la conception de l'altérité qui s'y joue.

Il semble que la façon de poser la question de l'*intérêt* narratif de la parole de l'autre varie de façon significative au cours de la période qui nous occupe. Pour évaluer cet intérêt, il est en effet indispensable de tenir les deux fils de l'utilité et du plaisir narratifs. L'historicité de la question ne saurait être ici trop prise en considération, car le XVIIIe siècle prend conscience que la liberté d'imagination accordée à l'auteur de roman a un prix: on lui demande de distraire son lecteur tout en imaginant une fiction vraisemblable et surtout efficace, qui réponde aux attentes du lecteur sans trop l'impatienter. A ce titre, il n'est pas anodin que les termes de «dédommagement», de «prix à payer» et de «récompense» reviennent avec de plus en plus d'insistance sous la plume de critiques qui tentent de définir des normes romanesques. L'un des moyens adoptés par le roman pour s'acquitter du prix de sa liberté est de faire le choix de la convergence et de l'utilité du récit second, au détriment du plaisir de la divergence gratuite. Le sens du passage par l'autre s'infléchit alors sensiblement.

Cette prédominance croissante des récits secondaires explicatifs sur les récits secondaires gratuits, c'est-à-dire non reliés à l'intrigue racontée au centre, s'accompagne d'une nette tendance à la liaison endogame des histoires. La rationalisation, la rentabilité narrative vont en effet de pair avec un resserrement de type familial au niveau de la construction des histoires secondaires.

Au terme de notre enquête et de la période envisagée, force est de constater que ce n'est pas impunément que la parole en *je* accueille d'autres paroles en *je*, de plus en plus utiles narrativement, de plus en plus proches. A être mis en rapport avec la conception de l'autre et son évolution, les effets de contraste, de concurrence ou de convergence, recherchés et obtenus par les insertions de récits, s'éclairent.

Afin d'évaluer la nature du rapport entre le *je* central et les autres au cours de la période, nous l'aborderons donc dans une perspective diachronique. Nous étudierons le processus qui voit dans un premier temps, triompher la logique de rentabilité de la parole de l'autre, du point de vue de la composition et de l'usage romanesque des récits insérés, en même temps qu'il amorce un délitement des mémoires. Il s'agira également d'examiner un autre niveau d'exploitation du récit de l'autre, par le récit primaire lui-même, en ce qu'il vient compléter ou éclairer l'histoire centrale. Nous nous demanderons en quoi une telle logique de convergence des récits engage une nouvelle utilisation de la parole de l'autre et conduit à un essoufflement du dispositif. Les destins du roman-mémoires et du roman épistolaire sont liés, à partir de 1750 et surtout de 1761, à la publication de *La Nouvelle Héloïse*. Nous tenterons, en marge de notre sujet, d'ébaucher quelques pistes pour une étude de l'influence de l'épistolaire sur la façon de représenter et d'insérer la parole de l'autre dans les romans-mémoires que l'on continue d'écrire.

I. LE RÉCIT INSÉRÉ ENTRE CONVERGENCE ET DIVERGENCE:
ÉVOLUTION DE LA COMPOSITION

1. Un procédé traditionnel de composition mis en question: évolution du goût et resserrement des intrigues

La technique de l'emboîtement des récits s'inscrit dans une longue tradition littéraire puisque l'épopée y a déjà recours: *L'Odyssée* d'Homère repose en effet sur l'emboîtement de l'histoire d'Ulysse dans celle de Télémaque. Le récit homérique présente en outre, à l'intérieur de l'histoire principale, de nombreux récits insérés faits oralement. Le récit inséré

– aussi qualifié de récit *à tiroir*, *enchâssé*, *encadré* – est un procédé que les romans baroques reprennent des romans grecs[1] et que le XVIIIe siècle aura grand peine à abandonner.

Même s'il est impossible de considérer comme un bloc homogène les romans héroïques qui fleurissent dans la période 1625-1655, on peut dire qu'ils ont tous en commun de cultiver l'enchevêtrement des histoires secondaires et des récits insérés[2]. Si la multiplicité des intrigues est un trait commun aux romans baroques, Henri Coulet voit en particulier dans l'*Astrée* (I, 1607- IV,1627) un jalon important dans l'histoire du procédé[3]. Honoré D'Urfé tisse, dans le cadre d'un roman, pastoral plutôt qu'héroïque, un assemblage complexe d'histoires, généralement racontées par des acteurs ou des témoins, qui viennent éventuellement – mais pas systématiquement – croiser l'histoire centrale, s'y greffer, la compléter, etc., mais qui s'efforcent surtout de représenter toutes les combinaisons psychologiques et humaines, toutes les situations d'amour possibles, en une véritable «casuistique de l'amour»[4]. L'usage du récit inséré puise également à la source picaresque: la composition picaresque est fondée sur la succession des rencontres que fait le picaro au cours de ses pérégrinations, rencontres qui appellent d'autres récits, dans une perspective satirique et moraliste. Que ce soit dans les grands romans héroïques ou les récits picaresques, les auteurs enchaînent contes, réflexions, anecdotes et récits, sans se soucier de relier fermement tous ces éléments à l'intrigue centrale et de respecter son développement linéaire.

Dans les années 1650-1660, une révolution du goût fait tomber les grands romans baroques en désuétude et incite les auteurs à resserrer leurs intrigues. La nouvelle historique comble cette attente en mettant un terme à la prolifération des tiroirs. Le «petit roman» est presque exclusivement défini de façon négative par rapport au «grand» et l'usage du récit inséré – à côté de l'exigence accrue de vraisemblance – cristallise leur opposition[5].

---

[1] G. Molinié, *Du Roman grec au roman baroque*, Toulouse, Champs du signe, Presses universitaires du Mirail, 1995. Dans sa *Lettre-Traité à M. de Segrais sur l'origine des romans* (1670), Daniel Huet attribue aux Grecs l'invention des romans à intrigues multiples et il évoque *Les Ethiopiques ou Théogène et Chariclée* d'Héliodore (IIIe siècle), source d'inspiration de nombreux romans baroques.

[2] Voir sur ce point Henri Coulet in *Le Roman jusqu'à la Révolution*, Colin, 1967, p. 294-297.

[3] H. Coulet, *op.cit.*, p. 130.

[4] *Ibid.*, p. 137.

[5] Cf. Le Père Bougeant, *Voyage du Prince Fan Férédin dans la Romancie*, Paris, Le Mercier, 1735, J. Sgard et G. Sheridan (ed.), Saint-Etienne, P. U. de Saint-étienne, 1992.

Le récit inséré est visé par ce changement du goût, principalement à travers deux de ses implications: le mélange de plusieurs histoires distinctes et la non-linéarité de la construction[6]. Et Lenglet Du Fresnoy reprend, en 1734, dans *De l'Usage des romans,* la liste des reproches adressés au roman baroque. Parmi eux, celui d'interrompre inutilement le fil de l'intrigue principale par des intrigues annexes figure en bonne place.

2. La fragmentation narrative du début du siècle

Le rejet théorique de l'héritage baroque laisse subsister, en pratique, de nombreux récits insérés, comme le souligne George May:

> Pour justifier l'orgueil avec lequel le roman héroïque de ce moment se glorifiait d'être l'héritier de l'épopée, les romanciers du milieu du XVIIème siècle, comme leurs prédécesseurs alexandrins, avaient systématiquement été emprunter à Homère et à Virgile l'habitude du commencement par le milieu, plongeant dramatiquement dès l'abord le lecteur *in medias res*, quitte à recourir par la suite pour le renseigner aux longs récits rétrospectifs intercalés. Digressions et tiroirs étaient de rigueur, et les romanciers du XVIIIème siècle devaient éprouver en fait des difficultés extraordinaires – ou simplement une grande répugnance – à s'en défaire, comme en témoignent les romans de Lesage, de Marivaux et surtout de Prévost et de Mouhy[7].

Henri Coulet voit quant à lui, dans la seconde moitié du XVIIIe siècle, une période de transition qui s'efforce de rationaliser les règles de composition[8]. Ne pourrait-on envisager l'usage que les romans-mémoires font du récit secondaire autrement que comme un tâtonnement? Nous voudrions précisément revenir sur cette période de transition pour tirer, à partir des pratiques de composition des romans-mémoires, des enseignements sur leur usage de la parole de l'autre. Car l'usage du récit inséré ne recouvre pas seulement une question de composition: le structurel et le thématique sont en effet indissociables dans l'histoire du roman de

---

[6] Du Plaisir énonce en 1683 tous les traits communément ressentis comme des défauts dans les grands romans: «Ce qui a fait haïr les anciens Romans, est ce que l'on doit d'abord éviter dans les Romans nouveaux. Il n'est pas difficile de trouver les sujets de cette aversion; leur longueur prodigieuse, ce mélange de tant d'histoires diverses, leur trop grand nombre d'acteurs, la trop grande antiquité de leurs sujets, l'embarras de leur construction, leur peu de vraisemblance, l'excès dans leur caractère sont des choses qui paraissent assez d'elles-mêmes.», Du Plaisir, *Sentiments sur les Lettres et sur l'Histoire avec des scrupules sur le style* [1683], Ph. Hourcade (ed.), Genève, Droz, 1975.

[7] G. May, *Le Dilemme du roman au XVIIIème siècle*, p. 50.

[8] H. Coulet, *op.cit.*, p. 297.

1720 à la fin des années 1760 et le traitement du récit inséré engage une série de contenus et de significations.

René Démoris déchiffre, dans la tendance à la fragmentation et à la dispersion des récits, le symptôme du besoin nouveau de représenter des aspects de la réalité que les romans des périodes précédentes n'envisageaient pas[9]. D'où la recherche par les romanciers de solutions nouvelles: l'abrègement des textes et la publication en recueil, l'accumulation sans ordre, mais aussi le réinvestissement de la structure ancienne du roman à tiroir. Sont alors en vogue les romans rassemblant diverses pièces courtes, contes, anecdotes, histoires, reliées de façon plus ou moins serrée. Dans *Les Illustres Françaises* (1713), Robert Challe reprend la technique des narrateurs multiples, en créant entre ses devisants un réseau de relations et en faisant de leur groupe un rassemblement de personnes qui se sont côtoyées puis dont les chemins se sont séparés. Le roman, composé de sept nouvelles, donne tour à tour la parole aux membres de l'assemblée qui content leur histoire d'amour passée et il met en place des conditions originales d'écoute et d'échange des histoires. La formule d'une assemblée de convives qui s'entretiennent mutuellement des histoires remarquables qui leur sont arrivées personnellement ou dont ils ont été les témoins, et dont les histoires se croisent, inspirera de nombreux romanciers au XVIIIe siècle. *La Retraite de la marquise de Gozanne* (1734) de La Barre de Beaumarchais propose, par exemple, une intéressante combinaison du mode narratif des mémoires avec celui du récit à conteurs multiples. Le personnage féminin éponyme confère une continuité au roman, mais les histoires secondaires, souvent racontées par leurs protagonistes eux-mêmes, n'ont pas forcément de rapport avec celle de la marquise de Gozanne. Le lien véritable de tous les récits est le réseau d'amitiés et de relations qu'ils contribuent à consolider: chaque prise de parole approche au plus près de l'action racontée en interrogeant le témoin le plus autorisé de chaque épisode. L'histoire de la marquise de Gozanne est racontée en partie par la marquise elle-même, mais elle est aussi déléguée successivement à plusieurs personnages. Ce qui domine dans la succession des histoires est un sentiment d'aléatoire, que La Barre tente de justifier en soulignant ses intentions de moraliste:

> Ce n'est pas ici un assemblage d'aventures chimériques tirées de l'imagination, c'est une suite d'événements recommandables par la vérité qui s'y trouve; mon dessein a été de faire voir par plusieurs traits d'histoires, les rapports de nos actions avec le fond de nos caractères, afin

[9] R. Démoris, «Les Fêtes galantes chez Watteau et les romanciers contemporains», *Dix-huitième siècle* n°2 1971, p. 350.

> que la seule connaissance de nos défauts nous apprenne à les corriger dans leurs principes[10].

En mettant l'accent sur le rapport entre le caractère et l'histoire, La Barre précise que c'est la collection de portraits qui l'intéresse et non la mise en rapport des histoires et leur articulation à l'intrigue centrale.

Les tiroirs de la tradition picaresque offrent une autre forme possible à la multiplicité des histoires, satisfaisant à la fois au goût des mémoires fictifs et à celui de la diversité. Lesage donne une version française et contemporaine des romans picaresques, avec la publication de *Gil Blas* entre 1715 et 1735. Dans ce roman-mémoires, le romancier réaménage le roman picaresque, en subordonnant les récits secondaires à une histoire centrale unifiée autour de l'ascension sociale et morale du narrateur. Au sein du roman, chaque récit inséré est un autre roman possible. *Gil Blas* se déploie au fil des rencontres du personnage-narrateur, chaque individu rencontré en chemin racontant une petite histoire, un épisode, mais faisant plus rarement le récit structuré de sa vie. Lesage réaménage la technique picaresque en s'efforçant de compenser la discontinuité traditionnelle de l'univers picaresque par la construction d'une continuité indirecte et symbolique[11]. Il renforce l'impression de cohésion en limitant le nombre de personnages secondaires, réutilisés plusieurs fois dans des emplois différents, en facilitant la délimitation des épisodes, en évitant de juxtaposer des épisodes trop proches et en donnant enfin à son personnage une consistance qui faisait défaut aux picaros espagnols traditionnels. Au-delà d'une discontinuité apparente, Lesage tisse une série d'échos et de reprises de types et de thèmes, avec des variations significatives et une évolution dans le temps qui rendent lisible la progression du personnage central. Les récits secondaires sont pris en charge par des types sur lesquels le narrateur porte un regard critique. Généralement très courts, ils véhiculent une signification exemplaire.

Lorsque Gil Blas est le prisonnier des brigands, le capitaine et le lieutenant de la troupe racontent brièvement leur éducation et leur enfance. Leurs histoires, stylisées et caricaturales, se bornent à illustrer deux types opposés d'éducation qui ont conduit à la même vie criminelle. La stylisation et l'uniformité de telles narrations marginales, à la valeur exemplaire transparente, donnent à penser que le traitement des paroles

---

[10] La Barre de Beaumarchais, *La Retraite de la marquise de Gozanne*, Paris, Ganeau, 1734, préface.
[11] Voir R. Démoris, *op.cit.*, p. 346-375.

secondes dans ce roman se rapproche d'une pratique proprement picaresque. Des récits de vie plus longs, constituant des chapitres, interviennent aussi de façon régulière dans la composition, chaque livre en com-
portant un: livre premier, chapitre XI, histoire de Dona Mencia; livre
second, chapitre VII, histoire du garçon barbier; livre troisième, chapitre
VII, histoire de Dom Pompeyo, etc. Ces récits ont beau être plus longs,
ils ne font pas non plus entendre de voix individualisées mais plutôt des
voix représentatives de comportements sociaux. L'histoire de Raphaël
(qui occupe presque tout le livre V) fait figure d'exception, tant par sa longueur, son autonomie et la personnalité du narrateur, que par le fait qu'elle
accueille à son tour un récit inséré, celui de Lucinde. Dans l'ensemble
cependant, les récits insérés dans *Gil Blas* ne bouleversent pas la hiérarchie entre le fil principal et les intrigues secondaires, ni la priorité de
l'intérêt donnée au héros-narrateur central.

3. La question de la convergence du récit secondaire

Dès la fin du dix-septième siècle et le désaveu de la pratique baroque
des récits insérés, les recommandations des critiques ouvrent deux voies
possibles aux romanciers: compenser le désagrément de l'interruption
par la qualité du divertissement ou bien rattacher, plus étroitement et logiquement, l'histoire secondaire à l'intrigue principale. Ces deux solutions
sont successivement évoquées par les critiques sans être précisément distinguées. En préface d'un recueil d'histoires courtes, Boyer d'Argens
publie en 1739 un *Discours sur les Nouvelles* où il signale la possibilité
de donner plus d'intensité aux histoires insérées:

> Cette inquiétude où on laisse [le lecteur] en interrompant le récit de
> l'aventure dont il brûle de savoir la fin, pour courir après un incident
> qui survient à la traverse, demande beaucoup de ménagement; et c'est
> une partie considérable de l'art de bien composer une Nouvelle. Ces
> incidents doivent avoir assez de beauté pour dédommager un lecteur du
> retardement qu'on lui cause. Il courait après le dénouement, il avait de
> l'impatience à savoir à quoi l'intrigue aboutirait; on l'arrête par un
> nouveau spectacle. Il faut au moins que ce qu'on lui présente pour
> l'arrêter en vaille la peine[12].

Boyer d'Argens ne manque pas de rappeler l'autre exigence, celle de
la liaison des épisodes à l'histoire centrale. Ces deux voies parallèles sont
empruntées par les romans-mémoires. Boyer d'Argens les expérimente au

---

[12] Boyer d'Argens, *Lectures amusantes ou les délassements de l'esprit, avec un discours sur les Nouvelles,* La Haye, Adrien Moetjens, 1739, p. 40.

fil de ses romans. Les *Mémoires du chevalier de** (1745) comportent des récits fortement justifiés par l'intrigue centrale: si le comte de Mirol raconte par exemple sa liaison avec Madame de P., c'est *parce qu'*elle est la maîtresse actuelle du narrateur et qu'il veut la mettre en garde. De même, sa liaison avec une actrice suscite des récits secondaires étroitement reliés, puisqu'ils racontent tous comment, avant le narrateur primaire, chaque narrateur a été la dupe la Verrière.

Nous souhaiterions, dans cette étude, mettre en rapport la convergence, la justification logique des récits secondaires et une certaine façon d'envisager et d'exploiter la parole de l'autre dans les romans. La convergence des récits secondaires semble triompher au cours de la période: témoin de cette évolution, l'évolution du terme d'*épisode* qui désigne toute action ou intrigue secondaire. Cette évolution rend perceptible en effet un mouvement de resserrement de la composition. L'article *Episode* de l'*Encyclopédie*, rédigé par Marmontel, reprend mot pour mot la définition donnée par le *Dictionnaire* de Furetière en 1690:

> Une histoire ou une action détachée, qu'un poète ou un historien insère dans son ouvrage et lie à son action principale pour y donner une plus grande diversité d'événements, quoique à la rigueur on appelle épisode tous les incidents particuliers dont est composée une action ou une narration[13].

Mais il la prolonge en développant longuement la distinction entre les épisodes reliés de façon logique à l'intrigue centrale[14] et ceux qui sont sans rapport logique direct avec elle. L'article de l'*Encyclopédie* favorise nettement les histoires qui mettent en perspective, qui font la lumière sur un aspect de l'intrigue centrale, au détriment de celles qui éloignent le lecteur de l'intrigue racontée au centre. Plus tard, Sade reprend l'idée de la pluralisation des destinées en appelant aussi de ses vœux une forme de rationalisation de l'insertion et il reconnaît à Prévost le mérite d'avoir su bien ménager l'intérêt, autrement dit d'avoir réussi à rentabiliser les épisodes insérés:

> Toi seul eus l'art d'intéresser longuement par des fables implexes, en soutenant toujours l'intérêt, quoiqu'en le divisant; toi seul, ménagea toujours assez bien tes épisodes pour que l'intrigue principale dût plutôt gagner que perdre à leur multitude ou à leur complication[15].

[13] *Encyclopédie*, p. 813.
[14] Ou récits insérés convergents: ils correspondent au premier type des récits insérés décrit par G. Genette. Cf. *Figures III*, p. 242: «Le premier type est une causalité directe entre les événements de la métadiégèse et ceux de la diégèse, qui confère au récit second, une fonction explicative.», p. 242.
[15] D.A.F de Sade, *Idées sur les romans,* [1800], Jean Glastier (ed.), Bordeaux, Ducros, 1952, p. 51.

Il s'agit bien, selon Sade, de déterminer ce que l'intrigue principale a
à *perdre* ou à *gagner* à l'insertion d'un récit secondaire, sans qu'il précise la nature du gain ou de la perte: s'agit-il de diversité ou de cohérence,
d'éclat ou de lien, de lien logique ou symbolique? Nous formulons l'hypothèse suivante: la pratique du récit inséré sur la période s'oriente vers
un usage rationalisé et convergent de la parole de l'autre et de son récit.

II. Vers une rationalisation de l'insertion narrative dans les romans-mémoires

En matière de récit inséré, il convient de distinguer justification et fonction. La justification est la fonction alléguée par les interlocuteurs, les
participants à la transaction verbale. Nous avons vu dans le chapitre précédent que le discours de justification variait selon le type d'échange
représenté et le rapport de force existant entre les deux interlocuteurs:
entre la curiosité consommatrice, qui affiche le statut mercantile de la
parole de l'autre et l'amitié, qui confère à la production et à la réception
du récit autobiographique des vertus cathartiques et curatives, tous les
cas de figure sont possibles. Le discours de justification ne préjuge en rien
de la fonction narrative du récit ni du lien logique entre récit second et
intrigue centrale, il vise simplement à rendre vraisemblable l'insertion.
Un récit présenté comme gratuit du point de vue des interlocuteurs peut
être fortement relié et nécessaire à l'intrigue centrale. Inversement un
récit présenté comme important et précieux[16], peut n'avoir aucun lien
avec l'histoire centrale et ne la servir en aucune façon. Autrement dit, en
ce qui concerne la parole de l'autre, lien logique et utilité par rapport à
l'intrigue, d'une part, et évaluation de l'utilité du récit par les actants, de
l'autre, sont à distinguer.

Les *Mémoires et aventures* (1728) et *Cleveland* (1735) témoignent de
la succession chez Prévost des récits insérés divergents et convergents.
Le premier roman relie de façon lâche les histoires secondaires à l'intrigue
principale: brèves et nombreuses, elles racontent pour la plupart les vies
de personnages ne jouant aucun rôle dans l'intrigue centrale. Les récits
de Brissant, de la picara, du consul du Levant, de Rosambert, celui de Des
Grieux, rejeté à la fin, ne font pas progresser l'histoire centrale, ils offrent
des exemples de destinées humaines. Dans *Prévost romancier*, Jean Sgard

---

[16] Comme celui de Brissant dans les *Mémoires et aventures* de Prévost ou de Carina
dans les *Mémoires de Comminville* de d'Auvigny.

remarque que le deuxième volet des *Mémoires et aventures* marque le passage à une narration caractérisée par la fragmentation des épisodes et des histoires[17]. La plupart des récits insérés divergents ne sont justifiés que par la rencontre elle-même: le personnage se présente en se racontant, son récit est justifié par les exigences de la sociabilité. Ce type d'insertions à visée socialisante rappelle la circulation des histoires dans les romans baroques, mais aussi le schéma d'accumulation des romans picaresques. Dans *Cleveland*, le récit de Milord Axminster[18] relève indéniablement de ce type parce que l'histoire personnelle du vicomte introduit le personnage et offre un exemple de destinée qui ne participe pas de la progression linéaire de l'histoire de Cleveland.

Malgré quelques récits divergents, *Cleveland* est cependant plutôt dominé par des récits secondaires qui complètent l'intrigue principale, en éclairant certains points restés obscurs. Si les deux types de récits se combinent dans un même roman, il demeure qu'on ne les trouve pas avec la même fréquence tout au long du siècle et que chaque auteur tend à privilégier l'un ou l'autre de ces usages. Jean Sgard a été sensible à l'oscillation de Prévost entre ces deux modes de liaison des récits seconds:

> Autrement dit, la composition de *Cleveland*, comme celle de *Manon Lescaut* ou de la *Grecque moderne*, est convergente; celle du *Doyen* ou de *La Jeunesse du commandeur* est divergente. Les épisodes séparés peuvent obéir à des lois différentes, les deux manières peuvent se mêler ou se compléter, il reste que la composition générale de l'œuvre est orientée par l'une ou l'autre de ces attitudes créatrices; le type de narration, le plan, la nature de l'intrigue en découlent. C'est incontestablement à la première manière que se rattachent les chefs d'œuvre de Prévost; et la *Grecque moderne* avec sa parfaite unité de ton, son intensité croissante, et la simplicité admirable de son dénouement, est la dernière de ses grandes réussites. La seconde manière répond à des considérations moins artistiques: le héros n'étant plus poussé par une nécessité intérieure, le développement étant plus ou moins gratuit, l'auteur étend son ouvrage au gré du souvenir, de l'imagination ou du nombre de pages à couvrir[19].

Les *Mémoires et aventures* hésitent donc entre deux usages de l'histoire seconde: le roman rappelle la pratique picaresque par son grand

---

[17] «Il imagine non seulement les itinéraires d'un voyage réel, mais une nouvelle carrière de religieux sécularisé, de précepteur de grande famille, de directeur de conscience. Le roman devient didactique, c'est une sorte de journal où les passions et les hommes, considérés avec recul, sont l'objet d'une réflexion morale.», J. Sgard, *Prévost romancier*, Paris, Corti, 1968, p. 78.

[18] «Mon nom est le vicomte d'Axminster. Je suis né en Angleterre.», *Cleveland*, p. 40-50.

[19] J. Sgard, *Prévost romancier*, Paris, Corti, 1968, p. 464.

nombre de micro-récits fragmentaires mais il rejette le danger d'une mise en péril de la place centrale du héros en expulsant l'*Histoire du chevalier Des Grieux et de Manon Lescaut* dans les marges des mémoires de Renoncour[20]. *La Vie de Marianne* de Marivaux est aussi, de ce point de vue, dans une position intermédiaire: le roman de Marivaux ménage peu d'espace aux histoires secondes[21] (on peut imaginer que, selon l'usage divergent, Marivaux eût fait intervenir sur la scène verbale les micro-récits de Madame de Miran, de la sœur du curé, de Climal, etc.) mais la tentation de Marivaux d'accueillir, dans l'histoire de Marianne, le long récit inséré de Tervire se traduit par un inachèvement et un abandon à la fois de l'histoire principale et de l'histoire insérée, comme si le roman ne supportait pas l'insertion, dans le récit de Marianne, d'un récit aussi dissemblable que celui de Tervire.

1. Le récit secondaire comme correction globale ou partielle

Le récit inséré permet de réviser la version des faits fournie par le narrateur principal. Dans *Cleveland*, le récit de Fanny oblige à une correction globale de tout ce qui a été lu jusque là. Il occupe le dixième livre (p. 381-432.) et réinterprète de façon radicale un grand nombre d'éléments du récit de Cleveland. Le moteur de l'intrigue est précisément l'absence de communication entre les points de vue de Cleveland et de Fanny. Le roman est pour ainsi dire achevé lorsque les deux versions sont confrontées.

Un récit féminin joue un rôle comparable dans les *Egarements du cœur et de l'esprit* (1736-1738) de Crébillon. Meilcour, le narrateur, retrace son entrée dans le monde et ses débuts amoureux, en présentant son récit comme une version dessillée et objective, puisqu'il est depuis longtemps revenu de ce qu'il considère comme les égarements de sa jeunesse. L'une des premières femmes à lui témoigner un tendre intérêt est Madame de Lursay, une amie de sa mère, dont il ne devine pas d'abord les intentions et envers laquelle il adopte une conduite cavalière. Vers la fin du roman, celle-ci reprend l'histoire, vue jusque là uniquement à travers les points de vue mêlés du libertin débutant et du libertin repenti. A un niveau temporel et axiologique, le récit de Meilcour est en effet dans une position

---

[20] «Quoique j'eusse pu faire entrer dans mes Mémoires les aventures du chevalier des Grieux, il m'a semblé que n'y ayant point un rapport nécessaire, le lecteur trouverait plus de satisfaction à les voir séparément.» Prévost, Avis de l'auteur des *Mémoires d'un homme de qualité*, *Manon Lescaut*, édition Garnier-Flammarion, p. 21.

[21] *Le Paysan parvenu* est plus ouvert aux récits divergents.

intermédiaire puisqu'il oscille entre une vision des faits vécus par l'apprenti libertin et la version que se remémore le narrateur plus vieux, sinon plus clairvoyant. Le récit en léger différé des aventures du jeune homme[22], fait par Madame de Lursay, jette alors une tout autre lumière sur les événements :

> Ce n'est pas sur vos discours que le public me jugera ; ainsi ma justification n'est pas ce qui m'intéresse : c'est le plaisir de vous confondre, de dévoiler votre mauvaise foi et vos caprices, et de vous faire enfin rougir de vous-même[23].

Suite à cette révélation, le narrateur trouve de nouveaux charmes à l'amie de sa mère et devient son amant. Cependant, le roman s'interrompt juste après, comme si le récit rétrospectif et la correction radicale de l'histoire qu'il imposait conduisaient le texte à une impasse ou, du moins, rendaient plus difficile le retour à la narration mi-lucide, mi-aveuglée de Meilcour.

Crébillon utilise ici la solution d'un récit inséré convergent et correcteur, parce qu'il revient sur une autre version de la même histoire, mais celle-ci contredit si radicalement la voix narratrice qu'elle met le roman en suspens et laisse la brèche ouverte sur une incertitude. Contrairement à ce qui se passe dans *Les Confessions du comte de **** (1741) de Duclos, il n'y a pas, dans *Les Egarements,* d'effet de clôture sur un discours identifié comme un discours de vérité. Là où, chez Duclos, le discours de Madame de Selve indique le point où est arrivé le narrateur au terme de ses égarements (Madame de Selve fait entendre la bonne conception du bonheur, sa parole correspond au terme de la quête, à partir duquel on est invité à tout relire), rien n'infirme ni n'entérine le discours de Madame de Lursay chez Crébillon. Son absence de cadrage axiologique laisse toute latitude au lecteur pour juger des événements tels qu'ils ont été racontés, c'est-à-dire par rapport au point d'arrivée du narrateur, à sa vision du monde contemporaine de l'écriture. Le récit secondaire convergent peut suggérer une direction, donner une indication sans tenir pour autant un discours de vérité, sans être une parole figée et immobile, sur laquelle le texte s'ouvre puis se referme.

Les récits insérés sont l'un des moyens qui permettent au romancier de fournir au lecteur des éléments d'information auxquels le narrateur n'avait

---

[22] Crébillon, *Les Egarements du cœur et de l'esprit*, Paris, Folio, 1977. Le récit de Madame de Lursay s'étend des pages 278 à 287 de cette édition.
[23] *op.cit.*, p. 279.

pas accès au moment des faits. Afin de justifier la connaissance par le narrateur d'événements auxquels il n'a pas assisté mais qu'il doit connaître au moment de son récit, le romancier a en effet le choix entre rester vague et ne dire mot sur la façon dont ces éléments lui sont parvenus (on laisse à penser que plusieurs récits ont eu lieu mais sans donner de détails) ou faire figurer dans la narration les scènes au cours desquelles le narrateur a recueilli des informations (en écoutant à une porte ou en étant le destinataire d'un récit secondaire). Ces divers moyens placent le lecteur dans une position analogue à celle du narrateur qui reçoit, lui aussi, ce récit de l'autre, en introduisant à la fin une vision critique et correctrice de l'ensemble de l'histoire.

Dans *Cleveland,* Prévost fait un usage massif de récits secondaires explicatifs nécessaires à la pleine intelligibilité de l'histoire. Le roman se présente ainsi comme une sorte d'agora où les personnages viennent tour à tour raconter leur version de tel épisode ou de l'histoire tout entière pour approcher de la plus vraisemblable et la plus *exacte.* De courts récits contribuent à élaborer une cohérence d'ensemble et une histoire complète de la vie de Cleveland. Ils procèdent par touches, éclairant progressivement le héros-narrateur et modifiant sa lecture des événements de sa propre vie. L'énonciateur secondaire n'est dans ce cas qu'un intermédiaire dépourvu d'histoire individuelle. Il en est ainsi de la longue relation de Milord Clarendon qui rend compte de la façon dont Gelin a fait échouer le projet du jésuite d'enlever Cécile et d'empoisonner les deux fils de Cleveland, au onzième livre: le comte de Clarendon fait un rapport à Cleveland d'un épisode le concernant directement mais auquel il n'a pas assisté. De nombreux rapports, souvent résumés ou filtrés au style indirect, viennent ainsi combler le vide entre deux absences de Cleveland. Sa belle-sœur – Madame joue un rôle équivalent d'intermédiaire entre les deux époux – devient, à partir surtout du huitième livre, une source d'information majeure pour le héros, car il importe, pour le maintien du suspens dramatique, que Fanny et Cleveland soient en contact direct le plus tard possible. Les diverses entrevues avec Fanny sont ainsi racontées par la belle-sœur de Cleveland[24]. Le récit correctif et parallèle de Fanny est entièrement transmis par la voix de la belle-sœur, même si ce relais s'estompe au cours de son rapport pour laisser place à un récit au style indirect de Cleveland ou, plus souvent encore, aux longs discours cités de ceux qu'elle interroge au cours de son enquête.

---

[24] *Ibid,* livre sixième, p. 360-364 et p. 377-433: «Mais reprit ma sœur, qui s'est fait cent fois un plaisir de me répéter tout ce détail, est-il possible qu'il ne lui soit rien échappé qui puisse faire soupçonner la cause de ses chagrins?», p. 378.

2. Brutalité de l'exploitation du récit secondaire

La justification toujours multiple et diffuse des récits insérés divergents[25] est remplacée, dans le cas des analepses convergentes, par une justification utilitaire unique et nettement formulée. Les récits insérés de Fanny, de Gélin, le second récit de Madame Riding, ceux de la belle-sœur de Cleveland, etc., répondent à la nécessité d'éclaircir un pan de l'histoire et de dissiper un malentendu. Madame Riding raconte l'histoire de sa survie avec Cécile, après qu'elles ont échappé aux Rouintons de mœurs cannibales. Son récit élucide le mystère de l'identité de Cécile. L'intérêt de l'histoire de Madame Riding tient uniquement au destin de l'enfant qu'elle a sauvée, sa destinée personnelle et sa chute dans la hiérarchie sociale, pourtant d'un fort potentiel romanesque[26], ne sont pas évoquées. De même, mais avec encore plus de brutalité, parce qu'il n'y a pas de ménagement à garder envers le scélérat de l'histoire, lorsque Gelin livre sa confession à Cleveland, sa parole, qui menace sans cesse de glisser vers son histoire et ses sentiments personnels, est fermement réorientée par Cleveland vers une analepse explicative convergente. Le narrateur précise en quoi la parole de Gelin l'intéresse:

> Il paraissait disposer à me faire toute l'histoire de sa passion; mais dans l'impatience d'entendre les seules circonstances qui pourraient m'intéresser, je le pressai de se borner au récit de sa fuite avec mon épouse[27].

L'exemple illustre le cadrage opéré sur la parole de l'autre: le narrataire sélectionne les éléments de l'histoire de l'autre qui peuvent compléter la sienne. Autrement dit, la perspective du narrateur principal se superpose exactement à celle du romancier, sans que vienne s'y mêler quelque intérêt pour la personne de l'autre. Le récit du méchant de l'histoire est un passage attendu par le lecteur et susceptible de développements *intéressants* – d'un point de vue purement romanesque[28] – mais Cleveland ne veut pas sortir de son histoire:

> Diverses circonstances qu'il joignit au détail qu'on a déjà lu de ses perfidies n'ajouteront rien à l'*idée* que le discours de Fanny a fait

---

[25] Ils sont racontés tout à la fois pour faire plaisir à l'autre, se faire plaisir, se faire mieux comprendre, payer de retour un service…

[26] Madame Riding est une riche bourgeoise anglaise. Lorsque Cleveland recroise son chemin, elle a été littéralement défigurée par la misère.

[27] Prévost, *Cleveland*, tome 2, livre dixième, p. 459, édition citée.

[28] On se surprend à rêver au récit auquel aurait pu donner lieu la passion contrariée de Gelin avec ses manipulations et ses stratégies, racontées à partir de sa propre logique…

prendre mais elles portent l'explication de quelques événements qu'on a pu trouver obscurs[29].

D'ailleurs, seule la dernière partie de sa confession est rapportée au style direct, le reste étant résumé sous la forme d'un compte rendu des ruses déployées pour conquérir Fanny: rhétorique, jalousie, magie… Le commentaire de Cleveland supplante et filtre la plupart du temps la parole de Gelin dont le lecteur n'entend que de maigres bribes:

> La force qu'il donnait à ses termes pour m'exprimer l'idée qu'il avait toujours eue du caractère et de la vertu de mon épouse, m'aidait à comprendre comment il s'était toujours contenu dans ce profond respect dont il me répétait à tout moment qu'il ne s'était jamais écarté. Je me consumai en l'adorant me disait-il, et mon propre étonnement est qu'une flamme si parfaite ait pu devenir la source de tant d'égarement et de crimes[30].

Cleveland marque, de ce point de vue, une rupture par rapport à la pratique du récit inséré des *Mémoires et aventures* (1728), en initiant la tendance à une instrumentalisation systématique des récits secondaires qui perdent peu à peu de leur capacité digressive pour venir simplement compléter l'intrigue centrale. En d'autres termes, ce roman amorce une confusion entre usage narratif et utilisation énonciative. La convergence narrative s'accompagne de plus en plus d'une vassalisation de l'énonciateur secondaire.

Les *Mémoires de Cécile* (1751) exploitent habilement le procédé des récits insérés convergents[31]. Cécile découvre, à la mort de son tuteur, qu'elle est une enfant trouvée. Elle vit quelques aventures, tombe amoureuse, avant d'être enfermée dans un couvent où elle se lie d'amitié avec une religieuse plus âgée, sœur Agathe. Dans la troisième partie, Cécile rapporte la narration de sœur Agathe (III, p. 150-224), qui est interrompue accidentellement et ne sera poursuivie que bien plus tard. Cécile rencontre ensuite le marquis de Lombreuil qui lui raconte aussi sa vie (IV, p. 66-97). En rapprochant ces deux récits, Cécile comprend que Lombreuil n'est autre que le marquis de Limeuil du récit de sœur Agathe,

---

[29] Prévost, *Cleveland*, p. 461, nos italiques. L'abrègement est en partie rendu nécessaire par le fait que Fanni donne elle-même le récit de cette partie de leur fuite et que le texte doit éviter trop de répétitions.

[30] *Ibid*, p. 464.

[31] Grimm en apprécie d'ailleurs la composition: «*Les Mémoires de Cécile* sont agréables. Le plan général en est assez bien ordonné. Les aventures du père et de la mère de Cécile sont si bien enchâssées qu'elles ne font perdre de vue l'objet principal.», *Correspondance Littéraire*, Tome 2 Tourneux, 1877, Lettre CII.

c'est-à-dire son mari qu'elle croit mort. Le récit de Lombreuil jette en outre un doute à propos de la fidélité de sœur Agathe dont le récit n'a pas été achevé. Cécile cherche donc à connaître la fin de la version d'Agathe, ce qui est fait dans les pages 115 à 179 de la quatrième partie. La narratrice organise une confrontation, au sens judiciaire, puisque les deux protagonistes secondaires sont réunis et elle élucide les zones d'ombre respectives de leurs récits. Une scène de reconnaissance et de retrouvailles en chaîne clôt alors le roman. L'aboutissement de tout ce montage d'histoires recoupées est leur fusion dans une seule histoire familiale, puisque Agathe et Lombreuil ne sont autres que les véritables parents de Cécile.

Le dispositif de La Place ne manque pas d'intérêt. Les *Mémoires de Cécile* sont un *Cleveland* qui serait raconté par la fille, perdue puis retrouvée, de Cleveland et Fanni[32]. Cécile réunit elle-même ses parents en mettant bout à bout des fragments d'histoires et en les confrontant à d'autres témoignages, la composition du roman pouvant être assimilée à son enquête et à la reconstitution d'une histoire à partir d'une mosaïque de récits secondaires. La Place surenchérit sur l'effet de convergence en rassemblant des récits secondaires, *a priori* divergents, en une seule histoire.

Le recours à la parole de l'autre a d'ailleurs tendance à se mécaniser et la pratique du récit de récit témoigne d'une recherche systématique de l'interposition de la voix de l'autre entre le narrateur et les faits qu'il raconte, mais d'un autre qui perd de sa spécificité pour se réduire à un simple relais du récit.

Dans *Les Mémoires du comte de Comminville* (1735), le narrateur suscite une médiation qui permet de faire apparaître un récit intermédiaire. Le protagoniste et narrateur principal, Comminville, ne supporte plus de voir Julie, qu'il aime, courtisée par un financier. Il décide alors de ne plus *voir* ce spectacle dérangeant en quittant le logement situé en face de la maison de la jeune fille et en se contentant des rapports et des témoignages de Julie ou de sa confidente:

> Je lui demandai alors ce qui s'était passé chez elle, depuis le jour où le laquais de sa mère l'était venu chercher chez son amie. Elle me répondit que sa mère l'avait fort grondée en arrivant de ce qu'elle était sortie à son insu, et qu'elle lui défendit alors expressément d'aller à l'avenir dans la maison d'où elle sortait. Je ne sais, ajouta Julie, si elle était instruite de notre entrevue, mais elle me parut fort aigrie contre moi[33].

---

[32] La reprise du prénom n'est pas anodine.
[33] J. Du Castre d'Auvigny, *Mémoires du comte de Comminville*, p. 93

Après un début au discours indirect, le texte embraye sur une relation de Julie qui rend compte, au discours direct, de ses dernières aventures. Autrement dit, à partir de ce moment-là, le narrateur principal se met dans l'obligation de dépendre, pour juger de la situation, des récits des autres. Tout se passe comme s'il se dérobait à une connaissance directe des événements pour lui préférer une version *déjà* rétrospective et médiatisée dans le passé. En d'autres termes, le romancier, par ce déménagement, maladroitement justifié[34], du principal focalisateur de l'histoire, rend nécessaire une médiation supplémentaire: non seulement le narrateur rapporte des événements passés – médiation inhérente au récit rétrospectif à la première personne – mais encore il rapporte des faits qui lui ont été eux-mêmes transmis par les paroles des autres. Le protagoniste se fait artificiellement inopérant et aveugle, parce que le romancier veut rendre nécessaire le relais de récits secondaires complémentaires.

La médiation peut être encore plus faiblement justifiée. L'interposition des domestiques, par exemple, entre deux personnages ne se justifie parfois par aucun effet de dramatisation ou nécessité narrative. A la fin de la troisième partie des *Mémoires d'une fille de qualité* (1747) de Mouhy, l'héroïne, Agnès, est séparée de sa mère pendant plusieurs centaines de pages. Au moment où les deux protagonistes sont sur le point d'être réunies, le texte fait appel à un tiers apparemment inutile, puisque la narratrice mentionne un entretien préalable avec la chambrière de sa mère. Le personnage est nommé ici pour la première fois, il ne réapparaîtra pas et ce détour n'apporte rien de plus à l'intrigue qu'un rapport qui aurait été fait par la mère elle-même:

> Quelle que fut l'impatience que j'avais de revoir ma mère, j'étais bien aise d'entretenir Saugeon avant que de monter en carrosse. La première chose que je lui demandais, fut des nouvelles de Mr. de Saint Preuil. Il touche à sa fin, me dit-elle, et il a demandé avec empressement à vous voir. J'ai laissé à son chevet Madame et Monsieur de Scherling, le meilleur de ses amis. Je ne fus pas fâchée d'avoir d'aussi bons patrons auprès d'un homme dont j'avais lieu de tant redouter les dernières dispositions; mais comme la femme de chambre de ma mère ne me dit rien de plus, je jugeais qu'elle ne savait rien, et je ne l'interrogeai pas davantage[35].

---

[34] *Mémoires du comte de Comminville*, p. 67. De surcroît, l'étrange impuissance du narrateur fait suite à un mensonge par lequel il s'ôte lui-même les moyens directs d'agir sur le cours de choses: il feint d'être pauvre et se prive ainsi de toute arme contre le financier qui courtise Julie, alors même qu'il ne doute pas de la loyauté de celle-ci.

[35] Charles de Fieux de Mouhy, *Mémoires d'une fille de qualité*, p. 310.

L'ajout d'un relais superflu illustre le besoin de disposer d'intermédiaires qui rendent moins directs les échanges entre les personnages centraux et ce, afin de multiplier les effets de suspens dans l'intrigue et les possibilités de malentendus. Outre l'effet de dramatiser et de compléter la transmission de certaines informations ou encore de figurer le respect de certaines bienséances, le passage par le récit de l'autre a celui de multiplier les récits seconds explicatifs et de faire apparaître l'histoire comme une collection, un feuilletage de récits et témoignages qui convergent et se complètent.

Dans les *Mémoires d'un homme de bien* (1768), Madame de Puisieux reprend les données de *Cleveland* en organisant une convergence encore plus stricte de tous les récits insérés. La date de publication de ce roman le situe à l'une des bornes temporelles de notre corpus et l'usage qu'il fait des récits secondaires pourrait être mis en regard avec le succès croissant des romans épistolaires à partir de 1750, et plus encore après 1761.

Sir Lastink, le narrateur, et sa cousine Fanni sont élevés sous le même toit et forment une cellule familiale fusionnelle avec la mère du narrateur, persécutée par son mari. Le début du roman est donc confiné dans l'univers domestique. Lorsque Fanni est enlevée par un scélérat, le héros se lance à sa recherche: débute alors un autre type de récit centré cette fois sur l'enquête.

Dans *Cleveland*, l'histoire de Gelin était strictement formatée par le narrateur, mais ce recadrage était justifié à la fois narrativement (l'histoire avait déjà été racontée) et psychologiquement (Gelin n'était pas digne de parler de son amour pour Fanny). La sélection des seules paroles et récit *utiles* est généralisée à l'ensemble du personnel romanesque dans Les *Mémoires d'un homme de bien* où chacun est sommé de ne raconter *que* ce qui peut faire progresser l'intrigue principale, c'est-à-dire la recherche de Fanni: le héros dépossède les autres personnages de la maîtrise de leur récit et de leur parole. Ainsi Milord N***, coupable d'avoir, par le passé, enlevé Fanni, se repent et reçoit de Lastink les instructions suivantes:

> Et profitant des dispositions où il était, et de la reconnaissance qu'il me devait des ménagements que j'avais gardés avec lui, je le priai de me raconter la partie de ses aventures qui avait rapport avec Fanni. Ne pouvant rien me refuser dans cette circonstance, je donnai ordre qu'on ne laissât entrer personne, et qu'on nous servît à dîner de bonne heure, afin de monter en carrosse pour aller prendre l'air hors de Paris. Milord commença ainsi son histoire[36].

---

[36] Madame de Puisieux, *Mémoires d'un homme de bien*, Paris, Delalain, 1768, p. 131. La restriction de Lastink et le cadrage des informations qu'il reçoit du «villain» sont un

Le narrateur est là encore dans la position d'un compilateur de récits et d'informations convergentes. Ce roman apparaît comme une pâle imitation de *Cleveland,* fortement contaminée par l'épistolaire et dont l'intrigue est considérablement simplifiée par une convergence serrée de tous ses fils. La Fanni de Lastink est constamment séquestrée par quelque scélérat, les amants ne communiquent jamais pendant toute la durée du roman et les récits insérés se bornent à combler le manque d'informations provoqué par leur séparation.

Contrairement à ce qui se passait dans *Cleveland* où s'équilibraient les aventures vécues par le héros et celles qu'on lui racontait, chez Madame de Puisieux, les récits secondaires complémentaires envahissent la totalité de l'espace textuel si bien que le héros narrateur ne vit *rien d'autre* que des entrevues avec des personnages qui lui racontent leurs histoires, toutes en rapport avec Fanni, qu'il ne voit jamais, mais dont tous les énonciateurs secondaires ne cessent de lui parler. Ce roman illustre donc une invasion de la diégèse par des interventions de caractère rétrospectif telles qu'on les trouve dans les romans épistolaires statiques[37]. L'intrigue suit pas à pas le cheminement de l'information de sorte qu'elle s'achève sur le récit que Fanni adresse directement à Lord Lastink, l'homme de bien, c'est-à-dire au moment où la parole périphérique de Fanni comble les dernières lacunes sur ce qu'elle faisait, lorsque lui ne faisait autre chose que collecter des informations sur elle.

Le schéma de l'histoire de Cleveland et Fanny, aux deux trajectoires parallèles, influence indéniablement Madame de Puisieux en 1768, mais elle l'interprète dans le sens d'un resserrement: les histoires secondaires partiellement digressives, qui occupaient encore une place dans le roman de Prévost, disparaissent et la proportion entre l'histoire centrale et les histoires périphériques complémentaires est inversée. L'histoire centrale se nourrit de sa propre reconstitution et n'est *que* cela, le roman tournant autour de l'absence d'histoire du narrateur. Un tel dispositif est révélateur de la tendance à introduire systématiquement de la médiation et du détour au point que ceux-ci viennent se substituer à une action qui aurait été directement vécue dans le passé. La formule des mémoires semble bel et bien menacée d'essoufflement.

rappel transparent des recommandations de Cleveland à Gelin quand ce dernier vient lui faire son récit.

[37] La distinction entre romans épistolaires statiques et dynamiques est empruntée à François Jost qui distingue les romans épistolaires qui rapportent des actions et des aventures déjà vécues (la lettre-confidence) et ceux dont l'intrigue progresse par les échanges de lettres (la lettre-drame), voir François Jost: «Le roman épistolaire et la technique narrative au XVIIIème siècle» in *Comparative Literature Studies* n° 4, 1966.

III. La convergence narrative et les tentations du même

1. Une endogamie thématique:
raréfaction des voix et resserrement du personnel romanesque

La recherche d'une plus grande convergence et d'un rapport plus étroit entre les différents niveaux d'histoires se traduit par la prédominance des choix de type endogame dans l'élection de l'être aimé et par un resserrement des récits sur les liens et réseaux familiaux au sens restreint. Dans *L'Enfant et la vie familiale sous l'Ancien Régime,* Philippe Ariès analyse la concurrence des deux formes d'organisation familiale que sont la famille élargie au lignage, telle qu'elle domine jusqu'au XVIIIe siècle, et la famille mononucléaire moderne. L'historien constate que l'évolution des mœurs dessine un affaiblissement progressif du lignage au profit de la cellule familiale jusqu'à son triomphe au XVIIIe siècle. Selon lui, jusqu'à cette époque, le développement du sentiment de la famille ne détruit pas l'ancienne sociabilité[38]. Le XVIIIe siècle est donc à la charnière d'un processus de séparation et de fragmentation sociale, également reflété par la spécialisation des pièces de l'habitat et l'apparition d'une distinction de classes:

> Tout se passe comme si un corps social polymorphe très contraignant se défaisait et était remplacé par une poussière de petites sociétés, les familles, et par quelques groupements massifs, les classes; familles et classes réunissaient des individus rapprochés par leur ressemblance morale, par l'identité de leur genre de vie, alors que l'ancien corps social unique englobait la plus grande variété des âges et des conditions[39].

L'idéal de resserrement sur la famille proche, perceptible dans les romans, fait écho à ce mouvement de repli sur soi provoqué par la peur de la confusion et le besoin croissant de distinction sociale qui émane de catégories sociales en quête de définition.

Cette importance croissante des liens familiaux se traduit d'abord par leur importance dans la disposition et l'enchaînement des différents récits. Dans les *Mémoires de Mademoiselle Bontemps, ou la comtesse de Marlou* (1738) de Gueulette, c'est à l'établissement de tous les membres de la famille de la narratrice et de ses amis que vise l'intrigue. La narratrice principale ponctue son récit de marques de satisfaction devant les progrès de ce projet matrimonial collectif («Voilà, madame, presque toute ma

---

[38] Cf. P. Ariès, *L'Enfant et la vie familiale sous l'Ancien Régime,* Paris, Seuil, 1973, p. 461 *et sq.*
[39] *Ibid,* p. 466.

famille établie.», p. 336.): les frères, les sœurs de la narratrice, les fils des épouses des frères, les cousins des maris des sœurs: le lien familial justifie *tous* les récits secondaires. Une narratrice secondaire justifie de même l'insertion d'un autre récit en alléguant le lien familial qui l'unit avec la protagoniste d'une autre histoire:

> Les intérêts de ma sœur et ceux de Géni me sont si chers, continua Madame Dorini, ils sont tellement liés aux miens par tout ce que vous venez d'entendre, que je crois devoir interrompre ici le récit de mes aventures pour vous instruire de celles de Julie et de son amant[40].

Et la narratrice de conclure avec satisfaction, à la fin de l'énumération des récits de ses frères et sœurs: «Nous voilà donc tous bien établis, Madame, et chacun suivant son inclination[41].» Le roman de Gueulette date de 1738 et il utilise les liens familiaux comme un cadre souple permettant de ménager une certaine diversité, tout en constituant un réseau d'histoires cohérent: les histoires de famille sont des histoires d'alliance avec l'extérieur et les futures épouses des frères arrivent fréquemment par bateau de l'étranger et sont rencontrées dans le port, symbole par excellence d'une place ménagée à la rencontre avec l'autre et l'ailleurs. Le roman de Gueulette témoigne d'une conception exogame de la famille et le lien familial au sens large y est fondé sur des échanges avec l'inconnu et l'étranger. Il semble bien que la fonction du lien familial évolue au fil du siècle dans le sens d'une convergence des intrigues et des liens entre les différents narrateurs.

Les thèmes de la gémellité, du double et de l'indistinction des sexes sont exemplaires de cette tendance. On les retrouve dans la plupart des romans de Prévost. L'amour y prend presque toujours naissance dans une petite communauté familiale à un moment où les enfants des deux sexes sont indifférenciés. Cette indifférenciation initiale est inscrite dans *Les Mémoires et aventures* (Nadine travestie et le marquis de Rosemont; Rosette et Monsieur de Node[42]), dans l'*Histoire d'une Grecque moderne* (Théophé et Synèse) et bien sûr dans *Cleveland* (Cleveland et Fanny[43]): tous ont en commun d'être élevés ensemble ou du moins se connaissent d'abord comme frère et sœur ou croient être de même sexe. Ces couples

---

[40] Gueulette, *Mémoires de mademoiselle de Bontemps ou la comtesse de Marlou*, Amsterdam, Jean Catuffe, 1738, p. 373.

[41] *Ibid,* p. 435.

[42] «Je l'ai vue croître dans le sein de ma famille.», *Ibid,* p. 357.

[43] Voir l'analyse de R. Démoris sur la lecture des relations familiales de Marivaux par Rousseau dans *La Nouvelle Héloïse*: «De Marivaux à la *Nouvelle Héloïse*: intertexte et contre-texte, entre fantasme et théorie.», *Annales Jean-Jacques Rousseau*, 2002.

correspondent au modèle d'un amour qui sourd de la maison et du milieu familial. L'être aimé est de l'ordre du même, la relation à l'autre est d'abord fusionnelle, ce qui dispense d'avoir à chercher l'objet d'amour à l'extérieur du cercle proche. L'objet inconnu représente au contraire une menace d'aliénation de soi, de sorte qu'élire l'objet le plus proche possible, c'est se garantir des risques présentés par l'altérité[44].

Se profile, de texte en texte, l'idéal d'une relation amoureuse qui ne remettrait pas en cause le monde tel qu'il est. Dans les *Mémoires du comte de Comminville,* le narrateur expose d'emblée une philosophie du moindre lien ayant pour but une quasi-autarcie sentimentale et sociale:

> Je m'étais fait une sorte de philosophie assez singulière; mon dessein était de n'avoir aucun égard aux préjugés des hommes, pour ce qui regarde les grandeurs et les dignités; de choisir une situation propre à couler ma vie dans les plaisirs et dans le repos, sans vouloir être trop à charge aux autres, ne voulant pas non plus me fatiguer trop pour eux[45].

De la même façon, ses choix amoureux sont guidés par la volonté d'éviter de créer trop de nouveaux liens: son choix se porte sur une jeune fille issue d'une famille ruinée afin d'avoir le moins d'obligations envers les autres.

La retraite et le repli sur la famille interviennent plutôt, dans les romans des années trente et quarante, au terme des aventures, comme c'est le cas, par exemple, à la fin des *Confessions du comte de **** (1741) de Duclos. Dans un premier temps, le narrateur déroule la longue liste de ses conquêtes féminines, dans un second temps, il fait une rencontre qui opère en lui une conversion à la vertu:

> Ce n'était pas la raison qui devait me ramener et me guérir de mes erreurs; il m'était réservé de me dégoûter des femmes par les femmes mêmes. Bientôt je ne trouvai plus rien de piquant dans leur commerce. Leur figure, leurs grâces, leur caractère, leurs défauts même, rien n'était nouveau pour moi. Je ne pouvais pas faire une maîtresse qui ne ressemblât à quelqu'une de celles que j'avais eues. Tout le sexe n'était plus pour moi qu'une seule femme pour qui mon goût était usé, [...][46].

---

[44] Voir R. Démoris, «L'inceste évité: identification et objet chez Marivaux entre 1731 et 1737» in *Vérités à la Marivaux, Etudes littéraires*, vol. 24, n° 1, Eté 1991: «On pourra se demander si cet intérêt est lié à l'existence d'attitudes collectivement régressives en ce qui concerne le choix amoureux, en rapport, à l'époque avec le surgissement de l'idéologie familiale et l'atténuation des interdits familiaux.», p. 135.

[45] *Mémoires du comte de Comminville*, J-F. Josse, Paris, 1735, p. 7.

[46] Duclos, *Les Confessions du comte de *** écrites par lui-même à un ami* [Amsterdam, 1741], Paris/Genève, Slatkine, préface de Béatrice Didier, 1996, p. 197.

Le dégoût éprouvé envers les femmes provient de l'impossibilité d'en rencontrer une qui ne corresponde pas à un type déjà connu. Ayant comme épuisé les ressources de l'altérité, le comte de *** se tourne vers l'identité, c'est-à-dire vers un être en qui il se reconnaît comme en un miroir. Sa déclaration finale réaffirme la spécularité fixe de la relation qui met fin à ses aventures :

> J'étais charmé de m'être assuré pour toujours la possession de tout ce que j'avais de plus cher au monde, et d'être sûr de passer ma vie auprès de Mme de Selve, en qui je trouvais les mêmes sentiments[47].

Les termes utilisés affirment ce règne du même et de l'identique et verrouillent la fin du roman. La retraite du comte de *** est caractéristique d'un rejet du monde, d'un goût pour la solitude fréquents dans les romans de la période[48]. Robert Mauzi a montré que la recherche d'un bonheur immobile et retiré était inscrite dans un très grand nombre de textes où elle renvoyait à un certain idéal de vertu et de sagesse hérité de la philosophie stoïcienne[49]. Que le mémorialiste soit heureux en amour, qu'il se retire dans une maison religieuse ou devienne le confident de sa belle-sœur, le roman-mémoires fait généralement sienne cette aspiration au bonheur immobile qu'il tend à exprimer par la réunion finale des membres de la famille et par la symétrie arithmétique des sentiments des uns pour les autres. Le comte de *** évoque une semblable fusion, raisonnable et sans risque, au terme de ses libertines aventures :

> Je trouve l'univers entier avec ma femme, qui est mon amie. Elle est tout pour mon cœur, et ne désire pas autre chose que de passer sa vie avec moi. Nous vivons, nous sentons, nous pensons ensemble[50].

---

[47] *Ibid,* p. 199.

[48] La retraite sert d'horizon aux aventures et de point de départ à l'écriture dans les titres de roman, à l'imitation du premier roman de Prévost: *Mémoires et aventures d'un homme de qualité qui s'est retiré du monde.* Les romanciers à partir de là multiplient les références intertextuelles, plus ou moins parodiques, à ce premier texte: Claude-François Lambert avec les *Mémoires et aventures d'une dame de qualité qui s'est retirée du monde* (1739). Mouhy, quant à lui, prend le contre-pied de ce topos de la retraite en écrivant précisément les *Mémoires d'une fille de qualité qui ne s'est pas retirée du monde* (1747).

[49] «Tous tendent vers ce même idéal de plénitude intérieure et d'équilibre, qui est la transposition morale du rêve du repos. Les prestiges et les périls des passions, l'attirance des plaisirs, loin de disqualifier cette sagesse immobile, ne font qu'en accuser davantage la nécessité.», R. Mauzi. *L'Idée du bonheur dans la littérature et la pensée françaises au XVIIIème siècle,* Paris, A. Colin, 1960, chapitre IX, «L'immobilité de la vie heureuse», p. 338. Voir aussi l'article de M. Delon sur le trajet romanesque d'une image antique: «Naufrages vus de loin: les développements narratifs d'un thème lucrétien», *Rivista di letterature moderne e comparate,* vol. XLI, Fasc. 2, Pise, 1988, p. 91-119.

[50] *Les Confessions du comte de***,* Paris, Slatkine, collection Fleuron, édition de B. Didier, 1996, p. 200. On retrouve, exprimés dans des termes proches, le même

De la multiplicité ouverte de la liste, le narrateur passe donc brutalement à une relation aux autres et au monde qui n'admet qu'une altérité minimale. Il rejoint par-là une conception du bonheur comme feutrage et atténuation des passions.

Le chevalier de Mouhy, prompt à exploiter les thèmes à la mode, donne sa propre version de l'idéal autarcique. Au début des *Mémoires de la marquise de Villenemours* (1747), roman supposé écrit par Madame de Mouhy[51], un frère et une sœur sont élevés ensemble mais l'un des deux est un enfant supposé. Le narrateur révèle d'emblée l'absence de lien de sang – Mouhy se privant ici d'un effet d'inceste – et explicite le refus de rencontrer l'autre:

> Les personnes qui venaient au logis, y amenaient quelquefois leurs enfants pour nous tenir compagnie; mais ce soin était bien inutile, et nous était bien à charge. Nous nous suffisions parfaitement à nous-mêmes, et nous nous serions bien passés de semblables attentions[52].

De nouvelles rencontres sont inutiles puisque le couple est déjà formé, au sein même de la famille[53]. De même, les mémoires de Gertrude de Courtanville, la narratrice des *Mémoires et aventures d'une dame de qualité* (1757) de l'abbé Lambert, commencent par une longue évocation des amours de ses parents et de l'amie de la famille. Puis elle aborde sa propre histoire: elle est promise dès l'enfance au fils de la meilleure amie de ses parents, toutes ces personnes vivant, bien sûr, sous le même toit. Quand il faut choisir entre deux prétendants, l'héroïne reste fidèle à son premier amour, issu du groupe familial. La situation est fréquente et c'est toujours l'ancien lien qui est conservé, l'être aimé devant être, de préférence, le plus proche possible. Beaucoup plus encore qu'une apologie de la fidélité, ce choix exprime le refus d'une certaine altérité.

L'univers conventuel fait figure de modèle de petite communauté, sinon harmonieuse, du moins isolée des contaminations extérieures: lorsque le couvent représente un havre de paix, le vice est assimilé à une

---

contentement et la même fermeture au monde à la fin des *Campagnes philosophiques* de Prévost. Le narrateur, Montcal, se félicite lui aussi de n'avoir désormais nul besoin des autres, p. 199.

[51] Ce qui permet à Mouhy de s'amuser à écrire, sous le masque de sa femme, une préface pleine de vantardise et d'autodérision, très caractéristique de la «voix» particulière de ce romancier.

[52] Mouhy, *Mémoires de la marquise de Villenemours, écrits par elle-même et rédigés par madame de Mouhy*, La Haye, Antoine Van Dole, 1747, p. 97

[53] H. Lafon voit dans cette opposition un critère de classification possible des romans: «La nécessité ou non d'une rencontre initiale pourrait servir aussi à classer les couples et les romans.», *Espaces romanesques*, édition citée, p. 27-28.

infection dangereusement contagieuse. Les *Mémoires d'Euphémie* (1769), de Baculard d'Arnaud, décrivent les malheurs du cloître, en orientant les mémoires vers le gothique du roman noir, à grand renfort de larmes et de découvertes d'ossements humains. La mémorialiste ne sort jamais de son couvent. L'idée d'infection est évoquée à propos du contact avec le monde, le cloître étant supposé exacerber les passions que l'on y transporte[54]. La raréfaction du personnel romanesque se traduit ici par la multiplication des recoupements et des retrouvailles à l'intérieur même du cloître. Par exemple, lorsque Euphémie accourt au parloir pour secourir une malheureuse affamée, elle reconnaît sa propre mère. Le roman illustre, de façon presque caricaturale, la tendance au resserrement: l'inconnu est réduit à du connu, l'autre ne vient pas d'ailleurs d'un autre espace imaginaire ou familial. Son histoire doit simplement être complétée. Est significative, de ce point de vue, l'utilisation de l'unique récit inséré que comportent les *Mémoires d'une religieuse* (1766) de l'Abbé Longchamps, celui de la religieuse Thérèse[55]. Le roman participe de cette tendance à économiser la parole de l'autre et à ne pas multiplier les liens *inutiles* puisque, assez curieusement, l'héroïne principale finit par épouser l'amant de la narratrice secondaire, sur les instances de cette dernière. Comme si l'histoire principale tendait à rentabiliser la parole de l'autre et l'ouverture sur l'extérieur en recyclant le matériel narratif du récit inséré. La tendance à la convergence peut donc s'accompagner d'une limitation du recours aux récits et aux paroles des autres: il est inutile en l'occurrence que l'amant raconte son histoire puisqu'elle se superpose à celle que Thérèse a déjà faite.

Le principe autarcique professé et le type de traitement réservé à la parole de l'autre et au récit secondaire ne sont cependant pas nécessairement en rapport. La narratrice des *Mémoires de Madame la comtesse de Montglas* (1756) de Carné brosse un tableau manichéen de l'opposition entre le monde corrompu et les micro-sociétés refermées sur elles-mêmes que sont les couvents:

> Comment peindre sans horreur des séductions, des meurtres, des hypocrisies, des incestes, des pères barbares et dénaturés, des fils ingrats et parricides, des frères ennemis, des amis perfides, des faussaires, des

---

[54] «Ma fille, vous voyez ce qu'il en coûte lorsqu'on est livré aux passions; le cloître est un lieu de tourments pour les âmes infectées du levain terrestre: pour celles qui ont les vertus, la pureté, la ferveur de Sophie, c'est un séjour de félicité et de délices.», Baculard d'Arnaud, *Mémoires d'Euphémie*, Paris, édition Lejeay, 1769, p. 177.

[55] Pierre Charpentier de Longchamps, *Mémoires d'une religieuse*, Amsterdam, Paris, L'Esclapart le jeune, 1766, deuxième partie, p. 11 à 84.

> cœurs livrés à l'intérêt, foulant aux pieds la loi sacrée des serments, la confiance trahie, l'innocence séduite ou persécutée, & tous les vices encensés.
>
> Je ne vous dis rien de trop, Sophie, ces horreurs existent, et forment, pour ainsi dire, le commerce du monde. S'il est encore quelques familles où règne l'innocence, ce petit nombre d'élus vit comme vous dans la retraite, séparé de la contagion[56].

Le roman de Carné lie nettement la capacité à raconter une histoire et l'ouverture sur le monde et les récits des autres. Le roman adopte cependant une attitude ambiguë par rapport à la voix de l'autre : en dépit de la condamnation explicite de l'ouverture au monde, le récit de la comtesse de Montglas fait intervenir de nombreux énonciateurs et narrateurs secondaires. Le romancier puise dans ces interventions exogames et extérieures une grande partie de la matière de son livre qui ne date que de 1756. Malgré leurs déclarations, leurs scrupules et le dénouement endogame de leur histoire, certains narrateurs continuent en effet de faire de l'ouverture vers l'autre et l'ailleurs la matière de leur histoire ou du moins de lui ménager une place. Tout en déclarant ne pas vouloir sortir d'eux-mêmes, ils font des rencontres et les récits insérés qui en découlent ouvrent sur l'altérité, mais il semblerait qu'à mesure qu'on avance dans le siècle, et surtout à partir des années 1760, soit respecté avec de plus en plus de rigueur le pacte de convergence.

2. Convergence et concurrence narrative : les décentrements du récit primaire

Il est en effet possible d'établir un lien entre ce type d'idéologie obsidionale, la tendance endogame de la composition des intrigues et un certain traitement de la parole de l'autre et des récits secondaires. Les mémoires supposent un contrat de lecture[57] : le genre fait attendre que le narrateur raconte sa vie. De fait, ce contrat est souvent rompu, soit parce que la première personne est plurielle ou double, soit parce que le récit ou l'histoire d'un autre envahit l'espace textuel. L'histoire du moi est mise en péril par d'autres, qui sont étrangement proches : les alter ego ou les parents des rédacteurs des mémoires.

Dans *Figures III*, Gérard Genette voit dans les narrations homodiégétique et autodiégétique les formes faible et forte de la première personne[58].

---

[56] Carné, *Mémoires de Madame de Montglas ou consolation pour les religieuses qui le sont malgré elles*, p. 179

[57] Voir Ph. Lejeune, *Le Pacte autobiographique*, Paris, Seuil, 1975.

[58] G. Genette, *Discours du récit, Figures III*, Paris, Seuil, 1972, p. 225-269.

Cette distinction entre l'observateur et le héros s'avère problématique dans le cas des romans-mémoires. Les narrateurs mémorialistes louvoient en effet entre les cases de l'analyse genettienne, parce qu'ils font précisément bouger les notions de fiction personnelle et de héros. La première personne des romans-mémoires pose avec une acuité particulière le problème de l'imprécision des frontières entre le *je* primaire, théoriquement central, et les autres.

Certains travaux critiques portant sur la question de la concomitance des *je*, dans les romans-mémoires ou dans d'autres types de texte, insistent sur le statut d'embrayeur de ce pronom et s'accordent à voir dans l'autonomie des énonciations secondaires une cause de l'affaiblissement du *je* narrateur primaire. Marie-Hélène Huet, dans *Le Héros et son double*, analyse les prises de parole des personnages comme une perte de maîtrise du narrateur, en reliant la thématique de l'ascension sociale à une dissolution de la fiction personnelle[59]. Selon Kate Hamburger, lorsque la parole, et plus spécifiquement la parole narrative, est déléguée, le narrateur tend à disparaître[60]. Elle décrit le roman-mémoires comme un genre toujours en fuite de sa sphère générique, fondamentalement centrifuge.

Selon deux perspectives différentes, les deux critiques envisagent l'articulation des instances qui disent *je* dans les mémoires comme une compétition des voix. Plus récemment, Jenny Mander s'est aussi intéressée à la mise en rapport des locuteurs, des narrateurs et des récits dans les romans du XVIIIe siècle[61]. Ses conclusions incitent à voir, dans le dispositif herméneutique du roman-mémoires, une circulation de la parole qu'elle traduit par l'image d'une chaîne des savoirs le long de laquelle se transmettrait, de relais en relais, avec des transformations et des adaptations, une seule pensée, une même expérience[62]. En posant que tous les

---

[59] «Dans le roman de Marivaux, non seulement Jacob, personnage principal, échappe-t-il en partie à la voix du narrateur, mais toute une série de personnages s'animent d'une façon absolument autonome, sous forme de dialogues auxquels ils participent directement. […]; ils prennent la parole, ce qui est, dans la narration autobiographique, une sorte de compétition directe avec le narrateur.», M-H. Huet, *Le Héros et son double*, p. 46-47.

[60] K. Hamburger, *Logique des genres du récit* [*Die Logik der Dichtung*, Ernst Klett, Stuttgart, 1977], traduction P. Cadiot, Paris, Seuil, 1986. Selon la critique, dès lors qu'apparaissent des subjectivités tierces, on quitte le domaine du roman à la première personne, celui-ci étant incapable de les représenter: La mise en perspective impliquée par le récit en *je* ferait sortir de la zone du fictionnel, *Logique des genres du récit*, p. 284 *et sq.*

[61] J. Mander, *Circles of learning,* Oxford, Voltaire Foundation, 1999.

[62] Une hypothèse proche est à l'arrière-plan du *Récit Hunique* de Jean-Pierre Faye ou, plus récemment, des *Variations du récit dans* La Vie de Marianne d'Annick Jugan qui portent tous deux sur les variations d'un récit initial dans le roman de Marivaux. Voir J.P Faye, *Le Récit Hunique*, Paris, Seuil, 1967, et A. Jugan, *Les Variations du récit dans* La Vie de Marianne *de Marivaux*, Paris, Klincksieck, 1978.

je sont les avatars interchangeables d'un discours qui s'incarne dans diverses instances de parole, la thèse de Jenny Mander explore, dans une autre perspective, la question de l'homogénéité des voix du roman. Contestant la lecture autobiographique du roman-mémoires, elle s'appuie sur les conditions de production et de réception du roman des années trente, pour montrer que, dès lors qu'un texte est entre les mains des éditeurs, il n'appartient plus à son auteur, ce qui expliquerait la logique de recyclage qui sous-tend la production littéraire :

> La force de cette logique du recyclage [...] est de dissiper les contours personnels ou autobiographiques des formes apparemment personnelles du roman de sorte que la voix à la première personne du sujet-rédacteur soit absorbée dans une forme potentiellement ouverte de ce que l'on peut caractériser de discours semi-public[63].

Nous voudrions revenir sur cette dissolution des contours personnels, maintes fois notée par les critiques, afin de montrer qu'elle est liée à l'importance croissante, dans les romans, d'une altérité faible. D'une certaine façon, la faiblesse du *je* apparaît comme la conséquence d'une dissolution de l'altérité dans une collectivité proche.

L'inscription du sujet des mémoires dans une lignée est un élément fixe du genre. L'influence de l'histoire familiale s'opère par l'intermédiaire du récit du parent à son enfant. Ce qui signifie qu'un récit antérieur sous-tend et conditionne les mémoires, une sorte de *proto-récit* dont la transmission est volontiers inscrite dans les textes[64] :

> Je lui ai entendu dire bien des fois qu'il n'avait jamais rien aimé sérieusement jusqu'alors, et que se sentant tout d'un coup si excessivement touché, il en avait frémi, comme par un pressentiment secret des peines que l'amour allait lui causer[65].
> Que si l'on me demande, comment j'ai pu avoir une connaissance si parfaite de tout ce que je viens d'écrire, je réponds que ma mère a pris soin de me répéter ces choses si souvent, qu'il n'est point étonnant

---

[63] J. Mander, «Téléphone arabe: la nature discursive du roman des années 30» in *Le Roman des années 30, la génération de Prévost et Marivaux*, Annie Rivara et A. Mac Kenna (ed.), Saint-Etienne, Publications de l'Université de Saint-étienne, 1998, p. 130

[64] Ce qui rejoint la thèse développée par Jan Herman de l'essentielle stratification du genre: «En tant que formule narrative, le roman-mémoires nous apparaît comme un ensemble stratifié où la strate de l'imprimé recouvre la strate manuscrite, qui à son tour appelle une couche orale. Bien sûr, le récit même, l'histoire de Manon Lescaut par exemple, nous ne le lisons qu'une fois, mais en même temps le récit nous suggère l'existence de versions antérieures qu'il profile en filigrane.», «Projection de l'oral dans l'écrit: l'enseignement des liminaires», in *VIIIème congrès des Lumières*, (Bristol, Juillet 1991), Oxford, Voltaire Foundation, 1992, p. 1268.

[65] Prévost, *Mémoires et aventures*, p. 14.

que j'en ai retenu jusqu'à la moindre circonstance. Revenons à ma naissance[66].

Cette anecdote est trop intéressante pour ne pas vous en faire part. La voici telle que ma mère me l'a apprise elle-même[67].

Le récit préliminaire, quelle que soit la forme qu'il adopte – simple mention de son existence, traduction à la troisième personne ou citation ponctuelle –, quand il est contenu dans de certaines bornes et qu'il ne supplante pas totalement les mémoires proprement dits, remplit une fonction informative et référentielle, en situant le narrateur par rapport à la société: c'est le cas par exemple dans les *Mémoires et aventures* ou dans *Cleveland*. Le récit parental rattache l'individu à un groupe social, mais aussi et surtout à une histoire familiale et privée qui a une influence sur sa vie.

Cependant, dans certains romans, dès la fin des années 1730 et surtout dans la deuxième moitié du siècle, la place de l'histoire parentale croît en importance et le proche vient faire lui-même le récit de sa vie: l'effet d'envahissement par la parole de l'autre est alors spectaculaire. Il se traduit par diverses formes de décentrement des mémoires: c'est le nom du narrateur secondaire qui figure dans le titre ou bien le récit primaire est envahi par un autre récit.

Le Philosophe amoureux (1737) de Boyer d'Argens évoque, par son titre, un individu, mais en réalité, la première partie du roman est consacrée aux aventures du père de celui-ci, racontées à la première personne. Quant à la deuxième partie, elle est composée de l'histoire de la mère de la jeune femme dont s'éprend le narrateur, si bien que du philosophe amoureux, on ne saura presque rien. Les grands traits de son histoire sont de simples supports à partir desquels s'élaborent les récits des autres[68].

---

[66] C-F. Lambert, *Mémoires et aventures d'une dame de qualité*, p. 31.

[67] Mouhy, *Mémoires d'Anne-Marie de Moras*, I, p. 10.

[68] Les très nombreux phénomènes de décentrement de mémoires, où le narrateur se met à raconter peu à peu les histoires d'un autre, ne relèvent pas de l'envahissement par la *parole* de l'autre mais plutôt par son *histoire*. C'est le cas, par exemple, dans *Achille ou les Mémoires du chevalier de ***.* de Madame Meheust, Amsterdam, François l'Honoré, 1734. Les derniers mots d'Achille illustrent une forme de subordination de la première personne mémorialiste qui devient finalement le réflecteur de la vie des autres: «Sa chère épouse est l'unique objet de ses vœux; attentions réciproques, complaisances mutuelles, enjouement, caresses, humeur, esprit, tout s'accorde; et ce qui me plait davantage c'est sans aucun mélange d'inégalité. Pour moi, je passe mes jours dans une assez douce tranquillité; j'ai un appartement dans la maison de mon frère;», p. 287. Le décentrement de l'histoire, à la fin de la première partie, est justifié par la mort de la bien-aimée du narrateur. Madame Meheust reproduit un type de décentrement observable dans les *Mémoires et aventures*: Renoncour raconte ses aventures, pendant le premier livre, jusqu'à ce que la mort de Sélima ne décentre ses mémoires car la suite sera vécue par Renoncour d'une position excentrée, celle du sage sans passion, qui se borne à un rôle de «spectateur

Le décentrement se justifie, dans ce roman, par la philosophie du personnage qui lui confère un statut un peu en retrait par rapport aux passions et aux aventures dont il est, de préférence, l'observateur et le juge: la vie des autres nourrit sa réflexion.

Le décentrement des mémoires peut aller de pair avec leur inachèvement; comme si le retour au récit primaire s'avérait difficile d'un point de vue narratif. Le sous-titre de *La Famille infortunée* (1742) de Neufville de Montador annonce les mémoires de la marquise de La Feuille Belu. La narratrice commence effectivement par raconter ses mésaventures familiales: enlevée par des brigands avec son frère, qui est en réalité son cousin, elle est transportée sur un navire où elle retrouve sa sœur. Ils forment tous, avec la femme et la fille du capitaine, une nouvelle famille et la narratrice insère le récit du capitaine Holzclaerk, commandant du navire et patriarche bienveillant de cette famille recomposée. La narratrice justifie la digression:

> Comme c'est pour me désennuyer que j'entreprends mon histoire, j'y ferai rentrer tout ce qui me viendra dans l'esprit; je prévois que j'aurais besoin de la faire longue, et au bout du compte, ce qui est arrivé à ceux avec qui j'ai commercé, ne m'est pas tout à fait étranger; ainsi je n'aurais point de scrupules à cela[69].

La narratrice a si peu de scrupules que la narration du capitaine occupe le reste de ses mémoires. Comme dans *La Vie de Marianne*, le récit inséré ajourne définitivement la reprise de la narration primaire, en un décentrement spectaculaire de mémoires qui restent inachevés. Le titre annonce d'ailleurs l'absorption de l'histoire de la narratrice dans celle de sa famille.

Les précédents exemples de décentrement peuvent être distingués de ceux que mettent en scène les romans à partir de la fin des années 1740, qui semblent plus délibérés et témoignent ouvertement de la volonté de resserrer les intrigues. Celle des *Mémoires de Cécile* (1751) de La Place fait par exemple converger les liens du sang et les liens d'amitié noués dans le couvent: lorsqu'elle fait la connaissance de sœur Agathe, la narratrice Cécile ne se doute pas qu'elle rencontre sa propre mère qui a dû

---

et de critique» (*Mémoires et aventures*, p. 128.). Dans *Achille*, l'horizontalité de la relation entre les personnages, pris dans une fratrie et non dans un rapport de filiation, souligne l'évincement du cadet aux dépens de l'aîné. Dans *Les Mémoires d'Anne-Marie de Moras*, de Mouhy, l'histoire de la mère vient avant l'histoire de la narratrice et occupe la première partie, elle est racontée par la fille, à la troisième personne, mais est littéralement envahie par les paroles rapportées et surtout celles de la mère.

[69] Neufville Brunaubois de Montador, *La Famille infortunée ou les Mémoires de madame la marquise de la Feuille-Belu*, Londres, 1742, p. 81.

l'abandonner à sa naissance. L'étape ultime de ses mémoires est de se replacer dans le cadre de l'histoire familiale, mais son enquête éditoriale se traduit par un abandon de sa propre histoire. Cécile annonce d'ailleurs d'emblée le décentrement:

> Je préviendrai ici mes lecteurs que pendant tout le temps de son absence, monsieur le chevalier de Beaubourg ne perdit pas une occasion de me donner de ses nouvelles, et que je ne manquai jamais de prévenir l'impatience qu'il avait de recevoir des miennes: je dis ceci pour n'être pas obligée d'interrompre le fil de ma narration, dans le récit des aventures que j'éprouvai jusqu'à son retour. J'ai peine à me pardonner à moi-même la nécessité que je m'impose, de paraître l'oublier dans des moments critiques de ma vie où sa mémoire m'était si précieuse; mais on ne me pardonnerait peut-être pas de présenter sans cesse dans ces mémoires un si tendre souvenir, aussi capable de distraire l'attention des personnes désintéressées qu'il m'était nécessaire pour me soutenir dans les nouvelles épreuves que le sort me préparait[70].

De fait, son histoire d'amour avec le marquis de Beaubourg, est renouée seulement dans les dix dernières pages et tout le deuxième volume relègue effectivement son amant sur l'île de Malte, d'où il ne revient que pour la scène finale de communion familiale. Les parties III et IV sont entièrement consacrées à l'histoire des parents de Cécile. Non seulement ces récits, faits par les intéressés eux-mêmes, occupent un espace textuel important, mais encore l'activité principale du personnage central consiste à les interpréter. Les mémoires de Cécile s'achèvent lorsque la narratrice a réintégré la cellule familiale, c'est-à-dire plus près du début que de la fin de sa propre vie: le décentrement n'a ici rien d'accidentel, il tient au projet romanesque.

Dans *La Force de l'exemple* (1748) de Bibiena[71], la jeune épouse du narrateur commence à raconter son histoire à la page 54 de la première partie et ne l'achève qu'à la fin des mémoires. Le récit enchâssé constitue de fait les mémoires de ce qui n'est plus, à proprement parler, un roman-mémoires. Le *je* cadre reste flou et cantonné au rôle de récepteur du récit secondaire, celui de la marquise de Venonville. A l'intérieur du récit de la marquise, vient s'insérer celui de son premier mari. La fin du

---

[70] La Place, *Mémoires de Cécile*, p. 20-21, III.

[71] On observe aussi de semblables décentrements dans les *Mémoires du comte de Baneston*, La Haye, 1755, de Forceville, où c'est l'histoire secondaire qui donne le titre ou encore dans les *Aventures du faux chevalier de Warwick* (1750) de Dupré d'Aulnay: le nombre de mémoires décentrés augmente nettement à mesure qu'on avance dans le siècle.

récit de la jeune femme marque le retour à un *nous* des protagonistes supposés du roman:

> Mais, comte, reprit-elle, en me regardant avec des yeux pleins d'amour,
> venons enfin à nous-mêmes; sentez-vous combien vous me devez de
> satisfaction? Ce serait à l'infini, m'écriai-je, en me levant, et me jetant
> à ses genoux, si je vous faisais toutes celles que vos charmes méritent.
> Non, non, dit-elle en m'obligeant de me lever, c'est du cœur que je
> veux cette satisfaction. Concevez-vous la différence des sentiments que
> vous avez fait naître à ceux que le baron m'avait inspirés? Il avait sur-
> pris un cœur neuf, et quoique je fusse en garde contre les hommes, je
> n'avais pas encore été trompée. Mais après l'épreuve de la perfidie des
> hommes, que vous ayez vaincu la juste horreur que j'avais contre eux;
> que résolue de ne vouloir entendre parler que d'amitié, vous m'ayez
> déterminée à l'amour, c'est avoir disposé de mon cœur avec un empire
> absolu[72].

Il s'agit là d'une version-limite de la formule du récit secondaire exemplaire puisqu'il sert uniquement de point de comparaison pour mesurer
la force de l'amour des deux personnages principaux mais n'en prend pas
moins tout l'espace du roman. Bibiena joue d'un paradoxe: le récit exemplaire sert de point de comparaison à un amour posé comme central qui
n'a, lui, pas d'autre histoire que celle des rapports sexuels qui interrompent ici et là le fil du récit. Là où se déploie le récit, règne la frustration
des sens, là où il disparaît, les sens triomphent, en un chiasme qui dit le
décentrement et la vacuité narrative du centre qui se dessinent de plus en
plus nettement dans les romans-mémoires. Ici aussi, le titre, général et thé-
matisant la force d'imitation du même, est un bon indicateur de la perte
du centre qui se manifeste dans une partie des romans de la période. Les
narrateurs primaires racontent de moins en moins leur vie et se font volontiers l'écho d'un proche, déplaçant du même coup le point focal du roman.

3. Estompage des contours personnels des mémoires

L'intégrité de la première personne mémorialiste peut être menacée
de façon plus insidieuse par une atténuation des frontières énonciatives
de la narration elle-même. Au lieu d'une concurrence d'un récit en *je*
par d'autres *je*, c'est un récit en *nous*, collégial ou même adoptant un
point de vue omniscient qui supplante tous les personnages de l'histoire
racontée.

---

[72] Bibiena, *La Force de l'exemple*, II, p. 182.

A. *Enonciation double ou plurielle: les fictions en* nous

Le protagoniste du roman-mémoires est souvent accompagné d'un autre personnage qui le seconde et prend les traits de l'écuyer, du valet préféré, de l'ami, du compagnon d'infortune, de la nourrice ou du précepteur. Le choix de ce comparse détermine l'orientation du roman: la prostituée est accompagnée de sa mère ou d'une femme de chambre, le pseudo-picaro d'un plus picaro que lui, le héros noble d'un compagnon qui l'est moins, etc. La combinaison est problématique dans les romans-mémoires du fait du double statut du narrateur, également acteur des aventures racontées.

La première personne double menace insidieusement le *je* des mémoires, plus particulièrement par le biais des couples mère-fille ou père-fils: le *je* s'y fond souvent dans un *nous* incluant le sujet des mémoires et son parent de même sexe. Annie Rivara souligne la fréquence des représentations romanesques et dramatiques du lien unissant les mères et les filles, à mettre en rapport avec le développement de la littérature sensible et les nombreux romans qui s'inspirent de *La Vie de Marianne*[73].

Dans les *Mémoires et aventures d'une fille de qualité* de Mouhy, une fille aide sa mère à dissimuler les preuves de l'adultère dont elle est le fruit. La narration qui s'amorce a pour protagonistes le couple mère-fille, la fille donnant des instructions à sa mère et guidant son action[74]. Le dispositif est ici celui du relais, la fonction de régisseur revenant à la fille lorsque la mère est au centre de l'histoire. Inversement, lorsque la fille revient au centre des aventures, et que la réputation de sa mère n'est plus menacée, la narration se fait plus indécise: le dispositif du roman est fondé sur un chiasme fonctionnel qui rappelle le double registre[75], en introduisant une distinction entre celle qui est immergée dans l'événement et celle qui l'appréhende d'un point de vue plus extérieur. Le premier intérêt du couple mère-fille est de permettre d'esquiver une partie des contraintes du récit à la première personne en faisant de la narratrice principale une observatrice pendant une partie du roman, ce qui lui confère une clairvoyance dans le passé qui se ressent sur les mémoires.

---

[73] A. Rivara, «La mère confidente de Marivaux ou la surprise de la tendresse, une expérimentation morale et dramaturgique», *Revue d'Histoire littéraire de la France* n°1, 93ème année, Janvier-Février 1993, p. 73-93

[74] Mouhy, *Mémoires et aventures d'une fille de qualité*, p. 24.

[75] J. Rousset, «Marivaux et la structure du double registre» in *Forme et signification, Essai sur les structures littéraires de Corneille à Claudel*, Paris, Corti, 1962.

Dans les romans de prostituées, la première personne double permet d'aborder de façon biaisée et oblique la satire de la prostitution par ses propres agents. Les romans de filles parodient la relation mère/fille exaltée par le roman sentimental: la mère est un modèle de vice, elle donne le mauvais exemple. Dans *La Belle Allemande ou les galanteries de Thérèse* (1745) d'Antoine Bret, la narratrice place son récit sous le patronage immoral de sa mère. Surtout, elle s'inclut d'emblée dans un schéma de duplication fondé sur le legs des aptitudes à la prostitution de la mère à la fille. Après un épisode relatant une aventure galante de sa mère, la mémorialiste semble vouloir limiter la place de celle-ci:

> Je ne m'étendrai pas sur une infinité d'autres aventures, à moins qu'elles n'aient quelque rapport avec les événements de ma vie. C'est mon histoire que j'écris et non la sienne. Cependant je lui dois la justice avant de finir sur son compte, de tracer en peu de mots une légère ébauche des traits les plus marqués qui la caractérisent[76].

La parfaite prostituée, ce n'est donc pas la narratrice mais sa mère, comme le confirme son portrait[77]. Quand Thérèse a treize ans, elle prend le relais de sa mère, fatiguée, dans la carrière de prostituée. Après ce début en forme d'hommage provocateur à la mère, prostituée modèle, le récit de Thérèse reste fortement marqué, dans son énonciation, par la présence du double féminin parental, les mémoires étant partiellement régis par une énonciation en *nous*: «On nous fit des crimes des choses les plus innocentes. La fortune qui nous avait ri dans les commencements commençait insensiblement à nous abandonner[78].» La fiction en *nous*, dans ce type de texte, a une fonction polémique et comique: la fille prend la parole en prétendant vouloir rendre hommage à la mémoire de sa mère, salie dans l'opinion, mais le portrait qu'elle en fait est une charge satirique. La figure homologue de la mère fait en outre glisser les mémoires de l'autoportrait au portrait.

Thérèse philosophe (1748) de Boyer d'Argens esquive constamment la narration à la première personne du singulier. Thérèse prétend raconter sa propre histoire mais, dans la première partie, elle se fait principalement l'écho des actions érotiques des autres. Elle est d'abord témoin de la

---

[76] A. Bret, *La Belle Allemande ou les galanteries de Thérèse*, 1745, [s.l], p. 14.

[77] «Pour son cœur c'est bien le meilleur que je connaisse; enclin à peu de passions à force d'en avoir épuisé le sentiment [...]; douce, insinuante, se prêtant à tout, toujours prête à excuser toutes sortes de faiblesses, en un mot digne d'être proposée pour modèle, à ces femmes qui ont l'âme assez belle pour consacrer leurs travaux à la satisfaction du public.», *Ibid*, p. 17.

[78] *Ibid*, p. 42.

séduction de la jeune Eradice par le père Dirrag, histoire qui reprend et parodie un épisode scandaleux de l'actualité contemporaine. Elle rapporte ensuite les ébats et les conversations de Madame de C*** avec l'abbé T***, en occupant la position du témoin qui espionne les autres tout en retirant au passage un grand plaisir, en un dispositif coutumier du roman pornographique ou érotique, dans lequel le témoin sert de relais commode au désir du lecteur. La seconde partie du roman est centrée autour du personnage de la Bois-Laurier. On s'attend à ce que son récit soit fait depuis le centre de l'action érotique mais, du fait d'une configuration particulière de son corps, la Bois-Laurier est toujours la spectatrice hilare des vaines tentatives des hommes pour lui enlever son pucelage. Cette malformation physique peut être lue comme la traduction figurée d'une esquive de la narration personnelle, puisqu'elle cantonne la narratrice à la position d'observatrice désengagée.

Les romans féminins jouent donc de la narration double en usant du *nous* au lieu du *je*, et en décentrant tout ou partie de l'histoire sur le personnage de la mère. En montrant que l'histoire des enfants prolonge celle des parents, les romans-mémoires brouillent la frontière entre le *je* et les autres. D'un point de vue narratif, ils traduisent aussi la tendance du sujet principal à être dans une position de témoin ou de figurant, plutôt que d'acteur.

Le roman-mémoires poursuit, dans les décennies 50 et 60, la tradition du couple de héros mais en l'infléchissant, les deux personnages se ressemblant si fort qu'ils ne parlent plus que d'une seule voix, ce qui n'est pas sans conséquence sur le type d'énonciation adopté par la narration.

Nous nous contenterons d'indiquer une piste de recherche en comparant le couple de personnages des *Aventures de Don Antonio de Buffalis* (1722) de La Barre de Beaumarchais, avec celui de *L'Infortuné Français ou les Mémoires du marquis de Courtanges* (1752). Fabricio et Antonio sont étroitement unis, l'un servant de porte-parole pour les deux: «Le vieux curé nous demanda qui nous étions, et pourquoi nous étions sortis de chez nous. Fabricio lui répondit que nous venions de Gênes et que nos parents nous envoyaient à Rome[79] [...].» La gémellité parfois troublante des personnages[80], au niveau de l'histoire, n'est cependant nullement sensible au niveau de la narration. Ils agissent de concert, mais

---

[79] La Barre de Beaumarchais, *Aventures de Don Antonio de Buffalis*, 1722, chapitre VIII, p. 39.

[80] A un moment de crise où les personnages ont faim et froid, le texte donne à voir l'image d'une fusion des corps du narrateur et de son compagnon: «Nous nous serrions l'un contre l'autre, et nous nous entrelassions les jambes, comme des *serpents*: de petites branches d'arbre, et des *feuilles mouillées* entassées sur nous, couvraient nos pieds, et nous

leurs deux voix sont distinctes. Dans *L'Infortuné Français*, le schéma gémellaire cristallise, au contraire, un questionnement de l'énonciation mémorialiste. Non seulement l'histoire racontée par le marquis de Courtanges, l'infortuné Français, est intégralement commune avec celle de son compagnon d'infortune, le chevalier de Mélionville, mais encore le récit est entièrement régi par le *nous*, de façon mécanique et systématique («Mélionville et moi savions parfaitement bien nager; nous attrapâmes une planche des débris de notre vaisseau [...]», p. 42). La conduite de l'action et la fonction de porte-parole, au niveau des événements narrés, sont également partagées entre les deux personnages, en une alternance parfaite. C'est le cas par exemple de la rencontre avec des indigènes de l'île sur laquelle ils ont échoué:

> Comme il parlait grec, et que le chevalier et moi l'entendions passablement, nous nous hâtâmes de lui répondre. Ce fut le chevalier qui lui répondit en ces termes [...]. Nous nous adressâmes au vieillard chez qui nous logions; ce fut moi qui le priai de vouloir bien nous dire comment ils appelaient leur pays. Il me sera aisé, me répondit-il de satisfaire votre curiosité[81].

Le marquis de Courtanges parle exactement comme son compagnon si bien que les voix du passé, celle du héros, de son ami, des gens rencontrés, du narrateur, sont exactement identiques et interchangeables. Le thème du double et le schéma du couple de protagonistes peuvent aussi faire l'objet d'un traitement franchement parodique. *Le Compère Mathieu ou les bigarrures de l'esprit humain* (1766), situé à l'extrémité temporelle de notre corpus, et fonctionnant comme son miroir parodique, reprend le dédoublement en le caricaturant. Du Laurens transforme ainsi la conformité de sentiments en une série de coïncidences et les ressemblances en copies conformes: «Mon compère Mathieu et moi naquîmes à Domfront, petite ville de Normandie, le premier dimanche d'août, 1709. Son père et le mien étaient cordonniers[82]»: le jeu sur le même chez Du Laurens se tourne délibérément vers la mécanisation comique.

---

nous tenions embrassés, les yeux sur les yeux, et la bouche sur la bouche, comme pour nous rendre la vie mutuellement», *Ibid*, p. 48. Les deux textes en question formulent la possibilité de l'amour homosexuel et d'une relation fantasmatiquement symétrique, la femme étant assez rapidement écartée («Milady» meurt prématurément dans *L'Infortuné Français*, elle n'a pas même de nom propre) ou pas du tout évoquée (comme dans le récit de Don Antonio).

[81] *L'Infortuné Français ou les Mémoires et aventures du marquis de Courtanges, traduits de l'anglais*, Londres, Jean Nourse, 1752, p. 51-52 et p. 55.

[82] Du Laurens, *Le Compère Mathieu ou les bigarrures de l'esprit humain*, Londres, aux dépens de la compagnie, 1766, p. 3.

Une telle indifférenciation des voix a des conséquences sur l'énonciation centrale, constamment dédoublée en un *nous* collégial qui est un composé étrange, puisqu'il tente de masquer la différence essentielle entre la parole du narrateur et celle du comparse: jadis les deux voix alternaient et se relayaient dans l'action, tandis que le *nous* de la narration procède du seul mémorialiste qui recompose, seul, une expérience passée intégralement partagée avec un autre. Ainsi l'homogénéisation totale des voix et la réduction de l'autre à une altérité proche ébranlent l'énonciation centrale. Tout se passe comme si la voix de l'autre prenait ici la place occupée par le moi passé dans les mémoires traditionnels. Le *nous* qui se rapporte à l'action passée recouvre une unité affective, mais celui de la narration dans le présent ne postule qu'une unité grammaticale qui souligne l'inévitable solitude de tout mémorialiste. De fait, ces romans marqués par un alignement des voix des autres sur la narration mémorialiste ne sont plus, à proprement parler, des romans-mémoires.

B. La communion finale et le refus du détour par l'autre

Dans les romans des années 1760, on note un nombre croissant d'infractions au principe du point de vue unique postulé par le dispositif des mémoires. Nous proposons d'interpréter certains de ces changements de cadre intempestifs comme la réponse des romanciers à un besoin de changement de perspective qu'ils ne parviennent pas à résoudre depuis le point de vue initialement posé.

Le point de vue centralisateur du narrateur primaire oblige en effet à quelques aménagements quand il s'agit de représenter une scène collective, un tableau de groupe dans lequel le narrateur primaire est inclus. Dans *La Religieuse*, rédigé vers 1760, Diderot commet un certain nombre d'infractions qui ont été notées par les critiques. La plupart du temps, le romancier parvient à trouver des détours pour faire voir son personnage de l'extérieur, sans recourir à des récits insérés. Nous avons cité, en première partie, des passages dans lesquels la narratrice, Suzanne Simonin, se peint à l'intérieur du tableau: la scène du reposoir[83], l'apparition du visage de Suzanne derrière son voile[84]: Suzanne se donne à voir à son narrataire et au lecteur comme un spectacle, grâce au relais du visage des autres, et s'inclut dans la scène qu'elle décrit. Afin qu'elle puisse rendre

---

[83] Diderot, *La Religieuse*, Paris, Folio, p. 111.
[84] *Ibid*, p. 141.

compte d'une scène, d'un tableau qu'elle n'a pu voir directement, Diderot les fait généralement passer par le relais du visage et de la parole des autres qui fonctionnent comme un miroir.

Le besoin narratif de la perspective panoramique s'affirme au cours de la période et les romanciers n'hésitent pas à changer brusquement le mode de la narration[85]. On reliera ces phénomènes à l'influence d'autres genres sur les mémoires: celle du roman épistolaire et des dialogues. Les *Mémoires d'un homme de bien* de Madame de Puisieux (1768) présentent plusieurs infractions au point de vue unique: la romancière *oublie* à plusieurs reprises qui elle est en train de faire parler et change inopinément de personne. L'intrigue du roman est la recherche par Lastink, le narrateur, de Fanni sa bien-aimée. Les amants se rejoignent vers la fin du roman où Fanni donne alors sa version de l'histoire. Au milieu de ce récit secondaire rétrospectif, la romancière fait surgir une troisième personne qui se met à décrire la scène. Plus tard, l'instance omnisciente prend la parole à la place du narrateur cette fois:

> Sir Lastink marquait par ses mouvements qu'il était violemment agité. Il n'osait interrompre un récit qui l'intéressait, et le désespérait en même temps. Ses larmes se faisaient un passage en voyant les malheurs que sa chère Fanni avait essuyés. Tout le monde était attentif sur la suite d'une histoire aussi extraordinaire. Sir Lastink tenait une main de Fanni qu'il serrait entre les siennes, avec une expression qui la touchait sensiblement. [...] Sir Lastink oublia qu'il avait des témoins de ses transports, pour ne songer qu'à marquer à Fanni tout ce qu'un amour ardent et vertueux peut inspirer. Cette scène ne pouvait déplaire à personne[86].

Ces ruptures dessinent une cohérence. L'histoire de Fanni est interrompue par une instance narratoriale extra-diégétique à des moments qui scandent la vie de la petite société: les débuts et les fins de dîners qui regroupent tous les personnages, le retour de personnages qui réintègrent la communauté. Chacune de ces interruptions donne lieu à une vision panoramique sur la petite société réunie pour écouter le bilan de toutes les histoires. L'instance extra-diégétique rapporte leurs différents sentiments, réactions et commentaires par rapport au récit de Fanni. Le passage du point de vue limité de la première personne, de Lastink ou de Fanni, au point de vue omniscient d'une instance extra-diégétique correspond donc à des moments de communion et au besoin d'une vision

---

[85] G. Genette désigne par le terme de *métalepses* ces brusques transgressions des niveaux narratifs, *Figures III*, p. 135 et p. 243-245.

[86] *Ibid*, p. 205.

extérieure à la scène. Le dénouement confirme le besoin à la fois narratif et idéologique de dire la communion sans faille:

> Après quelques préparatifs, Madame Waster, Miss Fanni et Sir Lastink repassèrent en Angleterre. Ils furent tous descendre chez Lady B... qui les attendait avec le vieux Lastink, qui jouit, pour la première fois de la douce satisfaction d'être père d'un fils aimable et vertueux. Miss Fanni en fut aussi accablée de caresses: cette famille, si longtemps divisée, fut enfin réunie par les liens de l'amour, de l'amitié, de la reconnaissance et de l'hymen[87].

Tout se passe comme si, dans ce roman, la vision globalisante de la famille ne savait passer par le regard de l'un de ses membres et encore moins par celui d'un intrus. Le retour inopiné de Mademoiselle de Sargi cause une confusion générale à l'issue de laquelle, Lastink, le narrateur initial, reprend la conduite du récit:

> Enfin, on prit un peu de tranquillité, on s'entendit mieux, et après le dîner on commença à s'expliquer.
> L'entrevue du Lord et de Mademoiselle de Sargi est difficile à rendre continua Monsieur Lastink, et je ne puis encore juger si Mademoiselle de Sargi est à louer ou à blâmer de sa conduite; on ne voyait sur son visage ni colère ni tendresse, ni embarras dans ses discours; elle ne paraissait occupée que du plaisir de nous retrouver[88].

Le récit poursuivi par Lastink est désormais un récit en *nous*, celui de la communauté, le glissement entre les deux s'opérant par le biais du *on*[89]. La fin dénoue toutes les intrigues secondaires par la conclusion de plusieurs mariages, mais aussi par le retour de la mère de Fanni et du père de Lastink métamorphosé en bon père pour les besoins de la scène de réconciliation finale. La dernière phrase fait entendre à nouveau l'instance omnisciente, en un point de vue surplombant et unifiant: «Toutes ces personnes réunies après une si longue absence, ne composèrent plus qu'une même famille, et contribuèrent à récompenser les vertus de Sir Lastink[90].» Les infractions formelles rendent perceptible un besoin de narration collégiale que la première personne ne peut adéquatement satisfaire. Les infractions correspondent en effet à des moments où Lastink le narrateur est confondu avec le public des auditeurs. Il réapparaît au contraire dans la position de narrateur lorsque survient un personnage

---

[87] *Ibid,* p 301.
[88] Mme de Puisieux, *Mémoires d'un homme de bien*, 1768, p. 307.
[89] Qui fait office ici de pronom «caméléon», voir A. Herschberg-Pierrot, *Stylistique de la prose*, Paris, Belin, 1993, p. 30.
[90] *Ibid.* p. 317.

latéral qui perturbe l'unité du groupe. Il semble que la romancière refuse ici délibérément de passer par la parole de l'autre pour traduire l'absorption de l'ensemble des participants dans la scène décrite. La solution de Marivaux ou de Diderot, qui consistait à faire passer par le regard et la voix des autres une vision sur soi, est rejetée au profit d'une transgression plus brutale du contrat initial. Il est intéressant de constater que, chez Madame de Puisieux, cette difficulté à s'adapter à la forme des mémoires s'accompagne d'une théorisation du bonheur immobile inspirée par les philosophes et les moralistes chrétiens: ses *Conseils à une amie* (1749) prêchent la chasse aux passions violentes et le repli sur soi[91].

On retrouve le même glissement vers la troisième personne, à mesure que l'on se rapproche de la fin du roman, dans les *Mémoires d'Adélaïde* (1764). La narratrice est le fruit du viol de sa mère par le frère de celle-ci et cette origine incestueuse frappe d'incertitude l'identité de chacun et les relations des personnages entre eux. Dans ce texte, l'emploi de la métalepse est plus limité que dans le roman de Madame de Puisieux. La narratrice fait un compte rendu minutieux des propos tenus par les personnages qui l'entourent. Le roman-mémoires tend à se réduire à un long dialogue intégralement rapporté. La narratrice s'absente totalement du récit des pages 79 à 83 et le texte embraye alors sur le récit, à la troisième personne, d'une scène, essentiellement constituée de dialogues, à laquelle elle n'a pas assisté. Le retour au cadre narratif initial pose ici aussi des difficultés que le romancier résout en plongeant son personnage dans le mutisme:

> Belville monte avec son fils, qui l'introduit chez Madame Zerbin: il voit cette même personne qu'il y avait oubliée. Est-ce une illusion? Est-ce un jeu de votre part, mon fils, s'écria-t-il? J'étais interdite, le vieillard me considérait, et je voyais la sérénité se répandre sur son front[92].

Adélaïde parle d'elle-même à la troisième personne, la grammaire reflétant le brouillage formel, puis son personnage reste muet. Son silence établit ici encore une zone de flou qui masque les ruptures du récit. Il traduit un embarras plus spécifiquement narratif: le romancier doit renouer avec la voix de la narratrice primaire et le silence camoufle la suture. La narratrice peut ainsi reprendre à la fois sa participation à l'action et sa narration.

---

[91] Voir R. Mauzi, *L'Idée du bonheur dans la littérature et la pensée françaises, au XVIIIème siècle*, Paris, A. Colin, 1960, p. 338.
[92] *Mémoires d'Adélaïde*, Paris, Libraires associés, 1964, p. 84.

Cette remise en question des cadres formels des mémoires est liée, dans les *Mémoires d'Adélaïde,* à la problématisation de l'identité et à la confusion générale des identités. L'altérité y est si faible que les personnes d'une même famille sont finalement confondues:

> M. Belville, ce bon vieillard qui me regarde comme sa fille, a redoublé de tendresse pour moi, depuis que je l'ai rendu grand-père; il ne m'appelle plus que sa chère Lucile du nom de ma mère et pleure souvent en me parlant d'elle. Sa fille m'appelle sa sœur; la paix et la vertu nous unissent tous[93].

La fille ressemble tant à sa mère que l'histoire d'Adélaïde est envahie par celle de Lucile, si bien qu'elle est débaptisée par son grand-père et *devient* Lucile. La reconnaissance finale permet de se rendre compte opportunément qu'Adélaïde, personnage que l'on croyait exogène, était en réalité un membre de la famille. Autrement dit l'inceste fondateur colore la totalité des relations entre les personnages.

Les infractions formelles témoignent du fait que les limites imposées par le cadre de la première personne commencent à embarrasser certains romanciers, particulièrement dans la deuxième moitié du siècle. La parole de l'autre, qui suppléait en partie à la fixité du point de vue, n'est pas jugée ici adéquate pour rendre compte de la communion et de la vision d'ensemble de la petite société. Cette tendance à l'envahissement de l'espace par les paroles rapportées des personnages, qui va jusqu'à l'effacement de la narratrice[94], dans les romans-mémoires des années 1760, peut être interprétée comme le résultat de la double influence de l'épistolaire polyphonique et du dialogue qui réalisent une mise à plat de toutes les voix. Les paroles des autres débordent du cadre de la première personne: le roman ne peut plus faire tenir ensemble toutes les voix en les subordonnant à une première personne unique. La concurrence des voix des autres devient alors effectivement dangereuse pour la cohérence des mémoires.

Les paroles des autres, dans les romans envahis par la voix parentale ou familiale ou dans ceux qui, dans les années 1760, questionnent la forme des mémoires, ne se font guère entendre. Si du moins nous conservons notre définition initiale de *parole autre* comme parole présentant un écart par rapport à la norme – verbale, morale, générique – indiquée

---

[93] *Ibid,* p. 120.
[94] Soit parce qu'elle est supplantée par sa mère, soit parce qu'elle devient l'équivalent de sa mère, soit parce qu'elle réintègre le groupe des personnages et perd le surplomb temporel qui définit la position narratoriale.

tacitement par la narration centrale. Il était utile de suivre la parole de l'autre au-delà de notre définition initiale et le récit secondaire au-delà des années 1740, quand il tente de répondre à d'autres exigences de la narration et de la fiction. Ces analyses exigeraient d'être prolongées, mais elles permettent d'ores et déjà d'avancer l'hypothèse suivante: l'affaiblissement du *je* central, remarqué par maints critiques, peut être mis en relation avec un traitement de plus en plus utilitaire et endogame des voix des autres. A mesure que l'autre se rapproche du même, la narration centrale elle aussi se dissout dans une collectivité de voix dont rien ne justifie plus la hiérarchisation formelle: ainsi s'explique le glissement vers le récit d'un narrateur extérieur à la fiction et à l'action, c'est-à-dire vers la citation indifférenciée de toutes les voix par un éditeur invisible, sous la forme soit d'un dialogue, soit d'un réseau de lettres. Autrement dit, au terme de ce dernier chapitre, on peut dire que si l'autre s'édulcore ou si l'altérité devient exclusivement celle de proches ou de semblables, le dispositif des mémoires est sérieusement mis en péril.

L'ÉPISTOLAIRE: UNE AUTRE FORME DE RÉPONSE À LA DEMANDE DE CONVERGENCE NARRATIVE

> Quant aux aventures d'Edouard, il serait trop tard,
> puisque le livre est imprimé;
> d'ailleurs, craignant de succomber à la tentation,
> j'en ai jeté les cahiers au feu.
> Rousseau, Lettre à Duclos.

Nous voudrions ajouter, sous forme de digression, quelques réflexions sur la parole de l'autre dans le roman épistolaire de la seconde moitié du XVIIIe siècle, parce que celui-ci a une influence sur la façon dont est représentée la voix de l'autre dans les mémoires des années 1750 et 1760. Ne pouvant évoquer ici le corpus romanesque épistolaire de cette période dans sa complexité et sa diversité[1], nous concentrerons notre attention sur le roman qui influence plus que tout autre la production littéraire de la seconde moitié du siècle: *La Nouvelle Héloïse* de Jean-Jacques Rousseau.

Nous nous bornerons à rappeler brièvement les conclusions de Laurent Versini qui retrace, dans *Le Roman épistolaire*, l'évolution du sous-genre épistolaire. Les *Lettres persanes* lancent en 1721, en France, la mode des lettres exotiques et philosophiques mais les imitateurs de Montesquieu ne parviennent pas à maîtriser la polyphonie. Il faut attendre les *Lettres de la marquise* (1732) de Crébillon pour que le roman épistolaire se tourne à nouveau vers l'analyse psychologique et l'expression du sentiment, mais Crébillon ne suscitera pas beaucoup d'imitateurs. Le relais de l'épistolaire passe plutôt par l'Angleterre et les romans de Richardson:

> En résumé, la formule monophonique, linéaire, qui est celle des débuts de Richardson (*Pamela*) comme de ceux de Crébillon (*Lettres de la Marquise*), domine jusque vers 1750; on la retrouvera plus tard encore; à partir de 1750 les échanges entre deux amants se multiplient, c'est le

---

[1] J. Herman en fait une analyse détaillée dans *Le Mensonge romanesque, paramètres pour l'étude du roman épistolaire en France*, Amsterdam et Leuven, Rodopi et Leuven University Press, 1989, dans lequel il applique au corpus épistolaire de la seconde moitié du siècle les concepts de la narratologie et de la grammaire générative.

roman à deux voix; la polyphonie ne se généralisera qu'après *La Nouvelle Héloïse*, la pluralité des voix conservant à chacune d'entre elles le prestige de l'actualisation par la première personne, et d'une subjectivité replacée dans une pluri-, voire dans une intersubjectivité[2].

De l'étude du roman épistolaire, on retiendra deux propositions: le sous-genre passe globalement de la monodie à la polyphonie et il a tendance à peindre un monde clos, socialement et culturellement homogène, parce que les correspondances s'inscrivent dans l'univers de la sociabilité mondaine et en pratiquent les codes[3].

Une tension transparaît dans l'évolution du roman par lettres à cette époque quant au traitement de la parole de l'autre: de plus en plus attentif aux mœurs et aspirant à faire entendre l'ensemble des voix du groupe représenté, le roman par lettres tend également à maintenir son homogénéité et sa clôture[4]. Qu'en est-il de la parole de l'autre dans des romans épistolaires polyphoniques qui mettent toutes les voix sur le même plan?

I. LA PAROLE DE L'AUTRE ET L'ÉPISTOLAIRE: LE NARRATIF INTERSTITIEL

Le préalable de toute réflexion sur le dispositif épistolaire est d'en distinguer les différents types. François Jost distingue les romans statiques des romans dynamiques par la distance qui sépare l'écriture des lettres et les événements qu'elles évoquent[5]. Dans le cas des romans épistolaires dynamiques, les lettres font progresser l'action, leur envoi et leur réception constituent l'intrigue. Il s'agit en quelque sorte de la forme forte de l'épistolaire. Dans les romans statiques les lettres ne constituent pas l'action mais tout au plus l'accompagnent ou, plus généralement, la suivent

---

[2] L.Versini, *Le Roman épistolaire*, Chapitre III, «Les causes du succès d'une forme», p. 83.

[3] L. Versini souligne la tendance homogénéisante de l'œuvre de Crébillon par exemple: «De la tradition des *Lettres d'Héloïse* et des *Portugaises* il donne la version mondaine qui pour se plier à l'honnêteté élimine tout ce qui est trop personnel, ou marqué au sceau d'une trop grande passion, ou, ce qui revient au même, contraire à la bienséance.», *Ibid*, p. 250.

[4] Voir l'article de J. Rousset. «Une forme littéraire: le roman par lettres», in *Forme et signification*, Paris, Corti, 1962.

[5] F. Jost, «Le roman épistolaire et la technique narrative au XVIIIe siècle», *Comparative Literature Studies 3* (1966), p. 397-427, réédité in *Essais de littérature comparée*, Fribourg, Suisse, Editions universitaires, 1968. F. Jost classe les romans par lettres en six catégories: trois statiques et trois dynamiques.

ou la rapportent. Les lettres, dans les romans statiques, sont donc essentiellement narratives puisqu'elles commentent rétrospectivement ce qui s'est passé peu de temps auparavant[6].

Des deux types d'épistolaires distingués, le statique se rapproche le plus des romans-mémoires, parce qu'il est d'orientation rétrospective et donc d'essence narrative. Les romans épistolaires statiques, tels que les *Lettres d'une Péruvienne* (1747) de Madame de Graffigny, retracent de façon discontinue le récit des aventures du ou des épistoliers. Les lettres de Zilia racontant à Aza sa capture par les occidentaux, puis sa découverte de l'Occident, diffèrent des mémoires seulement par la proximité entre le récit et les événements et par la forte orientation vers le destinataire, alors que les mémoires n'y font en général guère appel, passée la préface. Le destinataire des mémoires est fréquemment anonyme et collectif et ils sont par définition rédigés longtemps après les événements qu'ils relatent. L'épistolaire statique et les mémoires sont les vecteurs du même type de narrativité, même si celle des lettres est plus proche des événements racontés. Les romans de Richardson sont essentiellement statiques dans la mesure où les protagonistes s'écrivent peu entre eux mais envoient plutôt leurs lettres à des confidents extérieurs. Dans les *Lettres anglaises ou histoire de Miss Clarisse Harlove* (1747), traduit par l'abbé Prévost en 1751, l'immense majorité des lettres constituant le roman est envoyée par Clarisse à Miss Howe et seulement deux sont échangées entre Clarisse et Lovelace[7]. Autrement dit, la narrativité de l'épistolaire statique consiste dans des comptes rendus, faits à un personnage extérieur, d'événements dont l'épistolier a été le témoin.

Dans l'épistolaire dynamique, la définition de la narrativité est plus problématique. Les lettres ne rapportent pas principalement des événements passés mais s'efforcent d'agir sur le correspondant et d'en obtenir une réaction: une réponse, un service, une action, un aveu. Des épisodes du passé peuvent certes être évoqués, en passant, mais l'essentiel de la lettre consiste dans l'établissement d'une communication avec l'autre, le

---

[6] Si les lettres rapportent sur un mode narratif des événements qui se sont passés longtemps auparavant, on est en présence d'une forme qui ne conserve de l'épistolaire que la fragmentation du récit et son orientation vers un destinataire, comme c'est le cas par exemple dans *La Vie de Marianne*.

[7] Voir L. Versini, *Le Roman épistolaire*. A propos du caractère statique des lettres: «La lettre a tendance à s'y détacher de l'action pour traiter dans leur généralité des problèmes moraux.», p. 69 et sur la prépondérance dans *Clarisse* des lettres de Clarisse à miss Howe: «Richardson ne sait pas encore éviter l'artifice commun à tant de ses imitateurs, du destinataire étranger à l'action et inventé pour les seuls besoins de la confidence.», p. 72.

destinataire[8]: dans des romans ayant pour principal sujet l'amour, dans l'épistolaire dynamique, les lettres ne racontent pas l'amour, elles le manifestent et sont le moyen de la séduction. Dans les romans du premier type, les lettres ne modifient pas les épistoliers, tandis que dans ceux du second, les épistoliers changent et voient leur situation changer dans et par les lettres: Les romans épistolaires dynamiques n'en racontent pas moins une histoire, mais c'est une histoire sans narration ni narrateur: celle de la correspondance, c'est-à-dire celle de la relation entre les épistoliers. Il y a pourtant bien du narratif dans l'épistolaire dynamique, mais il est résiduel, interstitiel: le lecteur doit reconstituer une histoire à partir des aperçus et des échos qu'en donnent les lettres. Quelle est la place et la fonction de la parole de l'autre dans ces deux types de roman épistolaire?

La définition de l'autre dans les romans épistolaires ne va, dans tous les cas, pas de soi, du fait de la mise à plat de toutes les voix qui fonde l'épistolaire polyphonique. Ce ne saurait être le destinataire des lettres, qui tient plutôt une place analogue à celle du destinataire des mémoires. Entre le couple d'épistoliers du roman épistolaire dynamique, le romancier ménage toujours la place d'un tiers, ami commun et témoin de l'histoire. Nous identifierions volontiers l'autre des romans épistolaires avec ce personnage qui prend part à l'échange des lettres, tout en étant *à l'extérieur* de la relation constituant le noyau central de la correspondance.

Derrière cette définition de l'altérité, on peut reconnaître les traits du confident, du témoin: le tiers de l'échange épistolaire prendrait-il la place de l'autre des mémoires? Les métamorphoses du confident confirment la tendance à la convergence des paroles vers la relation centrale, déjà observée dans les romans-mémoires, et le besoin de médiation supplémentaire qui s'y manifeste.

II. LA PAROLE DE L'AUTRE DANS *LA NOUVELLE HÉLOÏSE*

Nous voudrions nous interroger sur la fonction et la place de la parole de l'autre dans *Julie ou La Nouvelle Héloïse* de Rousseau (1761) et montrer en quoi ce roman apporte à la question de la parole de l'autre une solution qui est entendue par les romans-mémoires des années 1760.

---

[8] Voir, sur ce point, Jan Herman qui distingue les modes expressif, référentiel et allocutif, à partir des catégories de L. Dolezel et de Suzan Lee Carrel. Voir J. Herman, *Le Mensonge romanesque, paramètres pour l'étude du roman épistolaire en France*, p. 59-60.

L'exigence de rapprocher les événements et les personnages des romans de ceux qui les lisent est revendiquée par les critiques depuis la fin du XVIIᵉ siècle. Du Plaisir, par exemple, dans ses *Sentiments sur les Lettres et sur l'Histoire* (1683), développe la thèse d'un besoin d'identification du lecteur aux personnages, à propos de la fiction dans la nouvelle historique :

> Nous ne nous appliquons point ces prodiges et ces grands excès; la pensée que l'on est à couvert de semblables malheurs, fait qu'on est médiocrement touché de leur lecture. Au contraire, ces peintures naturelles et familières conviennent à tout le monde; on s'y retrouve, on se les applique, et parce que tout ce qui nous est propre nous est précieux, on ne peut douter que les incidents ne nous attachent d'autant plus qu'ils ont quelque rapport avec nous[9].

Nous voudrions mettre en rapport le goût croissant pour une fiction du proche et une nouvelle façon d'utiliser la parole de l'autre dans les romans. L'exigence de présenter au lecteur une fiction propre à l'attacher, parce que proche de son expérience, est reprise par Diderot et Rousseau au début des années 1760. Dans la seconde Préface à *La Nouvelle Héloïse*, parue le 16 février 1761, et l'*Eloge de Richardson*, paru au *Journal étranger* de janvier 1762, Rousseau et Diderot louent en effet le roman moderne en tant que fiction du proche.

Diderot reprend le lieu commun critique qui consiste à attaquer le roman d'aventures d'inspiration exogène, pour prôner un roman vraisemblable qui s'attache à peindre les mœurs des contemporains et situe ses intrigues dans un univers familier. Ce rejet d'un romanesque d'aventures, qui touche encore aux grands romans baroques, ou plus exactement en réaménage l'héritage, est repris par Diderot :

> Le monde où nous vivons est le lieu de la scène; le fond de son drame est vrai; ses personnages ont toute la réalité possible; ses incidents sont dans les mœurs de toutes les nations policées; les passions qu'il peint sont telles que je les éprouve en moi; ce sont les mêmes objets qui les émeuvent, elles ont en elles l'énergie que je leur reconnais; les traverses et les afflictions de ses personnages sont de la nature de celles qui me menacent sans cesse; il me montre le cours général des choses qui m'environnent[10].

L'Éloge de Richardson (1762) répond à *La Nouvelle Héloïse*, à laquelle il reproche implicitement de ne pas offrir des situations et des personnages

---

[9] Du Plaisir, *op.cit.*, p. 50.

[10] D. Diderot, *Eloge de Richardson* in *Œuvres esthétiques*, P. Vernière (ed.), Paris, Garnier, 1968, p. 30-31.

auxquels le lecteur soit susceptible de s'identifier. Dans la *Seconde Préface* de *La Nouvelle Héloïse,* Rousseau condamne lui aussi les excès d'un romanesque d'évasion, fondé sur des aventures extraordinaires, mais il ne propose pas non plus à son lecteur de se reconnaître directement dans ses personnages. Au critique dont il imagine les objections et qui lui reproche d'avoir peint des personnages présentant le paradoxe de n'être pas pris «dans la nature[11]» et d'être placés dans des situations que «chacun peut voir tous les jours dans sa maison ou dans celle de son voisin[12]», Rousseau rétorque: «c'est-à-dire qu'il vous faudrait des hommes communs et des événements rares. Je crois que j'aimerais mieux le contraire[13]». Des âmes extraordinaires et des situations communes: les personnages de *La Nouvelle Héloïse* sont conçus pour que le lecteur puisse *se projeter* en eux, ils ne se contentent pas de lui présenter un miroir de sa propre vie et une copie de son langage. Le mécanisme de projection décrit par Rousseau dans sa préface n'est donc pas du même ordre que la reconnaissance prônée par Diderot. *La Nouvelle Héloïse* crée des personnages qui sont familiers tout en offrant la représentation d'une autre façon de vivre et de sentir, fixant ainsi le modèle d'une altérité proche envers laquelle le lecteur peut éprouver un désir – et un désir d'identification – sans pouvoir pour autant identifier les êtres et les actions représentées à son univers familier.

L'autre aspect du rejet du romanesque ancien dans les années 1760 concerne la composition. Diderot et Rousseau s'accordent à rejeter dans un passé archaïque du roman la fragmentation et l'enchevêtrement des intrigues. De ce point de vue, *La Nouvelle Héloïse* représente une tentative pour faire converger les histoires et les paroles des personnages et éliminer les digressions et épisodes jugés parasites.

Dans ses *Confessions,* Rousseau revient sur ce qu'il considère comme la grande réussite de *La Nouvelle Héloïse:* l'élimination des procédés de variation du romanesque traditionnel. Il compare son roman à ceux de Richardson, dont Diderot a fait un vibrant éloge, pour montrer qu'il le surpasse en ce qui concerne la simplicité de la composition:

> La chose qu'on y a le moins vue et qui en fera toujours un ouvrage unique est la simplicité du sujet et la chaîne de l'intérêt qui concentré entre trois personnes se soutient durant six volumes sans épisodes, sans aventure romanesque, sans méchanceté d'aucune espèce, ni dans les

---

[11] J-J.Rousseau, *Julie ou La Nouvelle Héloïse*, GF-Flammarion, M. Launay (ed.), 1967, *Seconde préface ou entretien sur les romans,* p. 572.
[12] *Ibid*, p. 573.
[13] *Ibid*, p. 573.

personnages, ni dans les actions. Diderot a fait de grands compliments à Richardson sur la prodigieuse variété de ses tableaux et sur la multitude de ses personnages. Richardson a en effet le mérite de les avoir tous bien caractérisés: mais quant à leur nombre il a cela de commun avec les plus insipides romanciers qui suppléent à la stérilité de leurs idées à force de personnages et d'aventures[14].

Les personnages de Richardson ont beau participer tous à la construction de la même histoire, Rousseau condamne leur trop grand nombre qui introduit une diversité jugée encore parasite. Il présente explicitement la concentration, le tissage de la «chaîne de l'intérêt», comme les grandes réussites de son roman.

La concentration de l'intrigue et le souci du vraisemblable vont dans le même sens: celui d'une modification profonde de la représentation de l'altérité et de la voix qu'on lui prête. Notre hypothèse est que la technique, mais aussi l'idéal d'organisation sociale dont *La Nouvelle Héloïse* fixe les modèles, relaient la pratique, observée dans les romans-mémoires, des récits secondaires complémentaires, comme si le roman de Rousseau servait de relais et d'amplificateur à une transformation du statut de la voix de l'autre dans les romans-mémoires.

1. Transparence et médiations:
«Dis-lui cent fois... Ah! dis-lui...[15]»

La Nouvelle Héloïse se caractérise, dès la première partie, par l'interposition fréquente d'un personnage témoin ou confident dans la communication entre les deux amants. Deux figures majeures servent de relais entre Julie et Saint-Preux. Le premier de ces intermédiaires est Claire, alter ego et confidente de Julie. Son rôle va cependant bien au-delà de cet emploi traditionnel, puisque Julie délègue à Claire le soin de transmettre la *mauvaise parole*, c'est-à-dire les mauvaises nouvelles et les refus signifiés à son amant. De même que Claire se référait au discours de Chaillot, leur gouvernante, pour prédire le destin malheureux de Julie (Lettre p. 120, lettre LXIII, Ière partie), de même Julie se sert de la parole de Claire pour transmettre à son amant les paroles qu'elle répugne à prononcer directement. Celle-ci joue plus qu'un simple rôle de relais puisqu'elle doit parfois formuler elle-même le message, si bien qu'on assiste, à certains moments, à une totale démission du *je* de l'amante:

---

[14] J-J. Rousseau, *Confessions* in *Œuvres complètes*, Paris, Pléiade, B. Gagnebin et M. Raymond (ed.), 1959, tome 1, Livre XI, p. 546-547.

[15] J-J. Rousseau, *La Nouvelle Héloïse*, Lettre LXIII, Ière partie p. 120.

J'ai voulu tenter vingt fois d'écrire à celui que j'aime: je suis prête à m'évanouir à chaque ligne et n'en saurais tracer deux de suite. Il ne me reste que toi, ma douce amie; daigne penser, parler, agir pour moi; je remets mon sort entre tes mains; [...] De grâce! Fais parler mon cœur par ta bouche; pénètre le tien de la tendre commisération de l'amour; console un infortuné; dis-lui cent fois...Ah! dis-lui...[...] Dis-lui qu'il se garde lui-même du découragement et du désespoir. Ne t'amuse point à lui demander en mon nom amour et fidélité, encore moins à lui en promettre autant de ma part; l'assurance n'en est-elle pas au fond de nos âmes? Ne sentons-nous pas qu'elles sont indivisibles, et que nous n'en avons plus qu'une à nous deux? Dis-lui donc seulement qu'il espère, et que, si le sort nous poursuit, il se fie au moins à l'amour[...][16].

Cette délégation s'accompagne, on le voit, de nombreuses instructions et recommandations. La lettre LXV est le compte rendu que Claire fait à Julie de son entrevue avec Saint-Preux, entrevue dont Julie est le sujet principal. Claire se cite et souligne scrupuleusement les modifications qu'elle a pu apporter par rapport aux indications qui lui ont été données:

Non, mon ami, vous devez connaître son cœur; vous devez savoir combien elle préfère son amour à sa vie. Je crains, je crains trop (j'ai ajouté ces mots, je te l'avoue) qu'elle ne le préfère bientôt à tout[17].

Elle utilise aussi les mots de son Julie, en les détournant de leur destinataire premier, et s'appuie sur une lettre de celle-ci pour convaincre Saint-Preux:

Alors j'ai tiré ta dernière lettre et lui montrant les tendres espérances de cette fille aveuglée qui croit n'avoir plus d'amour, j'ai ranimé les siennes à cette douce chaleur. Ce peu de lignes semblait distiller un baume salutaire sur sa blessure envenimée: j'ai vu ses regards s'adoucir et ses yeux s'humecter; j'ai vu l'attendrissement succéder par degrés au désespoir: mais ces derniers mots si touchants tels que ton cœur les sait dire, *nous ne vivrons pas longtemps séparés*, l'ont fait fondre en larmes. 'Non, Julie, non, ma Julie, a-t-il dit en élevant la voix et baisant la lettre, nous ne vivrons pas longtemps séparés; le ciel unira nos destins sur la terre, ou nos cœurs dans le séjour éternel[18]'.

Les amants, par l'intermédiaire du discours que chacun adresse à Claire, ont accès aux sentiments de l'autre et c'est Claire qui orchestre leur dialogue à distance. Les déplacements et les distorsions sont multiples: Julie écrit à Claire, mais, en réalité, elle s'adresse à Saint-Preux;

[16] *Ibid,* Lettre LXIII, Ière partie, p. 121.
[17] *Ibid,* I, p. 126.
[18] *Ibid,* I, p. 126.

Saint-Preux écrit à Claire, pour mieux atteindre Julie. Claire centralise ainsi toutes les informations et les transmet en y adjoignant des messages qui lui étaient destinés mais qui dévoilent une autre facette de l'amour de Julie et Saint-Preux. Le tiers met en circulation le sentiment et donne aux amants le spectacle de leur amour. Claire acquiert ainsi dans l'échange des lettres une position qui la rapproche de l'éditeur du recueil.

Lord Bomston joue un rôle comparable. Il représente sans aucun doute l'*autre* par excellence dans le roman parce que, contrairement à Claire, il vient de l'extérieur: il est anglais et Saint-Preux souligne dès son apparition son statut d'original. Il surgit de surcroît au détour d'une lettre, comme à l'improviste:

> Je n'en étais encore qu'à la seconde lecture de ta lettre quand Milord Bomston est entré. Ayant tant d'autres choses à te dire, comment aurais-je pensé, ma Julie, à te parler de lui? Quand on se suffit l'un à l'autre, s'avise-t-on de songer à un tiers[19]?

Lord Bomston perturbe à la fois le fil de la pensée, l'écriture de la lettre et le monde familier. Sa participation relativement tardive au secret des amants fait de lui un observateur extérieur et certains de ses commentaires incitent même à voir en lui une figure du lecteur dans le texte. Lorsqu'il obtient de Saint-Preux le récit de son amour, il réagit en lecteur averti. Il se maintient jusqu'au bout dans cette position de surplomb critique:

> Il n'y a, m'a-t-il dit, ni incidents ni aventures dans ce que vous m'avez raconté, et les catastrophes d'un roman m'attacheraient beaucoup moins; tant les sentiments suppléent aux situations, et les procédés honnêtes aux actions éclatantes! Vos âmes sont si extraordinaires, qu'on n'en peut juger sur les règles communes. Le bonheur n'est pour vous ni sur la même route ni de la même espèce que celui des autres hommes[20].

Rousseau place dans la bouche de Lord Bomston l'éloge d'un roman des âmes, sans aventure ni incident, c'est-à-dire celui auquel lui-même aspire. La différence entre Claire et Lord Bomston est que la voix de l'amie est prophétique alors que celle de l'ami fait entendre une autre version possible, qui ne sera pas apparemment actualisée, jusqu'à, du moins, ce que la lettre posthume de Julie (VI, 12) apporte à la lecture passionnée et tragique de Milord Edouard une confirmation ultime, sous la forme d'un saisissant coup de théâtre:

---

[19] *Ibid,* I, Lettre XLIV p. 80. et: «J'oubliais de t'annoncer une visite pour demain matin: c'est Milord Bomston qui vient de Genève, où il a passé sept ou huit mois», p. 80.
[20] *Ibid*, p. 111.

> L'amour s'est insinué trop avant dans la substance de votre âme pour que vous puissiez jamais l'en chasser; il en renforce et pénètre tous les traits comme une eau forte et corrosive, vous n'en effacerez jamais la profonde impression sans effacer à la fois tous les sentiments exquis que vous reçûtes de la nature; et quand il ne vous restera plus d'amour, il ne vous restera plus rien d'estimable[21].
>
> Oui, j'eus beau vouloir étouffer le premier sentiment qui m'a fait vivre, il s'est concentré dans mon cœur. Il s'y réveille au moment où il n'est plus à craindre; il me soutient quand mes forces m'abandonnent; il me ranime quand je me meurs[22].

Les confidents ont une influence décisive sur la lecture, en donnant voix aux divers scénarios romanesques possibles, et sur le cours de l'intrigue, en faisant dialoguer à distance les protagonistes de l'histoire d'amour.

Le texte affirme ainsi progressivement une logique de médiation. La coupure temporelle entre les trois premières et les trois dernières parties distingue deux situations d'échange. Dans les trois premières parties, les amants s'adressent encore de nombreuses lettres; dans les trois dernières, seules les lettres VI, VIII et la fameuse Lettre XII sont adressées par Julie à Saint-Preux. Le centre du système d'échange des lettres s'est déplacé et les anciens amants ne s'écrivent presque plus l'un à l'autre mais parlent l'un de l'autre aux autres épistoliers[23].

Quelle est la signification de cette progressive emprise de la médiation après la deuxième partie? Dans *La Transparence et l'obstacle*, Jean Starobinski analyse cette incessante circulation des messages orchestrée par les amis. Il y déchiffre le fantasme de la transparence des cœurs et montre que l'uniformité du style des lettres en est une conséquence. La vertu apparaît comme la conscience d'une transparence perdue. La traversée des tempêtes, la perte de l'innocence s'accompagnent d'une disparition progressive de la communication à deux.

Cet idéal de transparence entre en effet en tension avec une prise de conscience douloureuse de l'opacité des êtres à eux-mêmes et aux autres et, aux lettres directement échangées entre les anciens amants, se substituent des médiations qui multiplient les jeux de miroir et permettent à chacun de mieux voir les autres. Le dispositif semble rechercher la médiation systématique et maximale pour aboutir au spectacle de la lecture de

---

[21] *Ibid*, p. 138.

[22] *Ibid,* Lettre XII de Julie, p. 564.

[23] On passe en quelque sorte, dans les lettres de Saint-Preux et Julie, de l'expressif ou de l'allocutif au référentiel: l'amour est l'objet des lettres et plus leur moteur.

la lettre de Julie par Saint-Preux, dont Claire rend compte, rétrospectivement, à Julie. La rêverie sur le thème de la transparence et du voile vient thématiser cette tension entre la transparence et l'opacité, car le dispositif génère également des médiations et des zones d'ombre analysées par Jean-Louis Lecercle[24]. La pratique systématique du détour par la voix de l'autre est une source de brouillage et de parasitage, car en même temps qu'elle se fait le médium de la correspondance entre les amants, cette voix empêche l'établissement d'une communication directe.

2. La parole en circuit fermé et l'idéal de séparation

La circulation fluide des paroles est réalisée dans le domaine de Clarens, après le retour de Saint-Preux. L'âme de Julie exerce alors son influence sur toute la petite société, au-delà du groupe initial des amants et de l'ami. Le roman donne à voir la constitution d'un corps social resserré sur une communauté restreinte qui élimine tensions et conflits. L'organisation sociale de Clarens réalise un idéal d'isolement, car le fantasme de transparence est étroitement lié au goût de l'«existence circonscrite[25]». L'autarcie du domaine agricole correspond à un idéal d'autosuffisance qui rejette les échanges intermédiaires et le commerce, à tous les sens du terme[26]. La société idéale de Clarens se rapproche d'une société de type féodal où chacun se satisfait de sa place, sans guère songer à en sortir, mais également de sociétés plus restreintes, telles que la famille. Robert Mauzi décrit, à partir d'un vaste corpus de textes littéraires et philosophiques, la conception d'un bonheur familial éprouvé comme bonheur collectif et satisfaisant à deux types d'exigences apparemment contradictoires:

> [...] un état moyen entre la sociabilité étendue au monde, où l'on risque de se perdre, et la solitude insupportable à toute âme sensible. Le milieu familial se dessine ainsi comme une société restreinte, un petit monde parfait, où l'on peut jouir du bonheur d'être avec les autres sans s'exposer aux dangers de l'aliénation. A l'intérieur du groupe, des relations de nature différente s'établissent. Le bonheur domestique suppose *une polyvalence du cœur*, dont il remplit et épuise les besoins,

---

[24] Voir J-L. Lecercle, *Rousseau et l'art du roman*, Slatkine Reprints, Genève, 1979, p. 129.

[25] Cf. J. Starobinski, *La Transparence et l'obstacle*, Paris, Plon, 1958, p. 126. Cette notion est exprimée ailleurs chez Rousseau, notamment au début de l'*Emile,* Voir R. Mauzi, *L'Idée du bonheur dans la littérature et la pensée française au XVIIIème siècle*, Paris, A. Colin, 1960.

[26] Cette répugnance pour le commerce est explicitée par M. De Wolmar dans la lettre 2 de la Vème partie.

grâce aux divers liens –conjugal, paternel, filial, fraternel– qui tissent la trame de l'univers familial[27].

De ce compromis entre le même et l'autre, on trouve aussi de nombreuses traces dans les romans-mémoires, et notamment dans leur tendance au repli sur la famille proche. Une telle conception du rapport à l'altérité n'est pas sans conséquence sur le mode de représentation de la parole de l'autre dans *La Nouvelle Héloïse*.

3. L'appropriation de la parole de l'autre: l'altérité diffuse et dissoute

Tous les épistoliers de *La Nouvelle Héloïse* citent volontiers les paroles des autres et les amants ponctuent également leurs lettres de nombreuses citations du Tasse. Très fréquentes au début du recueil, ces citations se raréfient ensuite pour laisser place à d'autres effets de discours emprunté. Elles sont le plus souvent redondantes par rapport au discours du locuteur et sont en général des fragments de descriptions champêtres, de plaintes sentimentales ou des préceptes moraux qui renforcent et appuient ce que vient de dire le personnage. Le statut de ces citations est principalement ornemental, le changement de médium ne revêtant pas une signification particulière. Quelques citations servent pourtant à masquer un discours qui ne saurait être tenu directement. Saint-Preux se sert, par exemple, du Tasse pour exprimer une pensée qu'il ne pourrait prendre à son compte[28]:

> J'ai surtout à vous tancer sur un passage dont vous vous doutez bien, quoique je n'aie pu m'empêcher de rire de la ruse avec laquelle vous vous êtes mis à l'abri du Tasse, comme derrière un rempart[29].

La langue doublement étrangère, parce qu'italienne et poétique, fonctionne comme un code partagé par les amants et leur première confidente. Le procédé est emblématique de la tendance généralisée des épistoliers à

---

[27] R. Mauzi, *op.cit.*, p. 358. Cf. *La Nouvelle Héloïse*, IV, Lettre 8, et la lettre de la matinée à l'anglaise, IV, Lettre 3.

[28] Saint-Preux débute l'une de ses lettres par une citation du Tasse pour décrire le tumulte qui l'agite. On note un glissement entre le tumulte évoqué par la citation et celui qui saisit le personnage. La citation en italien permet ici de glisser vers un propos brûlant: «'O qual fiamma di gloria, d'onore, /Scorrer sento per tuttele vene,/Alma grande, parlando con te!' Julie, laisse-moi respirer; tu fais bouillonner mon sang, tu me fais tressaillir, tu me fais palpiter; ta lettre brûle comme ton cœur du saint amour de la vertu et tu portes au fond du mien son ardeur céleste.», *La Nouvelle Héloïse*, p. 160., II, Lettre XII.

[29] *Ibid,* I, Lettre XXIII, p. 48.

intégrer, à amalgamer à leur propre discours, le langage des autres puis à le réutiliser. Les épistoliers joignent souvent à leur lettre celle d'un autre, le propos étant ainsi souvent fondé sur le commentaire d'un discours antérieur.

Parallèlement à cette multiplication du texte[30], le péritexte des notes fait entendre une voix qui critique le contenu des lettres. La Lettre LXV de Claire à Julie représente un moment pathétique, or le texte de la note est nettement dissonant:

> Je suis un peu en peine de savoir comment cet amant anonyme qu'il sera dit ci-après n'avoir pas encore vingt-quatre ans, a pu vendre une maison n'étant pas majeur. Ces lettres sont si pleines de semblables absurdités, que je n'en parlerai plus; il suffit d'en avoir averti. [Note de Rousseau] [31].

Non seulement la voix de l'éditeur opère une mise à distance, mais encore les épistoliers se placent souvent hors de leur voix, ils ne chantent pas toujours dans leur partition, créant un autre type d'écart. Dès les premières parties, Julie tient un discours de savoir et de sagesse puisé à diverses sources. Dans la lettre LVII de la première partie, elle condamne par exemple le duel, convoquant des arguments de moraliste et de philosophe. Elle justifie sa parole empruntée:

> J'ai cru, mon ami, dans une matière aussi grave, devoir faire parler la raison seule, et vous présenter les choses exactement telles qu'elles sont. Si j'avais voulu les peindre telles que je les vois et faire parler le sentiment et l'humanité, j'aurais pris un langage fort différent. […] Je ne t'ai rien dit de ta Julie; elle gagnera sans doute à laisser parler ton cœur[32].

La lettre illustre la conscience aiguë qu'ont les personnages de parler plusieurs langages, de pouvoir faire entendre plusieurs voix en reprenant les paroles des autres, conscience qui justifie par avance le ton didactique de certaines lettres. Elles dispensent, surtout dans les parties IV, V et VI, de longs discours de savoir qui donnent à entendre la voix du prétendu éditeur. Dans la lettre LVII de Julie se succèdent ainsi trois voix distinctes. Julie adopte d'abord le langage de la raison, puis elle rapporte une anecdote racontée par son père, et ce n'est que dans les dernières lignes

---

[30] Nous reprenons le terme par lequel Shelly Charles désigne divers procédés de manipulation des textes dans *Le Pour et contre* et dont les «effets de commentaire» font partie. cf. *Récit et réflexion: poétique de l'hétérogène dans* Le Pour et contre *de Prévost*, Oxford, Voltaire Foundation, 1992, p. 249.

[31] Rousseau, *op.cit.*, p. 127.

[32] *Ibid*, p. 107.

que se fait entendre la voix de l'amoureuse. L'énonciation de Julie a ceci de caractéristique qu'elle laisse parler les autres à travers elle. Elle se fait l'écho d'expériences et de jugements qui portent la trace de leur passage par d'autres, notamment quand elle se réfère aux discours de son précepteur et amant:

> Souvenez-vous de ce que vous m'avez dit vous-même contre le service étranger. Avez-vous oublié que le citoyen doit sa vie à sa patrie, et n'a pas le droit d'en disposer sans le congé des lois, à plus forte raison contre leur défense[33]?
> Tu l'as dit mille fois toi-même, Malheur à qui ne sait pas sacrifier un jour de plaisir aux devoirs de l'humanité[34]!

La conséquence de cette appropriation des paroles des autres est une dissolution de l'altérité, qui est au cœur de toutes les paroles mais nulle part isolable. L'altérité sociale, nettement identifiée, laisse place à une altérité diffuse qui s'insinue au cœur du même. Ce processus implique l'absence d'épistolier dissonant et le rejet, on ne peut plus revendiqué, de la tradition du récit inséré secondaire comme ouverture sur un ailleurs. *La Nouvelle Héloïse* consacre la mise au ban d'un certain romanesque.

4. Le romanesque au feu: les aventures de Milord Edouard

Le projet romanesque de Rousseau était d'écrire un roman à l'intrigue simplifiée, débarrassé des épisodes qui encombrent d'ordinaire les romans[35]. La composition de *La Nouvelle Héloïse* répond donc à un idéal de concentration dramatique. A ce dessein correspond le sacrifice des amours de Milord Edouard[36].

La réaction de Charles Pinot-Duclos, l'un des premiers lecteurs du roman, avec qui Rousseau entretient une correspondance et à qui il demande son avis, est, de ce point de vue, fort éclairante. Duclos conseille à Rousseau de donner de l'essor à cette histoire annexe en développant les aventures de Milord Edouard:

> Vous auriez tort de supprimer les deux dernières parties, l'ouvrage est trop fait pour qu'il puisse se passer de dénouement. Je dis même qu'il

---

[33] *Ibid,* I, Lettre LVII, p. 104.
[34] *Ibid,* I, Lettre XXXIX, p. 76.
[35] J-L. Lecercle, *Rousseau et l'art du roman,* Slatkine Reprints, Genève, 1979.
[36] L'*Histoire de Milord Bomston* est publiée seulement en 1780, avec *Emile et Sophie ou les solitaires* dans la *Collection des œuvres de J-J. Rousseau,* Genève, Moulton et Du Peyron, 1780-1782,

faut l'addition de l'histoire d'Edouard. C'est précisément parce que je la comprends dans le peu qui en est dit, que j'en désire le développement[37].

A cela, Rousseau répond, vers le 26 novembre 1760:

> Quant aux aventures d'Edouard, il serait trop tard, puisque le livre est imprimé; d'ailleurs craignant de succomber à la tentation, j'en ai jeté les cahiers au feu, il n'en reste qu'un court extrait que j'en ai fait pour Madame la Maréchale de Luxembourg, et qui est entre ses mains[38].

Claire-Eliane Engel a souligné depuis longtemps la ressemblance entre les «Amours de Milord Edouard» et les romans de Prévost[39]. Elle établit des correspondances, notamment avec des éléments de *Cleveland*, et surtout entre certains personnages: Cleveland annonce le personnage d'Edouard Bomston, Manon celui de Laura, la prostituée repentie. De telles mises en rapport éclairent le caractère potentiellement romanesque des aventures d'Edouard. En les supprimant, Rousseau élimine non seulement ce qui pourrait représenter une hétérogénéité, mais aussi toute forme d'histoire qui ferait sortir du cercle initial de personnages.

Rousseau résiste donc à la tentation du récit secondaire et renonce à la possibilité d'embrayer sur d'autres sphères et régimes fictionnels: on peut remarquer l'absence d'épistolier tenant le rôle de l'opposant radical, du scélérat des romans. Dans la *Seconde Préface*, Rousseau expose sa conception du roman, en se suggérant à lui-même des objections:

> Quant à l'intérêt, il est pour tout le monde, il est nul. Pas une mauvaise action, pas un méchant homme qui fasse craindre pour les bons; des événements si naturels, si simples qu'ils le sont trop; rien d'inopiné, point de coup de théâtre. Tout est prévu longtemps d'avance, tout arrive comme il est prévu. Est-ce la peine de tenir registre de ce que chacun peut voir tous les jours dans sa maison ou dans celle de son voisin[40]?

L'objection se détruit d'elle-même en rappelant les ingrédients qui composaient l'*intérêt* romanesque des romans-mémoires. Hiérarchisation et partage inégal de l'intérêt, mauvaise action, méchant homme, coups de théâtre, péripéties étaient principalement liés en effet à l'intervention dans le texte d'une altérité caractérisée comme telle. Le roman de Rousseau invente un autre type d'intérêt romanesque. Dans sa correspondance,

---

[37] *Correspondance générale,* Tome V, 273, Lettre du 22 novembre 1760 (date supposée) de Duclos n° 1170, édition de la correspondance de Leigh, Genève et University of Wisconsin Press, Madison, 1969.

[38] *Ibid,* item n° 1174, p. 328.

[39] Cf. Article de Claire-Eliane Engel, «L'Abbé Prévost et Jean-Jacques Rousseau» in *Annales Jean-Jacques Rousseau*, tome 28, 1939-1940, Genève, Jullien Editeur.

[40] Rousseau, *Seconde Préface*, G-F, p. 573.

Rousseau se vante d'avoir soutenu l'intérêt sans épisodes et sans aventures[41]. On perçoit, çà et là, des traces résiduelles de ce romanesque rejeté: les aventures d'Edouard, résumées, les bribes du passé d'aventures de M. de Wolmar, le roman de Fanchon Regard et de Claude Anet... mais ces aventures ne sont que suggérées. Ainsi la lettre XL de la première partie, adressée par Fanchon Regard à Julie et envoyée par Julie à Saint-Preux, ouvre une brèche pour une autre histoire possible, celle de l'innocence persécutée par un grand seigneur méchant homme, situation romanesque par excellence:

> Il est venu ce matin un monsieur bien riche m'en offrir beaucoup davantage; mais Dieu m'a fait la grâce de le refuser. Il a dit qu'il reviendrait demain matin savoir ma dernière résolution. Je lui ai dit de n'en prendre pas la peine et qu'il la savait déjà[42].

Le romancier coupe court à cette amorce et ne donne pas à voir la lutte de la vertu contre le vice, car l'intervention de Julie et Saint-Preux fait obstacle à tout développement dans cette direction. *La Nouvelle Héloïse* systématise ce qui n'était jusque là qu'une tendance des romans-mémoires. En diffusant l'autre, en l'insinuant au cœur de la parole de chaque personnage, Rousseau modifie la façon d'écrire les romans. Il fait de l'idéal d'autarcie et d'immobilité, qui était jusque là repoussé vers le dénouement des intrigues, le sujet-même de son roman des belles âmes et cantonne les péripéties à l'intérieur d'une société restreinte. Par-là, il infléchit de façon décisive le traitement de la parole de l'autre, et plus particulièrement celui du récit secondaire.

Le roman épistolaire et le roman-mémoires se modifient donc en réponse à un nouveau type de demande adressée au récit. Leur adaptation se traduit par un changement profond du statut et de la fonction de la parole de l'autre dans les textes, principalement par une réduction de la divergence des récits insérés et une subordination renforcée de leur contenu à l'intrigue centrale. Narrateurs de mémoires et épistoliers passent plus fréquemment par les paroles des autres pour dire les choses, mais les autres ont tendance aussi à ne plus être les acteurs des histoires qu'ils racontent.

---

[41] Il compare, dans *Les Confessions*, sa quatrième partie à *La Princesse de Clèves*, modèle de pureté et de simplicité de l'intrigue. Cf. Rousseau, *Les Confessions* [Genève, 1782] Livre onzième, livre II, édition de B. Gagnebin et M. Raymond. Pléïade Gallimard, 1959, p. 546. A propos de la finesse parisienne nécessaire pour comprendre «les traits vifs, mais voilés qui doivent y plaire, parce qu'on est plus exercé à les pénétrer.», p. 546.
[42] *Ibid*, I, XL, p. 76.

Le succès de Rousseau encourage les romanciers à écrire d'autres romans par lettres mais il influence aussi le roman-mémoires. A partir des années 1760, l'usage des récits secondaires accuse la tendance au resserrement autour de l'intrigue centrale. La limitation des échanges et le refus des aventures secondaires, observables dans les romans par lettres, sont repris par les romans-mémoires à partir des années 1750. La vogue de l'épistolaire ne fait donc qu'accentuer une tendance perceptible, nous l'avons vu, dès les années trente. Le roman tend à tourner en circuit fermé, ne convoquant les autres voix que pour alimenter l'intrigue et l'histoire racontées au centre. Les échanges-transactions, abondants dans les romans-mémoires du début de la période, tendent à disparaître. Une telle évolution témoigne de ce que la parole de l'autre est de plus en plus utile à l'intrigue centrale, mais aussi de ce que la domination du *je* central est rejetée, au profit d'une mise à plat de toutes les voix.

CONCLUSION GÉNERALE

Il faudrait être spectateur de sa propre vie. Pour y ajouter le rêve qui l'achèverait. Mais on vit, et les autres rêvent votre vie.
Albert Camus, *Le Premier Homme.*

Nous voudrions réaffirmer en conclusion le statut d'enquête d'un travail qui s'est efforcé d'ouvrir des perspectives plutôt que de résoudre des problèmes. Le champ d'étude est vaste et il n'était pas question pour nous de le couvrir entièrement, ni de découvrir la clé de son fonctionnement à l'issue d'une recherche forcément partielle: cette étude nous a permis de prendre la mesure de l'immensité du champ de recherche qui reste à parcourir.

Nous pensons cependant avoir contribué à donner une cohérence d'ensemble à une série de questions souvent abordées par les critiques de façon oblique ou secondaire. La narration centrale – l'investissement autobiographique qu'elle propose – est l'objet principal de l'attention des critiques. Les personnages secondaires ont fait aussi l'objet d'études critiques mais elles se sont relativement peu tournées vers l'énonciation et l'analyse des discours de ces personnages. En inversant la perspective et en prêtant attention à l'énonciation, nous avons été conduite, nous semble-t-il, à emprunter des chemins moins fréquentés par la critique. Qui plus est, en adoptant une approche fonctionnelle, nous avons pu faire ressortir un certain nombre d'éléments que ne permettait pas de voir une analyse de la différence formelle dans les textes.

Parmi les nombreuses questions soulevées au cours de notre enquête, nous avons rencontré, à plusieurs reprises, celle du romanesque. C'est sur elle que nous aimerions conclure, car elle fait le lien entre les plans anthropologique et narratif que nous avons, modestement, essayé d'articuler.

Le romanesque a été étudié chez les auteurs majeurs: *Prévost romancier* de Jean Sgard, *Marivaux romancier* de Henri Coulet, sont des monographies classiques qui analysent la poétique romanesque d'univers fictionnels trouvant leur cohésion dans une écriture individuelle. Le roman-mémoires a été étudié par des critiques qui se sont interrogés, comme René Démoris dans *Le Roman à la première personne*, sur les ruses et les moyens déployés par la narration centrale. Ces études et ces sommes ont confirmé la complexité et le caractère retors d'un genre qui se présente humblement comme l'histoire d'une vie. La place occupée par la parole de l'autre dans l'appréciation globale d'un genre qui semble sans cesse se dérober n'a pas été suffisamment notée. Nous nous sommes efforcée de montrer que cette parole introduit du jeu dans l'histoire centrale.

Les paroles secondaires tendent un miroir au personnage central, miroir qu'il essaie d'instrumentaliser mais qu'il ne maîtrise qu'imparfaitement. Nous avons précisément essayé d'en superposer les différentes images, non pour faire le tri entre les *bonnes* et les *mauvaises*, mais afin de déterminer en quoi la hiérarchisation des voix posée par le discours du narrateur pouvait être corrigée, nuancée, voire dépassée: dans une large mesure, nous l'avons vu, le narrateur principal produit des discours qui masquent un certain usage de la parole de l'autre, des discours-écrans, de type esthétique, moral et économique, visant à mettre la parole de l'autre à distance et dans des cadres. Mais cette parole est utilisée de façon plus sourde par le sujet qui s'en nourrit pour informer sa propre parole et fixer sa personnalité ou du moins son *ethos* social.

A chaque étape de ce travail, s'est imposée la nécessité de prendre en compte la double perspective mise en œuvre par les textes: si le narrateur utilise la parole de l'autre, le romancier représente cette utilisation pour transmettre une certaine image du narrateur au lecteur, critiquer sa propre création, et peut-être, surtout, figurer les possibles de son texte. Nous avons fondé nos analyses sur ce double regard critique, en essayant de donner un aperçu des interférences et des tensions entre le cadrage et le contrôle de la parole de l'autre exercé par le narrateur principal et les débordements du cadre suggérés par le romancier.

La première partie a posé les jalons de cette double logique: la représentation de la parole singulière est un nœud de contradictions du roman qui mêle le besoin de dire le singulier et l'incapacité de le représenter. Nous avons essayé d'envisager la parole de l'autre dans une perspective critique nouvelle: les travaux critiques sur la parole des personnages se sont surtout attachés à souligner les défaillances et les faiblesses de la représentation de la parole dans les romans-mémoires. C'est déjà sans doute ce que visait Hippolyte Taine en déclarant que «l'imagination sympathique, par laquelle un écrivain se transporte dans l'autrui et reproduit en lui-même un système d'habitudes et de passions contraires aux siennes, est le talent qui manque le plus au 18ème siècle[1]».

---

[1] H. Taine, *Les Origines de la France Contemporaine*, Livre III, chapitre 2, texte cité par G. May dans *Le Dilemme du roman au dix-huitième siècle,* p. 112.

Nous croyons au contraire que les romans du XVIIIe siècle s'intéressent passionnément à ce «transport dans l'autrui», même s'il ne s'opère pas par le biais de la *mimésis* des paroles. Nous avons été amenée à modifier notre point de vue sur la valeur esthétique de la parole de l'autre: principalement différentielle et discordancielle, la représentation effective de la parole dissonante importe finalement moins que l'écart qu'elle donne à voir dans la narration centrale et dans l'illusion qu'elle s'efforce d'instaurer. De la différence formelle de la parole de l'autre, les romans exploitent surtout la capacité à rendre visibles les cadres de la fiction et à instaurer un mode de lecture papillotant, dans lequel on reconnaît l'un des traits de l'esthétique rococo. Ce double regard des romans sur le romanesque est l'un des éléments essentiels de la poétique de la parole de l'autre: la parole dissonante permet au roman de sortir de lui-même et de rendre un hommage, ironique ou nostalgique à ce qu'il considère comme l'ancien romanesque. Son cadrage implique toujours des débordements: elle offre ainsi à la narration centrale une possibilité d'expansion vers un espace imaginaire plus vaste. Cela explique que la représentation de la parole de l'autre soit souvent en retrait: dans les romans-mémoires en effet, elle ne vaut jamais véritablement pour elle-même mais pour la variation et l'espace sur lesquels elle ouvre. Elle vaut par la différence et la rupture plus que par la formulation pleine d'une signification ou la représentation d'une forme différente. Les romans-mémoires se contentent souvent de signifier qu'une autre place est possible, c'est-à-dire qu'il est possible de parler depuis un autre lieu. Les énonciations marginales permettent au roman de faire entendre le désir et les passions qui sont chassées du centre du roman. Dans les coulisses de celui-ci, est donné à lire l'assouvissement des désirs souvent frustrés ou à moitié satisfaits dans une narration centrale plus contrainte, à certains égards plus feutrée. Les marges permettent aussi de faire entendre une voix critique qui refuse d'être dupe des illusions héroïques. Ces échappées vers un baroque échevelé et stéréotypé ou vers sa critique dessillée ne traduisent pas seulement une nostalgie honteuse des romanciers et des lecteurs pour les chimères du passé ou les lectures de leur enfance, elles manifestent le besoin du roman de dire l'altérité et de l'approcher, d'être à deux endroits à la fois et de ne pas renoncer à une autre place, rêvée ou possible.

La deuxième partie de ce travail a montré que les suites perlocutoires de la parole de l'autre ne recoupaient pas exactement les jugements et l'évaluation du narrateur qui isole, par la sacralisation et la diabolisation, ou rejette comme parasites, des paroles qui ont une efficacité sur sa conduite et ses choix. Les critiques soulignent que, de la personnalité de l'énonciateur et des conditions de l'énonciation, dépend l'effet des paroles des personnages secondaires. Leurs effets et leur portée varient indéniablement en fonction de leur contexte, de leur tonalité, de leurs intentions et de toutes sortes de manipulations rhétoriques. Les suites perlocutoires des paroles sont parfois cependant fort différentes des effets recherchés. C'est-à-dire qu'une autre lecture vient souvent corriger les effets représentés de l'illocutoire et du perlocutoire maîtrisés: la parole agit *aussi* indépendamment de l'identité, de la qualité et des intentions de l'énonciateur. En d'autres termes, les mots ont un poids en eux-mêmes et un effet sur ceux qui les entendent.

Les romans révèlent ainsi (et la place de Marivaux est, de ce point de vue, essentielle) que la parole de l'autre façonne le sujet à son insu, par-delà la qualification de l'énonciateur ou le jugement porté sur lui. Cette double dimension des effets de la parole fait songer à la distinction qu'établit Condillac entre la perception et la conscience:

> Concluons que nous ne pouvons tenir aucun compte du plus grand nombre de nos perceptions, non qu'elles aient été sans conscience, mais parce qu'elles sont oubliées un instant après. Il n'y en a donc point dont l'âme ne prenne connaissance. Ainsi, la perception et la conscience ne sont qu'une même opération sous deux noms. En tant qu'on ne la considère que comme une impression dans l'âme, on peut lui conserver celui de perception; en tant qu'elle avertit l'âme de sa présence, on peut lui donner celui de conscience[2].

Condillac prolonge les thèses de Locke en distinguant divers niveaux de conscience. En postulant que tout s'imprime sur l'«âme», il annonce les travaux de Bergson sur la conscience flottante et le fonctionnement de la mémoire, ainsi que la conception psychanalytique de l'inconscient. Nos lectures ont révélé des échos dans les romans, et pas uniquement chez Marivaux, de cet effet sourd de la parole de l'autre que le sujet enregistre sans forcément l'expliciter, ni l'interpréter. Les mots des autres ne se limitent donc pas dans ces romans à une confrontation théâtrale et caricaturale de paroles coups de théâtre ou tableaux. Ils façonnent et modèlent à son insu la personnalité et les choix du sujet. Le dispositif du roman-mémoires permet de montrer ce travail souterrain des mots des autres, soit que le sujet vieilli l'expose lui-même avec le recul de la réflexion, soit que le romancier le suggère au lecteur. Il était indispensable d'examiner à la fois la fonctionnalité que le narrateur reconnaît à la parole de l'autre et celle qu'il lui refuse: c'est pourquoi nous avons tenté de ne pas nous abandonner totalement aux instructions de lecture et d'écoute que dispense la voix, forcément intéressée, du narrateur.

---

[2] Condillac, *Œuvres philosophiques*, Paris, PUF, 1947, vol. 1, p. 13.

La même méfiance a présidé aux analyses de la troisième partie qui continue d'interroger les valeurs et les fonctions des paroles des autres, en examinant en quoi elles sont des éléments de transaction, dont la valeur marchande et utile est reconnue ou non. Là encore il a été nécessaire de distinguer la perspective du narrateur, qui considère l'autre comme un interlocuteur, de celle du romancier, qui intègre le récit de l'autre à l'économie du texte. La valeur marchande de la parole de l'autre est rendue particulièrement visible dans les échanges de récits. L'économie des récits secondaires cristallise et réoriente les interrogations des romans sur la question de la parole de l'autre. Les romanciers formulent une critique implicite de la façon d'user de cette parole ou, du moins, ils manifestent une conscience critique de son utilisation.

Contrairement à une pratique antérieure qui faisait de la circulation des histoires le liant d'une sociabilité restreinte, fondée sur l'oralité, les récits insérés, tels que les pratiquent les romans-mémoires, sont marqués par une forte hiérarchisation. Nous avons tenté de montrer que la parole ne coulait pas de *je* en *je*, de façon fluide, et que les premières personnes des romans-mémoires n'étaient décidément pas interchangeables: la pratique des textes incite à dépasser la conception du *je* comme embrayeur transparent. Bien plus, les différents *je* sont pris dans des rapports de pouvoir, de séduction et d'argent, ancrés dans des situations fondamentalement inégales. Des discours de justification dissimulent plus ou moins, en fonction du type de rapport humain représenté, la logique économique de rentabilité qui sous-tend la circulation des récits: une relation entre deux personnages proches provoque une dissimulation du rapport marchand tandis qu'une relation franchement inégale affiche le caractère mercantile. Le degré d'explicitation de la logique marchande est infiniment variable: certains romans représentent des échanges marchands qui satisfont pleinement les contractants sans les attacher durablement l'un à l'autre. Ils mettent ainsi à nu les dessous des discours sur l'égalité de l'échange ou la gratuité du don.

L'usage de la parole de l'autre n'est pas seulement la consommation d'un récit, d'une parole par son destinataire ou son récepteur, il existe aussi un usage narratif des histoires secondaires et enfin un usage du contenu moral et philosophique par le lecteur. Pour Jean Sgard, l'évolution des romans de Prévost dessine un abandon de l'économie rationnelle dont l'*Histoire d'une Grecque moderne* donnerait un dernier exemple éclatant. Il constate que si Prévost succombe finalement, dans certains romans, à la tentation de la divergence, qui sourd dans toute son œuvre, il a cependant ouvert la voie à un autre type de romans: «Avant lui le roman apparaissait comme une forme gratuite; le roman cherchait, non sans remord, à séduire l'imagination[3].»

Jean Sgard établit une hiérarchie implicite entre les romans modernes, auxquels Prévost ouvre la voie, et la forme romanesque *gratuite* pratiquée avant lui. A cette demande d'utilité morale et existentielle vient donc se superposer, dans les romans, mais aussi chez les critiques et les lecteurs, celle d'une rentabilité des histoires en termes de composition[4]. Nous sommes ainsi tentée de lire l'accentuation de la convergence des intrigues comme un mouvement de rationalisation de l'usage de la parole de l'autre. Ce mouvement trouve son terme dans le genre épistolaire, parce qu'il fait converger toutes les histoires en une seule qui est, sinon collective, du moins ancrée dans une communauté restreinte.

Les romans-mémoires ménagent une place importante à l'altérité, ils construisent la parole de l'autre comme un objet d'intérêt et de désir, mais en dérobent souvent la représentation et en brouillent les effets et la fonction. La parole de l'autre est indéniablement un pôle fascinant des textes mais il est laissé à interpréter et en appelle, plus encore que la narration centrale, au déchiffrement du lecteur. Qu'ils la dépeignent comme dangereuse ou ridicule, fonctionnelle ou parasite, les romans multiplient les représentations contradictoires de la parole des autres et de ses pouvoirs sur le sujet central: fascination esthétique, influence morale sourde ou appât du gain représenté par une histoire de plus. Quand ils évoquent l'image de la souillure, les romans reconnaissent à cette parole une efficacité lourde de menaces. Par le biais d'un jugement esthétique condescendant, par un système de représentations caricaturales et polarisées ou à travers les réseaux d'échanges inégaux, le sujet central évite le contact et la représentation directs de cette parole. Nous avons essayé de rectifier en quelque sorte l'image de Madame Dutour: on ne retient généralement de la lingère que sa querelle avec le cocher, alors que ses interventions dans *La Vie de Marianne* illustrent toutes les valeurs possibles de la parole de l'autre en la faisant apparaître tour à tour comme une menace, une source de créativité verbale et d'énergie, un moyen de tout obtenir ou de tout perdre, mais aussi une injonction à se définir. La voix de l'autre ne nous a pas tant semblé confisquée par la narration centrale, que commentée, approchée, frôlée, si possible contrôlée, et surtout désirée, en servant de point de fuite, nécessaire, au roman. Le statut de la

[3] J. Sgard, *Prévost romancier,* Paris, Corti, 1968. p. 602. et p. 603.
[4] H. Coulet, dans son histoire du roman, voit dans la période étudiée, un moment de flottement du roman qui ne sait pas dans quelle direction aller et ne maîtrise pas encore la composition. Voir *Le Roman jusqu'à la Révolution*, p. 297.

parole de l'autre est ainsi ambivalent: quelle que soit la qualification des énonciateurs, le *je* est fabriqué et se fabrique par les mots des autres. Encadrée, exploitée, cette parole détermine pourtant fréquemment le cours de l'action centrale, en lui assignant un modèle, positif ou négatif.

Le rejet observé d'une certaine forme d'altérité, perceptible dans les romans-mémoires des années 1760, est le signe d'une modification des demandes adressées à la fiction et à la parole de l'autre. Le roman-mémoires devenu plutôt convergent, ayant fait taire ou ayant recadré les voix divergentes d'un romanesque *gratuit*, s'épuise bientôt, comme si, de l'énergie des marges, dépendaient la vie et le souffle de la narration centrale. En mettant sur un même plan les différentes voix, en homogénéisant en partie leur univers de référence, le roman épistolaire et le dialogue apportent une forme de réponse à la question que ne cesse de poser et d'éluder le roman-mémoires: la fragilité de la frontière entre le *moi* et les autres. A partir des années 1760, le roman-mémoires réduit et rentabilise la présence de la parole de l'autre dans ses marges: on peut penser qu'il s'éteint parce qu'il ne s'accorde plus le double regard et l'espace imaginaire que lui apportaient les voix des autres. La mode est alors aux romans par lettres et aux dialogues, deux formes qui évacuent la question difficile d'une parole en encadrant une autre.

Ce tableau, forcément partiel, des usages de la parole de l'autre dans les romans-mémoires, jette un éclairage nouveau sur la poétique d'un sous-genre caractérisé par l'instabilité et la fragilité de son énonciation primaire. Le roman-mémoires joue de l'illusion romanesque en même temps qu'il la dénonce et la met à une certaine distance critique. C'est dire que la première personne ne renonce que difficilement à ces échappées vers les marges et vers un romanesque échevelé. Quand elle le fait, vers les années 1760, il devient difficile d'écrire encore des romans-mémoires: le principe même du dispositif est ébranlé. L'évolution des formes romanesques rejoint ici l'histoire du sujet: sans les voix des autres, le sujet ne peut accéder à une identité, sans elles, l'énonciation primaire surplombante des mémoires est également vouée à se fondre dans une autre économie des voix, en un dispositif formel qui semble baigner tous les locuteurs dans la même lumière. Les romans-mémoires correspondent à un autre régime romanesque, inégalitaire et hiérarchisé, dans lequel les paroles des autres orientent et déroutent tour à tour un sujet qui chemine à la recherche de son identité, dans un monde où la place du *moi* parmi les autres est toujours le sujet possible d'une autre histoire.

BIBLIOGRAPHIE

I. BIBLIOGRAPHIE PRIMAIRE

1. Romans

Histoire de Gogo, [s.l], 1739.

La Fille errante ou Mémoires de Melle de Paisigni, écrits par elle-même, Liège, Everard Kints, 1737-1742.

L'Infortuné Français ou les Mémoires du marquis de Courtanges, traduits de l'anglais, Londres, J. Nourse, 1752.

L'Infortuné Philope ou les Mémoires et aventures de Mr***, Rouen, J-B Mazuel, 1732.

Mémoires d'Adélaïde, Paris, Libraires associés, 1764.

Mémoires du chevalier de T***, La Haye, Pierre Gosse, 1738.

Mémoires de M. le marquis de *** écrits par lui-même, Paris, Coustelier, 1728.

ARGENS, Jean-Baptiste de Boyer, marquis d'.
– *Mémoires du comte de Vaxère ou le faux rabin*, Amsterdam, 1737.
– *Le Fortuné Florentin ou les Mémoires du comte della vallé*, La Haye, Jean Gallois, 1737.
– *Le Solitaire philosophe ou Mémoires de M. le marquis de Mirmon*, Amsterdam, Westein et Smith, 1736.
– *Le Philosophe amoureux ou les Mémoires du comte de Mommejean*, La Haye, Adrien Moetjens, 1737.
– *Mémoires de la comtesse de Mirol ou les funestes effets de l'amour et de la jalousie, histoire piémontaise*, La Haye, A. Moetjens, 1736.
– *Mémoires du chevalier de ****, Londres, [s.n], 1745.
– *(Attribué à). Thérèse Philosophe ou Mémoires pour servir à l'histoire du père Dirrag et de mademoiselle Eradice* [La Haye,1748] in *Romans Libertins du XVIIIème siècle*, Paris, Robert Laffont, édition de Raymond Trousson, 1993, p. 560-658.

AUVIGNY, Jean du Castre d'. *Mémoires du comte de Comminville*, Paris, J.F. Fosse, 1735.

BACULARD D'ARNAUD, François Thomas-Marie de. *Mémoires d'Euphémie*, Paris, Lejay, 1769.

BIBIENA, Jean Galli de. *La Force de l'exemple*, La Haye, Pierre Paupie, 1748.

BRET, Antoine. *La Belle Allemande ou les galanteries de Thérèse*, [s.l], 1745.

CARNE, de. *Mémoires de Madame la comtesse de Montglas ou consolation pour les religieuses qui le sont malgré elles*, Amsterdam et Paris, Hochereau, 1755.

CATALDE de.
- *Le Paysan gentilhomme ou aventures de M. Ransau, avec son voyage aux îles jumelles,* Paris, Prault, 1737.
- *Mémoires de Monsieur le comte de Claize,* Amsterdam, aux dépens de la compagnie, 1738.

CAYLUS, Comte de. *Histoire de Guillaume, cocher* [s.n, s.l, 1737], Cadeilhan, Zulma, présenté par P. Testud, 1993.

CHEVRIER, François-Antoine. *Mémoires d'une honnête femme écrits par elle-même*, Londres, 1753.

CREBILLON, Claude Prosper Jolyot de. *Les Egarements du cœur et de l'esprit ou Mémoires de Monsieur de Meilcour* [Paris, Prault puis La Haye, Gosse et Neaulme. 1736-1738]. Paris, Gallimard, 1977.

DIDEROT, Denis.
- *La Religieuse* [rédigé vers 1760, Paris, F. Buisson, 1796], Paris, Gallimard, édition de Robert Mauzi, 1972.
- *Entretiens sur le fils naturel* [Amsterdam, 1757] et *Eloge de Richardson* [*Journal étranger*, janvier 1762] in *Œuvres esthétiques*, Paris, Garnier, édition de Paul Vernière, 1968.

DIGARD DE KERGUETTE, Jean. *Mémoires et aventures d'un bourgeois qui s'est avancé dans le monde*, La Haye, Jean Néaulme, 1750.

DUCLOS, Charles Pinot-. *Les Confessions du comte de *** écrites par lui-même à un ami*, [Amsterdam, 1741], Paris-Genève, Slatkine, collection Fleuron, préface de Béatrice Didier, 1996.

DU LAURENS, Henri-Joseph. *Le Compère Mathieu ou les bigarrures de l'esprit humain*, Londres, aux dépens de la compagnie, 1766.

EMERY, Antoine. *Mémoires de M. de P. écrits par lui même et mis au jour par M. E.* Paris, Grégoire-Antoine Dupuis, 1736.

FORCEVILLE, Chevalier de. *Mémoires du comte de Baneston*, La Haye, 1755.

FOUGERET DE MONTBRON, Louis-Charles. *Margot la ravaudeuse* [Hambourg, 1750], Paris, Jean-Jacques Pauvert, 1965.

GAILLARD DE LA BATAILLE, Pierre-Alexandre.
- *Histoire de la vie et des mœurs de Mademoiselle Cronel, dite Frétillon écrite par elle-même*, La Haye, aux dépens de la compagnie, 1739.
- *Jeannette seconde ou la Nouvelle paysanne parvenue par M. G*** de la Bataille*, Amsterdam, Compagnie des Libraires, 1744.

GIMAT DE BONNEVAL, Jean-Baptiste. *Fanfiche ou les Mémoires de Mademoiselle de****, à Peine, 1748.

GODARD D'AUCOURT, Claude.
L'Académie militaire ou les héros subalternes par P***, auteur suivant l'armée, Amsterdam, par la société, 1745.

GRANVOINET DE VERRIERE, Jules Claude. *Mémoires et aventures de Monsieur de ****, traduits de l'italien par lui-même*, Paris, Prault, 1735.

GUER, Jean-Antoine. *Pinolet ou l'aveugle parvenu, Histoire véritable composée sur les faits fournis par Pinolet lui-même, actuellement existant dans Paris*, [Londres, 1740], Amsterdam, M.M Rey, 1755.

GUEULETTE, Thomas Simon. *Mémoires de Mademoiselle Bontemps, ou la comtesse de Marlou*, Amsterdam, Jean Catuffe, 1738.

JOURDAN, Jean-Baptiste.
– *Mémoires de Monville*, Utrecht, Pierre Kerseck, 1742.
– *Le Guerrier philosophe ou Mémoires de M. le duc de***, La Haye, P. de Hondt, 1744.

LA BARRE DE BEAUMARCHAIS, Antoine de.
– *Aventures de Don Antonio de Buffalis, histoire italienne*, La Haye, Jean Néaulme, 1722.
– *La Retraite de la marquise de Gozanne*, Paris, Ganeau, 1734.

LAMBERT, Claude François abbé.
– *Mémoires et aventures d'une dame de qualité qui s'est retirée du monde*, La Haye, aux dépens de la compagnie, 1739.
– *La Nouvelle Marianne, ou les Mémoires de la baronne de *** écrits par elle-même*. La Haye, P. de Hondt, 1740.
– *La Vertueuse Sicilienne ou Mémoires de la marquise d'Albelini*, La Haye, P. Van Cleef, 1742.

LAMBERT DE SAUMERY, Pierre. *Anecdotes vénitiennes et turques ou les Mémoires du comte de Bonneval, par M. de Mirone*, Londres, aux dépens de la compagnie, 1740.

LA PLACE, Pierre-Antoine de. *Mémoires de Cécile écrits par elle-même, par Mlle Eléonor Guichard, revus par M. de La Place*, Paris, Rollin, 1751.

LESAGE, Alain-René.
– *Histoire de Gil Blas de Santillane* [Paris, Veuve puis P-J Ribou, 1715-1735], Paris, Gallimard, édition et présentation d'Etiemble, 1973.
– *Capitaine de Flibustiers* [*Les Aventures de M. Robert Chevalier dit de Beauchêne, capitaine de flibustiers dans la Nouvelle France*, Paris, E. Ganeau, 1732]. Paris, Phébus, 1991.

LONGCHAMPS, Abbé Pierre Charpentier de. *Mémoires d'une religieuse*, Amsterdam, Paris, L'esclapart le jeune, 1766.

LUSSAN, Marguerite de. *Histoire de la comtesse de Gondez*, Paris, Nicolas Pepie, 1725.

MARIVAUX, Pierre Carlet de Chamblain de.
– *Œuvres de Jeunesse*, Paris, Gallimard, Pléiade, édition de F. Deloffre et C. Rigault, 1972.
– *Journaux et œuvres diverses*, Paris, Bordas, Classiques Garnier, édition de F. Deloffre et M. Gilot, 1988.

- *La Vie de Marianne ou les aventures de Madame la comtesse de****[1] [Paris, Prault puis Néaulme, 1731-1742.], Paris, Bordas (Classiques Garnier), édition de F. Deloffre, 1990.
- *Le Paysan parvenu ou les Mémoires de M.* [Paris, Prault, 1734-1735.], Paris, Bordas (Classiques Garnier), édition de F. Deloffre et F. Rubellin, 1992.

MAUVILLON, Eléazar de. *Le Soldat parvenu ou Mémoires et aventures de M. de Verval, dit Belle-Rose, par M. de M****, Dresde, Walther, 1753.

MEHEUST, Madame. *Achille ou les Mémoires du chevalier de ****, Amsterdam et Paris, Dupuis, 1734.

MOUHY, Charles de Fieux, Chevalier de.
- *Mémoires posthumes du comte de D...B... avant son retour à Dieu, fondé sur l'expérience des vanités humaines*, Paris, Pierre Ribou, 1735.
- *Mémoires de Monsieur le marquis de Fieux par le chevalier D. M.*, Paris, Prault Fils, puis Dupuis, 1735-1736.
- *Mémoires d'Anne-Marie de Moras, comtesse de Courbon, écrits par elle-même et adressés à Melle d'Au***, pensionnaire au couvent du Cherche-midi*, La Haye, P. de Hondt, 1739.
- *La Mouche ou les aventures de M. Bigand*, Paris, Louis Dupuis, 1736
- *Mémoires d'une fille de qualité qui ne s'est point retirée du monde*, Amsterdam, aux dépens de la compagnie, 1747.
- *Mémoires de la marquise de Villenemours, écrits par elle-même et rédigés par madame de Mouhy*, La Haye, Antoine Van Dole, 1747.
- *La Paysanne parvenue, ou les Mémoires de Madame la Marquise de L.V.* [Paris, Prault Fils, 1736.] Amsterdam, aux dépens de la compagnie, 1757.

NEUFVILLE BRUNAUBOIS DE MONTADOR, Jean-Florent-Joseph, chevalier de. *La Famille infortunée ou les Mémoires de madame la marquise de la Feuille-Belu*, Londres, 1742.

PUISIEUX, Madeleine d'Arsant de. *Mémoires d'un homme de bien*, Paris, Delalain et Dijon, Veuve Coignard et Louis Frantin, 1768.

PREVOST, Antoine François d'exiles.
- *Mémoires et aventures d'un homme de qualité qui s'est retiré du monde*[2] [Paris, Gabriel Martin-Veuve Delaulne, 1728-1729, puis Amsterdam, aux dépens de la Compagnie, 1731], Grenoble, Presses Universitaires de Grenoble, édition de Pierre Berthiaume et Jean Sgard, 1978.
- *Le Philosophe anglais ou histoire de Monsieur Cleveland* [Paris, Didot puis Guérin; La Haye, J. Néaulme, 1731-1738], Grenoble, Presses universitaires de Grenoble, édition de Philip Stewart, 1978.
- *Histoire d'une Grecque moderne* [Amsterdam, François Desbordes, 1740], Paris, Garnier-Flammarion, édition d'Alan J. Singerman, 1990.

---

[1] Abrégé dans le texte en *La Vie de Marianne* et renvoyant toujours à l'édition Bordas de F. Deloffre.

[2] Abrégé dans le texte en *Mémoires et aventures* et renvoyant toujours à l'édition de J. Sgard aux P.U.G.

– *Mémoires pour servir à l'histoire de Malte ou Histoire de la jeunesse du Commandeur* [Amsterdam, François Desbordes, 1741], Genève, Slatkine, édition de René Démoris, 1996.
– *Campagnes philosophiques ou Mémoires de M. de Montcal, aide de camp de M. le maréchal de Schomberg, contenant l'histoire de la guerre d'Irlande* [Amsterdam, François Desbordes, 1741], Grenoble, Presses Universitaires de Grenoble, édition de Jean Oudart, 1982.

ROUSSEAU, Jean-Jacques. *Julie ou la nouvelle Héloïse, Lettres de deux amants habitants d'une petite ville au pied des Alpes* [Amsterdam, Marc-Michel Rey, 1761], Paris, Garnier-Flammarion, édition de Michel Launay, 1967.

TENCIN, Claudine Alexandrine Guérin de. *Les Malheurs de l'amour* [Amsterdam, 1747], Paris, Desjonquères, édition de E. Leborgne, 2001.

URFÉ, Honoré d'. *L'Astrée* [1622-1647], édition de Hugues Vaganay, Lyon, P. Masson, 1925-1928.

VAREILLES-SOMMIERES. *Mémoires de Lucile par M. le baron de V-S et publiés par M. le chevalier de S.*, Londres, Sébastien Jorry, 1756.

VARENNE, Jacques de. *Mémoires du chevalier de Ravanne, page de son Altesse le duc Régent et mousquetaire*, Liège, 1740.

VILLARET, Claude. *Anti-Paméla ou les Mémoires de M.*** D***. Traduit de l'anglais*, Londres, 1742.

2. Textes non romanesques publiés avant 1800

BATTEUX, Charles.
– *Les Beaux-arts réduits à un même principe* [Paris, Saillant et Nyon –Veuve Desaint, 1773], Paris, Aux amateurs de livres, J.R. Mantion (ed.), 1989.
– *Cours de Belles Lettres ou principes de la littérature*, Paris, Desaint, 1753.

BOILEAU-DESPREAUX, Nicolas.
Art poétique [*Œuvres diverses de Boileau*, tomes I-IV, Paris, Bilaine, 1674], Paris, Flammarion, édition de Sylvain Menant, (comprenant *Les Héros de romans. Dialogue à la manière de Lucien*), 1998.

BOUGEANT, Guillaume-Hyacinthe. *Voyages merveilleux du Prince Fan-Férédin dans la Romancie* [Paris, Le Mercier, 1735], Saint-Etienne, P.U. de l'Université de Saint-Etienne, «Lire le dix-huitième siècle» n° 6, édition de J. Sgard et G. Sheridan, 1992.

BECCARIA, Cesare. *Recherches concernant la nature du style* [*Ricerche intorno alla natura dello stile*, 1770, première traduction par Morellet, Paris, Molini, 1771], Paris, Presses de l'ENS, édition de Bernard Pautrat, 2001.

BERARDIER DE BATAUT, Abbé. *Essai sur le récit ou Entretiens sur la manière de raconter*, Paris, C.P. Berton, 1776.

BOUHOURS. *Entretiens d'Ariste et Eugène par un gentilhomme de province*, Paris, Mabre-Cramoisy, 1671.

BOYER D'ARGENS. *Lectures amusantes ou les délassements de l'esprit avec un discours sur les nouvelles*, La Haye, Adrien Moetjens, 1739.

CARACCIOLI, Louis-Antoine de.
- *La Conversation avec soi-même*, Rome, Barbinielli, 1753.
- *La Jouissance de soi-même*, Utrecht, H. Sprint, Amsterdam, E. Van Harrevelt, 1759.

COYER. Abbé. *Trois pièces sur cette question: les nobles doivent-ils commercer?* Paris, Duchesne, 1758.

CONDILLAC, Etienne Bonnot de. *Essai sur l'origine des connaissances humaines* [Amsterdam, 1746], Paris, Galilée, présenté et annoté par Charles Porset, introduction de Jacques Derrida, 1973.

COURTIN, Antoine de. *Nouveau Traité de civilité qui se pratique en France parmi les honnêtes gens,* [Paris, H. Josset, 1671], Saint-Etienne, Publications de l'Université de Saint-Etienne, édition et présentation de Marie-Claire Grassi, 1998

DIDEROT, Denis.
Entretiens sur le fils naturel, [Paris, Le Breton, 1757] in *Œuvres esthétiques*, Paris, Garnier, édition de Paul Vernière, 1968.

DESFONTAINES, Pierre François Guyot.
- *Le Nouvelliste du Parnasse*, Paris, Chaubert,1731- 1732, en 3 vol.
- *Observations sur les écrits modernes*, Paris, Chaubert, 1735-1743, 34 t. en 17 vol.

DU BOS, Jean-Baptiste. *Réflexions critiques sur la poésie et la peinture*, [Paris, Jean Mariette, 1719, 2 vol.], Paris, Ecole Nationale Supérieure des Beaux-Arts, 1993.

DU MARSAIS, César Chesneau. *Les Véritables Principes de la Grammaire ou Nouvelle Grammaire raisonnée pour apprendre la langue latine,* [1729], Paris, Hachette, 1971.

DU PLAISIR. *Sentiments sur les Lettres et sur l'Histoire avec des scrupules sur le style* [1683], Genève, Droz, édition de Ph. Hourcade, 1975.

GRANET, François *et al. Réflexions sur les ouvrages de littérature*, Paris, Briasson, 1738-1742.

GRANET, François et DESMOLETS, Pierre-Nicolas. *Recueil de pièces d'histoire et de littérature*, Paris, Chaubert, 1731.

HURD, Richard. *Dialogues entre Lord Shaftesbury et M. Locke, sur quelques points essentiels à l'éducation de la jeunesse* [*Dialogues on the uses of foreign travel, considered as a part of an Englishman's education: between Lord Shaftesbury and Mr. Locke*, London, A. Millar, 1764], Yverdon, 1765.

LA FARE, de. *Le Gouverneur ou essai sur l'éducation*, Londres, [s.n], 1768.

LAMY, Bernard. *La Rhétorique ou l'art de parler* [Amsterdam, 1699], Paris, PUF, édition de Benoît Timmermans, 1998.

LENGLET DU FRESNOY, Nicolas. *De l'usage des romans, où l'on fait voir leur utilité et leurs différents caractères: avec une bibliothèque des romans accompagnée de remarques critiques,* Amsterdam, chez la Veuve de Poilras, à la vérité sans fard, 1734.

LOCKE, John.
- *An Essay concerning Human Understanding,* [Londres, 1690, traduction par Coste, Amsterdam, 1700] publié dans: *Identité et différence, an Essay Concerning Human Understanding, «of Identity and Diversity», L'invention de la conscience,* présenté et traduit par E. Balibar, Paris, Seuil, 1998.
- *De l'éducation des enfants, traduit de l'anglais de M. Locke, par M. Coste.* [*Some Thoughts Concerning Education,* London, A and J Churchill, 1693], Amsterdam, 1695. Autre édition consultée: *Quelques pensées sur l'éducation,* traduction et édition de Gabriel Compayré, Paris, Hachette, 1903.

MELON. Jean-François. *Essai politique sur le commerce,* [s.l], 1734.

MONCRIF, F.A. de. *Essai sur la nécessité et les moyens de plaire,* Paris, Prault, 1738.

PONCELET, Polycarpe. *Principes généraux pour servir à l'éducation des enfants, particulièrement de la noblesse française,* Paris, 1768.

PREVOST, Antoine-François. *Le Pour et Contre ouvrage périodique d'un goût nouveau,* Paris, Didot, 1733-1740 (avec la collaboration de P.F.G Desfontaines: 1734). 20 vol. in 12.

ROUSSEAU, Jean-Jacques.
- *Essai sur l'origine des langues,* [in *Collection Complète des Œuvres de J-J. Rousseau,* Londres, Du Peyron, 1780-1782], Paris, Presses pocket, préface et commentaires de Jean-Louis Schefer, 1990.
- *Emile ou de l'éducation,* [La Haye, 1762] édition de T. L'Aminot, F. et P. Richard, Paris, Classiques Garnier, 1999.

VAUGELAS, Claude Favre de. *Remarques sur la langue: utiles à ceux qui veulent bien parler et bien écrire,* [Paris, Veuve Camusat et P. Le Petit, 1647], Paris, Hachette, 1971.

I. BIBLIOGRAPHIE CRITIQUE[3]

1. Etudes portant sur le XVIIIe siècle

ARIÈS, Philippe. *L'Enfant et la vie familiale sous l'Ancien Régime,* Paris, Seuil, 1973.

ASSAF, Francis. *Lesage et le picaresque,* Paris, Nizet, 1984.

---

[3] Nous utilisons les abréviations courantes: C.A.I.E.F. pour Cahiers de l'Association Internationale des Etudes Françaises, D.H.S. pour Dix-Huitième siècle, R.H.L.F. pour Revue d'Histoire Littéraire de la France, R.S.H pour Revue des Sciences Humaines, S.V.E.C pour Studies on Voltaire and the Eighteenth Century.

BAHNER, Werner. «Quelques observations sur le genre picaresque» in *Romans et Lumières au 18ème siècle*, Paris, éditions sociales, 1970, p. 71-72.

BARGUILLET, Françoise. *Le Roman au XVIIIème siècle*, Paris, PUF Littératures, 1981.

BECQ, Annie. *Genèse de l'esthétique française moderne, de la raison classique à l'imagination créatrice, 1680-1814*, Paris, Jean Touzot, 1984.

BENABOU, Erica-Marie. *La Prostitution et la police des mœurs au XVIIIème siècle*, Paris, Perrin, 1987.

BENNINGTON, Geoffrey. *Sententiousnesse and the Novel: Laying down the Law in 18th Century French Fiction*, Cambridge, London, Cambridge university press, 1985.

BERCHTOLD, Jacques. «De la thésaurisation à la circulation: les usages du «trésor du brigand» dans la littérature narrative des XVII et XVIIIè siècles» in *Etre riche au siècle de Voltaire*, actes du colloque de Genève de juin 1994, J. Berchtold et M. Porset (ed.), Genève, Droz, 1996.

BENREKASSA, Georges.
– *Le Concentrique et l'excentrique, marges des Lumières*, Paris, Payot, 1980.
– *Fables de la personne, pour une histoire de la subjectivité*, Paris, PUF, 1985.

BOKOBZA-KAHAN, Michèle. *Libertinage et Folie dans le roman du 18e siècle*. Louvain, Peeters, 2000.

BONGJIE, Lee. *Le Roman à éditeur*. Berne, Publications universitaires européennes, Peter Lang, 1989.

BONNEL, Roland et Rubinger, Catherine, (ed.). *Femmes savantes et femmes d'esprit: Women Intellectuals of the French Eighteenth Century*, New-York, Peter Lang, 1994.

BRADY, Patrick.
– *Structuralist Perspectives in Criticism of Fiction: Essays on* Manon *and* La Vie de Marianne, Berne, Peter Lang, 1978.
– *Rococo Style Versus Enlightenment Novel*, Genève, Slatkine, 1984.

BRAY, Bernard. «Structures en série dans *Manon Lescaut* et *Histoire d'une Grecque moderne*», *S.V.E.C.* n° 192,1980, p. 1333-1340.

BROWN, Homer O. «The Displaced Self in the Novels of Daniel Defoe», *Journal of Literary History*, n° 38, 1971, p. 560-590.

BURY, Emmanuel. *Littérature et politesse: l'invention de l'honnête homme*, Paris, P.U.F.,1996.

CAILLEAU, René. «La toute-puissance de l'éducation: nature et culture selon Helvetius» in *Education et Pédagogies au siècle des Lumières,* Actes du colloque de 1983 de l'institut des sciences de l'éducation, Presses de l'Université catholique de l'ouest, 1985, p. 11-25.

CAPLAN, Jay. *Framed Narratives: Diderot's Genealogy of the Beholder. Theory and History of Literature*, vol. 19, Minneapolis, University of Minnesota Press, 1985.

CARRELL, Susan Lee. *Le Soliloque de la passion féminine ou le dialogue illusoire*, *Etudes littéraires françaises* n° 12, Tubingen, Paris, Gunther Narr et Jean-Michel Place, 1982.

CARROCI, Renata. *Les Héroïdes dans la seconde moitié du 18ème siècle: 1758-1788*, Fasano, Italia, schema, Paris, Nizet, 1988.

CHARLES, Shelly.
- «Du non-littéraire au littéraire: sur l'élaboration d'un modèle romanesque au XVIIIème siècle», *Poétique* n° 11, 1980, p. 406-21.
- «Constantes fonctionnelles du discours-manifeste», *Littérature* n° 39, 1980, p. 111-119.
- *Récit et réflexion: poétique de l'hétérogène dans* Le Pour et contre *de Prévost*, Oxford, Voltaire Foundation, *S.V.E.C.* n° 298, 1992.

CHARTIER, Roger. *Figures de la gueuserie, textes présentés par Roger Chartier*, (reprint de la Bibliothèque bleue), Paris, Montalba, 1982.

CLARK, Priscilla P. «The Metamorphoses of Mentor: Fénelon to Balzac», *The Romanic Review* n° 75, 1984, p. 200-215.

CONLON, Pierre. *Le Siècle des Lumières: bibliographie chronologique*. Genève, Droz, 1983 *et sq.*

CORTEY, Mathilde. *L'Invention de la courtisane au XVIIIe siècle*, Paris, Arguments, 2001.

COULET, Henri.
- *Le Roman jusqu'à la Révolution* [1967], Paris, Colin, 2000.
- *Marivaux romancier. Essai sur le cœur et l'esprit dans les romans de Marivaux*, A. Colin, 1975.
- «Sur les trois romans écrits par Prévost en 1740», *Cahiers Prévost d'exiles* n° 2, 1985, p. 7-19.
- «Les lieux communs romanesques dans *La Vie de Marianne*», *Etudes Littéraires*, Université de Laval, Eté 1991, «Vérités à la Marivaux», p. 95-104.
- *, EHRARD, Jean, RUBELLIN, Françoise (ed.). *Marivaux d'hier, Marivaux d'aujourd'hui*, actes du colloque de Riom et Lyon d'octobre 1988, Paris, éditions du CNRS, 1991.

COWARD, David. *Marivaux,* La Vie de Marianne *et* Le Paysan parvenu, London, Grant and Cutler, 1982.

COX, Stephen D. *The Stranger within Thee: Concepts of the Self in Late 18th Century Literature*, Pittsburg, University of Pittsburg Press, 1980.

DAUMAS, Maurice. *Le Syndrome Des Grieux. La relation père-fils au XVIIIème siècle*, Paris, Seuil, 1990.

DELOFFRE, Frédéric.
- *Une préciosité nouvelle: Marivaux et le marivaudage. Etude de langue et de style* [Les Belles Lettres, 1953], Paris, Colin, 1955 (édition revue et corrigée).
- «Le problème de l'illusion romanesque et le renouvellement des techniques narratives entre 1700 et 1715.» in *La Littérature d'imagination*, Paris, PUF, 1961, p. 116-33.

DELON, Michel.
- «La marquise et le philosophe», *Revue des Sciences humaines,* n° 182, 1981, p. 65-78.
- «Le discours italique dans les *Liaisons dangereuses*» in *Laclos et le libertinage,* Paris, P.U.F, 1982, p. 138-148.
- *L'Idée d'énergie au tournant des Lumières* (1770-1820), Paris, PUF, 1988.
- «Naufrages vus de loin: les développements narratifs d'un thème lucrétien», *Rivista di letterature moderne e comparate,* vol. XLI, Fasc. 2, Pise, 1988, p. 91-119.
- «La femme au miroir», *Europe* n° 74, 1996, p. 79-86.
- * et MALANDAIN, Pierre, (ed.). *Littérature Française du XVIIIème siècle,* Paris, PUF, 1996
- *, (dir.). *Dictionnaire Européen des Lumières,* Paris, PUF, 1997.
- *Le Savoir-vivre libertin,* Paris, Hachette-Littératures, 2000.

DE JEAN, Joan. *Tender Geographies. Women and the Origin of the Novel in France.* New-York, Columbia U.P., 1991.

DELBOUILLE, Paul. TILKIN, Françoise. «La technique du récit de paroles dans le roman français du dix-huitième siècle» in *Transactions of the Eighth International Congress on the Enlightenment,* Bristol 21-27 July 1991, Oxford, Voltaire Foundation, 1992, p. 1290-93.

DEMORIS, René.
- «Aspect du roman sous la Régence: un genre en mutation», in *La Régence,* (Actes du colloque d'Aix-en -Provence), Paris, Armand Colin, 1970, p. 174-185.
- «Les fêtes galantes chez Watteau et les romanciers contemporains.» in *Dix huit-huitième siècle* n° 2, 1971, p. 337-357.
- *Le Roman à la première personne du classicisme aux Lumières,* Paris, Armand Colin, 1975.
- «L'écrivain et son double dans le texte classique» in *Les Sujets de l'écriture,* sous la direction de J. Decottignies, Lille, P.U.de Lille, 1981, p. 65-83.
- «L'inceste évité: identification et objet chez Marivaux entre 1731 et 1737» in *Etudes littéraires,* vol. 24, n° 1, Eté 1991.
- *Le Silence de Manon,* Paris, PUF, 1995.
- «Paroles de femmes dans les *Egarement du cœur et de l'esprit* de Crébillon fils» in *Writers and Heroines. Essays on Women in French Literature,* Shirley Jones Day ed., Peter Lang, Berne, 1998.
- «De Marivaux à la *Nouvelle Héloïse*: intertexte et contre-texte, entre fantasme et théorie.», *Annales Jean-Jacques Rousseau,* 2002.

DIECKMANN, H. *Cinq leçons sur Diderot,* Genève, Droz, Paris, Minard, préface de Jean Pommier, 1959.

DENEYS-TUNNEY, Anne. *Ecritures du corps de Descartes à Laclos,* Paris, PUF-écriture, 1992.

DIDIER, Béatrice.
- *L'Ecriture-femme,* Paris, P.U.F. écriture, 1981.

- «La femme à la recherche de son image: Madame de Charrière et l'écriture féminine dans la deuxième moitié du XVIIIème siècle.», *SVEC* n° 193, 1981, p. 1981-1988.
- *La Voix de Marianne, Essai sur Marivaux,* Paris, Corti, 1987.
- «La réflexion sur la dissonance chez les écrivains du XVIIIème siècle: d'Alembert, Rousseau, Diderot», *R.S.H.* n° 205, 1987, p. 13-25.
- *Histoire de la Littérature française du XVIIIe siècle,* Paris, Nathan, 1992.

DOOTHWAITE, Julia V. *Exotic Women: Literary Heroines and Cultural Strategies in Ancien Régime France,* Philadelphia, University of Pennsylvania Press, 1992.

DORNIER, Carole.
- «Le traité de mondanité d'un mentor libertin: la «leçon de l'Étoile» dans les *Égarements du cœur et de l'esprit* de Crébillon fils (1738)», in *L'Honnête Homme et le Dandy,* Tübingen, Gunter Narr Verlag, coll. «Études littéraires françaises», 54, 1993, p. 107-121
- *Le Discours de maîtrise du libertin, étude sur l'œuvre de Crébillon fils,* Paris, Klincksieck, 1994.
- «La coopération conversationnelle dans *La Double Inconstance*» in *Masques italiens et comédie moderne: Marivaux, «La Double Inconstance», «Le Jeu de l'amour et du hasard»,* Annie Rivara (ed.), Orléans, Paradigme, 1996, p. 174-185.

DU SORBIER, Francoise. *Récits de gueuserie et biographies criminelles de Head à Defoe.* Berne, Francfort, Peter Lang, 1983.

EDMINSTON, William F. *Hindsight and Insight: Focalization in four 18th Century French Novels,* University park, Pennsylvania state U.P., 1991.

ELIAS, Norbert.
- *La Société de cour* [Die Höfische Gesellschaft, Hermann Luchterland Verlag, Neuwied & Berlin, 1969]. Paris, Calmann-Lévy, 1974.
- *La Civilisation des mœurs* [Über den Prozess der Zivilisation] traduit par P. Kamnitzer, Paris, Calmann-Lévy, 1973.

ENGEL, Claire-Eliane. *Figures et aventures du XVIIIème siècle, voyages et découvertes de l'abbé Prévost,* Paris, Editions *Je sers*, 1939.

ETIENNE, Servais. *Le Genre romanesque en France depuis l'apparition de* La Nouvelle Héloïse *jusqu'aux approches de la Révolution,* Bruxelles, Lamertin, 1922.

FARGE, Arlette,
- *(ed), *Vivre dans la rue au dix-huitième siècle,* Paris, Gallimard-Julliard, 1979.
- *La Vie fragile: violence, pouvoirs et solidarités à Paris au XVIIIème siècle,* Paris, Hachette, 1986.
- *Dire et mal dire, l'opinion publique au XVIIIème siècle,* Paris, Seuil, 1992.

FINK, Béatrice. «Des mots et des mets de Suzanne.» in *Diderot: Dispersion and Digression,* Jack Undank and Herbert Josephs (ed.), Lexington, French Forum, 1984, p. 98-105.

FORT, Bernadette. «Manon's Suppressed Voices: the Uses of Reported Speech», *Romanic Review* n° 76, 1985, p. 172-191.

FOUCAULT, Michel. «Un si cruel savoir», *Critique* n° 18, juillet 1962, p. 597-611.

FRANCIS, Richard Andrew.
- «The Additional Tales in the 1756 Edition of Prévost's *Mémoires et aventures*: Technique and Function», *French Studies* XXXII, 1978, p. 408-419.
- *The Abbé Prévost's First Person Narrators*, Oxford, Voltaire Foundation, *S.V.E.C* n° 306, 1993.

FRANTZ, Pierre. *L'Esthétique du tableau dans le théâtre du XVIIIe siècle*, Paris, PUF, 1998.

FRAUTSCHI, R.L et APOSTOLIDES, D.
- «Some 18th century Stances of Silence», *S.V.E.C.* n° 79, 1971, p. 219-234.
- «Narrative Voice in *Manon Lescaut*: Some Quantitative Observations», *L'Esprit créateur*, XII, 1972, p.103-117.

FRIEDMAN, Edward H. *The anti-heroine's voice. Narrative discourse and the transformations of the picaresque*, Columbia, University of Missouri Press, 1987.

FRITZ, Gérard. *L'Idée de peuple en France du XVII au XIX siècle*, Strasbourg, 1979.

FUMAROLI, Marc. «La Conversation» in *Les Lieux de mémoire* III, *Les France*, sous la dir. de P. Nora., Paris, Gallimard, 1992.

GARNOT, Benoît. *Le Peuple au siècle des Lumières, échec d'un dressage culturel*, Paris, Imago, 1990.

GELLEY, Alexander. «Character and Person on the Presentation of the Self in some 18th Century Novels», *The 18th century theory and interpretation,* n° 21, 1980, p. 109-27.

GERARD, Mireille. «Art épistolaire et art de la conversation: les vertus de la familiarité», *R.H.L.F.*, 1978, n° 6.

GEVREY, Françoise. «La poétique de l'obscur dans *La Vie de Marianne*», *Revue Marivaux* n° 2, p. 22-34.

GILOT, Michel.
- «Remarque sur la composition du *Paysan parvenu*», *Dix-huitième siècle* n° 2, 1970, p. 181-195.
- *L'Esthétique de Marivaux*, Paris, SEDES, 1998.

GILROY, James P.
- *Prévost's Mentors: the Master-pupil Relationship in the Major Novels of the Abbé Prévost*, Potomac, Maryland, 1989.
- «Variations on the Theme of Mentor in the Later Novels of the Abbé Prévost», *S.V.E.C.* n° 266, 1989, p. 181-193.

GIRAUD, Yves. «Monstres et merveilles au centre de la terre. Les fantasmes fantastiques du chevalier de Mouhy», *Studi Francese*, XIII, 1987.

GOLDSMITH, Elisabeth C. *Going Public and Publishing in Early Modern France*, Ithaca, New-York, London, Cornell University Press, 1995.

GOSSMAN, Lionel. «Male and Female in two Short Novels by Prévost», *Modern Language Review* n° 77, 1982, p. 29-37.

GRANDEROUTE, Robert. *Le Roman pédagogique de Fénelon à Rousseau*, Berne, Peter Lang, 1983.

GRASSI, Marie-Claire. «Les Règles de la communication dans les manuels épistolaires français» in *Savoir-vivre I,* sous la direction d'Alain Montandon, Lyon, Césura, 1990.

GREEN. F.C.
- «Realism in the French Novel in the First Half of the Eighteenth Century», *Modern Language Notes* 38, 1923, p. 321-329.
- *La Peinture des mœurs de la bonne société dans le roman français de 1715 à 1761*, Paris, PUF, 1924.

GRESILLON, Almuth et MAINGUENEAU, Dominique. «Polyphonie, proverbes et détournement», *Langages* n° 79, p.112-125.

GUTTON, J-P. *Domestiques et serviteurs dans la France de l'Ancien Régime*, Paris, Aubier-Montaigne, 1981.

HABERMAS, Jürgen.
- *L'Espace public. Archéologie de la publicité comme dimension constitutive de la société bourgeoise* [Strukturwandel der Öffentlichkeit], traduction de Marc B. de Launay, Paris, Payot, 1978.
- *Morale et communication, conscience morale et activité communicationnelle* [Moralbewusstsein und Kommunikatives Handeln], traduit par Christian Bouchindhomme, Paris, Le Cerf, 1986.

HARTMANN, Pierre. *Le Contrat et la séduction*, Paris, Champion, 1996.

HERMAN, Jan.
- *Le Mensonge romanesque: paramètres pour l'étude du roman épistolaire en France*, Amsterdam, Rodopi et Leuven, Leuven University Press, 1989.
- «Projection de l'oral dans l'écrit: l'enseignement des liminaires», *S.V.E.C.* n° 304, 1992, p. 1267-70.
- *et PELCKMANS, Paul (ed.). *Livres et Lecteur dans la France d'Ancien Régime*, Louvain-Paris, Peteers, 1995.
- *et ANGELET, Christian (ed.). *Anthologie de préfaces de romans du XVIIIe siècle (1700-1750),* Saint-Etienne, Presses universitaires de l'université de Saint-Etienne, Louvain, Presses universitaires de Louvain, 1999.
- *et HALLYN, Fernand (ed.). *Le Topos du manuscrit trouvé*, actes du colloque de Louvain-Gand, Louvain, Paris, Peeters, 1999.

HOBSON, Marian. *The Object of Art. The Theory of Illusion in the 18th Century France*, Cambridge University Press,1982.

HOEK, Leo. «L'imposture du titre ou la fausse vraisemblance» in *Du Linguistique au textuel*, Grivel Ch. et Kibedi Varga A. (ed.), Assen / Amsterdam, Van Gorcum, 1974.

HOFFMANN, Paul. *La Femme dans la pensée des Lumières*, Paris, Slatkine,1995.

HUET, Marie-Hélène. *Le Héros et son double, essai sur le roman d'ascension sociale au dix-huitième siècle*, Paris, Corti, 1975.

HUNTING, Claudine. *La Femme devant le «tribunal» masculin dans trois romans des Lumières: Challes, Prévost, Cazotte*, New-York, Bern, Paris, Peter Lang, 1987.

INCE, Walter. «L'unité du double registre chez Marivaux» in *Les chemins actuels de la critique*, Georges Poulet (ed.), Paris, 10/18, 1968, p. 71-85.

JACOT-GRAPA, Caroline. *L'Homme dissonant au dix-huitième siècle*, Oxford, Voltaire Foundation, *S.V.E.C*, vol. n° 354, 1997.

JAEGER, Kathleen. M. *Male and Female Roles in the 18th Century: the Challenge to Replacement and Displacement in the Novels of Madame de Charrière*, New-York, Peter Lang, 1994.

JONES, James F. «Textuel Ambiguity in Prévost's *Histoire d'une Grecque moderne*», *Studi Francesi* n° 80, mai/août 1983, p. 241-256.

JONES, Silas Paul. *A List of French Prose Fiction from 1700 to 1750 with a Brief Introduction*, New York, The H.W. Wilson Company, 1939.

JOST, François.
– «Le roman épistolaire et la technique narrative au XVIIIe siècle», *Comparative Literature studies 3* (1966): 397-427, rééd. in *Essais de littérature comparée*, Fribourg, Suisse, éditions universitaires, 1968.
– «L'évolution d'un genre: le roman épistolaire dans les lettres occidentales.» in *Essais de littérature comparée*, tome 2. Fribourg, Suisse, 1969, p. 89-179.
– «La tradition du Bildungsroman», *Comparative Literature*, vol XXI, Spring, 1969, n° 2.
– «Le 'je' à la recherche de son identité.», *Poétique* n° 24, 1975, p. 479-87.

JUGAN, Annick. *Les Variations du récit dans* La Vie de Marianne *de Marivaux. Les instances du récit*, Paris, Klincksieck, 1978.

JUPKOR, Ben. «Le Dialogue chez Marivaux comme phénomène réfractaire à la communication.», *Diderot Studies* n° 211.

KARS, Hendrik. *Le Portrait chez Marivaux. Etude d'un type de segment textuel. Aspects métadiscursifs, définitionnels, formels*, Amsterdam, Rodopi, 1981.

KEMPF, Roger.
– *Sur le corps romanesque*, Paris, Seuil, 1968.
– *Diderot et le roman ou le démon de la présence*, Paris, Seuil, 1964.

KIBÉDI-VARGA, Aron.
– «La désagrégation de l'idéal classique dans le roman français de la 1ère moitié du XVIIIème siècle.», *Studies on Voltaire* n° 26, 1963, p. 965-98.

- «Le roman est un anti-roman», *Littérature* n° 48, 1982, p. 3-18.
- «Causer, conter, stratégies du dialogue et du roman» in *Le partage de la parole, Littérature* n° 93, février 1994. p.75-78.

KUSCH, Manfred. «*Manon Lescaut* or Voyage du chevalier Des Grieux dans la Basse Romancie», *S.V.E.C.* n° 143, 1975, p. 141-160.

LABROSSE, Claude. *Lire au XVIIIème siècle, «La Nouvelle Héloïse» et ses lecteurs*, Lyon, Presses universitaires de Lyon, 1985.

LADEN, Marie-Paule.
- «The Pitfalls of success», *Romanic Review* n° 74, 1983, p. 170-182.
- *Self-imitation in the 18th century Novel*, Princeton, Princeton U.P., 1987.

LAFON, Henri.
- «Voir sans être vu: un cliché, un fantasme», *Poétique* n° 16, 1973, p. 50-60.
- «D'une lettre à l'autre. Métamorphose de la lettre dans le roman du XVIIIème.», *Les Valenciennes* n° 9, Université de Valenciennes, 1984.
- *Les Décors et les choses dans le roman français du dix-huitième siècle de Prévost à Sade*, Oxford, Voltaire Foundation, 1992.
- *Espaces romanesques du XVIIIe siècle, 1670-1820, de Madame de Villedieu à Nodier,* Paris, P.U.F., *Perspectives littéraires,* 1997.

LAING, Ronald. *Politique de la famille et autres essais* [The Policy of the Family], traduction par Claude Elsen, Paris, Stock, 1976.

LASOWSKI, Wald. Roman. «Un art de dire désinvolte», *Littérature* n° 93, février 1994, p. 52-65.

LEBORGNE, Erik. «Poétique du fantasme chez Prévost: le cas d'un rêve d'angoisse dans les *Mémoires et aventures d'un homme de qualité*», *Eighteenth-century Fiction,* vol. 11, number 2, January 1999, p. 151-168.

LYONS, John O. *The Invention of the Self: the Hinge of Consciousness in the 18th Century,* Carbondale, Southern Illinois University Press, 1978.

LECERCLE, Jean-louis. *Rousseau et l'art du roman*, Paris, A. Colin, 1969.

LOTRINGER, Silvère.
- «Manon l'écho», *The Romanic Review* n° 63, 1972, p. 92-110.
- «Le roman impossible», *Poétique* n° 3, septembre 1970, p. 297-321.

MAGNOT, Florence.
- «Double registre et théâtralité dans les *Mémoires et aventures* et *Cleveland* de l'abbé Prévost» in *Folies romanesques au siècle des Lumières* (colloque de Paris III, décembre 1997), R. Démoris et H. Lafon (ed.), Paris, Desjonquères, 1998, p. 237-251.
- «Avatars de l'hospitalité et peur de l'autre dans *La Mouche* de Mouhy» in *L'Hospitalité au dix-huitième siècle,* A. Montandon (ed.), Clermont-Ferrand, P.U. Blaise Pascal, 2000, p. 105-121.
- «Enonciation féminine et discours sur la passion dans les *Mémoires et aventures d'un homme de qualité*», *S.V.E.C.,* 2001-12, p. 383-391.

MANDER, Jenny.
- «Le cercle pédagogique: un mode dominant de lecture au début du XVIIIe siècle» in *L'Epreuve du Lecteur, livres et lectures dans le roman d'Ancien Régime*, Jan Herman et Paul Pelckmans (ed.), Peeters, Louvain-Paris, 1995, p. 191-199.
- «Moi et l'ouïe: la concurrence entre l'écrit et l'oral mise en évidence par le topos du manuscrit trouvé», *Le Topos du manuscrit trouvé*, Actes du colloque de Louvain-Gand, Jan Herman (ed.), Louvain / Paris, Peeters, 1999, p. 149-157.
- *Circles of Learning*, Oxford, Voltaire Foundation, 1999.

MARKOVITS, Francine. *L'Ordre des échanges. Philosophie de l'économie et économie du discours au 18ème siècle en France*, Paris, P.U.F, 1986.

MARTIN, A; MYLNE, V. et FRAUTSCHI, R. *Bibliographie du genre romanesque français*, 1751-1800, London, Paris, 1977.

MAT, Michèle. «L'intrigue et les voix narratives dans les romans de Marivaux», *Romanische Forschungen,* n° 89, 1977, p. 18-36.

MAUZI, Robert.
- *L'Idée du Bonheur dans la littérature et la pensée françaises au dix-huitième siècle*, Paris, A. Colin, 1960.
- «Les Maladies de l'âme au XVIIIème siècle», *Revue des sciences humaines* (1960), p. 460-93.
- Edition et Introduction de l'*Histoire d'une Grecque moderne*, Paris, Union générale d'éditions, 1965, p. I-XXXVIII.
- «Le thème de la retraite dans les romans de Prévost», *L'Abbé Prévost, colloque d'Aix* (1965), Aix, 1967, p. 185-195.

MAY Georges. *Le Dilemme du roman au dix-huitième siècle*, New Haven, Yale University Press, Paris, PUF, 1963.

MELANÇON, Benoît. *L'Invention de l'intimité au siècle des Lumières*, Nanterre, Centre des sciences de la Littérature de Paris X, 1995.

MILLER, Nancy K.
- *The Heroine's Text: Readings in the French and English Novel*, 1722-1782, New-York, Columbia U.P., 1980.
- *French Dressing: Women, Men, and Ancien Régime Fiction,* London, New-York, Routledge, 1995.

MOLHO, Maurice. «Le Roman familial du picaro», in *Estudios de literatura espanola y fancesa: siglo XVI y XVII, Homenaje a Horst Baader*, Barcelona, 1984, p. 141-148.

MONTANDON, Alain.
- *Le Roman au XVIIIème siècle en Europe*, Paris, PUF, 1999.
- *, (ed.) *Convivialité et politesse: du gigot, des mots et autres savoir-vivre,* Clermont-Ferrand, Publications de la faculté des Lettres et sciences humaines de Clermont-Ferrand, 1993.

– *, (ed.) *Le Même et l'autre: regards européens*, Clermont-Ferrand, Publications de la faculté des Lettres et Sciences Humaines de Clermont-Ferrand, 1997.

MORTIER, Roland. «Libertinage littéraire et tensions sociales dans la littérature de l'Ancien Régime: de la Picara à la fille de joie» in *Le Cœur et la Raison*, Oxford, Voltaire Foundation, 1990, p. 403-413.

MUCHEMBLED, Robert.
– *Culture populaire et culture des élites dans la France moderne (XV-XVIIIème siècles)* Paris, Flammarion, 1978.
– *L'Invention de l'homme moderne, sensibilité et comportements collectifs sous l'Ancien Régime*, Paris, Fayard, 1988.

MYLNE, Vivienne.
– «Dialogue as narrative» in *Studies in Eighteenth Century French Fiction presented to Robert Niklaus*, H. Fox (ed.), Exeter, University of Exeter, 1975, p. 173-192.
– «Dialogue in Marivaux's Novels», *Romance Studies*, 15, Hiver 1989, p. 48-61.
– *Le Dialogue dans le roman français de Sorel à Sarraute,* édité par les soins de Françoise Tilkin, Paris, Universitas, 1994.

OUELLET, Réal. «La théorie du roman épistolaire en France au XVIIIème siècle» *S.V.E.C.* n° 89, (1972), p. 1207-1227.

PAPADOPOULO, Valentini. «Le moi divisé: narration «consonante» et narration «dissonante» dans *Le Paysan parvenu»* in *Le Triomphe de Marivaux*, Congrès d'Edmonston, octobre 1988, Magdy Badyr et Vivian Bosley (ed.), 1990.

PARKER, Alexander A. *Literature and the Delinquent, the Picaresque Novel in Spain and Europe, 1599-1753*, Edinburgh, Edinburgh University Press, 1967.

PELCKMANS, Paul.
– «Intériorité et médiation. Quelques aspects de la psychologie de Prévost», *Neophilologus*, LXIII,1979, p. 193-211.
– *Le Sacre du père. Fictions des Lumières et historicité d'Oedipe. 1699-1775*, Amsterdam, Rodopi, 1983.

PERKINS, Jean A. *The Concept of the Self in the French Enlightenment,* Geneva, Droz, 1969.

PEROL, Lucette. «Les avatars du lecteur dans la genèse d'un roman: Diderot, la religieuse et le charmant marquis» in *Le Lecteur et la lecture*, Clermont-Ferrand, P.U de Clermont-Ferrand, p. 101-113.

PETERSEN, John. «La double communication dans l'œuvre de Diderot», *Revue Romane* n° 13, 1978, p. 206-228.

PETITFRÈRE, Claude.
– *L'Œil du maître. Maîtres et serviteurs de l'époque classique au romantisme*, Bruxelles, Editions Complexe, 1986.
– «Les Lumières, la Révolution et les domestiques», *Bulletin de la société d'Histoire moderne* n° 4, 1986.

POMEAU, René. «Tiberge ou le troisième personnage» in *Cent ans de littérature française, 1850-1950. Mélanges offerts à Jacques Robichez*, Paris, SEDES, 1987, p. 15-21.

PRINCIPATO, Aurelio. «Sur quelques aspects de la retenue verbale dans le roman libertin» in *Mélanges de linguistique et de littérature offerts à Pierre Larthomas*, Paris, P.E.N.S., 1985, p. 397-406.

PROUST, Jacques. «Les maîtres sont les maîtres», *Romanistische Zeitschrift für Literaturgeschichte / Cahiers d'Histoire des Littératures Romanes*, I, 1977, p. 145-172.

RETAT, Pierre (éd.). *Les Paradoxes du romancier: les égarements de Crébillon*, [P.U de Grenoble, 1975] Lyon, P.U. de Lyon, 1995.

RIVARA, Annie.
− *Les Sœurs de Marianne: suites, imitations, variations, 1731-1761*, *S.V.E.C.* n° 285, 1991.
− «*La Mère confidente* de Marivaux ou la surprise de la tendresse, une expérimentation morale et dramaturgique», *R.H.L.F* n° 1., Janvier-février 1993, p. 73-93.
− «Malheur à celle qui rit», *R.H.L.F.* n° 5, 2000, p. 1297-1310.
− * et Mc Kenna, Anthony (ed.). *Le Roman des années trente, la génération de Prévost et Marivaux*, Saint-Etienne, Publications de l'Université de Saint-Etienne, 1998.

ROCHE, Daniel.
− *La Culture des apparences, une histoire du vêtement, XVIIème et XVIIIème siècles*, Paris, Fayard, 1991.
− «Les Domestiques comme intermédiaires culturels» in *Les Intermédiaires culturels*, Aix-en Provence, Publications de l'université de Provence, Paris, Champion, 1981, p. 189-202.

ROUSSET, Jean.
− *Forme et Signification, essai sur les structures littéraires de Corneille à Claudel*. Paris, Corti, 1962.
− «L'emploi de la première personne chez Chasles et Marivaux», *C.A.I.E.F.* n° 19, 1967, p. 101-114.
− «Trois romans de la mémoire», *Cahiers Internationaux du Symbolisme*, n° 9 et 10, 1965-1966, p. 75-84.
− *Narcisse romancier, essai sur la première personne dans le roman*, Paris, Corti, 1972.
− «La reconnaissance familiale de Marivaux à Diderot et à Figaro ou la tentation de l'inceste» in *Marivaux et les Lumières, l'éthique d'un romancier*, Actes du colloque international d'Aix en Provence, Juin 1992, G. Goubier (ed.), Publications de l'Université de Provence, 1996, p. 177-182.

ROUSSET, Roy. *The Conversation of the Sexes: Seduction and Equality in Selected 17th and 18th Century Texts*, New-York, Oxford U.P, 1986.

ROY, William. «Individualism and Authority» in *Story and History. Narrative Authority and Social Identity in the 18th Century Novel*, Oxford, Blackwell, 1990. p.93-104.

RUSTIN, Jacques.
– *Le Vice à la mode: étude sur le roman français de la première moitié du dix-huitième siècle de* Manon Lescaut *à l'apparition de* La Nouvelle Héloïse *(1731-1761)*, Paris, Ophrys, 1979.
– «Education et contestation dans les romans français de la première moitié du XVIIIème siècle» in *Pouvoir, ville et société en Europe, 1650-1750*, G. Livet et B. Vogler (ed.), éditions du C.N.R.S., 1981.
– «Histoire d'Helena L***», *Cahiers Prévost d'exiles*, II, 1985, p. 7-19.

SAINT-GIRONS, Baldine. *Esthétiques du XVIIIème siècle, le modèle français,* Paris, Philippe Sers éditeur, 1990.

SALOMON-BAYET, Claire. *J-J. Rousseau ou l'impossible unité*, Paris, Seghers, 1967.

SANAKER, John Kristian. *Le Discours mal apprivoisé, essai sur le dialogue de Marivaux*, Oslo, Solum Forlag, Paris, Didier Erudition, 1987.

SANFOURCHE, Jean-Paul. «Narrataire et lecteur: intimité d'un discours et parcours de lecture dans *La Vie de Marianne*», *L'Epreuve du Lecteur, livres et lectures dans le roman d'Ancien Régime*, Jan Herman et Paul Pelckmans (ed.), Peeters, Louvain-Paris, 1995, p. 230-238.

SEGAL, Naomi. *Narcissus and Echo. Women in the French «récit»*, Manchester, Manchester U.P., New-York, St-Martin's Press, 1988.

SEGUIN, Jean Pierre. *La Langue française au dix-huitième siècle*, Paris, Bordas, 1972.

SERMAIN, Jean-Paul.
– «L'art du lieu commun chez Marivaux: l'opposition res/ verba dans *La Vie de Marianne*» *R.H.L.F.* n° 84 (6), 1984, p. 891-900.
– «*L'Histoire d'une Grecque moderne* de Prévost: une rhétorique de l'exemple», *Dix-huitième siècle* n° 16, 1984, p. 357-367.
– *Rhétorique et romans au dix-huitième siècle,* Oxford, Voltaire Foundation, *S.V.E.C.* n° 233, 1985.
– «Les trois Figures du dialogisme dans *Manon Lescaut*» in *Saggi e Ricerche du Letteratura Francese*, vol. XXIV, Roma, 1985, p. 373-40.
– «La Conversation au 18ème siècle: un théâtre pour les Lumières» in *Convivialités et politesse, du gigot, des mots et autres savoir-vivre*, A. Montandon (ed.), Clermont-Ferrand, U. de Clermont-Ferrand, 1993.
– «Une poétique de la déchirure: le burlesque au XVIIIème siècle.-» in *Poétiques du burlesque*, actes du colloque du C.R.L.M.C. de l'université Blaise Pascal, Dominique Bertrand (ed.), Paris, H. Champion, 1996, p. 393-403.
– *Le Singe de Don Quichotte: Marivaux, Cervantès et le roman post-critique*, Oxford, Voltaire Foundation, *S.V.E.C.* n° 368, 1999.

SGARD, Jean.
– *Prévost romancier*, Paris, Corti, 1968.
– *Introduction, table et Index de* Le Pour et Contre *de Prévost*, Paris, 1969.
– «Style rococo, style régence» in *La Régence, actes du colloque d'Aix de février 1968*, Paris, A. Colin, 1970.
– *Labyrinthes de la mémoire*, Paris, P.U.F. écrivains, 1986.

– «Réflexions sur le romanesque au dix-huitième siècle. A propos de *La Vie de Marianne*» in *Lettres et réalités, mélanges de littérature générale et de critique romanesque offerts à Henri Coulet,* Université de Provence, 1988, p. 355-367.
– «L'Aventure», *Europe,* novembre-décembre 1996, p. 60-67.

SIMMONS, Sarah. «Héroïne ou figurante? La Femme dans le roman du XVIIIème siècle en France», *S.V.E.C.* n° 193, (1980), p. 1918-24.

SINGERMAN, Alan J.
– «The Abbé Prévost's Grecque moderne: a Witness for the Defense» *The French Review* XLVI, 1972-1973. p. 938-945.
– «Relecture ironique de *l'Histoire d'une Grecque moderne*», *C.A.I.E.F.*, XLVI,1994. p.355-370.
– «Narrative and Communication in Prévost's *Histoire d'une Grecque moderne*: a Semio-linguistic Approach to the Question of Ambiguity» in *Nottingham French Studies* n° 29 (2), 1990, p. 31-44.

SHOWALTER, English.
– «Money Matters and Early Novels», *Literature and society: eighteenth century, Yale French Studies,* n° 40, 1968.
– *The Evolution of the French Novel, 1641-1782,* Princeton, Princeton U.P., 1972.

SIEMEK, Andrezj.
– «Crébillon fils et le dilemme du narrateur», *S.V.E.C.* n° 192, 1980, p. 1359-1368.
– «L'écrivain libertin ou un statut impossible», *S.V.E.C.* n° 264, 1989, p. 1161-1166.

SNYDERS, Georges. *La Pédagogie en France aux XVIIème et XVIIIème siècles,* Paris, PUF, 1965.

SOUILLER, Didier. «Le Récit picaresque», *Littératures,* 1986, n° 14.

SPINK, John S. «Chronologie et composition thématique dans les ouvrages à forme biographique et autobiographique au XVIIIème siècle», *C.A.I.E.F.* n° 19, 1967, p. 115-128.

STAROBINSKI, Jean.
– *La Transparence et l'obstacle,* Paris, Plon, 1958.
– «Le style de l'autobiographie», *Poétique* n° 3, 1970, p.257-265.
– «Diderot et la parole des autres», *Critique* n° 28, 1972.

STEMPEL, Wolf-Dieter. «Ceci n'est pas un conte, la rhétorique du conversationnel», *Littérature* n° 93, p. 66-73.

STROEV, Alexandre. *Les Aventuriers des Lumières,* Paris, PUF, 1997.

TRITTER, Jean-Louis. «Le statut de la parole dans *Manon Lescaut*», *Champs du signe* n° 1, p. 143-148.

VALLOIS, Marie-Claire. «Politique du paradoxe: tableau de mœurs/tableau familial dans *La Religieuse* de Diderot», *Poétique* n° 41, février 1980, p. 162-171.

VAN DIJK, Suzan. «Transformations opérées sur un roman de Madame de Riccoboni: la communication entravée.» in *(En)jeux de la communication romanesque*, Van Dijk, Suzan et Stevens, Christa (ed.), Amsterdam, Rodopi, 1994. p. 307-18.

VERSINI, Laurent. *Le Roman épistolaire*, Paris, P.U.F., 1979.

VIGARELLO, G. *Le Corps redressé, Histoire d'un pouvoir pédagogique*, Paris, J-P. Delarge, 1978.

VIGLIENO, Laurence. «L'âge d'or du roman à la première personne: 1725-1740», *L'Ecole des Lettres* n° 77, 1985, p. 15-30.

VINCENT-BUFFAULT, Anne. *L'Exercice de l'amitié. Pour une histoire des pratiques amicales aux XVIIIe et XIXe siècles*, Paris, Seuil, 1995.

VISELLI, Sante, A. «L'Etranger dans le roman français du dix-huitième siècle», actes du VIIIème congrès des Lumières de Juillet 1995, *S.V.E.C.* n° 347, Année, p. 580-584.

WATT, Ian. *The Rise of the Novel, Studies in Defoe, Richardson and Fielding*, Berkeley, University of California, 1957.

WEIL, Françoise. «Les premiers lecteurs de Prévost et le 'dilemme du roman'» in *Actes du colloque d'Aix-en-Provence*, (décembre 1963), Paris, Ophrys, 1965, p. 225-231.

WELLINGTON, Marie.
- «Unity and Symmetry of the Character of Tiberge», *Romance Quarterly* XXXVIII, 1991, p. 27-37.
- «Des Grieux: Person, Impersonation and Self-discovery», *S.V.E.C.* n° 296, 1992, p. 43-52.

WIMMER, Christine. «Fiction du narrrateur-auteur: analyse polyphonique», *Cahiers Prévost d'Exiles*, II, 1985, p. 37-54.

WEISBERGER, Jean. *Les Masques fragiles. Esthétique et Formes de la littérature rococo*, Lausanne, L'âge d'homme, 1991.

WOODEN, Angelica. *The complete lover. Eros, Nature and Artifice in the 18th Century*, Oxford, Clarendon Press, 1989.

YAHALOM, Shelly, voir CHARLES, Shelly.

ZAWISZA, Elisabeth.
- «Les introductions auctoriales dans les romans des Lumières», *Romanic Review*, May, 83 (3), 1992, p. 281-297.
- «Sur le discours préfacier dans les romans au dix-huitième siècle», *Romanica Wratislaviensia* n° 12, 1977, p. 89-104.

ZOBERMANN, Pierre. «Voir, savoir, parler: la rhétorique et la vision au XVIIème et au début du XVIIIème siècles», *Dix-Septième siècle* n° 146, janvier-mars 1985, p. 79-91.

2. Autres

ALTMAN GURKIN, Janet. *Epistolarity: Approaches to a Form*, Colombus, Ohio state U.P., 1982.

AUSTIN, J.L. *Quand dire c'est faire* [*How to do things with words*, Oxford, 1962], Paris, Seuil, 1970,

AUTHIER-REVUZ, Jacqueline.
- «Autour du discours rapporté», *D.R.L.A.V.* n° 17, septembre 1978, p. 44-87.
- «Paroles tenues à distance» in *Matérialités discursives*, Lille, Presses universitaires de Lille, 1980.
- «Hétérogénéités énonciatives», *Langages* n° 73, mars 1984, p. 98-111.
- «Repères dans le champs du discours rapporté», *L'Information grammaticale*, Paris, n° 55, Octobre 1992, p. 38-42 et n° 56, Janvier 1993, p. 10-15.

BAKHTINE, Mikhail.
- *La Poétique de Dostoïevski,* [Problemy poetiki Dostoïevskovo] traduit du russe par Isabelle Kolitcheff, présentation de Julia Kristeva, Paris, Seuil, 1970.
- *Esthétique et théorie du roman*, [Voprocy literatury i estetiki] traduit du russe par Daria Olivier, préface de Michel Aucouturier, Paris, Gallimard, 1978.

BAL, Mieke. «Notes on narrative embedding», *Poetics Today.* 2.2. Winter 1981. *Narratology 3. Narration and perspective in fiction*, Utrecht, p. 41-60.

BARTHES, Roland. *Introduction à l'analyse structurale des récits* [paru initialement dans Communications n° 8, 1966] in *Poétique du récit,* Paris, Seuil, 1977, p. 7-57.

BAUDRILLARD, Jean. *La Société de consommation. Pour une critique de l'économie politique du signe,* Paris, Gallimard, 1974.

BELMONT, N. «Quelques sources anthropologiques du problème de la gémellité», *Topique*, 50, 1992, p. 185-203.

BENCHEIKH, J.E. *Les 1001 nuits ou la parole prisonnière*, Paris, Gallimard, 1988.

BENNINGTON, Geoffrey. *Jacques Derrida,* Paris, Seuil, 1991.

BENVENISTE, Emile. *Problèmes de Linguistique générale,* Paris, Gallimard, 1966.

BOURDIEU, Pierre. *Ce que parler veut dire: l'économie des échanges linguistiques*, Paris, Fayard, 1982.

BOYER, Henri. «La communication épistolaire comme stratégie romanesque», *Semiotica* XXXIX, 12 (1982), p. 21-44.

BRAUDEL, Fernand. *Civilisation matérielle et capitalisme, XV-XVIIIème siècles*, tome 2, «Les jeux de l'échange», Paris, Colin, 1979.

BRAY, René. *La Formation de la doctrine classique en France*, Paris, Nizet, 1961.

BUTOR, Michel. *Répertoire II. Etudes et Conférences 1959-1963*, Paris, Minuit, 1964.

CHAMBEFORT, Pierre. «Les histoires insérées dans les romans de Madeleine de Scudéry», in *Les Genres insérés dans le roman*, Claude Lachet (ed.), Lyon, Cedic, 1990, p. 285-294.

CHARLES, Michel.
– *Rhétorique de la lecture*, Paris, Seuil, 1977.
– «Digression, régression», *Poétique* n° 40, 1979, p. 395-407.
– *Introduction à l'étude des textes*, Paris, Seuil, 1995.

CHARTIER, Roger. *Lecteurs et lectures dans la France d'Ancien régime*, Paris, Seuil, 1987.

COLTIER, Daniel. «Introduction aux paroles de personnages: fonctions et fonctionnement», *Pratiques* n° 64, décembre 1989, p. 69-111.

COMBETTES, Bernard. «Discours rapporté et énonciation», *Pratiques* n° 64, Mars 1989, p. 111-122.

COSTE, Didier. *Narrative as Communication*, Minneapolis, University of Minesota Press, 1989.

CROS, Edmond. *Protée et le gueux. Recherches sur les origines et la nature du récit picaresque dans* Gusman de Alfarache, Paris, Didier, 1967.

DÄLLENBACH, Lucien. *Le Récit spéculaire. Essai sur la mise en abyme*, Paris, Seuil, 1977.

DELUMEAU, Jean.
– *La Peur en Occident XIV-XVIIIème s. Une cité assiégée*, Paris, Fayard, 1978.
– *Le Péché et la peur. La culpabilisation en Occident, XIII-XVIIIème s*, Paris, Fayard, 1983.

DENIS, Delphine. *La muse galante, poétique de la conversation dans l'œuvre de Madeleine de Scudéry*, Paris, Champion, 1997.

DERRIDA, Jacques. *De l'Hospitalité,* Paris, Calmann-Lévy, 1997.

DOUGLAS, M. (ed.). *The Worlds of Goods. Towards an Anthropology of Consumption*, New-York, Londres, 1978.

DUCROT, Oswald.
– *Les Mots du discours,* Paris, Seuil, 1980.
– *Le Dire et le dit,* Paris, Minuit, 1984.
– * et SCHAEFFER, Jean-Marie. *Nouveau dictionnaire encyclopédique des sciences du langage*, Paris, Seuil, Points Essais, 1995.

DUISIT, L. *Satire, parodie, calembour. Esquisse d'une théorie des modes dévalués*, Saragota, Californie, Anima Libri, 1978.

DURRER, Sylvie. *Le Dialogue romanesque, style et structure*, Genève, Droz, 1994.

ELLRODT, Robert (ed.). *Genèse de la conscience moderne: étude sur le développement de la conscience de soi dans les littératures du monde occidental*, Paris, P.U.F., 1983.

FRONTISI-DUCROUX, F. «Le héros, le double et les jumeaux», *Topique* 50, 1992, p. 239-262.

FLOECK, Wilfried. *Esthétique de la diversité. Pour une histoire du baroque littéraire en France*, Paris, Biblio 17, 1989.

FAUDEMAY, Alain. *La Distinction à l'âge classique: émules et enjeux*, Paris, Champion, 1992.

FRITZ, Gérard. *L'Idée de peuple en France du XVII au XIX siècle*, Strasbourg, Presses universitaires de Strasbourg, 1988.

GENETTE, Gérard.
– *Figures III*, Paris, Seuil, 1972.
– *Nouveau discours du récit*, Paris, Seuil, 1983.

GERARD, Mireille. «Art épistolaire et art de la conversation: les vertus de la familiarité», *Revue d'Histoire Littéraire de la France* n° 6, 1978.

GUILLEN, Claudio. «Towards a Definition of the Picaresque» in *Literature as System*, essays towards the theory of literary history, Princeton, Princeton U.P. 1971.

GLOWINSKI, Michal. «Sur le roman à la première personne» («On the first Person Novel», *New Literary History,* 9 (1977), traduction anglaise d'un extrait de *Gry powiesciowe*, [Jeux romanesques], Varsovie, 1983), *Poétique* n° 72, 1987, p. 497-506.

GOFFMAN, Erving.
– *Les Cadres de l'expérience* [*Frame Analysis: an Essay of the Organization of Experience,* 1974], trad. A. Khim, Paris, Minuit, 1991.
– *Les Rites d'interaction* [*Interaction Ritual,* 1974], Paris, Minuit, 1974.

GUELLOUZ, Suzanne. *Le Dialogue*, Paris, Presses universitaires de France, 1992.

GUIBERT, B. *L'Ordre marchand, réflexions sur les structures élémentaires de la vénalité,* Paris, Le cerf, 1986.

GUTTON, J-P. *Domestiques et serviteurs dans la France de l'Ancien Régime.* Paris, Aubier-Montaigne, 1981.

HAMBURGER, Käte. *Logique des genres littéraires* ([*Die Logik der Dichtung]*, Ernst Klett, Stuttgart, 1977), traduction P. Cadiot, Paris, Seuil, 1986.

HAMON. Philippe.
– «Du savoir dans le texte», *R.S.H.,* n° 160, 1975-4.
– «Pour un statut sémiologique du personnage» in *Poétique du récit*, Paris, Seuil, 1977, p. 115-180.

HEUVEL, Pierre Van de. «Le discours rapporté», *Neophilologus* n° 62, 1978, p. 19-38.

Interactions conversationnelles. Colloque du centre international de sémiotique et de linguistique, Urbino, 22-26 juillet 1985.

JALLAT, Jeannine «Adolphe, la parole et l'autre», *Littérature* n° 2, mai 1971. p. 71-89.

JANSSEN, Theo A.J.M. et Van der Wurff Wim, (ed.) *Reported Speech. Forms and Functions of the verb,* Amsterdam, Philadelphia, J. Benjamins, 1996.

KAYSER, Wolfgang. «Qui raconte le roman?», *Poétique* n° 4, 1970, republié dans *Poétique du récit*, Paris, Seuil, 1977.

KELLOGG, Robert. «Oral Narrative, Written Books», *Genre* 10, 1977, p. 655-65.

KERBRAT-ORECCHIONI, Catherine.
- *L'Enonciation, de la subjectivité dans le langage*, Paris, A. Colin, 1980.
- *Les Interactions verbales*, Paris, A. Colin, 1990-1994, 3 vol.
- * et PLANTIN, Christian, (ed.) *Le Trilogue,* Lyon, Presses universitaires de Lyon, 1995.

LANE-MERCIER, Gillian. *La Parole romanesque*, Ottawa, Klincksieck, 1989.

LEJEUNE, Philippe.
- *Le Pacte autobiographique*, Paris, Seuil, 1975.

LINTVELT, Jaap.
- «Modèle discursif du récit encadré: rhétorique et idéologie dans *Les Illustres Françaises*», *Poétique* n° 35, 1978, p. 352-366.
- *Essai de typologie narrative: le point de vue, théorie et analyse*, Paris, Corti, 1981.

Littérature n° 93, «Le partage de la parole», février 1994.

MAGENDIE, Maurice. *Le Roman français au XVIIème siècle de* L'Astrée *au* Grand Cyrus, Paris, Droz, 1932.

MAINGUENEAU, Dominique.
- *Genèse du discours,* Bruxelles, Liège, Mardaga, 1984.
- *Eléments de linguistique pour le texte littéraire*, Paris, Bordas, 1986.
- *Le Contexte de l'œuvre littéraire*, Paris, Dunod, 1993.

MAUSS, Marcel. *Essai sur le don, forme et raison de l'échange dans les sociétés archaïques* in *Sociologie et anthropologie*, Paris, PUF, 1966.

MOLINIE, Georges. *Du roman grec au roman baroque*, Toulouse, «Champs du signe», Presses universitaires du Mirail, 1995.

MUSARRA-SHROEDER, Ulla. *Le Roman-mémoires moderne, pour une typologie du récit à la première personne*, Amsterdam, APA Holland U.P., 1981.

NAERT, Emilienne. *Locke ou la raisonnabilité*, Paris, Seghers, 1973.

PAVEL, Thomas. *L'Art de l'éloignement, essai sur l'imagination classique*, Paris, Gallimard, Folio-essais, 1996.

PÉROUSE, Gabriel-A. *Doubles et dédoublement en littérature*, Saint-Etienne, P-U de l'Université de Saint-Etienne, 1995.

PEYTARD, Jean. *Mikhaïl Bakhtine: dialogisme et analyse du discours*, Paris, Bertrand Lacoste. 1995.

PRATIQUES, Numéros spéciaux n° 64 «Paroles de personnages», 1989 et n° 65 «Dialogues de romans», 1990.

PRINCE, Gerald. «Introduction à l'étude du narrataire», *Poétique* n° 14, 1973, p.178-197.

REY-DEBOVE, Josette. «Notes sur une interprétation autonymique de la littérarité: le mode du «comme je dis»», *Littérature* n° 4, septembre 1971, p. 90-95.

RICO, F. *The Picaresque Novel and Point of View*, Cambridge, Cambridge U.P, 1983.

RIGGAN, William. *Picaros, Madmen, Naifs and Clowns. The Unreliable First Person Narrator*, Norman, University of Oklahoma Press, 1981.

ROJTMAN, Betty. «Désengagement du *Je* dans le discours indirect», *Poétique* n° 41, Février 1980, p.90-107.

ROMBERG, Bertil. *Studies in the Narrative Technique of the First Person Novel.* Stockholm, Almqvist & Wiksell, 1962.

SCHAPIRA, Ch. «La Technique du récit englobé dans les contes de Maupassant», *Neophilologus,* octobre 1987, 71, 4, p. 513-522.

SERRES, Michel. *Le Parasite*, Paris, Grasset, 1980.

SHOEMAKER, Sydney. *The First Person Perspective and Other Essays,* Cambridge, Cambridge U.P, 1996.

SMITH, Sidonie. *A Poetics of Women's Autobiography: Marginality and the Fiction of Self-representation*, Bloomington, Indiana U.P., 1987.

STERNBERG, Meir.
- «Point of View and the Indirections of Direct Speech», *Language and Style* n° 15, 1982, p. 184-214.
- «Polylingualism as Reality and Translation as Mimesis», *Poetics Today* n° 2, 1981, p. 221-239.

TROUBETZKOY, Wladimir. *L'Ombre et la différence, le double en Europe*, Paris, P.U.F., 1996.

VIALA, Alain. *La Naissance de l'écrivain, sociologie de la littérature à l'âge classique.* Paris, Minuit, 1985.

WILDER, A. *Système et structure. Essais sur la communication et l'échange*, Londres, Tavistock, 1972.

INDEX DES TITRES

TABLE DES MATIÈRES

PRINTED ON PERMANENT PAPER • IMPRIME SUR PAPIER PERMANENT • GEDRUKT OP DUURZAAM PAPIER - ISO 9706

N.V. PEETERS S.A., WAROTSTRAAT 50, B-3020 HERENT